Renten auf einen Blick

Staatliche Politik im OECD-Ländervergleich

Ausgabe 2007

OECD

ORGANISATION FÜR WIRTSCHAFTLICHE ZUSAMMENARBEIT UND ENTWICKLUNG

Die OECD ist ein in seiner Art einzigartiges Forum, in dem die Regierungen von 30 demokratischen Staaten gemeinsam daran arbeiten, den globalisierungsbedingten Herausforderungen im Wirtschafts-, Sozial- und Umweltbereich zu begegnen. Die OECD steht auch in vorderster Linie bei den Bemühungen um ein besseres Verständnis der neuen Entwicklungen und der dadurch ausgelösten Befürchtungen. Sie hilft den Regierungen dabei, diesen neuen Gegebenheiten Rechnung zu tragen, indem sie Untersuchungen zu Themen wie Corporate Governance, Informationswirtschaft oder Probleme der Bevölkerungsalterung durchführt. Die Organisation bietet den Regierungen einen Rahmen, der es ihnen ermöglicht, ihre Politikerfahrungen auszutauschen, nach Lösungsansätzen für gemeinsame Probleme zu suchen, empfehlenswerte Praktiken aufzuzeigen und auf eine Koordinierung nationaler und internationaler Politiken hinzuarbeiten.

Die OECD-Mitgliedstaaten sind: Australien, Belgien, Dänemark, Deutschland, Finnland, Frankreich, Griechenland, Irland, Island, Italien, Japan, Kanada, Korea, Luxemburg, Mexiko, Neuseeland, die Niederlande, Norwegen, Österreich, Polen, Portugal, Schweden, Schweiz, die Slowakische Republik, Spanien, die Tschechische Republik, Türkei, Ungarn, das Vereinigte Königreich und die Vereinigten Staaten. Die Kommission der Europäischen Gemeinschaften nimmt an den Arbeiten der OECD teil.

Über die OECD-Veröffentlichungen finden die Arbeiten der Organisation weite Verbreitung. Letztere erstrecken sich insbesondere auf Erstellung und Analyse statistischer Daten und Untersuchungen über wirtschaftliche, soziale und umweltpolitische Themen sowie die von den Mitgliedstaaten vereinbarten Übereinkommen, Leitlinien und Standards.

Das vorliegende Dokument wird unter der Verantwortung des Generalsekretärs der OECD veröffentlicht. Die darin zum Ausdruck gebrachten Meinungen und Argumente spiegeln nicht zwangsläufig die offizielle Einstellung der Organisation oder der Regierungen ihrer Mitgliedstaaten wider.

Originalfassungen veröffentlicht unter dem Titel:

Pensions at a Glance

Les pensions dans les pays de l'OCDE

Übersetzung durch den Deutschen Übersetzungsdienst der OECD

Vorwort

Dieser Bericht liefert Indikatoren für den Vergleich der Rentenpolitik in den OECD-Ländern. Er enthält Schätzungen des Rentenniveaus, mit dem Personen mit voller Erwerbsbiografie unter Zugrundelegung der heute geltenden Rentenregelungen rechnen können.

Der vorliegende Bericht wurde von Monika Queisser und Edward Whitehouse von der Abteilung Sozialpolitik der OECD-Direktion Beschäftigung, Arbeitskräfte und Sozialfragen ausgearbeitet. Die Erstellung der Rentenmodelle und die Analyse der steuerlichen Situation der Rentner oblag Rie Fujisawa und Edward Whitehouse. Anna Christina D'Addio und Jongkyun Choi waren bei der Fertigstellung des Berichts behilflich.

Von unschätzbarem Wert war die aktive Unterstützung von Angehörigen der öffentlichen Verwaltungen in den einzelnen Ländern, die die Informationen über die Renten- und Steuersysteme ihrer Länder zusammentrugen. Die Ergebnisse wurden von den nationalen Behörden bestätigt, mit Ausnahme der für Italien, wo sie auf der Interpretation der OECD der von der Regierung unterbreiteten Parameter und Regeln basieren[1].

Zahlreiche OECD-Kollegen gaben Orientierungshilfen und Informationen, vor allem Mark Pearson, Martine Durand und John Martin. Das innerhalb der OECD-Direktion Finanz- und Unternehmensfragen für private Altersvorsorge zuständige Team – insbesondere Fiona Stewart und Juan Yermo – leistete einen wertvollen Beitrag zu dem speziellen Thema der privaten Alterssicherung. Delegierte der OECD-Arbeitsgruppe Sozialpolitik lieferten wertvolle Ratschläge für die Erstellung der Modellrechnungen und die Entwicklung der Indikatoren für den Ländervergleich der Rentensysteme. Sie unterstützten die Ausarbeitung des Berichts zudem durch konstruktive Stellungnahmen in den verschiedenen Stadien der redaktionellen Arbeit.

Der Bericht ist das Ergebnis eines von der Europäischen Kommission und der OECD kofinanzierten gemeinsamen Projekts; das Projekt wurde auch durch einen finanziellen Beitrag der Schweizer Regierung unterstützt.

Die OECD-Rentenmodelle stützen sich auf das APEX-Konzept (APEX steht für Analysis of Pension Entitlements across Countries), das ursprünglich von Axia Economics mit finanzieller Unterstützung der OECD und der Weltbank entwickelt wurde.

1. Italien hat ernste Zweifel an der Angemessenheit des im Bericht verwendeten Datenmaterials und folglich an der Vergleichbarkeit der Ergebnisse geäußert. Insbesondere weichen die Basishypothesen betreffend das Alter des Erstzugangs zum Arbeitsmarkt sowie die Dauer der Erwerbstätigkeit (20 bzw. 45 Jahre) von denen ab, die bei einer vergleichbaren Untersuchung auf EU-Ebene vereinbart wurden, und unterscheiden sich von den derzeitigen Arbeitsmarktstandards in Italien. Italien ist der Auffassung, dass auf diesen Daten basierende Interpretationen irreführend sein könnten.

Inhaltsverzeichnis

Teil III

Länderkapitel

Dieser Bericht enthält ...

StatLinks

Ein Service für OECD-Veröffentlichungen, der es ermöglicht, Dateien im Excel-Format herunterzuladen.

Suchen Sie die *StatLinks* rechts unter den in diesem Bericht wiedergegebenen Tabellen oder Abbildungen. Um die entsprechende Datei im Excel-Format herunterzuladen, genügt es, den jeweiligen Link, beginnend mit ***http://dx.doi.org***, in den Internetbrowser einzugeben. Wenn Sie die elektronische PDF-Version online lesen, dann brauchen Sie nur den Link anzuklicken. Sie finden *StatLinks* in weiteren OECD-Publikationen.

Einführung
Rentenreform: Ein noch nicht abgeschlossener Prozess

Seit Anfang der neunziger Jahre steht die Rentenreform in vielen OECD-Ländern ganz oben auf der Politikagenda. Die Regierungen haben entweder weitreichende Strukturreformen im Rentenbereich eingeleitet oder eine Reihe kleinerer Reformschritte unternommen, die zusammengenommen erhebliche Auswirkungen auf die künftigen Rentenansprüche haben. Die Reformen ebenso wie die Rentensysteme selbst zeichneten sich durch viele unterschiedliche und komplexe Merkmale aus. Sie erstreckten sich u.a. auf eine Anhebung des Regelrentenalters, Änderungen der Rentenformel und geringere Rentenerhöhungen als in der Vergangenheit. Trotz der unterschiedlichen Ansätze geht der grundlegende Trend jedoch eindeutig dahin, den heutigen Arbeitskräften weniger hohe Renten zu versprechen als früheren Generationen. Dies ist erforderlich, um die finanzielle Tragfähigkeit der Rentensysteme für die jetzigen wie auch die künftigen Rentner zu gewährleisten.

Insofern dieses Ziel erreicht wird, kann man von Erfolg sprechen. Es besteht aber kein Grund, sich zufrieden zurückzulehnen. Obwohl in den OECD-Ländern insgesamt substanzielle Rentenreformen durchgeführt wurden, ist der Prozess noch nicht abgeschlossen. Dies gilt vor allem für die fünf folgenden Punkte.

Erstens steht in manchen Ländern eine grundlegende Reform des staatlichen Rentensystems noch aus. In Griechenland und Spanien beispielsweise können Arbeitskräfte mit voller Erwerbsbiografie stattliche Rentenbezüge erwarten, wenn sie im Regelrentenalter in den Ruhestand gehen. In der Realität erhalten viele Rentner aber lediglich die Mindestrente, da sie nicht auf die erforderliche Zahl von Beitragsjahren kommen. Zugleich bestehen in diesen Ländern Anreize zur Frühverrentung. Die Bevölkerungsalterung wird den finanziellen Druck auf diese Systeme erhöhen, und Reformen sind dringend notwendig.

Zweitens werden einige große Rentenreformen zu langsam eingeführt. Dies ist in Italien, Mexiko, Österreich und der Türkei der Fall. Zum Beispiel wird in der Türkei das neue Renteneintrittsalter von 65 Jahren für Männer erst 2043 gelten, und für Frauen sogar noch später. In Mexiko und Österreich wird Personen, die bereits im öffentlichen Rentensystem versichert waren (und sei es auch nur für kurze Zeit), garantiert, dass ihre Rentenleistungen nicht oder nur wenig geringer sein werden als im alten System. In Italien schließlich werden die Effekte der Reform von 1995 erst für Personen zum Tragen kommen, die etwa im Jahr 2017 oder danach in den Ruhestand treten. Selbst wenn sich die finanzielle Situation der Rentensysteme dieser Länder langfristig stark verbessert, wird das langsame Reformtempo dazu führen, dass die Ausgaben noch über viele Jahrzehnte hinweg relativ hoch bleiben. Dieser finanzielle Druck wird u.U. ad hoc kurzfristige Anpassungen erforderlich machen, die absurderweise mehr Härten verursachen könnten, als es bei einem schnelleren Reformtempo der Fall gewesen wäre.

Drittens wird bei einer Reduzierung der Rentenversprechen zwar im Allgemeinen den Arbeitnehmern nahe gelegt, mehr für ihre eigene Altersversorgung zu sparen, doch ist das im Rahmen freiwilliger Altersvorsorgepläne angesparte Kapital möglicherweise nicht ausreichend, um einen angemessenen Ersatz für das vor der Rente bezogene Einkommen sicherzustellen. Dies ist seit langem ein Problem in Ländern wie Irland, Neuseeland, dem Vereinigten Königreich und den Vereinigten Staaten, wo die staatlichen Renten, vor allem für Personen mit mittlerem und hohem Verdienst, relativ gering sind. In Zukunft werden mehr Länder mit diesem Problem konfrontiert sein, denn auf Grund der Absenkung des Versorgungsniveaus der staatlichen Renten werden höhere private Ersparnisse erforderlich sein, um den Lebensstandard im Ruhestand aufrechtzuerhalten. Eine Möglichkeit, die Zahl der Teilnehmer an freiwilligen privaten Altersvorsorgeplänen zu erhöhen, ist das sogenannte *Automatic Enrolment*, wonach der Arbeitnehmer automatisch in das System einbezogen wird, sofern er dem nicht ausdrücklich widerspricht. Dieses System wurde in jüngster Zeit in Neuseeland eingeführt und ist andernorts im Gespräch. Eine weitere Möglichkeit, den Kreis der Personen mit privater Rentenversicherung zu vergrößern, besteht darin, bei den Tarifverhandlungen Fragen miteinzuschließen, die das Renteneinkommen betreffen. Zum Beispiel wird auf diese Art und Weise in den Niederlanden und den nordischen Ländern eine nahezu universelle Abdeckung durch Zusatzversicherung erreicht.

Viertens wird durch viele Rentensysteme weiterhin der Frühverrentung Vorschub geleistet, selbst wenn das Regelrentenalter in den meisten OECD-Ländern auf 65 Jahre und in einigen Fällen sogar noch darüber hinaus angehoben wurde. Mehrere Länder haben versucht, Wege in die Frühverrentung z.B. über Arbeitslosenunterstützung oder Erwerbsunfähigkeitsrenten zu verschließen. Einige Länder werden künftig das Renteneintrittsalter oder das Leistungsniveau mit Veränderungen der Lebenserwartung verknüpfen. Diese Schritte sind vielversprechend, sie werden die Bewährungsprobe aber noch bestehen müssen. Wie die jüngsten Erfahrungen gezeigt haben, ist es manchen Ländern auf Grund politischen Drucks oder wegen bevorstehender Wahlen nicht gelungen, Regeln zur Anpassung der Renten an die höhere Lebenserwartung durchzusetzen.

Fünftens könnten einige Reformen für Niedrigeinkommensbezieher das Risiko der Altersarmut erhöhen. Eine Reihe von Ländern – wie Italien, Polen und die Slowakische Republik – haben eine wesentlich engere Verknüpfung zwischen Beitragszahlungen an die Rentenversicherungssysteme und späteren Rentenbezügen hergestellt. Zwar dürfte hierdurch für die Arbeitnehmer ein Anreiz entstehen, länger erwerbstätig zu bleiben, doch erhöht sich damit auch das Risiko der Altersarmut für diejenigen, die während ihres ganzen Erwerbslebens ein geringes Einkommen haben oder beitragsfreie Zeiten auf Grund von Arbeitslosigkeit, Erziehungs- und Betreuungszeiten oder Wechsel zwischen abhängiger Beschäftigung und Selbstständigkeit aufweisen. Die Länder werden die Einkommenssituation der Rentner besonders im Auge behalten und Sicherheitsnetze schaffen müssen, um vermehrte Altersarmut zu verhindern.

Die Rentenreform kann politisch schwer durchführbar sein. Doch legen die Erfahrungen der OECD-Länder in den letzten 10-15 Jahren den Schluss nahe, dass die hier bestehenden Hindernisse nicht unüberwindbar sind, denn über die Hälfte der Länder hat in diesem Zeitraum größere Veränderungen vorgenommen. Die Nachzügler bei Rentenreformen sollten sich diese Erfahrungen zu Herzen nehmen und die notwendigen Veränderungen ihrer Renteneinkommenssysteme energisch vorantreiben.

John P. Martin
Leiter der OECD-Direktion
Beschäftigung, Arbeitskräfte und Sozialfragen

Kurzzusammenfassung

In dieser zweiten Ausgabe von *Renten auf einen Blick* werden all die wichtigen Indikatoren der Renteneinkommenssysteme aktualisiert, die für die erste Ausgabe entwickelt wurden. Die Werte aller Parameter der Rentensysteme spiegeln die Situation im Jahr 2004 wider. Generell wurde ein „mikroökonomischer" Ansatz gewählt, der die voraussichtlichen individuellen Ansprüche gemäß den Rentensystemen aller 30 OECD-Mitgliedsländer betrachtet.

Der Bericht beginnt mit einer Vorstellung der verschiedenen Programme, die zusammengenommen die nationalen Alterseinkommenssysteme bilden, einschließlich einer Zusammenfassung der Parameter und Bestimmungen der Rentensysteme. Im Anschluss daran werden acht Hauptindikatoren des Renteneinkommens vorgestellt, die anhand der OECD-Rentenmodelle berechnet werden. Die vorliegende Ausgabe enthält ferner zwei spezielle Analysen der Rentenreformen und privaten Rentenversicherungen, in denen die zentralen Fragen der Rentenpolitik, die in den nationalen Debatten eine Rolle spielen, anhand der OECD-Rentenmodelle eingehender untersucht werden. Schließlich bietet der Bericht detaillierte Hintergrundinformationen über die Rentensysteme der 30 Mitgliedsländer.

Für Erwerbstätige mit mittlerem Verdienst liegt die Bruttoersatzquote, d.h. das Verhältnis zwischen den Rentenbezügen und den individuellen Arbeitsentgelten vor dem Renteneintritt, im Durchschnitt des OECD-Raums in der gesetzlichen Rentenversicherung bei 59%. Steuern und Abgaben spielen bei der Einkommensstützung im Alter aber eine wichtige Rolle. Rentner müssen häufig keine Sozialabgaben leisten, und da die Einkommensteuer progressiv ist und die Rentenansprüche generell niedriger sind als das vor dem Ruhestand bezogene Arbeitsentgelt, zahlen Rentner in der Regel weniger Steuern. Bei Erwerbstätigen mit mittlerem Verdienst beträgt die Nettoersatzquote im Durchschnitt der OECD-Länder 70%, liegt also um etwa 11 Prozentpunkte über der durchschnittlichen Bruttoersatzquote.

Für Geringverdiener liegt die durchschnittliche Nettoersatzquote in den OECD-Ländern bei 83%. Jedoch gibt es diesbezüglich regionale Unterschiede: Die nordischen Länder bieten Arbeitskräften mit halbem Durchschnittseinkommen eine Nettoersatzquote von 95%, während in den englischsprachigen OECD-Ländern 76% des früheren Nettoarbeitsentgelts gezahlt werden.

Was für die Regierungen aber ausschlaggebend ist, ist nicht nur die Höhe der Ersatzquoten an sich, sondern vielmehr der Wert der Gesamtrentenzusagen. Gemessen wird dieser anhand des Indikators des Rentenvermögens, der Parameter, wie die Lebenserwartung und Indexierung der auszuzahlenden Renten berücksichtigt. Unter Zugrundelegung dieses Indikators sind die Rentenversprechen in Luxemburg am teuersten. Im Durchschnitt erhält jeder Rentner umgerechnet 920 000 US-$ und jede Rentnerin über 1 Million US-$. Die Niederlande und Griechenland rangieren bei dieser Messgröße auf den Plätzen zwei und drei. In Belgien, Irland, Japan, dem Vereinigten Königreich und den Vereinigten Staaten machen die Rentensysteme die geringsten Zusagen, hier liegt das Rentenvermögen bei etwa zwei Dritteln des Durchschnitts der OECD-Länder. Ganz unten in der Skala ist Mexiko angesiedelt, wo Männern und Frauen Rentenzusagen in Höhe von umgerechnet 34 000 US-$ bzw. 32 000 US-$ gemacht werden.

Nahezu alle 30 OECD-Länder haben ihre Rentensysteme seit 1990 zumindest geringfügig reformiert. Infolgedessen wurden die durchschnittlichen Rentenzusagen in den 16 Ländern, deren Reformen in diesem Bericht untersucht werden, um 22% gekürzt. Bei Frauen betrugen die Kürzungen 25%. Nur in zwei der 16 Länder – Ungarn und Vereinigtes Königreich – erhöhten sich die Rentenzusagen im Durchschnitt.

Wie wirken sich diese Neuerungen auf den Einzelnen aus? Einige Länder, wie Frankreich, Portugal und das Vereinigte Königreich, bewegen sich in Richtung einer stärkeren Fokussierung der gesetzlichen Rentenversicherung auf Geringverdiener, womit auch die Einkommenssicherung verbessert wird. Andere wiederum, wie Polen und die Slowakische Republik, haben den Zusammenhang zwischen Rentenansprüchen und Arbeitsverdiensten verstärkt, wodurch Geringverdiener potenziell stärker Armutsrisiken ausgesetzt sind. So lag in Deutschland, Japan, Mexiko, Polen und der Slowakischen Republik der Nettorentenanspruch eines Erwerbstätigen bei kompletter Erwerbsbiografie mit halbem Durchschnittsarbeitsentgelt vor der Reform beispielsweise bei 41% des durchschnittlichen Arbeitsverdiensts, d.h. geringfügig unter dem Durchschnitt für den OECD-Raum insgesamt. Durch die Reformen verringert sich der Prozentsatz auf knapp 32,5%. Demgegenüber haben Finnland, Frankreich, Korea, Neuseeland, Ungarn und das Vereinigte Königreich Geringverdiener vor Leistungskürzungen in der Rentenreform geschützt.

Die intensive Reformtätigkeit in den OECD-Ländern lässt erwarten, dass Erwerbstätige von heute mehr Eigenvorsorge treffen müssen, um sich auf ihren Ruhestand von morgen vorzubereiten. In einigen Ländern sind die Sparanstrengungen, die zur Erreichung der durchschnittlichen Ersatzquote im OECD-Raum notwendig sind, für Erwerbstätige selbst dann erheblich, wenn sie während ihrer gesamten Erwerbsbiografie sparen. Gelingt es jungen Erwerbstätigen nicht, in den ersten 10-15 Jahren ihrer Berufstätigkeit Geld zu sparen, da ihr Budget für andere Zwecke beansprucht wird, sehen sie sich immer größeren Schwierigkeiten gegenüber, ein ausreichendes Rentenniveau zu erreichen. Der vorliegende Bericht veranschaulicht, wie wichtig es ist, dass Erwerbstätige bereits früh mit dem Sparen beginnen und auf regelmäßiger Basis Beiträge entrichten.

Aufbau des Berichts und Methodik

In *Renten auf einen Blick* wird ein „mikroökonomischer" Ansatz verwendet, der die voraussichtlichen individuellen Ansprüche gemäß den Rentensystemen aller 30 OECD-Mitgliedsländer betrachtet. Diese Methode soll alternative Vergleiche der Renteneinkommenssysteme ergänzen: langfristige fiskalische und finanzielle Projektionen (z.B. Dang et al., 2001; sowie Europäische Union, 2006) und Analysen von Daten über die Einkommensverteilung (z.B. von Förster und Mira d'Ercole, 2005; sowie Disney und Whitehouse, 2001).

Der Bericht ist in drei Hauptteile gegliedert. Teil I enthält die Informationen, die erforderlich sind, um die Rentenpolitik in prägnanter Weise, d.h. sozusagen *„auf einen Blick"* zu vergleichen. Er gibt zunächst einen Überblick über die verschiedenen Programme, die in den einzelnen Ländern das System der Alterssicherung bilden. Daran schließt sich eine Übersicht der Parameter und Bestimmungen der Rentensysteme an.

Es folgen acht Hauptindikatoren, die anhand des OECD-Rentenmodells berechnet werden.

- Die ersten zwei sind Rentenanalysten am ehesten geläufig. Bei beiden handelt es sich um Ersatzquoten, d.h. Werte, die das Verhältnis zwischen Rentenbezügen und individuellen Arbeitsentgelten ausdrücken. Diese Werte sind sowohl brutto als auch netto angegeben unter Berücksichtigung der auf Arbeitseinkommen und auf Renteneinkommen zu entrichtenden Steuern und Sozialabgaben. Es werden dann zwei Sensitivitätsanalysen der Bruttoersatzquote durchgeführt. Bei der ersten Analyse werden Personen betrachtet, die im Vergleich zur Basishypothese später in das Rentensystem eintreten, während sich die zweite mit der Bedeutung von Kapitalrenditen in Rentensystemen mit Beitragsprimat befasst.
- Bei den nächsten beiden Indikatoren geht es um das Rentenvermögen, das wiederum sowohl brutto als auch netto angegeben wird. Das Rentenvermögen ist eine umfassendere Messgröße der Rentenansprüche als die Ersatzquoten, weil sie das Rentenalter, die Koppelung der Renten an Veränderungen der Löhne oder Preise und die Lebenserwartung berücksichtigt.
- Die Länder unterscheiden sich im Hinblick darauf, wie ihre Rentensysteme konzipiert sind, um ein Sicherheitsnetz im Alter zu gewährleisten oder einen bestimmten Anteil des vor dem Renteneintritt bezogenen Verdiensts zu ersetzen. Das Verhältnis zwischen diesen beiden Komponenten wird durch ein weiteres Indikatorpaar untersucht: einmal die Progressivität der Rentenformel und zum anderen die Verknüpfung zwischen Rente und Arbeitsentgelt.
- Die letzten beiden Indikatoren suchen zu erfassen, wie sich das Rentensystem auf den Einzelnen je nach seiner Position im Spektrum der Einkommensverteilung auswirkt, wobei das durchschnittliche Rentenniveau, das Rentenvermögen und der Beitrag der verschiedenen Komponenten der Rentensysteme zu den Gesamtleistungen aufgezeigt werden.

Zwei Sonderkapitel bilden Teil II des vorliegenden Berichts, wobei sich das eine mit Rentenreformen und das andere mit der privaten Altersvorsorge befasst. Beide dieser Analysen stützen sich auf die OECD-Rentenmodelle, um die zentralen Fragen der Rentenpolitik in der nationalen Debatte der einzelnen Länder eingehender zu untersuchen. Der Berichtsrahmen von *Renten auf einen Blick* ist zukunftsgerichtet, d.h. auf die künftigen Rentenansprüche der heute Erwerbstätigen fokussiert. In den letzten zehn Jahren hat es im Bereich der Altersversorgung und der Renten jedoch intensive Reformaktivitäten gegeben. Das erste Sonderkapitel untersucht, was die Länder in dieser Hinsicht unternommen haben und welche Auswirkungen dies auf die künftigen Leistungen haben wird. Eine Reihe dieser Reformen hat die Rolle des privaten Sektors im Bereich der Altersvorsorge gestärkt. Das zweite Sonderkapitel zeigt das komplexe Spektrum der privaten Altersvorsorgesysteme auf und quantifiziert die Sparanstrengungen, die der Einzelne unternehmen muss, um den Lebensstandard im Ruhestand aufrechtzuerhalten.

Teil III schließlich enthält detaillierte Hintergrundinformationen über die Regelungen jedes der Rentensysteme der 30 OECD-Länder. Diese umfassen das zulässige Renteneintrittsalter und andere Anspruchskriterien, die geltenden Regeln für die Rentenberechnung, die Behandlung von Personen mit vorzeitigem und späterem Renteneintritt und ausführlichere Informationen über die vor der Durchführung von Reformen bestehenden Szenarien, die im Sonderkapitel über Rentenreformen untersucht werden. In den Länderkapiteln werden die Ergebnisse der einzelnen Länder in standardisierten Abbildungen und Tabellen zusammengefasst.

Im verbleibenden Teil dieses Abschnitts wird die zur Berechnung der Rentenansprüche verwendete Methodik beschrieben. Dabei werden Einzelheiten über die Struktur, den Erfassungsgrad sowie die grundlegenden wirtschaftlichen und finanziellen Annahmen, die zur Berechnung künftiger Rentenansprüche herangezogen werden, auf vergleichender Basis dargelegt.

Künftige Rentenansprüche nach den heute geltenden Parametern und Bestimmungen

Gegenstand des Vergleichs sind die Rentenansprüche gemäß der derzeitigen Gesetzgebung in den OECD-Ländern. Gesetzesänderungen, die bereits verabschiedet sind, aber erst nach und nach eingeführt werden, werden so behandelt, als wären sie gleich zu Beginn voll in Kraft gewesen. Seit 2004 gesetzlich beschlossene Reformen sind berücksichtigt, soweit hinreichende Informationen vorliegen (z.B. im Falle Portugals). Einige Veränderungen (wie die Anhebung des Rentenalters in Deutschland und das Reformpaket im Vereinigten Königreich) waren noch nicht endgültig oder wurden zu spät beschlossen, um mit einbezogen zu werden.

Die Werte aller Parameter der Rentensysteme entsprechen der Situation des Jahrs 2004. Die Berechnungen zeigen die Rentenansprüche einer erwerbstätigen Person, die dem System heute beitritt und nach einer vollen Erwerbsbiografie in den Ruhestand geht. Die Ergebnisse sind nur für alleinstehende Personen ausgewiesen.

Dauer der Erwerbsbiografie

Eine volle Erwerbsbiografie wird hier definiert als eine Berufstätigkeit, die im Alter von 20 Jahren beginnt und bis zum Regelrentenalter andauert, welches natürlich von Land zu Land unterschiedlich ist. Dies hat zur Folge, dass die Länge der Berufstätigkeit in Abhängigkeit des gesetzlichen Rentenalters schwankt: 40 Jahre bei einem Renteneintrittsalter von 60 Jahren, 45 Jahre bei einem Renteneintrittsalter von 65 Jahren usw. Da die Ergebnisse von der unterstellten Dauer der Berufstätigkeit abhängig sein können, werden die Berechnungen auch für Situationen durchgeführt, in denen die Erwerbstätigkeit des Arbeitnehmers im Alter von 25 Jahren beginnt und er somit fünf Jahre früher aus dem Erwerbsleben ausscheidet als bei einer vollen Erwerbsbiografie.

Erfassungsgrad

Die hier vorgestellten Rentenmodelle umfassen alle *obligatorische* Rentenversicherungen für Arbeitskräfte des privaten Sektors, unabhängig davon, ob diese öffentlicher (Zahlungen seitens des Staats oder von Einrichtungen der sozialen Sicherung gemäß der Definition im System der Volkswirtschaftlichen Gesamtrechnung) oder privater Art sind. Für jedes Land wird die gesetzliche Rentenversicherung für privatwirtschaftlich Beschäftigte modelliert. Alterssicherungssysteme für Beamte und sonstige Mitarbeiter des öffentlichen Diensts und besondere Berufsgruppen bleiben unberücksichtigt.

Systeme mit nahezu universellem Erfassungsgrad sind ebenfalls inbegriffen, sofern mindestens 90% der Beschäftigten durch sie versichert sind. Dies gilt für Systeme wie die betrieblichen Altersvorsorgepläne in den Niederlanden und in Schweden. In einer wachsenden Zahl von OECD-Ländern sind freiwillige betriebliche Altersvorsorgepläne weit verbreitet und spielen beim Renteneinkommen eine wichtige Rolle. Für diese Länder wird im Sonderkapitel über private Altersvorsorge eine zweite Reihe von Ergebnissen für freiwillige Altersversorgungssysteme dargelegt.

Auch die bedürftigkeitsabhängigen Leistungen, auf die Rentner möglicherweise Anspruch haben, wurden modelliert. Diese können einer Bedürftigkeitsprüfung unterzogen werden, in der Vermögen und Einkommen zu Grunde gelegt werden, sie können aber auch rein einkommensabhängig sein oder ab einem bestimmten Renteneinkommen entzogen werden. Bei den Berechnungen wird davon ausgegangen, dass alle anspruchsberechtigten Rentner diese Leistungen in Anspruch nehmen. Bei umfassenderen Bedürftigkeitsprüfungen unter Berücksichtigung von Vermögenswerten ist der Einkommensnachweis obligatorisch. Es wird davon ausgegangen, dass das aus der Berechnung der Rentenansprüche resultierende gesamte Renteneinkommen aus einer obligatorischen Rentenversicherung (oder in den Ländern, in denen hierfür Modellrechnungen vorgenommen wurden, aus einer freiwilligen Alterversorgung) stammt.

Verglichen werden die Rentenansprüche von Arbeitskräften mit einem Arbeitsentgelt, das zwischen dem 0,5- und dem 2-Fachen des gesamtwirtschaftlichen Durchschnitts liegt. Dieses Spektrum ermöglicht eine Analyse der künftigen Renten sowohl der einkommensschwächsten als auch der einkommensstärkeren Arbeitskräfte.

Ökonomische Variablen

Die Vergleiche fußen auf einem einheitlichen Katalog wirtschaftlicher Annahmen für alle 30 Länder. In der Praxis wird das bezogene Rentenniveau vom Wirtschaftswachstum, vom Lohnwachstum und von der Inflation beeinflusst, und diese drei Faktoren sind von Land zu Land unterschiedlich. Der Rückgriff auf einen einzigen Annahmenkatalog gewährleistet aber, dass die Leistungen der einzelnen Rentenversicherungen nicht durch verschiedenartige wirtschaftliche Bedingungen beeinflusst werden. Auf diese Art und Weise wird sichergestellt, dass Länderunterschiede beim Rentenniveau nur auf Abweichungen in den Rentensystemen und in der Rentenpolitik zurückzuführen sind.

Die Basishypothesen lauten wie folgt:

- reales Lohnwachstum: 2% pro Jahr (unter Berücksichtigung der Annahme für die Preisinflation ergibt dies ein nominales Lohnwachstum von 4,55%);
- individuelle Arbeitsentgelte: Es wird davon ausgegangen, dass sie parallel zum gesamtwirtschaftlichen Durchschnitt steigen. Das bedeutet, dass der Einzelne in der Einkommensverteilung am selben Punkt bleibt und in jedem Jahr des Arbeitslebens denselben Prozentsatz des Durchschnittsverdiensts erhält;
- Preisinflation: 2,5% pro Jahr;
- reale Rendite in einem kapitalgedeckten System mit Beitragsprimat nach Berücksichtigung von administrativen Kosten: 3,5% pro Jahr;
- Abzinsungssatz (bei versicherungsmathematischen Berechnungen): 2% pro Jahr (wegen einer Untersuchung des Abzinsungssatzes vgl. Queisser und Whitehouse, 2006);
- Sterberaten: Bei der Basismodellrechnung werden länderspezifische Projektionen (aus dem Jahr 2002) verwendet, die aus der VN/Weltbank-Bevölkerungsdatenbank für das Jahr 2040 stammen;
- Verdienstverteilung: Bei zusammengesetzten Indikatoren wird die durchschnittliche Verdienstverteilung im OECD-Raum (der 18 Länder zu Grunde liegen) verwendet, unter Rückgriff auf länderspezifische Daten, sofern verfügbar.

Veränderungen bei diesen grundlegenden Arbeitshypothesen werden die daraus resultierenden Pensionsansprüche natürlich beeinflussen. Die Indikatoren werden daher auch für andere Hypothesen bezüglich der realen Rendite in einem kapitalgedeckten System mit Beitragsprimat dargelegt. Der Effekt von Veränderungen des gesamtwirtschaftlichen Verdienstwachstums oder eines über- oder unterdurchschnittlichen Anstiegs der individuellen Arbeitsverdienste wurde in der ersten Ausgabe von *Renten auf einen Blick* (OECD, 2005) gezeigt. Es wird davon ausgegangen, dass die reale Rendite in einem kapitalgedeckten System mit Beitragsprimat um die administrativen Kosten bereinigt ist. In der Praxis könnte diese Hypothese echte Unterschiede bei den Verwaltungskosten zwischen den Ländern verdecken (wegen einer Analyse vgl. Whitehouse, 2000 und 2001).

In den Berechnungen wird für die Auszahlung der Renten Folgendes unterstellt: Werden Leistungen mit Beitragsprimat ab dem Renteneintritt bezogen, werden sie in Form preisindexierter lebenslanger Renten zu einem versicherungsmathematisch fairen Preis gezahlt. Dies wird anhand der Sterberaten berechnet. Analog hierzu wird die fiktive Rate der regelmäßig gezahlten Rente bei einem *Notional Account* (in den meisten Fällen) unter Verwendung der Indexierungsregeln und Abzinsungshypothesen des jeweiligen Lands anhand von Sterberaten berechnet.

Einkommensteuer und Sozialversicherungsbeiträge

Die Informationen über die Steuern und Sozialversicherungsbeiträge, auf denen die Berechnungen der Nettoindikatoren für 2002 basieren, finden sich in den jeweiligen Länderkapiteln in der ersten Ausgabe von *Renten auf einen Blick* (OECD, 2005). Die Regelungen und Parameter hinsichtlich Steuern und Sozialversicherungsbeiträgen wurden auf den Stand von 2004 gebracht, in dieser Ausgabe jedoch aus Platzgründen nicht erneut wiedergegeben (wegen ausführlicherer Informationen vgl. Fujisawa und Whitehouse, erscheint 2007).

In der Modellrechnung wird unterstellt, dass die Steuersysteme und Sozialversicherungsbeiträge künftig unverändert bleiben. Das bedeutet implizit, dass die „Wertparameter" wie Steuererleichterungen oder Beitragsobergrenzen jährlich entsprechend dem durchschnittlichen Arbeitsentgelt angepasst werden, während die „Quotenparameter" wie beispielsweise der Einkommensteuertarif und die Sozialversicherungsbeitragssätze unverändert bleiben. Angaben zu den allgemeinen Bestimmungen und zur steuerlichen Behandlung der Arbeitnehmer für das Jahr 2004 finden sich im OECD-Bericht *Taxing Wages* (OECD, 2006). Die in diesem Bericht verwendeten Konventionen im Bezug auf die Kategorisierung von Zahlungen als Steuern werden hier übernommen.

Durchschnittliches Arbeitsentgelt

Mit der vorliegenden Ausgabe beginnend wird in *Renten auf einen Blick* eine neue und umfassendere Messgröße des durchschnittlichen Arbeitsentgelts verwendet, das einem „Durchschnittsarbeiter" entspricht. Diese ist breiter gefasst als die früher verwendete Größe des „durchschnittlichen Industriearbeiters". Dieses neue Konzept wurde im Bericht *Taxing Wages* (OECD, 2006) eingeführt und dient auch als Benchmark für *Benefits and Wages* (OECD, 2007).

Vorgenommen wurde die Änderung, weil ein Industriearbeiter für den „typischen Steuerzahler" nicht als repräsentativ gelten kann, nachdem die Beschäftigung manueller Arbeitskräfte im Industriesektor in den meisten OECD-Ländern stetig zurückgegangen ist. Die neue Basis für die Berechnung des durchschnittlichen Arbeitsentgelts umfasst mehr Wirtschaftssektoren und sowohl manuelle als auch nicht manuelle Arbeitskräfte. Das Konzept und die Definition des Arbeitsentgelts bleiben jedoch gleich: Bruttoarbeitsverdienst eines Durchschnittsarbeiters, gemessen vor Abzügen jeder Art, aber einschließlich der den Beschäftigten vergüteten Überstunden und anderer Barzulagen.

Tabelle 0.1 **OECD-Messgrößen der Durchschnittsverdienste, 2004**

In Landeswährung sowie in US-$, Wechselkurse zu Marktsätzen und in Kaufkraftparitäten

	OECD-Messgröße der Durchschnittsverdienste				US-$-Wechselkurse	
	Alt Landeswährung Durchschnittl. Industriearbeiter	Neu Landeswährung Durchschnitts-arbeiter	Neu US-$, Marktsätze	Neu US-$, KKP	Marktsätze	KKP
Australien	52 777	48 827	35 922	35 917	1.36	1.36
Österreich	24 946	32 872	40 842	37 872	0.80	0.868
Belgien	32 281	35 578	44205	41 151	0.80	0.865
Kanada	40 912	38 945	29 933	31 269	1.30	1.25
Tschech. Republik	213 573	209 489	8 153	14 936	25.69	14.03
Dänemark	323 900	316 500	52 860	37 684	5.99	8.40
Finnland	29 152	31 539	39 186	32 372	0.80	0.974
Frankreich	23 087	29 549	36 713	32 199	0.80	0.918
Deutschland	34 088	41 046	50 998	45 898	0.80	0.894
Griechenland	12 525	17 360	21 569	24 996	0.80	0.695
Ungarn	1 262 712	1 697 268	8 377	13 682	202.61	124.05
Island	2 849 554	2 770 000	39 463	29 461	70.19	94.02
Irland	30 170	n.v.	37 485	30 321	0.80	1.00
Italien	23 044	22 053	27 400	25 628	0.80	0.861
Japan	4 223 100	4 943 208	45 708	37 139	108.15	133
Korea	27 356 688	n.v.	23 888	34 974	1145.20	782
Luxemburg	32 586	39 171	48 668	42 649	0.80	0.918
Mexiko	66 432	76 332	6 767	10 446	11.28	7.31
Niederlande	32 457	37 026	46 003	41 300	0.80	0.897
Neuseeland	41 778	39 428	26 129	26 793	1.51	1.47
Norwegen	314 523	366 161	54 332	41 005	6.74	8.93
Polen	26 745	29 263	8 015	15 858	3.65	1.85
Portugal	9 372	12 969	16 113	18 344	0.80	0.707
Slowak. Republik	190 000	200 722	6 228	11 679	32.23	17.19
Spanien	17 913	19 828	24 635	26 215	0.80	0.756
Schweden	251 282	300 814	40 949	32 773	7.35	9.18
Schweiz	64 419	70 649	56 849	40 900	1.24	1.73
Türkei	13 959	n.v.	9 789	16 788	1.43	0.831
Ver. Königreich	20 560	27 150	49 747	43 881	0.55	0.619
Vereinigte Staaten	34 033	30 355	30 355	30 355	1.00	1.00

n.v.: Nicht verfügbar.
KKP = Kaufkraftparität.
Anmerkung: Geldwerte für die Türkei dividiert durch 1 000 000. Durchschnittsverdienste nach der neuen Definition (Durchschnittsarbeiter) sind für Irland, Korea und die Türkei nicht verfügbar.
Quelle: OECD (2006), S. 13, und *OECD Main Economic Indicators.*

Tabelle 0.1 enthält die Höhe der durchschnittlichen Arbeitsentgelte nach der alten und der neuen Definition für das Jahr 2004. Nur drei Länder (Irland, Korea und die Türkei) sind noch nicht in der Lage, Verdienstdaten in der breiteren Abgrenzung zu liefern, so dass die Modellrechnungen für diese auf der alten Messgröße des durchschnittlichen Arbeitsentgelts eines Industriearbeiters basieren.

Die Erfassung breiterer Kategorien von Arbeitskräften wirkt sich auf die gemessenen Durchschnittsverdienste in den einzelnen OECD-Ländern sehr unterschiedlich aus. In 19 der 27 Länder, für die Daten nach der neuen Definition verfügbar sind, sind diese *höher* als die Durchschnittsverdienste nach der früheren Definition, wobei es aber eine große Variationsbreite gibt (vgl. Abb. 0.1).

Abbildung 0.1 **Differenz zwischen den Durchschnittsverdiensten nach der neuen und der früheren Definition in Prozent, 2004**

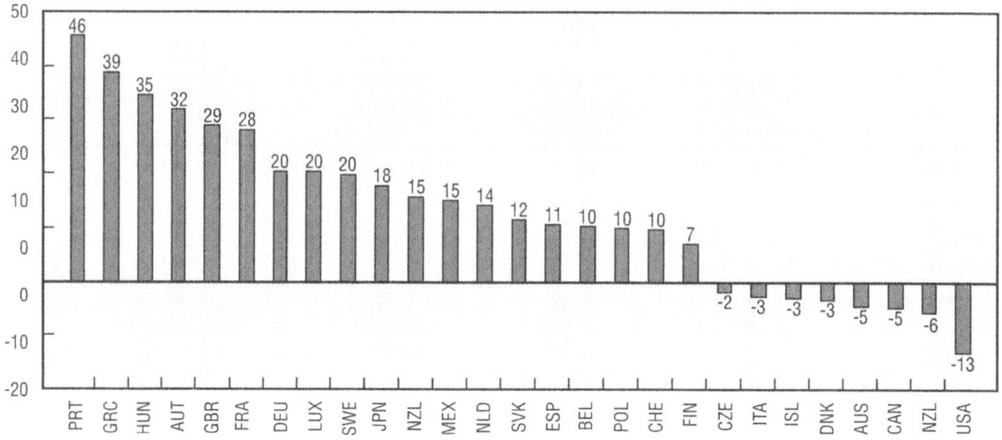

Quelle: OECD (2006), S. 13.

StatLink: *http://dx.doi.org/10.1787/88646570455*

Tabelle 0.2 **Gesamtlebenserwartung im Alter von 65 Jahren, Sterblichkeitsprojektionen für 2040**

	Männer	Frauen
Australien	84.0	87.4
Österreich	83.7	87.3
Belgien	83.8	87.3
Kanada	83.8	87.4
Tschechische Republik	82.5	86.0
Dänemark	83.1	86.0
Finnland	83.6	87.5
Frankreich	83.9	87.6
Deutschland	83.2	86.6
Griechenland	83.3	86.6
Ungarn	80.8	85.0
Island	84.8	87.5
Irland	82.8	86.2
Italien	83.0	87.0
Japan	85.8	88.7
Korea	81.8	85.6
Luxemburg	83.0	87.2
Mexiko	80.9	84.8
Niederlande	83.5	86.7
Neuseeland	83.6	86.8
Norwegen	84.2	87.5
Polen	81.5	85.6
Portugal	82.8	86.2
Slowakische Republik	81.1	85.1
Spanien	83.4	87.0
Schweden	84.3	87.5
Schweiz	84.5	88.2
Türkei	80.0	83.0
Vereinigtes Königreich	83.3	86.4
Vereinigte Staaten	83.8	87.3
OECD-Durchschnitt	**83.1**	**86.6**

Anmerkung: Diese Projektionen stützen sich auf neuere nationale Zensusdaten. Die Annahmen bezüglich künftiger Veränderungen der Sterberaten können in den einzelnen Ländern unterschiedlich sein, gründen sich jedoch auf einheitliche Methoden. Die resultierenden Sterberaten können auf Grund anderer Annahmen von den nationalen Projektionen abweichen.
Quelle: OECD-Berechnungen auf der Grundlage der VN/Weltbank-Bevölkerungsdatenbank.

Mit der veränderten Definition erhöhen sich die gemessenen Durchschnittsverdienste in sechs Ländern (Frankreich, Griechenland, Österreich, Portugal, Ungarn und Vereinigtes Königreich) um mindestens 30%. In drei weiteren Ländern (Deutschland, Luxemburg und Schweden) ergibt sich ein Anstieg um 20%. Dagegen war eine erhebliche Verringerung nur in den Vereinigten Staaten festzustellen (in Höhe von 13%), während die Rückgänge in sieben anderen Ländern eher moderat ausfielen (rd. 5% oder weniger)[1].

Demografie und Lebenserwartung

Tabelle 0.2 enthält Angaben zur länderspezifischen Gesamtlebenserwartung für Männer und Frauen getrennt, ab dem 65. Lebensjahr. Da die Rentenansprüche in die Zukunft projiziert sind, werden in den Berechnungen die Projektionen der Bevölkerungsdatenbank der Vereinten Nationen und der Weltbank für das Jahr 2040 verwendet. Arbeitskräfte, die die Erwerbstätigkeit im Jahr 2004 beginnen, werden zwischen 2044 und 2051 in den Ruhestand treten. Sterblichkeitsprojektionen liegen leider nur für 2040 und 2075 vor.

Die Bürger ärmerer OECD-Mitgliedsländer werden voraussichtlich eine geringere Lebenserwartung haben als die der reicheren Volkswirtschaften. In Mexiko, Polen, der Slowakischen Republik, der Türkei und Ungarn ist die Lebenserwartung im Alter von 65 Jahren um 1½-3 Jahre kürzer als im OECD-Durchschnitt. In Japan und der Schweiz ist sie wesentlich höher als im heutigen OECD-Durchschnitt, und diese Länder werden den Projektionen zufolge 2040 weiter an der Spitze liegen. Die anderen Länder siedeln sich um den OECD-Durchschnitt an.

1. Die Länder haben sich bemüht, Daten nach dem neu definierten Konzept des Durchschnittsverdiensts zu liefern. Hier gibt es jedoch, wie bei Einführung jeder neuen Zeitreihe, gewisse Anfangsprobleme, und unterschiedliche Auslegungen der Leitlinien müssen miteinander in Einklang gebracht werden. Es könnte sein, dass die US-Daten z.B. bestimmte Gruppen nicht berücksichtigen, die in den Schätzungen des Durchschnittsverdiensts der übrigen Länder erfasst sind, was eine Teilerklärung für die erstaunlich niedrigen Durchschnittslohnschätzungen der Vereinigten Staaten liefern würde. Dieses Problem ist Gegenstand laufender Arbeiten, und aktualisierte Zeitreihen über die Verdienste werden auf die OECD-Internetseite gestellt, sobald sie verfügbar sind.

Literaturverzeichnis

Dang, T.T., P. Antolín und H. Oxley (2001), "Fiscal Implications of Ageing: Projections of Age-Related Spending", *Working Paper*, Nr. 305, Economics Department, OECD, Paris.

Disney, R.F. und E.R. Whitehouse (2001), "Cross-country Comparisons of Pensioners' Incomes", Report Series No.142, Department for Work and Pensions, London.

Europäische Union, Ausschuss für Wirtschaftspolitik (2006), "The Impact of Ageing on Public Expenditure: Projections for the EU-25 Member States on Pensions, Health Care, Long-term Care, Education and Unemployment Transfers (2004-2050)", *European Economy*, Special Reports No. 1/2006.

Förster, M. und M. Mira d'Ercole (2005), "Income Distribution and Poverty in OECD Countries in the Second Half of the 1990s", *Social, Employment and Migration Working Paper*, Nr. 22, OECD, Paris.

Fujisawa, R. und E.R. Whitehouse (erscheint 2007), "The Role of the Tax System in Old-Age Support: Cross-country Evidence", *Social, Employment and Migration Working Paper,* OECD, Paris.

OECD (2005), *Renten auf einen Blick: Staatliche Politik im OECD-Ländervergleich*, Verband Deutscher Rentenversicherungsträger (Hrsg.), Berlin.

OECD (2006), *Taxing Wages*, Paris.

OECD (2007), *Benefits and Wages,* Paris.

Queisser, M. und E.R. Whitehouse (2006), "Neutral or Fair? Actuarial Concepts and Pension-System Design", *Social, Employment and Migration Working Paper,* Nr. 40, OECD, Paris.

Whitehouse, E.R. (2000), "Administrative Charges for Funded Pensions: Measurement Concepts, International Comparison and Assessment", *Journal of Applied Social Science Studies*, Vol. 120, No. 3, S. 311-361.

Whitehouse, E.R. (2001), "Administrative Charges for Funded Pensions: Comparison and Assessment of 13 Countries", *Private Pension Systems: Administrative Costs and Reforms, Private Pensions Series*, Vol. 3, OECD, Paris.

Whitehouse, E.R. (2006), *Pensions Panorama: Retirement-Income Systems in 53 Countries*, Weltbank, Washington, D.C.

TEIL I

Vergleich der Rentenpolitik in den OECD-Ländern

Dieser Teil beginnt mit einem Überblick über die verschiedenen Programme, die zusammengenommen die nationalen Alterseinkommenssysteme bilden. Es folgt eine Zusammenfassung der wichtigsten Merkmale der Rentensysteme – d.h. ihrer Parameter und der für sie geltenden Bestimmungen. Die wichtigsten empirischen Ergebnisse, die aus acht anhand der OECD-Rentenmodelle berechneten Indikatoren bestehen, werden anschließend vorgestellt.

Bei den ersten beiden Indikatoren handelt es sich um Ersatzquoten, d.h. das Verhältnis zwischen den Rentenbezügen und den individuellen Arbeitsentgelten. Diese Werte sind sowohl brutto als auch netto angegeben unter Berücksichtigung der auf das Arbeitseinkommen und auf das Renteneinkommen zu entrichtenden Steuern und Sozialabgaben. Es werden zudem zwei Sensitivitätsanalysen der Bruttoersatzquote durchgeführt: Bruttoersatzquoten bei Versicherungseintritt im Alter von 25 Jahren und Bruttoersatzquoten mit unterschiedlichen Verzinsungen.

Die nächsten beiden Indikatoren basieren auf dem Rentenvermögen, wiederum brutto und netto angegeben. Anders als die Ersatzquoten reflektiert das Rentenvermögen Unterschiede in Bezug auf das Rentenalter, die Anpassung der ausgezahlten Renten und die nationale Lebenserwartung.

Das Verhältnis zwischen den beiden Kernzielen des Rentensystems – Angemessenheit und Versicherungsschutz – wird anhand der nächsten beiden Indikatorpaare für die Progressivität der Rentenformel und das Verhältnis zwischen Rentenbezügen und Arbeitsentgelt untersucht.

Bei den letzten beiden Indikatoren handelt es sich um gewichtete Durchschnittswerte – Rentenniveaus und Rentenvermögen sowie die Struktur des „Rentenpakets". Sie erfassen das Rentensystem in Bezug auf die Art und Weise, wie es sich über das Verdienstspektrum auf den Einzelnen auswirkt.

Überblick über die Sicherung der Altersversorgung

Die Renteneinkommenssysteme der OECD-Länder sind vielgestaltig und setzen sich häufig aus einer Reihe unterschiedlicher Komponenten zusammen. Infolgedessen ist es schwierig, eine Klassifizierung der Rentensysteme und der verschiedenen Altersversorgungsprogramme vorzunehmen. Die hier verwendete Taxonomie, der frühere Arbeiten zu Grunde liegen (OECD, 2004, 2005a), stützt sich auf Funktion und Ziel der einzelnen Komponenten des Rentensystems. Das Rahmenkonzept enthält zwei obligatorische Elemente, von denen das eine am Umverteilungs- und das andere am Versicherungsprinzip ausgerichtet ist. Die Umverteilungskomponenten der Rentensysteme sind so gestaltet, dass den Rentnern ein bestimmter absoluter Mindestlebensstandard gesichert wird. Die Versicherungskomponenten sind so ausgelegt, dass ein bestimmter – im Verhältnis zum Lebensstandard während der Erwerbstätigkeit definierter – angestrebter Lebensstandard in der Rente gewährleistet wird. Die freiwillige Komponente der Altersvorsorge, sei sie privater oder betrieblicher Art, bildet das dritte Element. Innerhalb dieser drei Kategorien werden die Systeme nochmals entsprechend dem Leistungserbringer (öffentlich oder privat) sowie der Art und Weise unterteilt, in der die Leistungen definiert sind (z.B. mit Leistungsprimat oder mit Beitragsprimat).

Tabelle I.1 zeigt den unterschiedlichen Aufbau der Rentensysteme in den OECD-Ländern. In der Tabelle sind die Komponenten aufgeführt, die für Personen in Betracht kommen könnten, die während ihrer gesamten Erwerbstätigkeit bzw. des überwiegenden Teils davon Mitglied der staatlichen Rentenversicherung waren (sie enthält somit beispielsweise keine Komponenten des sozialen Sicherungsnetzes, die nur oder hauptsächlich Personen betreffen, deren Versicherungsbiografie große Lücken aufweist).

Alle OECD-Länder haben soziale Sicherungsnetze eingerichtet, die Altersarmut verhindern sollen. Alle diese Komponenten, die hier unter dem Begriff „Kategorie 1, Umverteilungskomponente" zusammengefasst sind, werden vom öffentlichen Sektor gewährleistet. Es gibt drei Hauptarten.

Im Grundrentensystem sind entweder pauschale Leistungen vorgesehen (allen Rentnern wird derselbe Betrag ausgezahlt) oder es ist für die Höhe der Renten ausschließlich die Zahl der Erwerbsjahre ausschlaggebend und nicht der frühere Verdienst. Zusätzliche Einnahmen haben keinen Einfluss auf die Höhe der Grundrente. Dreizehn Länder haben ein solches Grundrentensystem bzw. sonstige Bestimmungen mit ähnlicher Wirkung.

Die anderen beiden Komponenten der ersten Kategorie von Renteneinkommensprogrammen sind für Leistungen zu Gunsten finanziell schlechter gestellter älterer Menschen gedacht. Sie unterscheiden sich nach der Art und Weise, in der Leistungen für bestimmte Empfänger vorgesehen sind.

Bedürftigkeitsabhängige Renten sehen höhere Leistungen für finanziell schlechter gestellte Rentner und geringere Leistungen für finanziell besser gestellte vor. Für die Leistungshöhe ist das Vorhandensein von sonstigen Einnahmequellen bzw. die Einkommens- und Vermögenssituation des Empfängers ausschlaggebend. In einigen Ländern wird älteren Menschen insofern ein Sicherungsnetz geboten, als sie Anspruch auf allgemeine Sozialhilfeleistungen haben. 16 OECD-Länder haben bedürftigkeitsabhängige Programme, die für Niedrigeinkommensbezieher in Betracht kommen dürften, die während ihrer gesamten Erwerbsbiografie bzw. des überwiegenden Teils davon Mitglied der nationalen Rentenversicherung waren.

Tabelle I.1 **Aufbau der Rentensysteme in den OECD-Ländern**

	Kategorie 1			Kategorie 2	
	Allgemeine Absicherung, Umverteilungsprinzip			Pflichtversicherung	
	Öffentlich			Öffentlich	Privat
	Bedürftigkeitsabhängig	Grundrente	Mindestrente	Typ	Typ
Australien	✓				DC
Österreich	✓			DB	
Belgien	✓		✓	DB	
Kanada	✓	✓		DB	
Tschech. Republik	✓	✓	✓	DB	
Dänemark	✓	✓			DC
Finnland			✓	DB	
Frankreich	✓		✓	DB+EP	
Deutschland	✓			EP	
Griechenland	✓		✓	DB	
Ungarn				DB	DC
Island	✓	✓			DB
Irland	✓	✓			
Italien	✓			NDC	
Japan		✓		DB	
Korea		✓		DB	
Luxemburg	✓	✓	✓	DB	
Mexiko		✓	✓		DC
Niederlande		✓			DB
Neuseeland		✓			
Norwegen		✓	✓	EP	DC
Polen			✓	NDC	DC
Portugal			✓	DB	
Slowak. Republik			✓	EP	DC
Spanien			✓	DB	
Schweden			✓	NDC	DB+DC
Schweiz	✓		✓	DB	DB
Türkei			✓	DB	
Vereinigtes Königreich	✓	✓	✓	DB	
Vereinigte Staaten	✓			DB	

DB = Leistungsprimat.
DC = Beitragsprimat.
EP = Entgeltpunkte.
NDC = Fiktive Konten.
Quelle: Von den amtlichen Stellen der jeweiligen Länder zur Verfügung gestellte Informationen. Wegen weiterer Einzelheiten zur Definition der Begriffe vgl. OECD (2004, 2005a).

Mindestrenten, wie sie in 14 Ländern anzutreffen sind, ähneln den bedürftigkeitsabhängigen Renten insofern, als sie ebenfalls verhindern sollen, dass die Renten unter ein bestimmtes Niveau sinken. Der Unterschied liegt in der Art und Weise, in der das Leistungsniveau bestimmt wird. Bei Mindestrenten wird lediglich das Renteneinkommen berücksichtigt, das häufig nur einer einzigen Komponente des Rentensystems entstammt, während sonstiges Einkommen aus Ersparnissen bzw. Vermögen nicht angerechnet wird. Der in einigen verdienstbezogenen Systemen, z.B. in Belgien und im Vereinigten Königreich, vorgesehene Mindestanrechnungsbetrag hat einen ähnlichen Effekt: Die Höhe der Renten von Arbeitskräften mit sehr geringem Verdienst wird so berechnet, als hätten sie einen höheren Verdienst bezogen.

Die zweite Kategorie dieser Typologie der Rentensysteme hat eine Versicherungsfunktion. Sie soll den Rentnern ein angemessenes Einkommen im Verhältnis zu ihrem früheren Arbeitsverdienst sichern und nicht nur einen absoluten, vor Armut schützenden Lebensstandard. Wie die erste Kategorie ist auch sie obligatorisch. Nur in Irland und Neuseeland gibt es keinerlei obligatorische Alterssicherung der zweiten Kategorie.

In 16 OECD-Ländern gibt es öffentliche Rentenversicherungen mit Leistungsprimat, womit dies die am stärksten verbreitete Form der Alterssicherung ist. In Systemen mit Leistungsprimat hängt die Höhe der ausgezahlten Renten von der Gesamtzahl der Beitragsjahre während des Erwerbslebens sowie einer bestimmen Messgröße des individuellen Arbeitsverdiensts ab. In vier Ländern gibt es Entgeltpunktesysteme: die französische betriebliche Alterssicherung und die gesetzliche Rentenversicherung in Deutschland, Norwegen und der Slowakischen Republik. Im Rahmen dieser Systeme erwerben die Versicherten für jedes Beitragsjahr Entgeltpunkte, die sich aus ihrem individuellen Verdienst errechnen. Bei Renteneintritt wird die Zahl der Entgeltpunkte mit einem Entgeltpunktwert multipliziert und so in eine regelmäßig ausgezahlte Rente umgerechnet.

Vier Länder haben ein System privater betrieblicher Vorsorge mit Leistungsprimat. In den Niederlanden und in Schweden ist der Leistungsprimat expliziter Natur. In Island und in der Schweiz legt der Staat den Beitragssatz, einen Mindestzinssatz und einen Mindestumwandlungssatz zur Umrechnung des angesparten Kapitals in regelmäßige Rentenzahlungen fest, allesamt Faktoren, die für die Rentenhöhe ausschlaggebend sind.

Die zweithäufigste Form der Alterssicherung sind Systeme mit Beitragsprimat. In diesen Systemen werden die Beiträge auf einem individuellen Rentenkonto angespart, wobei das auf diese Weise angesammelte Kapital nach dem Renteneintritt üblicherweise in ein regelmäßiges Renteneinkommen umgewandelt wird. Die Systeme mit Beitragsprimat können sehr unterschiedlich geregelt sein. In Australien müssen die Arbeitgeber ihre Angestellten absichern, während die Beschäftigten in Mexiko, Polen und Ungarn einen Altersvorsorgeanbieter ohne Einbeziehung des Arbeitgebers wählen. In Schweden zahlen die Erwerbstätigen nur einen geringen Beitrag in die obligatorischen individuellen Rentenkonten ein, wobei die meisten Erwerbstätigen zusätzlich über die quasiobligatorischen betrieblichen Altersvorsorgepläne mit Beitragsprimat abgesichert sind.

Darüber hinaus gibt es die sogenannten *Notional-Accounts*-Systeme (fiktive Rentenkonten): Diesem Prinzip folgen die öffentlichen Rentenversicherungen in Italien, Polen und Schweden. In diesen Systemen werden die Beiträge aller Erwerbstätigen auf individuellen Konten verbucht und zu einem bestimmten Satz verzinst. Diese Konten sind insofern „fiktiv", als sowohl die verbuchten Beiträge als auch die angerechnete Rendite nur in den Büchern der Rentenverwaltung existieren. Bei Renteneintritt wird das auf den Konten angesparte fiktive Kapital anhand einer Formel, die sich nach der Lebenserwartung richtet, in eine regelmäßige Rentenzahlung umgerechnet.

Wesentliche konzeptionelle Merkmale der Rentensysteme

Die wesentlichen Merkmale der Rentensysteme der OECD-Mitgliedsländer sind in Tabelle I.2 zusammengefasst. Dabei wird die Typologie des ersten Abschnitts übernommen, nach der die Rentensysteme in zwei Kategorien eingeteilt werden. In dieser Zusammenfassung bleiben viele institutionelle Detailfragen zwangsläufig unberücksichtigt. Eine vollständigere Beschreibung liefern die einzelnen Länderstudien (Teil III).

Kategorie 1, Umverteilungssysteme

Das Niveau der von den Umverteilungssystemen der ersten Kategorie gewährten Leistungen wird als Prozentsatz des Durchschnittsverdiensts in den einzelnen Ländern ausgedrückt (vgl. die Erörterung zu den Durchschnittsverdienstdaten weiter oben im Abschnitt über die Methodik).

Im Fall der Mindest- und der Grundrenten sind die Rentenansprüche von Personen dargestellt, die ab dem Alter von 20 Jahren bis zum Erreichen des Regelrentenalters ununterbrochen erwerbstätig waren. Wie aus den letzten Zeilen der Tabelle I.2 ersichtlich, liegt das Regelrentenalter in den meisten OECD-Ländern bei 65 Jahren. Nur Personen mit kompletter Erwerbsbiografie und sehr geringem Verdienst dürften Anspruch auf bedürftigkeitsabhängige Leistungen haben; bei der Mehrzahl der Leistungsempfänger handelt es sich um Personen mit kurzer und unterbrochener Versicherungsbiografie. In der letzten Reihe ist der Gesamtbetrag der Rentenansprüche aus der ersten Leistungskategorie für Rentner mit kompletter Erwerbsbiografie dargestellt. In einigen Fällen ist es den Rentnern möglich, mehrere Leistungen der ersten Kategorie gleichzeitig zu beziehen, wohingegen sie in anderen Fällen nur aus einem der verschiedenen Programme Zahlungen in Anspruch nehmen können.

Die durchschnittliche Mindestrente liegt in den OECD-Ländern bei etwa 29% des Durchschnittsverdiensts.

Kategorie 2, Versicherungssysteme

Die Informationen zur zweiten Kategorie, die Versicherungssysteme umfasst, sind separat für die verdienstabhängige Altersversicherung und Systeme mit Beitragsprimat aufgeführt.

Die Informationen über die verdienstabhängige Altersversicherung beginnen mit dem Systemtyp: Leistungsprimat, Entgeltpunkte oder fiktive Konten (*Notional Accounts*). Der wichtigste Parameter, der über Unterschiede beim Rentenversicherungswert entscheidet, ist der Steigerungssatz pro Beitragsjahr, d.h. der Satz, zu dem den Versicherten die Rentenansprüche für jedes Versicherungsjahr angerechnet werden. Der Steigerungssatz ist als Prozentsatz des „versicherten" Verdiensts ausgedrückt. In den meisten Systemen wird nur ein Teil des Verdiensts bei der Berechnung der Renten berücksichtigt.

Im Fall von Entgeltpunktesystemen entspricht der in Tabelle I.2 angegebene effektive Steigerungssatz den Kosten eines Entgeltpunkts im Verhältnis zum Entgeltpunktwert, ausgedrückt als Prozentsatz des individuellen Verdiensts. Daraus ergeben sich, wie aus den Steigerungssätzen in

Systemen mit Leistungsprimat, die pro Jahr erworbenen Rentenansprüche im Verhältnis zum Verdienst desselben Jahrs. In den *Notional-Accounts*-Systemen wird der effektive Steigerungssatz auf die gleiche Weise berechnet, um den jährlichen Rentenanspruch als Prozentsatz des Verdiensts eines gegebenen Jahrs zu erhalten. Die Berechnungen, die vom Beitragssatz, fiktiven Zinssatz und Umwandlungsfaktor abhängen, sind in *Renten auf einen Blick* (OECD, 2005a) genauer beschrieben.

In etwas weniger als der Hälfte der Länder mit verdienstabhängigen Altersvorsorgeplänen (aller drei Arten) sind die Steigerungssätze linear. In den anderen Ländern schwankt der Umfang der jährlich erworbenen Rentenansprüche je nach der Höhe des Verdiensts des Versicherten, der Zahl der Beitragsjahre oder dem Alter des Versicherten.

In acht Fällen ist der Steigerungssatz von der Verdiensthöhe abhängig (in Tabelle I.2 durch [w] dargestellt). In den öffentlichen Rentenversicherungssystemen der Tschechischen Republik, der Schweiz, Portugals und der Vereinigten Staaten ist der Steigerungssatz progressiv gestaltet, so dass die Ersatzquote für Geringverdiener höher ist. Im Vereinigten Königreich folgt die Entwicklung des Steigerungssatzes einer U-Kurve, d.h. er ist bei Geringverdienern am höchsten, sinkt dann und steigt schließlich bei einem höheren Verdienst wieder. In den betrieblichen Altersvorsorgesystemen Frankreichs und Schwedens sind die Leistungen so gestaltet, dass der Umverteilungseffekt der öffentlichen Rentenversicherung ausgeglichen wird. Versicherten mit hohem Verdienst wird für den Verdienstteil oberhalb der Beitragsbemessungsgrenze des öffentlichen Systems eine höhere Ersatzquote gewährt.

In der betrieblichen Altersvorsorge Finnlands und der Schweiz erhöht sich der Steigerungssatz mit dem Alter (durch [a] dargestellt).

In zwei Ländern ändert sich der Steigerungssatz nach Dauer der Erwerbstätigkeit ([y]). In Luxemburg wird Personen mit einer längeren Beitragsbiografie ein höherer Steigerungssatz gewährt. In Spanien gibt es drei verschiedene Steigerungssätze. Im Vergleich zur Situation in Luxemburg ist die Entwicklung dort umgekehrt: Der Steigerungssatz ist für die ersten Versicherungsjahre am höchsten und für die letzten Jahre längerer Versicherungsbiografien am niedrigsten.

Systeme mit Beitragsprimat

Der wichtigste Parameter von Systemen mit Beitragsprimat ist der Verdienstanteil, der vom Arbeitnehmer, vom Arbeitgeber oder vom Staat auf das individuelle Konto eingezahlt werden muss. Der durchschnittliche Beitragssatz in den acht Ländern mit obligatorischem System mit Beitragsprimat beträgt 7,25%. Am höchsten ist der Beitragssatz in Dänemark, wo 1% in das spezielle Rentensystem eingezahlt wird und durchschnittlich 10,8% in ein quasiobligatorisches betriebliches Vorsorgesystem. In Australien und der Slowakischen Republik beträgt der Beitragssatz 9%. Norwegen hat in jüngster Zeit Pflichtbeiträge zu betrieblichen Vorsorgesystemen mit Beitragsprimat eingeführt, aber noch liegt der Beitragssatz bei lediglich 2%. In Schweden müssen 2,5% des Verdiensts in ein Beitragsprimat-Rentenkonto eingezahlt werden, und die Angestellten des privaten Sektors sind ebenfalls in einem System mit Beitragsprimat versichert, dessen Beitragssatz 2% beträgt. In Mexiko liegt der Beitragssatz bei 6,5% des Verdiensts. Der zusätzlich vom Staat eingezahlte Beitrag von 5,5% des Mindestlohns ist als eine Grundrente ausgewiesen, da es sich um einen Pauschalbetrag für jedes Erwerbsjahr handelt.

Verdienstmessung für die Leistungsberechnung

Die Rentenansprüche bei Systemen mit Leistungsprimat werden im Verhältnis zum vergangenen Verdienst der Versicherten berechnet, der jedoch in den einzelnen Ländern unterschiedlich gemessen wird. Tabelle I.2 zeigt, ob es sich um den über die gesamte Dauer der Erwerbstätigkeit berechneten Durchschnittsverdienst oder um den während einer bestimmten Zahl „bester Jahre" bezogenen Verdienst handelt. Es sei daran erinnert, dass sich die hier aufgeführten Informationen auf die langfristigen Bestimmungen des Systems beziehen: Der Referenzzeitraum für die Berechnung des maßgeblichen Durchschnittsverdiensts wird zurzeit in mehreren Ländern geändert (vgl. Sonderkapitel über Rentenreformen).

Das mit Abstand am häufigsten angewandte Verfahren besteht darin, für die Rentenberechnung den Verdienstdurchschnitt des gesamten Erwerbslebens zu Grunde zu legen. Dieser Ansatz wird in 17 Ländern angewandt, wobei in Kanada, der Tschechischen Republik und den Vereinigten Staaten der Durchschnitt über den größten Teil der Berufslaufbahn berechnet wird (30-35 Jahre). Es gibt fünf Ausnahmen. Das Endgehalt wird in Griechenland, Spanien sowie im betrieblichen System Schwedens für die Leistungsberechnung zu Grunde gelegt. Die Rentenbezüge aus dem öffentlichen Rentensystem Frankreichs und Norwegens basieren auf dem während der besten 20 bzw. 25 Jahre bezogenen Verdienst.

Wertanpassung

Eng verknüpft mit der Verdienstmessgröße ist die Politik der Wert- oder Rentenanpassung, durch die der Wert des vergangenen Verdiensts aktualisiert wird, um den Veränderungen des Lebensstandards in der Zeit zwischen dem Entstehen der Rentenansprüche und der Auszahlung der Renten Rechnung zu tragen. (Dies wird zuweilen Anpassung an das Einkommen vor dem Ruhestand genannt.) Basieren die Leistungen auf dem Verdienst des letzten Jahrs, ist eine solche Anpassung nicht nötig. Dagegen ist es erforderlich, den Wert der Rentenansprüche anzupassen, wenn sich der für die Rentenhöhe maßgebliche Verdienst auf einen längeren Zeitraum bezieht. Die Aktualisierung des Entgeltpunktwerts und des fiktiven Zinssatzes in Entgeltpunktesystemen bzw. *Notional-Accounts*-Systemen sind die exakten Entsprechungen zur Valorisierung in Systemen mit Leistungsprimat (wegen weiterer Einzelheiten vgl. Queisser und Whitehouse, 2006, Kasten 4).

Die Valorisierungsregeln haben starke Auswirkungen auf die Rentenansprüche, was auf einen „Zinseszinseffekt" zurückzuführen ist. Bei Zugrundelegung der in diesem Bericht verwendeten Annahmen bezüglich der wirtschaftlichen Entwicklung – d.h. einem Reallohnwachstum von 2% und einer Teuerungsrate von 2,5% – sind die Renten von Personen mit kompletter Erwerbsbiografie (zwischen dem Alter von 20 und 65 Jahren) im Falle einer Anpassung an die Preisentwicklung um 40% niedriger als bei einer vollen Wertanpassung des Verdiensts früherer Jahre an die Entwicklung des gesamtwirtschaftlichen Durchschnittsverdiensts.

Am üblichsten ist die – von 15 OECD-Ländern befolgte – Praxis, den Verdienst früherer Jahre entsprechend dem Wachstum des gesamtwirtschaftlichen Durchschnittsverdiensts zu aktualisieren. Belgien, Frankreich und Spanien aktualisieren den Verdienst jedoch nur in Bezug auf die Preisinflation, wobei aber in Spanien der Effekt relativ gering ist, da nur der Verdienst der letzten 15 Jahre in der Rentenformel berücksichtigt wird, gegenüber 25 Jahren im öffentlichen Rentensystem Frankreichs und dem auf die Lebensarbeitszeit bezogenen Verdienstdurchschnitt in Belgien und im Rahmen der französischen betrieblichen Vorsorgepläne. Finnland, Portugal und die Türkei aktualisieren den Verdienst früherer Jahre anhand einer kombinierten Preis-/Lohnindexierung.

Beitragsbemessungsgrenzen

In den meisten Ländern müssen Arbeitskräfte mit hohem Einkommen nicht auf ihren gesamten Verdienst Beiträge zur gesetzlichen Rentenversicherung entrichten. Üblicherweise wird eine Obergrenze festgelegt, die sowohl bei der Berechnung der Beitragshöhe als auch der Rentenhöhe Anwendung findet. Diese Obergrenze des Versichertenverdiensts hat starke Auswirkungen auf die Struktur, den Umfang und die Kosten der Systeme der zweiten Kategorie. Im Durchschnitt von 19 Ländern liegt die Beitragsbemessungsgrenze der öffentlichen Rentenversicherung bei 189% des gesamtwirtschaftlichen Durchschnittsverdiensts. (Nicht einbezogen sind die acht Länder, in denen es keine öffentlichen Rentenversicherungssysteme gibt, in denen eine Beitragsbemessungsgrenze anwendbar wäre, wie bei Grund- oder Sozialrentensystemen, sowie die drei Länder, in denen bei der öffentlichen Rentenversicherung keine Beitragsbemessungsgrenze vorgesehen ist.)

In Tabelle I.2 sind auch die Beitragsbemessungsgrenzen der obligatorischen privaten Rentensysteme sowie der betrieblichen Altersvorsorgepläne des öffentlichen Sektors in Frankreich und Finnland angegeben. In drei der neun Länder, in denen es solche Programme gibt, sind keine Bemessungsgrenzen vorgesehen. Es handelt sich um Finnland, Island und die Niederlande. Die Beitragsbemessungsgrenzen der betrieblichen Altersvorsorge in Frankreich und Schweden belaufen sich auf das 3- bzw. das 2,8-Fache der Bemessungsgrenze der öffentlichen Rentenversicherung (was mehr als dem Dreifachen des gesamtwirtschaftlichen Durchschnittsverdiensts entspricht). Die Bemessungsgrenze für die Pflichtbeiträge zum mexikanischen Altersvorsorgeplan mit Beitragsprimat ist ebenfalls relativ hoch.

Rentenanspruchsalter

Das Regelrentenalter liegt in der Mehrzahl der OECD-Mitgliedsländer für Männer bei 65 Jahren. Das Regelrentenalter der Frauen ist in einigen Ländern nach wie vor niedriger, in den meisten wird es aber schrittweise dem der Männer angeglichen (z.B. in Belgien, Ungarn und im Vereinigten Königreich). Island, Norwegen und die Vereinigten Staaten haben ein Regelrentenalter von 67 Jahren und andere Länder, wie z.B. Dänemark, Deutschland und das Vereinigte Königreich, haben ebenfalls vor, das Rentenalter über 65 Jahre anzuheben. Frankreich ist das einzige OECD-Land, das einen regulären Renteneintritt mit 60 Jahren gestattet. In über der Hälfte der OECD-Länder ist jedoch eine Frühverrentung möglich, die aber gewöhnlich mit einer Leistungsminderung verbunden ist.

Indexierung der laufenden Rentenzahlungen

Der Begriff Indexierung bezieht sich hier auf die Anhebungen des Werts der Rentenzahlungen ab dem Zeitpunkt ihrer Inanspruchnahme. In der Regel werden die Rentenleistungen gemäß einem Verbraucherpreisindex angepasst. In einigen Ländern, wie Finnland, die Schweiz, die Slowakische Republik, die Tschechische Republik und Ungarn, gibt es eine kombinierte Preis-/Lohnindexierung.

Griechenland, Italien, Österreich und Portugal haben progressive Indexierungsmechanismen eingeführt, bei denen der Wert geringer Rentenzahlungen stärker angehoben wird als der höherer Leistungen. In Italien ist für geringe Renten eine Anpassung der ausgezahlten Renten an die Preisentwicklung in vollem Umfang und für höhere Renten im Umfang von 90% bzw. 75% der Preisinflation vorgesehen. In Portugal gibt es eine Mischindexierung an die Preis-/BIP-Entwicklung; wie stark die Erhöhung ausfällt, ist sowohl von der Rentenhöhe als auch von der BIP-Wachstumsrate abhängig.

Indexierung der Rentensystemparameter

Die Indexierung betrifft nicht nur die laufenden Rentenzahlungen, sondern auch die Rentensystemparameter. In Systemen mit bedürftigkeitsabhängigen Leistungen und Systemen mit Grundrente ist die Anpassung des Leistungsniveaus bis zum Zeitpunkt der Rentenantragstellung stärker als die der laufenden Rentenzahlungen.

Als Beispiel soll hier das Grundrentensystem des Vereinigten Königreichs dienen. Dieses System wurde im Jahr 1981, als der Rentenwert 24% des Durchschnittsverdiensts entsprach, an die Preisentwicklung angebunden. Heute liegt der Rentenwert dort bei knapp 15% des Durchschnittsverdiensts. Die Änderung des Indexierungsverfahrens verringerte nicht nur die Leistungsansprüche der Rentenempfänger, sondern auch die aller künftig Erwerbstätigen. Wenn das Indexierungsverfahren beibehalten wird, wird der Wert der Grundrente der künftig Erwerbstätigen, wenn sie in 45 Jahren aus dem Erwerbsleben ausscheiden, nur 6,4% des Durchschnittsverdiensts entsprechen, d.h. gerade 40% ihres Werts im Verhältnis zum derzeitigen Verdienst. (Diese Berechnung fußt auf der Basishypothese des Realverdienstanstiegs von 2% pro Jahr.)

In Kanada und Schweden ist das System der bedürftigkeitsabhängigen Leistungen ebenfalls an die Preise gebunden (während im Vereinigten Königreich nun die Entwicklung des Durchschnittsverdiensts zu Grunde gelegt wird). Die Folge hiervon ist, dass auf Grund der langen Zeiträume, über die sich rentenpolitische Maßnahmen erstrecken, zu erwarten ist, dass diese Programme fast völlig verschwinden. Die Mindestrentenbezüge für die in 45 Jahren aus dem Erwerbsleben ausscheidenden Personen werden in Kanada nur 12% und in Schweden 14% des Durchschnittsverdiensts betragen. Es ist daher schwer vorstellbar, dass es politisch möglich sein wird, bedürftigen alten Menschen ein dermaßen geringes Einkommen zuzugestehen. Infolgedessen dürften diese Maßnahmen kaum haltbar sein und in der Tat auf Dauer nicht aufrechterhalten werden.

Die Modellrechnung in diesem Bericht geht daher explizit davon aus, dass diese Leistungen und Parameter an die Entwicklung der Durchschnittsverdienste und nicht der Preise gebunden sind, selbst wenn dies in den gesetzlichen Bestimmungen anders festgelegt wurde. Offensichtlich hat diese Hypothese bei der Berechnung des Werts der zugesagten Rente einen erheblichen Effekt auf die Ergebnisse.

Tabelle I.2 **Zusammenfassung der Rentenversicherungsparameter und -bestimmungen**

	Australien	Österreich	Belgien	Kanada	Tschech. Republik	Dänemark	Finnland	Frankreich	Deutsch-land	Griechen-land
Kategorie 1 (in % des Durchschnittsverdiensts)										
Bedürftigkeitsabhängige Rente	25	28	22	17	26	18	19	32	19	11
Grundrente	-	-	-	14	8	18	-	-	-	-
Mindestrente	-	-	34[1]	-	12	-	-	23	-	34
Insgesamt (bei kompletter Erwerbsbiografie)	25	28	34	31	26	36	19	32	19	34
Kategorie 2										
Verdienstabhängiges System										
Typ	n.v.	DB	DB	DB	DB	n.v.	DB	DB/EP	EP	DB
Steigerungssatz (in % des individuellen Verdiensts)	-	1.78	1.33	0.63	0.45[w][2]	-	1.5[a][4]	1.75 [w][5,6]	1.00	2.57[5]
Verdienstmessgröße	-	40	L	b34	f30	-	L	b25/L	L	f5
Valorisierung	-	w[15]	p	w	w	-	80w/20p	p/p	w[16]	[17]
Indexierung	-	d	p	p	33w/67p	-	20w/80p	p/p	w[16]	d
Beitragsprimat (DC)										
Beitragssatz (in % des individuellen Verdiensts)	9	-	-	-	-	11.8	-	-	-	
Bemessungsgrenze (in % des Durchschnittsverdiensts)										
Öffentlich	-	147	117	96	n.v.	-	-	101	151	275[7]
Privat/betrieblich	257	-	-	-	-	-	n.v.	302	-	-
Rentenalter										
Regelrentenalter	65	65	65	65	63	65	65	60	65	65
(Frauen)					(59-63)[3]					
Vorgezogener Renteneintritt	55		60	60	60		62		63	55
(Frauen)					(56-60)[3]					

Die angegebenen Parameter beziehen sich auf 2004, in ihnen sind jedoch sämtliche gesetzlichen Änderungen berücksichtigt, die erst später wirksam werden. Zum Beispiel setzen einige Länder das Rentenalter herauf und erweitern die Verdienstmessgröße für die Leistungsberechnung; das Rentenalter der Frauen ist nur angegeben, wenn es von dem der Männer abweicht. Angabe des Frührentenalters nur soweit relevant.
n.v. = nicht verfügbar; - = nicht relevant; [a] = altersabhängig; [w] = verdienstabhängig; [y] = abhängig von der Zahl der Versicherungsjahre.
b = Zahl der besten Jahre; f = Zahl der letzten Jahre; L = Lebensarbeitszeitdurchschnitt.
d = diskretionäre Indexierung; fr =Valorisierung zu einem gesetzlichen festen Satz; p =Valorisierung/Indexierung gegenüber Preisentwicklung; w = Valorisierung/Indexierung gegenüber Durchschnittsverdiensten; BIP = An das Wachstum gebunden.
DB = Leistungsprimat; DC = Beitragsprimat; EP = Entgeltpunkte; NDC = Notional Accounts (fiktiver Zinssatz).

1. Belgien, Slowakische Republik, Vereinigtes Königreich: Mindestrente errechnet sich aus der Mindestgutschrift.
2. Tschechische Republik, Portugal, Vereinigte Staaten: Höhere Steigerungssätze bei geringerem Verdienst, niedrigere Steigerungssätze bei höherem Verdienst.
3. Tschechische Republik: Rentenalter der Frauen abhängig von der Kinderzahl.
4. Finnland: Höherer Steigerungssatz für ältere Erwerbstätige.
5. Frankreich, Griechenland, Schweden: In den angegebenen Daten sind zwei verschiedene Programme zusammengefasst.
6. Frankreich, Schweden: Höhere Steigerungssätze bei höherem Verdienst bei betrieblichen Altersvorsorgeplänen.
7. Griechenland: Die effektive Beitragsbemessungsgrenze errechnet sich aus der Höchstrente.

Tabelle I.2 *(Forts.)* **Zusammenfassung der Rentenversicherungsparameter und -bestimmungen**

	Ungarn	Island	Irland	Italien	Japan	Korea	Luxemburg	Mexiko	Niederlande	Neuseeland
Kategorie 1 (in % des Durchschnittsverdiensts)										
Bedürftigkeitsabhängige Rente	-	18[8]	27	-	-	-	-	-	-	-
Grundrente	-	9	30	-	16	30	10	7.0/4.2[10]	31	40
Mindestrente	22	-	-	-	-	-	39	26	-	-
Insgesamt (bei kompletter Erwerbsbiografie)	22	27	30	22	16	30	39	26	31	40
Kategorie 2										
Verdienstabhängiges System										
Typ	DB	DB	n.v.	NDC	DB	DB	DB	n.v.	DB	n.v.
Steigerungssatz (in % des individuellen Verdiensts)	1.22	1.40	-	1.75	0.55	1.5	1.85 [y][9]	-	1.75 [11]	-
Verdienstmessgröße	L	L	-	L	L	L	L	-	L[14]	-
Valorisierung	w	fr	-	BIP	w	w	w	-	w	-
Indexierung	50w/50p	p	-	p[18]	p	p	w	-	w	-
Beitragsprimat (DC)										
Beitragssatz (in % des individuellen Verdiensts)	8	-	-	-	-	-	-	6.5 [10]	-	-
Bemessungsgrenze (in % des Durchschnittsverdiensts)										
Öffentlich	220	-	-	370	150	160	215	-	-	-
Privat/betrieblich	220	n.v.	-	-	-	-	-	377	n.v.	-
Rentenalter										
Regelrentenalter	62	67	66	65	65	65	65	65	65	65
(Frauen)				(60)				60		
Vorgezogener Renteneintritt			65	60	60	60	57		60	
(Frauen)										

8 Island: Umfasst zwei verschiedene Programme.
9. Luxemburg: Steigerungssatz nimmt bei längeren Versicherungsbiografien zu.
10. Mexiko: Zusätzlicher Beitrag in Höhe von 5,5% des Mindestlohns als Grundrente ausgewiesen. Der niedrigere Wert des berechneten Steigerungssatzes gilt für Frauen (weil Frauen die Rente früher antreten als Männer).
11. Niederlande: Uneinheitliche Steigerungssätze in den verschiedenen betrieblichen Altersvorsorgeplänen.
12. Norwegen: Niedrigerer Steigerungssatz bei höherem Verdienst.
13. Spanien: Höherer Steigerungssatz für die ersten Jahre der Erwerbstätigkeit, sinkt bei längeren Erwerbsbiografien.
14. Niederlande: Die Verdienstmessgröße ist der Durchschnittsverdienst bei rund zwei Dritteln der betrieblichen Altersvorsorgepläne und der letzte Verdienst bei einem Drittel.
15. Österreich: Es wird davon ausgegangen, dass die Valorisierung auf Verdienstindexierung umgestellt wird, da der Zeitraum für die Berechnung des Durchschnittsverdiensts verlängert wird.
16. Deutschland: Die Valorisierung kann durch jeden Anstieg der Beitragssätze und um die potenziellen Beiträge zu privaten Altersvorsorgesystemen reduziert werden. Die Indexierung kann durch jeden Anstieg der Beitragssätze reduziert werden.
17. Griechenland: Valorisierung entsprechend Rentenerhöhungen für Beschäftigte des öffentlichen Sektors.
18. Italien: Volle Preisindexierung geringer Rentenbezüge, 90%ige oder 75%ige Preisindexierung höherer Rentenbezüge.

Tabelle I.2 *(Forts.)* **Zusammenfassung der Rentenversicherungsparameter und -bestimmungen**

	Norwegen	Polen	Portugal	Slowak. Republik	Spanien	Schweden	Schweiz	Türkei	Verein. Königreich	Verein. Staaten
Kategorie 1 (in % des Durchschnittsverdiensts)										
Bedürftigkeitsabhängige Rente	33	-	20	-	-	34	24	6	20	22
Grundrente	18	-	-	-	-	-	-	-	15	-
Mindestrente	-	23	44	22[1]	30	-	18	28	15[1]	-
Insgesamt (bei kompletter Erwerbsbiografie)	33	23	44	22	30	34	24	28	30	22
Kategorie 2										
Verdienstabhängiges System										
Typ	EP	NDC	DB	EP	DB	NDC/DB	DB	DB	DB	DB
Steigerungssatz (in % des individuellen Verdiensts)	1.05 [w][12]	0.67	[w][2]	1.16	[y][13]	1.18[w][5,6]	[w/a]	2.0	[w][21]	[w][2]
Verdienstmessgröße	b20	L	L	L	f15	L/f	L	L	L	b35
Valorisierung	w	w[18]	25w/75p	w	p	w	w	50w/50p	w	w[22]
Indexierung	p	p[18]	p/BIP[20]	50w/50p	p	w-1.6	50w/50p	p	p	p
Beitragsprimat (DC)										
Beitragssatz (in % des individuellen Verdiensts)	2	7.3	-	9	-	4.5[5]	-	-	-	-
Bemessungsgrenze (in % des Durchschnittsverdiensts)										
Öffentlich	219	230	n.v.	300	165	132	108	245	115	290
Privat/betrieblich	-	-	-	-	-	367	108	-	-	-
Rentenalter										
Regelrentenalter	67	65	65	62	65	65	65	65	65	67
(Frauen)		(60)					(64)			
Vorgezogener Renteneintritt			55		60	61	63			62
(Frauen)							(62)			

19. Polen: Anpassung an das Wachstum der Reallohnsumme, mindestens aber an die Entwicklung der Preisinflation. Die Indexierung war zu 80% an den Preisen und 20% an den Löhnen orientiert, wurde aber 2005 auf die Preise umgestellt.
20. Portugal: Die Preisindexierung wird für geringe Rentenbezüge höher, für höhere Renten geringer sein. Die Indexierung wird großzügiger, je höher das BIP-Wachstum ausfällt.
21. Vereinigtes Königreich: Steigerungssatz am höchsten bei geringem Verdienst, dann geringer, dann wieder höher.
22. Vereinigte Staaten: Verdienstvalorisierung bis zum Alter von 60 Jahren, keine Anpassung von 60-62 Jahren; Preisvalorisierung von 62-67 Jahren.

Quelle: Von den amtlichen Stellen der jeweiligen Länder zur Verfügung gestellte Informationen und OECD-Berechnungen.

Renteneinkommensindikatoren

Bei den ersten beiden Indikatoren handelt es sich um Ersatzquoten, d.h. das Verhältnis zwischen den Rentenbezügen und den individuellen Arbeitsentgelten. Diese Werte sind sowohl brutto als auch netto angegeben unter Berücksichtigung der auf das Arbeitseinkommen und auf das Renteneinkommen zu entrichtenden Steuern und Sozialabgaben. Es werden zudem zwei Sensitivitätsanalysen der Bruttoersatzquote durchgeführt: Bruttoersatzquoten bei Versicherungseintritt im Alter von 25 Jahren und Bruttoersatzquoten mit unterschiedlichen Verzinsungen.

Die nächsten beiden Indikatoren basieren auf dem Rentenvermögen, wiederum brutto und netto angegeben. Anders als die Ersatzquoten reflektiert das Rentenvermögen Unterschiede in Bezug auf das Rentenalter, die Anpassung der ausgezahlten Renten und die nationale Lebenserwartung.

Das Verhältnis zwischen den beiden Kernzielen des Rentensystems – Angemessenheit und Versicherungsschutz – wird anhand der nächsten beiden Indikatorpaare für die Progressivität der Rentenformel und das Verhältnis zwischen Rentenbezügen und Arbeitsentgelt untersucht.

Bei den letzten beiden Indikatoren handelt es sich um gewichtete Durchschnittswerte – Rentenniveaus und Rentenvermögen sowie die Struktur des „Rentenpakets". Sie erfassen das Rentensystem in Bezug auf die Art und Weise, wie es sich über das Verdienstspektrum auf den Einzelnen auswirkt.

Definition und Messung

Die Bruttoersatzquote ist definiert als Bruttorentenanspruch, dividiert durch das Bruttoarbeitsentgelt vor dem Renteneintritt. Sie wird hier in Bezug auf den Medianverdienst sowie das 0,5-, 0,75-, 1-, 1,5- und 2-Fache des Durchschnittsarbeitsverdiensts gezeigt.

Die Ersatzquote der Altersrente ist ein Indikator, der darüber Aufschluss gibt, wie effektiv ein Rentensystem während des Ruhestands ein Einkommen anstelle des Arbeitsverdiensts gewährleistet, der vor dem Renteneintritt die Haupteinkommensquelle war. Häufig wird die Ersatzquote ausgedrückt als das Verhältnis zwischen der gezahlten Rente und dem Endlohn vor dem Renteneintritt. Der hier verwendete Indikator zeigt aber die Rentenzahlungen als einen Anteil des durchschnittlichen individuellen Lebensarbeitsentgelts (das zusammen mit dem gesamtwirtschaftlichen Wachstum des Arbeitsverdiensts wertmäßig angepasst wurde). Unter der Basishypothese verdienen Arbeitskräfte während ihrer gesamten Berufslaufbahn denselben Prozentssatz des gesamtwirtschaftlichen Arbeitsentgelts. In diesem Fall sind die durchschnittlichen Lebensarbeitsentgelte, mit Wertanpassung, und der individuelle Endlohn identisch. Bei Personen, die mit zunehmendem Alter in der Gehaltsskala aufsteigen, ist das Arbeitsentgelt kurz vor dem Ruhestand höher als der durchschnittliche individuelle Lebensarbeitsverdienst, und die Ersatzquoten, die anhand des zuletzt bezogenen individuellen Arbeitsentgelts berechnet werden, sind niedriger.

Für Arbeitskräfte mit Durchschnittsverdienst beträgt der OECD-Durchschnitt der Bruttoersatzquote aus der gesetzlichen Rente 58,7%. Die Abweichungen zwischen den Ländern sind beträchtlich, wobei Griechenland und Luxemburg mit Ersatzquoten von über 90% an der Spitze liegen. Am niedrigsten sind die Ersatzquoten für Durchschnittsverdiener im Vereinigten Königreich, in Irland und Japan, wohingegen Länder wie z.B. Norwegen und die Schweiz im mittleren Bereich liegen. Die Ersatzquoten der gesetzlichen Rentenversicherungen sind mit einem Durchschnitt von 38,5% für Arbeitnehmer mit mittlerem Verdienst in den sechs überwiegend englischsprachigen Ländern allgemein am niedrigsten. Am höchsten sind sie in den fünf südeuropäischen Ländern – Griechenland, Italien, Portugal, Spanien und die Türkei – mit einem Durchschnitt von 74,3%.

Geringverdiener, d.h. Arbeitnehmer mit lediglich der Hälfte des Durchschnittsverdiensts, haben höhere Ersatzquoten als Arbeitnehmer mit Medianverdienst bzw. Durchschnittsverdienst: im Durchschnitt 73%. Dies erklärt sich durch die Tatsache, dass die meisten Länder versuchen, Geringverdiener vor Altersarmut zu schützen. Die Abweichungen zwischen den einzelnen Ländern in Bezug auf die Ersatzquoten sind auf diesem Verdienstniveau viel geringer als bei den Rentenbezügen von Personen mit doppeltem Durchschnittsverdienst. Am höchsten liegt die Bruttoersatzquote von Geringverdienern mit 120% in Dänemark, was bedeutet, dass Arbeitnehmer mit voller Erwerbsbiografie und dauerhaft geringem Verdienst im Ruhestand über mehr Geld verfügen, als während ihres Erwerbslebens. Die niedrigste Ersatzquote wurde in Deutschland festgestellt, wo sie für Arbeitnehmer mit voller Erwerbsbiografie und einem der Hälfte des Durchschnitts entsprechenden Arbeitsverdienst nur 40% beträgt.

Bei hohem Verdienstniveau sind die Renten in Griechenland am höchsten, was sich sowohl durch einen hohen Steigerungssatz als auch durch eine hohe Beitragsbemessungsgrenze erklärt. Während die meisten übrigen Länder niedrigere Obergrenzen und daher niedrigere Ersatzquoten für Arbeitnehmer mit hohem Verdienst haben, bietet das griechische System Arbeitnehmern mit voller Erwerbsbiografie und bis zu 275% des Durchschnittsverdiensts dieselbe Ersatzquote. Dagegen erhalten in Irland Personen mit hohem Verdienst die niedrigsten Leistungen im Verhältnis zu ihrem früheren Verdienst. Die Unterschiede zwischen den Ländern sind im Hinblick auf die Ersatzquoten von Personen mit hohem Verdienst wesentlich größer als es bei Personen mit geringem oder durchschnittlichem Verdienst der Fall ist.

Schließlich enthält die Tabelle auch Rentenersatzquoten für Frauen in den vier Ländern, in denen diese (auf Grund des gegenüber Männern niedrigeren Rentenanspruchsalters) von den Ersatzquoten für Männer abweichen. Der Unterschied bei den Ersatzquoten zwischen Männern und Frauen ist in den zwei Ländern, in denen Rentenversicherungen mit Beitragsprimat existieren – Mexiko und Polen – besonders ausgeprägt. In beiden Ländern beträgt das Regelrentenalter für Frauen 60 Jahre, während es für Männer bei 65 Jahren liegt. Das bedeutet, dass Frauen Kapital auf den individuellen Rentenkonten über einen kürzeren Zeitraum akkumulieren. Es bedeutet ferner, dass Frauen Renten über einen längeren Zeitraum beziehen, auf den das Rentenkapital verteilt werden muss. Infolgedessen fallen die Ersatzquoten bei durchschnittlichem Arbeitsverdienst für Frauen um etwa ein Drittel niedriger aus als für Männer. In Mexiko ist der Unterschied zwischen den Ersatzquoten von Männern und Frauen größer als in Polen, weil die Annuitäten auf der Basis geschlechterspezifischer Sterberaten und nicht anhand einheitlicher Sterbetafeln für Männer und Frauen berechnet werden.

Bruttoersatzquoten nach Verdienst

	Medianverdiener	Individuelles Arbeitsentgelt, Vielfaches des Durchschnittsverdiensts 0.5	0.75	1	1.5	2
Männer						
Australien	47.9	70.7	52.3	43.1	33.8	29.2
Österreich	80.1	80.1	80.1	80.1	78.5	58.8
Belgien	40.7	57.3	40.9	40.4	31.3	23.5
Kanada	49.5	75.4	54.4	43.9	29.6	22.2
Tschech. Rep.	54.3	78.8	59.0	49.1	36.4	28.9
Dänemark	83.6	119.6	90.4	75.8	61.3	57.1
Finnland	63.4	71.3	63.4	63.4	63.4	63.4
Frankreich	51.2	63.8	51.2	51.2	46.9	44.7
Deutschland	39.9	39.9	39.9	39.9	39.9	30.0
Griechenland	95.7	95.7	95.7	95.7	95.7	95.7
Ungarn	76.9	76.9	76.9	76.9	76.9	76.9
Island	80.1	109.9	85.8	77.5	74.4	72.9
Irland	38.2	65.0	43.3	32.5	21.7	16.2
Italien	67.9	67.9	67.9	67.9	67.9	67.9
Japan	36.8	47.8	38.9	34.4	29.9	27.2
Korea	72.7	99.9	77.9	66.8	55.8	45.1
Luxemburg	90.3	99.8	92.1	88.3	84.5	82.5
Mexiko	36.6	52.8	37.3	35.8	34.4	33.6
Niederlande	81.7	80.6	81.5	81.9	82.4	82.6
Männer (*Forts.*)						
Neuseeland	46.8	79.5	53.0	39.7	26.5	19.9
Norwegen	60.0	66.4	61.2	59.3	50.2	42.7
Polen	61.2	61.2	61.2	61.2	61.2	61.2
Portugal	54.3	70.4	54.5	54.1	53.4	52.7
Slowak. Rep.	56.7	56.7	56.7	56.7	56.7	56.7
Spanien	81.2	81.2	81.2	81.2	81.2	67.1
Schweden	63.7	79.1	66.6	62.1	64.7	66.3
Schweiz	62.0	62.5	62.1	58.4	40.7	30.5
Türkei	72.5	72.5	72.5	72.5	72.5	72.5
Ver. Königr.	34.4	53.4	37.8	30.8	22.6	17.0
Ver. Staaten	43.6	55.2	45.8	41.2	36.5	32.1
OECD	60.8	73.0	62.7	58.7	53.7	49.2
Frauen (falls unterschiedl.)						
Italien	52.8	52.8	52.8	52.8	52.8	52.8
Mexiko	31.1	52.8	35.2	29.7	28.5	27.9
Polen	44.5	46.2	44.5	44.5	44.5	44.5
Schweiz	62.6	62.8	62.6	59.1	41.2	30.9

Quelle: OECD-Rentenmodelle.

Bruttoersatzquoten nach Verdienst

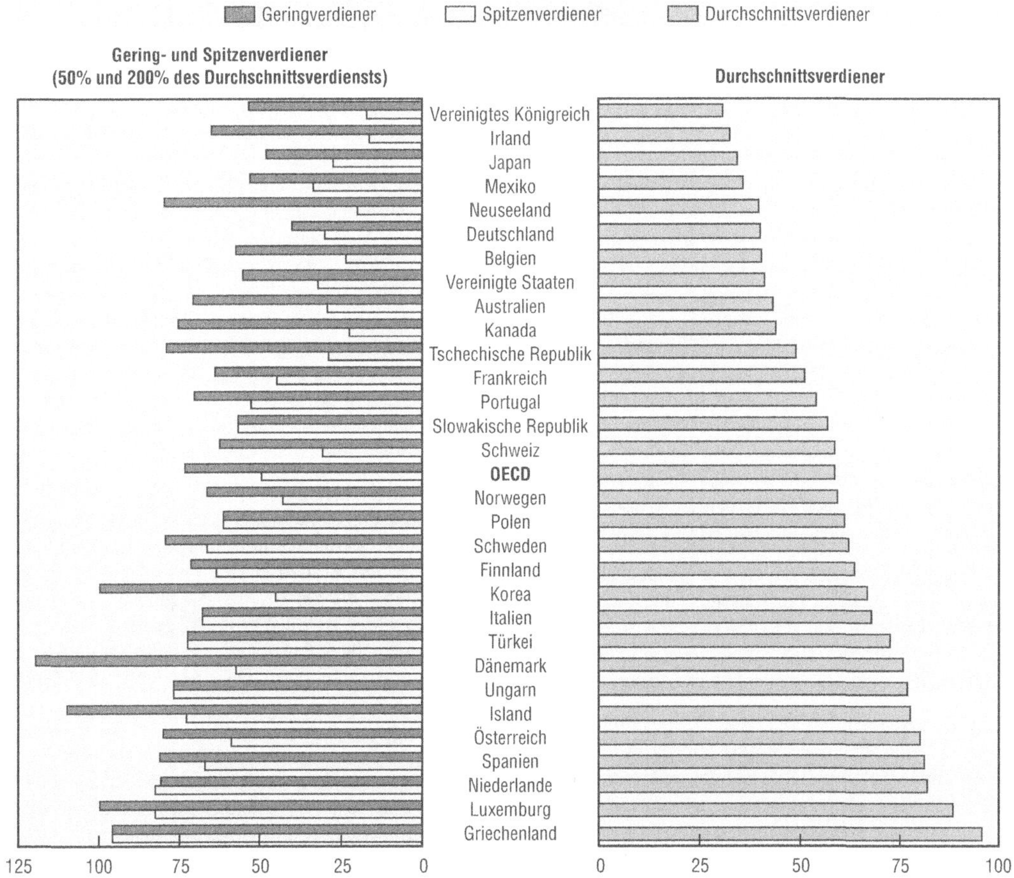

Anmerkung: Die Länder sind in der Abbildung nach der Bruttoersatzquote der Durchschnittsverdiener, d.h. der durchschnittlichen Bruttoersatzquote angeordnet.
Quelle: OECD-Rentenmodelle.

StatLink: *http://dx.doi.org/10.1787/546202021514*

Definition und Messung

Die Nettoersatzquote ist definiert als individueller Nettorentenanspruch, dividiert durch das Nettoarbeitsentgelt vor dem Renteneintritt, unter Berücksichtigung der von Arbeitnehmern und Rentnern auf das Arbeits- und Renteneinkommen zu entrichtenden persönlichen Einkommensteuern und Sozialversicherungsbeiträge. Im Übrigen gilt für die Nettoersatzquote dieselbe Definition und Messung wie für die Bruttoersatzquote (vgl. den zuvor beschriebenen Indikator). Die Ergebnisse beziehen sich auch hier auf Arbeitnehmer mit vollständiger Erwerbsbiografie und Medianverdienst sowie mit 0,5-, 0,75-, 1-, 1,5- und 2-fachem Durchschnittsverdienst.

Die Einkommensteuersysteme spielen eine wichtige Rolle bei der Einkommensstützung im Alter. Rentner sind häufig von Sozialabgaben befreit, und da die Einkommensteuer progressiv ist und die Rentenbezüge im allgemeinen geringer sind als das Arbeitseinkommen vor Renteneintritt, liegt der durchschnittliche Satz der Steuern und Abgaben auf Renteneinkommen in der Regel unter dem Satz, der auf Arbeitseinkommen zu entrichten ist. Zudem sehen die meisten Einkommensteuersysteme eine günstigere Behandlung der Renteneinkommen bzw. der Rentner vor, denen zusätzliche Steuerfreibeträge oder Steuergutschriften gewährt werden. Die Nettoersatzquoten sind daher gewöhnlich höher als die Bruttoersatzquoten.

Für Durchschnittsverdiener liegt die Nettoersatzquote (im OECD-Durchschnitt) bei 70%, d.h. 11 Prozentpunkte höher als die Bruttoersatzquote. Das Muster der Ersatzquoten weist auf Nettobasis ferner größere Unterschiede zwischen den Ländern auf als auf Bruttobasis.

So sind die Nettoersatzquoten in der belgischen und deutschen Rentenversicherung z.B. erheblich höher als die Bruttoersatzquoten. Der Grund hierfür ist erstens die Vorzugsbehandlung des Renteneinkommens hinsichtlich der Sozialversicherungsbeiträge und zweitens die Tatsache, dass die Ersatzquoten relativ niedrig sind, was angesichts der stark progressiven persönlichen Einkommensteuern bedeutet, dass Rentner sehr viel weniger Einkommensteuer zahlen als dies während ihres Erwerbslebens der Fall war. In Deutschland wird die derzeit sehr großzügige steuerliche Vorzugsbehandlung von Renteneinkommen allmählich abgeschafft, doch wird die Differenz zwischen Brutto- und Nettoersatzquote selbst nach vollständiger Umsetzung der entsprechenden Maßnahmen weiterhin groß sein.

Gegenüber Belgien und Deutschland fallen Neuseeland und Schweden bei Messung auf Netto- anstatt auf Bruttobasis in der Rangfolge weiter zurück. Der Grund hierfür ist, dass diese Länder Renten- und Arbeitseinkommen mit ganz ähnlichen Sätzen besteuern.

Die Nettoersatzquoten für Geringverdiener (mit halbem Durchschnittsverdienst) liegen im OECD-Durchschnitt bei 84%. Die Auswirkungen von Steuern und Sozialversicherungsbeiträgen auf die Nettoersatzquoten sind für Geringverdiener (mit halbem Durchschnittsverdienst) geringer als für Arbeitnehmer mit höherem Verdienst. Das erklärt sich aus der Tatsache, dass Geringverdiener generell weniger Steuern und Abgaben zahlen als Durchschnittsverdiener. In vielen Fällen liegen ihre Renteneinkommen unter dem Niveau, ab dem die üblichen Einkommensteuerentlastungen wirksam werden (Freibeträge, Gutschriften usw.). Sie können daher nicht voll von zusätzlichen Erleichterungen profitieren, die auf Renten bzw. für Rentner im Rahmen der Einkommensteuer gewährt werden.

Die Differenz für Geringverdiener beträgt im Schnitt 11 Prozentpunkte. Belgien und die Tschechische Republik weisen für Geringverdiener wesentlich höhere Ersatzquoten auf, wenn diese auf Nettobasis gemessen werden. In Mexiko liegt die Nettoersatzquote für Geringverdiener unter der Bruttoersatzquote, weil Geringverdiener weniger Steuern zahlen als Niedrigrentenempfänger (bei identischer Einkommenshöhe).

Bei Spitzenverdienern beträgt der Abstand zwischen Netto- und Bruttoersatzquote ebenfalls 11 Prozentpunkte. Dies bedeutet jedoch, dass Einkommensteuer und Sozialversicherungsbeiträge eine größere Rolle spielen als bei Durchschnitts- oder Geringverdienern, weil die Nettoersatzquoten – 61% für Spitzenverdiener – niedriger sind als für Geringverdiener. Das Steuersystem verringert daher die Progressivität des Renteneinkommenssystems. Die Nettoersatzquote für Arbeitnehmer mit doppeltem Durchschnittsverdienst ist in der Türkei am höchsten, wo Spitzenverdiener zudem die höchsten Ersatzquoten über das gesamte Verdienstspektrum erzielen. Es überrascht nicht, dass die niedrigsten Quoten in Neuseeland und Irland, den Ländern mit reinem Pauschalrentensystem, anzutreffen sind. In beiden Ländern beziehen Arbeitnehmer mit doppeltem Durchschnittsverdienst eine Rente, die weniger als einem Viertel ihres früheren Nettoarbeitsentgelts entspricht.

Es bestehen regionale Unterschiede in Bezug auf den Unterschied zwischen Brutto- und Nettoersatzquote. Für Medianverdiener liegen die Nettoersatzquoten in den EU15-Ländern im Schnitt 11 Prozentpunkte höher als die Bruttoersatzquoten. In den nordischen Ländern ist die Differenz geringer: Die Nettoersatzquoten liegen weniger als 7 Prozentpunkte über den Bruttoersatzquoten. Dies ist durch die Tatsache bedingt, dass Einkommensteuern in den nordischen Ländern eine wichtigere Rolle spielen als andernorts: Arbeitnehmer mit mittlerem Verdienst führen in den nordischen Ländern 33% ihres Arbeitsentgelts an Steuern und Sozialversicherungsbeiträgen ab, gegenüber 26,5% im OECD-Raum insgesamt und noch weniger (22,5%) in den englischsprachigen Ländern. Was Geringverdiener betrifft, so bieten die nordischen Länder eine Nettoersatzquote von 96%, während die englischsprachigen OECD-Länder 76% des früheren Nettoeinkommens zahlen.

Nettoersatzquoten nach Verdienst

	Medianverdiener	Individuelles Arbeitsentgelt, Vielfaches des Durchschnittsverdiensts						Medianverdiener	Individuelles Arbeitsentgelt, Vielfaches des Durchschnittsverdiensts				
		0.5	0.75	1	1.5	2			0.5	0.75	1	1.5	2
Männer							**Männer** *(Forts.)*						
Australien	61.7	83.5	66.2	56.4	46.1	40.8	Neuseeland	48.6	81.4	54.9	41.7	29.4	23.2
Österreich	90.6	90.4	90.6	90.9	89.2	66.4	Norwegen	70.0	77.1	71.2	69.3	62.5	55.1
Belgien	64.4	77.3	65.5	63.0	51.1	40.7	Polen	74.8	74.5	74.8	74.9	75.0	77.1
Kanada	62.8	89.2	68.3	57.4	40.0	30.8	Portugal	67.4	81.6	66.0	69.2	72.2	73.7
Tschech. Rep.	70.3	98.8	75.6	64.4	49.3	40.2	Slowak. Rep.	71.9	66.4	70.6	72.9	75.4	76.7
Dänemark	94.1	132.7	101.6	86.7	77.0	72.2	Spanien	84.2	82.0	83.9	84.5	85.2	72.4
Finnland	68.0	77.4	68.4	68.8	70.3	70.5	Schweden	66.2	81.4	69.2	64.0	71.9	73.9
Frankreich	62.8	78.4	64.9	63.1	58.0	55.4	Schweiz	68.8	75.0	68.2	64.3	45.7	35.1
Deutschland	57.3	53.4	56.6	58.0	59.2	44.4	Türkei	103.4	101.0	102.9	104.0	106.4	108.3
Griechenland	111.1	113.6	111.7	110.1	110.3	107.0	Ver. Königr.	45.4	66.1	49.2	41.1	30.6	24.0
Ungarn	96.5	94.7	95.1	102.2	98.5	98.5	Ver. Staaten	55.3	67.4	58.0	52.4	47.9	43.2
Island	86.9	110.9	92.0	84.2	80.3	79.7							
Irland	44.4	65.8	49.3	38.5	29.3	23.5	**OECD**	72.1	83.8	74.0	70.1	65.4	60.7
Italien	77.9	81.8	78.2	77.9	78.1	79.3							
Japan	41.5	52.5	43.5	39.2	34.3	31.3	**Frauen** (falls unterschiedl.)						
Korea	77.8	106.1	83.1	71.8	61.9	50.7	Italien	63.8	63.6	64.4	63.4	63.7	63.5
Luxemburg	98.0	107.6	99.8	96.2	92.9	91.0	Mexiko	32.2	50.3	35.7	31.7	32.3	33.2
Mexiko	37.9	50.3	37.8	38.3	39.0	40.0	Polen	55.3	57.5	55.3	55.2	55.0	56.4
Niederlande	105.3	97.0	103.8	96.8	96.3	94.8	Schweiz	68.1	75.4	68.9	65.0	46.3	35.5

Quelle: OECD-Rentenmodelle.

Nettoersatzquoten nach Verdienst

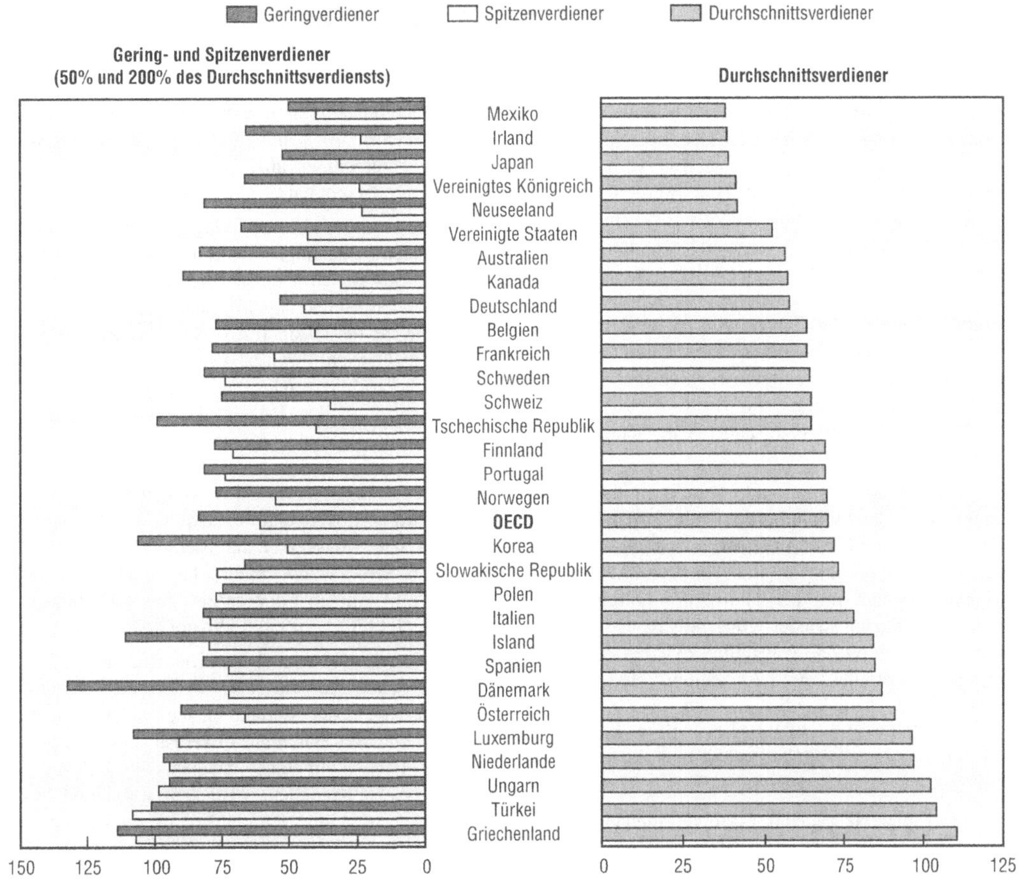

Anmerkung: Die Länder sind in der Abbildung nach der Nettoersatzquote der Durchschnittsverdiener, d.h. der durchschnittlichen Nettoersatzquote angeordnet.
Quelle: OECD-Rentenmodelle.

StatLink: *http://dx.doi.org/10.1787/304061275274*

Definition und Messung

Die Bruttoersatzquote ist definiert als Bruttorentenanspruch, dividiert durch das Bruttoarbeitsentgelt vor dem Renteneintritt. Sie wird hier bei Medianverdienst und 0,5-, 0,75-, 1-, 1,5- und 2-fachem Durchschnittsverdienst gezeigt. Die Ersatzquoten beziehen sich hier auf Arbeitnehmer, die im Alter von 25 Jahren ins Erwerbsleben eintreten und in dem jeweiligen Land bis zur Regelaltersgrenze erwerbstätig sind. Es wird unterstellt, dass diese Arbeitnehmer vor dem Erreichen des Alters von 25 Jahren keine Rentenansprüche erwerben.

Unter der im Bericht verwendeten Basishypothese treten die Arbeitskräfte mit 20 Jahren ins Erwerbsleben ein und sind bis zur Regelaltersgrenze erwerbstätig. In der überwiegenden Mehrheit der OECD-Länder, in denen das Renteneintrittsalter bei 65 Jahren liegt, hat die Erwerbsbiografie bei dieser Hypothese eine Dauer von 45 Jahren. Bei der niedrigeren Regelaltersgrenze in Frankreich beträgt die Dauer der vollen Erwerbsbiografie hingegen 40 Jahre, und das höhere Renteneintrittsalter in Island, Norwegen und den Vereinigten Staaten impliziert eine Dauer der Erwerbsbiografie von 47 Jahren. In den vier Ländern, die beabsichtigen, langfristig für Männer und Frauen ein unterschiedliches Rentenalter beizubehalten (vgl. Tabelle), ist die Dauer der Erwerbstätigkeit für Frauen zwischen einem und fünf Jahren kürzer.

In der Realität ist die Dauer der Erwerbsbiografie zurzeit kürzer als bei der Basishypothese von 40-47 Jahren: Einige Arbeitnehmer treten erst später als mit 20 Jahren in das Erwerbsleben ein, und viele weisen aus verschiedenen Gründen Zeiten auf, in denen sie nicht erwerbstätig sind. In vielen OECD-Ländern ist zudem nach wie vor die Frühverrentung weit verbreitet. Im Rahmen einer Sensitivitätsanalyse werden hier die Bruttoersatzquoten für eine kürzere Erwerbsbiografie dargestellt. Die alternative Hypothese lautet, dass der Eintritt ins Erwerbsleben im Alter von 25 Jahren erfolgt. Für die meisten Länder ergibt sich hieraus eine Berufslaufbahn von 40 Jahren. Sie ist im Falle Frankreichs mit 35 Jahren wiederum kürzer und für Island, Norwegen und die Vereinigten Staaten mit 42 Jahren länger. Die Tabelle zeigt die Bruttoersatzquoten der Altersrenten im Vergleich zum Arbeitsentgelt nach dieser Hypothese.

Für Arbeitnehmer mit Durchschnittsverdienst beträgt die durchschnittliche Bruttoersatzquote der OECD-Länder bei Eintritt ins Erwerbsleben mit 25 Jahren 54,1%, gegenüber 58,7% im Alter von 20 Jahren. Arbeitnehmer mit nur der Hälfte des Durchschnittsverdiensts erzielen wieder eine höhere Ersatzquote: durchschnittlich 69,2%, gegenüber 73% bei Aufnahme der Erwerbstätigkeit mit 20 Jahren. Bei Medianverdienst, d.h. dem Verdienstniveau, über oder unter dem die Hälfte aller Arbeitnehmer liegt, beträgt die Bruttoersatzquote im OECD-Durchschnitt 56,3%, gegenüber 60,8%.

In Irland, Neuseeland, Portugal, Spanien und den Vereinigten Staaten sind die Ersatzquoten bei Erwerbsaufnahme mit 20 und 25 Jahren identisch. Dies ist dadurch bedingt, dass Irland und Neuseeland Pauschalrentensysteme haben. In Spanien und den Vereinigten Staaten erreicht der Arbeitnehmer nach 35 Jahren die maximale Ersatzquote; fünf weitere Jahre Rentenversicherungsbeiträge zu zahlen, ändert daher dort nicht das Rentenleistungsniveau, es sei denn, der Verdienst ist in den betreffenden fünf Jahren mit am höchsten.

Das unterstellte Alter des Ausscheidens aus dem Erwerbsleben ist bei Beschäftigungsaufnahme im Alter von 20 und 25 Jahren für jedes an der Untersuchung teilnehmende Land das Regelrentenalter. In Frankreich sind die Leistungen jedoch stärker an die Zahl der Beitragsjahre gekoppelt als in den meisten übrigen Ländern. Die ersten Ergebnisse in der Tabelle zeigen den Fall einer Person, die im Alter von 25-60 Jahren erwerbstätig ist, was eine Ersatzquote von 37,4% für einen Durchschnittsverdiener ergibt, gegenüber 51,2% für einen Durchschnittsverdiener mit einer Erwerbsbiografie, die sich auf das Alter von 20-60 Jahren erstreckt. Angesichts der Höhe des Abschlags für Arbeitnehmer, die im Alter von 60 Jahren aus dem Erwerbsleben ausscheiden und ihre Erwerbstätigkeit mit 25 Jahren aufgenommen haben, weist die Tabelle zudem nachrichtlich die Ergebnisse für einen französischen Arbeitnehmer aus, der von 25 bis 65 Jahren Beiträge entrichtet hat.

Sind die auf einer kürzeren Erwerbsbiografie basierenden Schätzungen der künftigen Rentenansprüche „besser" als die von einer längeren Erwerbsbiografie ausgehenden Schätzungen? Zunächst einmal ist die Tatsache zu berücksichtigen, dass das Ziel all dieser Schätzungen *nicht* darin besteht, die künftigen Rentenansprüche vorherzusagen, vielmehr geht es darum, die Funktionsweise der Rentensysteme zu beschreiben. Dies vorausgeschickt, kommt die kürzere Erwerbsbiografie wahrscheinlich der Realität der derzeitigen Rentenempfänger nahe. Ob dies auch künftig der Fall sein wird, ist Spekulation. OECD (2006) legt den Schluss nahe, dass das durchschnittliche Rentenalter nach Jahren, wenn nicht Jahrzehnten sinkender Tendenz in einigen Ländern zu steigen begonnen hat. (Vgl. auch OECD, 2005b, Indikator SS8.)

Für die Zwecke dieser Untersuchung besonders wichtig ist die Tatsache, dass im Rahmen der jüngsten Veränderungen der Rentensysteme vieler Länder die Anrechnung von Zeiten der Erwerbslosigkeit ausgedehnt wurde. Kinderbetreuung, Studienzeiten, Bezug von Leistungen bei Krankheit, Arbeitsunfähigkeit und Arbeitslosigkeit werden in vielen Ländern auf die Beitragszeiten des Versicherten angerechnet. Es besteht daher die Wahrscheinlichkeit, dass es für Personen, die bei Erreichen des Rentenalters keine volle Erwerbsbiografie aufweisen, künftig dennoch eine Vielzahl von Fehlzeiten geben wird, die auf die Beitragszeiten anzurechnen sind.

Bruttoersatzquoten nach Verdienst: Beginn des Erwerbslebens im Alter von 25 Jahren

	Medianverdiener	Individuelles Arbeitsentgelt, Vielfaches des Durchschnittsverdiensts				
		0.5	0.75	1	1.5	2
Australien	45.9	68.7	50.3	41.0	31.8	27.2
Österreich	71.2	71.2	71.2	71.2	69.7	52.3
Belgien	37.9	50.9	38.1	37.6	29.2	21.9
Kanada	49.5	75.4	54.4	43.9	29.6	22.2
Tschech. Republik	49.1	71.5	53.4	44.3	32.8	26.0
Dänemark	78.2	113.9	85.0	70.6	56.2	50.0
Finnland	58.2	68.7	58.2	58.2	58.2	58.2
Frankreich	37.5	63.8	42.5	37.4	34.0	32.3
Deutschland	35.5	38.6	35.5	35.5	35.5	26.7
Griechenland	92.9	92.9	92.9	92.9	92.9	92.9
Ungarn	66.8	66.8	66.8	66.8	66.8	66.8
Island	74.8	104.6	80.4	68.4	64.6	63.1
Irland	38.2	65.0	43.3	32.5	21.7	16.2
Italien	61.0	61.0	61.0	61.0	61.0	61.0
Japan	34.4	45.5	36.5	32.1	27.6	24.9
Korea	64.6	88.8	69.2	59.4	49.6	40.1
Luxemburg	79.8	89.1	81.6	77.8	74.0	72.2
Mexiko	31.5	52.8	35.2	30.8	29.5	28.8
Niederlande	76.7	78.6	77.1	76.3	75.5	75.1
Neuseeland	46.8	79.5	53.0	39.7	26.5	19.9
Norwegen	59.0	65.6	60.2	58.2	49.1	41.5
Polen	53.3	53.3	53.3	53.3	53.3	53.3
Portugal	54.3	70.4	54.5	54.1	53.4	52.7
Slowak. Republik	48.8	48.8	48.8	48.8	48.8	48.8
Spanien	81.2	81.2	81.2	81.2	81.2	67.1
Schweden	60.5	75.9	63.5	57.2	60.5	63.1
Schweiz	58.2	57.7	58.1	55.2	38.6	28.9
Türkei	65.9	67.2	65.9	65.9	65.9	65.9
Verein. Königreich	32.6	51.9	36.2	29.1	21.2	15.9
Vereinigte Staaten	43.6	55.2	45.8	41.2	36.5	32.1
OECD-Durchschnitt	56.3	69.2	58.4	54.1	49.2	44.9
Frauen						
Italien	45.7	52.8	52.8	52.8	52.8	52.8
Mexiko	31.1	52.8	35.2	29.7	28.5	27.9
Polen	38.1	46.2	44.5	44.5	44.5	44.5
Schweiz	57.8	62.8	62.6	59.1	41.2	30.9
Nachrichtlich:						
Frankreich						
Erwerbsbiografie 25-60 Jahre	37.5	63.8	42.5	37.4	34.0	32.3
Erwerbsbiografie 25-65 Jahre	51.9	63.8	51.9	51.9	47.9	45.9

Definition und Messung

In acht OECD-Mitgliedsländern gibt es Altersvorsorgesysteme mit Beitragsprimat (*Defined Contribution* – DC), die Teil ihres Rentenpflichtversicherungssystems sind. Die Rentenansprüche hängen in solchen Systemen entscheidend von der Rendite der investierten Beiträge ab. Die Ausgangshypothese der Modellrechnungen ist eine reale Verzinsung in Systemen mit Beitragsprimat in Höhe von 3,5% jährlich (um die administrativen Kosten bereinigt).

Die Ersatzquoten werden hier zudem unter Annahme niedrigerer oder höherer Renditen berechnet, die von jährlich 1-6% in realer Rechnung reichen. (Diese Renditen wurden bewusst symmetrisch über und unter der Ausgangshypothese gewählt.)

Eine reale Verzinsung von 3,5% jährlich ist eine im Vergleich zu Vergangenheitswerten empirisch gesehen eher konservative Annahme. Zwischen 1984 und 1996 lag die reale von Pensionsfonds erwirtschaftete Rendite in acht OECD-Ländern bei durchschnittlich 8% pro Jahr (OECD, 1998, Tabelle V.3). Einige Kommentatoren argumentieren jedoch, dass die risikoangepasste Rendite in Rentensystemen mit Beitragsprimat nicht höher sein kann als die risikofreie Rendite (z.B. Bodie, 1995). Diese Variable, die den versicherungsmathematischen Berechnungen dieses Berichts zu Grunde liegt, beträgt den Annahmen zufolge 2%. Andere sind wiederum der Auffassung, dass auf Grund der sehr hohen administrativen Kosten, die in einigen Ländern Auswirkungen auf die individuellen Rentenansprüche hatten, sogar von noch konservativeren Renditeannahmen ausgegangen werden sollte (vgl. die Hinweise in Whitehouse, 2000 und 2001). Hingegen vertreten andere Analysten die Ansicht, dass es eine „Aktien-Risikoprämie" gibt, die selbst nach Berichtigung um die Kosten des eingegangenen Risikos eine Rendite sichert, die über der risikofreien Rendite liegt. Diese Fragen waren Gegenstand zahlreicher Untersuchungen. (Vgl. u.a. Blanchard, 1993; Constantinides et al., 1998; Jagannathan und Kocherlakota, 1996; sowie Mehra und Prescott, 1985.)

Die in den Abbildungen gezeigten Ersatzquoten sind die von Arbeitnehmern mit vier verschiedenen Verdienstniveaus. Sie berücksichtigen alle Quellen von Renteneinkommen, d.h. nicht nur das des Rentensystems mit Beitragsprimat. Die nachstehenden Abbildungen zeigen die Ersatzquoten unter verschiedenen Annahmen für die Realrendite (auf der horizontalen Achse).

Von allen acht Ländern ist die Höhe der Rentenansprüche in Mexiko am stärksten von der Rendite abhängig. Dies erklärt sich daraus, dass es in den anderen sieben Ländern substanzielle öffentliche Rentenleistungen gibt (deren Wert natürlich nicht von der Renditeentwicklung abhängig ist), wohingegen Mexiko nur eine relativ geringe Mindestrente hat. Bei einer hohen Rendite (6%) würde sich der Wert der mexikanischen Rentenansprüche im Vergleich zum Ausgangsszenario (3,5%) für Arbeitnehmer mit Medianverdienst oder darüber praktisch verdoppeln. Geringverdiener hätten jedoch bei Renditen unter 4,5% stets Anspruch auf die Mindestrente. Nur bei einer Rendite oberhalb dieses Werts würden sie auf ihrem individuellen Rentenkonto genügend Kapital akkumulieren, um aus höheren Erträgen Nutzen ziehen zu können.

Dagegen sind die Beitragssätze an private Rentensysteme mit Beitragsprimat unter diesen acht Ländern in Norwegen (2% des Verdiensts) und Schweden (2,5% individuell und 2% betrieblich) am niedrigsten, so dass diese Systeme nur zu einem geringen Teil zum gesamten Rentenpaket beitragen. Die Ersatzquote ist daher insgesamt wesentlich weniger renditeabhängig.

Die Gesamthöhe der Rentenansprüche wird in Dänemark, Polen und der Slowakischen Republik stärker durch das Renditeniveau beeinflusst als in Norwegen und Schweden, weil die Beitragssätze mit 9% und 11% höher sind. Ein Anstieg der Rendite von 3,5% auf 6% würde das Gesamtniveau der Rentenansprüche in all diesen Fällen um rd. 50% anheben. Auch in Australien ist der Beitragssatz mit 9% relativ hoch. Die im öffentlichen Rentensystem vorgesehene Bedürftigkeitsprüfung führt dort jedoch dazu, dass die durch eine höhere Rendite bedingten Gewinne im beitragsbezogenen Rentensystem durch eine geringere öffentliche Rente teilweise neutralisiert werden.

Die Abhängigkeit des Gesamtrentenanspruchs von der Rendite ist in drei Ländern je nach dem individuellen Verdienst sehr unterschiedlich: Australien, Dänemark und Mexiko. In allen drei Ländern ist dies durch den Effekt der ersten Kategorie der Alterssicherung, das öffentliche Rentensystem, bedingt. Für Geringverdiener spielt die Rendite eine wesentlich geringere Rolle als für Durchschnitts- und Spitzenverdiener. In Polen, der Slowakischen Republik und Ungarn sind Renditeunterschiede dagegen für die Arbeitnehmer aller dargestellten Verdienstniveaus gleichermaßen von Bedeutung.

Bruttoersatzquoten nach Verdienst und Rendite bei Rentensystemen mit Beitragsprimat

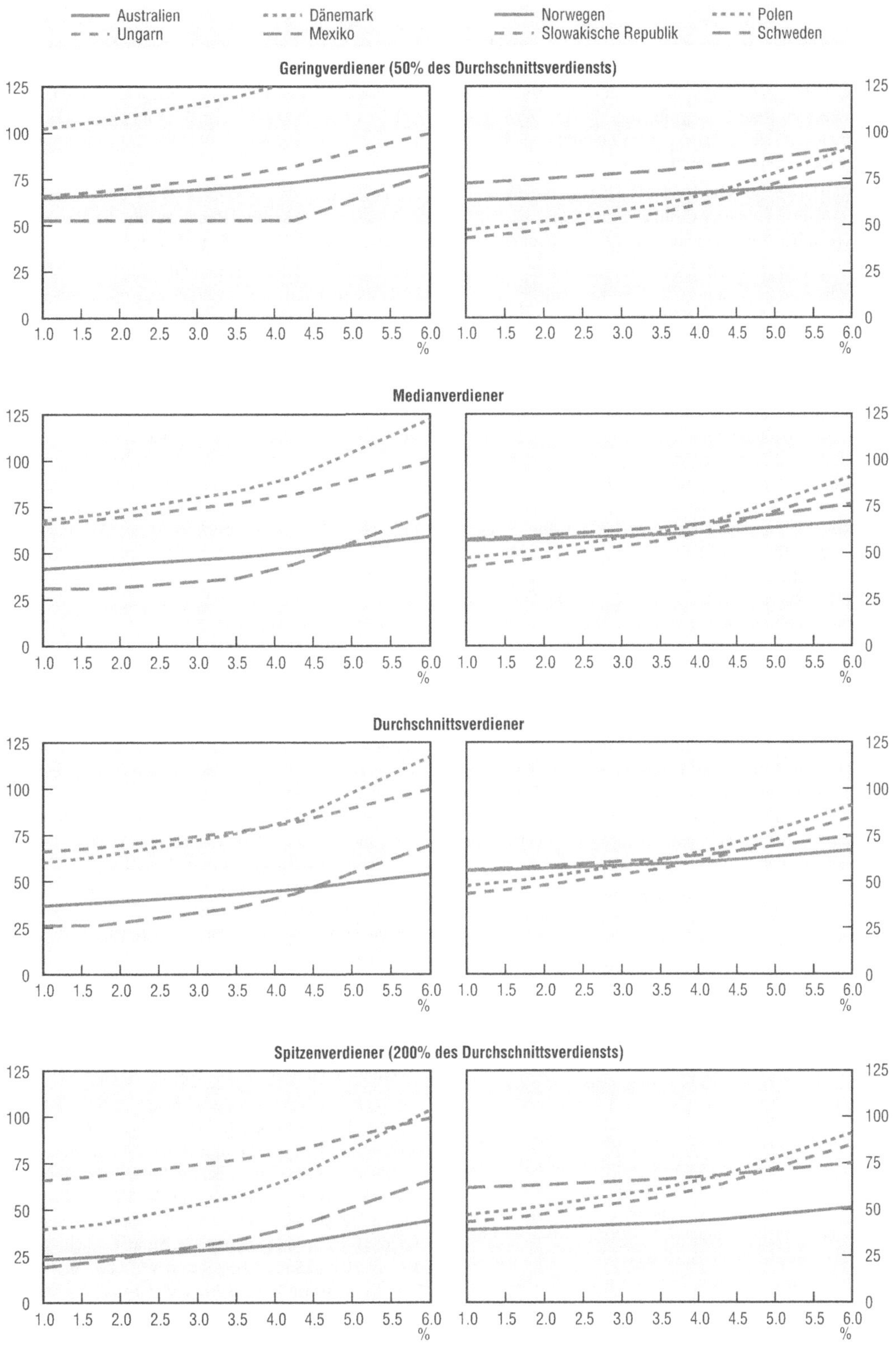

Anmerkung: Die vertikale Achse wurde auf eine Ersatzquote von 125% begrenzt. Für Geringverdiener in Dänemark beträgt die Ersatzquote bei der höchsten Rendite 157%.

StatLink: *http://dx.doi.org/10.1787/857341456784*

Definition und Messung

Die Ersatzquoten sind ein erster Hinweis auf die Größenordnung des Rentenversprechens, aber keine umfassenden Messgrößen, da sie nur die regelmäßigen Rentenversicherungsleistungen zum Zeitpunkt des Eintritts in den Ruhestand messen. Um ein vollständiges Bild zu erhalten, ist es notwendig, auch Aspekte wie die Lebenserwartung, das Renteneintrittsalter und die Indexierung der Renten zu berücksichtigen, die zusammen bestimmen, wie lange Renten gezahlt werden müssen und wie sich deren Wert im Laufe der Zeit entwickelt. Diese Aspekte werden durch das Rentenvermögen erfasst, eine Messgröße des Gegenwartswerts der künftigen Rentenzahlungen.

Bei der Berechnung des Rentenvermögens werden ein einheitlicher Abzinsungssatz von 2% und die länderspezifische Lebenserwartung verwendet. Da sich die Vergleiche auf erwartete Rentenansprüche beziehen, werden bei den Berechnungen die Sterblichkeitsprojektionen für das Jahr 2040 zu Grunde gelegt.

Das Rentenvermögen wird gemessen und ausgedrückt als ein Vielfaches des individuellen Bruttojahresverdiensts. Es wird hier für Arbeitnehmer mit 0,5-, 1- und 2-fachem Durchschnittsverdienst gezeigt, und zwar separat für Männer und Frauen.

Die Angaben zum Rentenvermögen stehen für die Pauschalsumme, die notwendig wäre, um genau jene Rentenzahlungen zu erwerben, die in jedem Land im Rahmen der gesetzlichen Rentenversicherung versprochen werden. Zur Veranschaulichung soll hier das Beispiel Japans dienen: Dort beträgt die obligatorische Rente für einen Mann mit Durchschnittsverdienst das 5,7-Fache des individuellen Verdiensts zum Zeitpunkt des Renteneintritts. Bei 50% des Durchschnittsverdiensts beläuft sich die gesetzliche Rente auf das 7,9-Fache des individuellen Verdiensts, weil die Ersatzquoten für Geringverdiener höher sind.

Luxemburg weist auf allen Verdienstniveaus das höchste Rentenvermögen auf. Bei Durchschnittsverdienern liegt es für Männer bei 19,3 und für Frauen bei 23,5. Es beträgt das Doppelte des OECD-Durchschnitts, der sich für Männer auf 9,3 und für Frauen auf 10,9 beläuft. Das Rentenvermögen für Durchschnittsverdiener ist im Vereinigten Königreich am geringsten, dicht gefolgt von Mexiko.

Bei Untersuchung der Ergebnisse auf regionaler Basis ist das Bruttorentenvermögen für Durchschnittsverdiener in den EU15-Staaten, den nordischen und südeuropäischen Ländern fast identisch. Der regionale Durchschnitt liegt zwischen 10,4 und 10,7. In den sechs englischsprachigen OECD-Ländern ist das Rentenvermögen bei Arbeitnehmern mit mittlerem Verdienst – bei einem Durchschnitt in Höhe des 6,3-fachen Jahresverdiensts – um ein Drittel geringer als in diesen anderen Regionen.

In Ländern mit kürzerer Lebenserwartung, wie Polen, der Türkei und Ungarn, werden die Leistungen für eine kürzere Ruhestandsperiode gezahlt, so dass unter sonst gleichen Bedingungen das Leistungsniveau höher sein kann. Umgekehrt ist der Effekt in der Schweiz und in den nordischen Ländern, wo die Lebenserwartung hoch ist. Im Gegensatz zu den Messgrößen der Ersatzquoten erfasst der Indikator Rentenvermögen den Zusammenhang zwischen Finanzierbarkeit und Lebenserwartung.

In der Abbildung und in der unteren Tabelle sind die Effekte der einzelnen Bestimmungsfaktoren des Rentenvermögens isoliert dargestellt. In der Abbildung wird der Effekt von Unterschieden im Renteneintrittsalter untersucht. Sie weist separat für Männer und Frauen die verbleibende Lebenserwartung im Alter von 55 bis 70 Jahren zusammen mit dem Annuitätsfaktor aus, der das Rentenvermögen misst. Der Wert derselben einem 60-Jährigen gezahlten Jahresrente ist für einen Mann um 17,5% und für eine Frau um 16,1% höher, als es der Fall ist, wenn die Rente im Alter von 65 Jahren in Anspruch genommen wird.

Das Rentenvermögen ist zudem von der Anpassung der Höhe der laufenden Rentenzahlungen abhängig. Die Tabelle zeigt, dass unter Verwendung der Ausgangshypothese eines Reallohnwachstums von 2% die Anpassung an die Verdienstentwicklung zu einem Rentenvermögen führen würde, das über 20% höher ist, als es bei einer Preisindexierung (dem in den meisten OECD-Ländern üblichen Verfahren) der Fall wäre. Die kombinierte Indexierung – teils Lohn- teils Preisindexierung – setzt sich immer mehr durch (vgl. weiter oben „Wesentliche konzeptionelle Merkmale der Rentensysteme"). Aus der Tabelle ist ersichtlich, um wie viel höher das Rentenvermögen bei diesen Maßnahmen ist als bei der Preisindexierung. Der Effekt großzügigerer Indexierungsverfahren ist für Frauen stärker als für Männer. Der Grund hierfür ist die im OECD-Durchschnitt um über 3½ Jahre höhere Lebenserwartung der Frauen, was die erwartete Dauer des Rentenbezugs mit den entsprechenden realen Rentenerhöhungen verlängert.

Das Rentenvermögen hängt schließlich auch von der Lebenserwartung ab. Die Sterberaten werden voraussichtlich in den kommenden Jahrzehnten sinken, so dass das auf der Basis der heutigen Daten gemessene Rentenvermögen für Männer um 14,5% und für Frauen um 12,1% geringer sein wird als beim Basisszenario, d.h. die für 2040 projizierten Sterberaten. Auch zwischen den einzelnen Ländern bestehen erhebliche Unterschiede. Das Rentenvermögen wäre auf Grund der längeren Lebenserwartung in Japan unter sonst gleichen Bedingungen für Männer um 12,3% und für Frauen um 8,3% höher als im Durchschnittsland. Im umgekehrten Fall wäre das Rentenvermögen in der Türkei um 14% geringer als im OECD-Durchschnitt.

Bruttorentenvermögen nach Geschlecht und Verdienst

Vielfaches des individuellen Bruttojahresverdiensts

	Männer			Frauen		
	0.5	1	2	0.5	1	2
Australien	12.5	7.3	4.6	14.6	8.4	5.4
Österreich	12.2	11.7	8.1	14.2	13.5	9.4
Belgien	8.8	6.2	3.6	10.2	7.2	4.2
Kanada	11.5	6.7	3.4	13.4	7.8	4.0
Tschech. Republik	13.0	8.1	4.8	15.3	9.5	5.6
Dänemark	19.5	11.9	8.7	22.3	13.6	9.9
Finnland	11.2	10.0	10.0	13.2	11.8	11.8
Frankreich	11.5	9.2	8.0	13.2	10.6	9.3
Deutschland	7.2	7.2	5.5	8.6	8.6	6.5
Griechenland	14.3	14.3	14.3	16.6	16.6	16.6
Ungarn	12.4	12.4	12.4	15.4	15.4	15.4
Island	17.7	11.8	11.0	20.0	13.3	12.3
Irland	11.5	5.8	2.9	13.7	6.9	3.4
Italien	10.0	10.0	9.9	10.7	10.7	10.6
Japan	7.9	5.7	4.5	8.9	6.4	5.1
Korea	13.9	9.3	6.3	16.6	11.1	7.5
Luxemburg	21.8	19.3	18	26.6	23.5	22.0
Mexiko	7.0	4.8	4.5	8.5	4.8	4.5
Niederlande	14.9	15.1	15.2	17.4	17.7	17.8
Neuseeland	14.7	7.4	3.7	17.3	8.6	4.3
Norwegen	11.5	10.2	7.3	13.4	11.3	8.5
Polen	8.4	8.4	8.4	8.9	8.6	8.6
Portugal	10.5	7.9	7.7	12.3	9.2	9.0
Slowak. Republik	8.8	8.8	8.8	10.7	10.7	10.7
Spanien	12.2	12.2	10.1	14.3	14.3	11.8
Schweden	12.6	10.0	10.5	14.4	11.4	12.0
Schweiz	10.7	9.8	5.1	13.1	12.0	6.3
Türkei	9.2	9.2	9.2	10.7	10.7	10.7
Vereinigtes Königreich	8.0	4.6	2.5	9.1	5.3	2.9
Vereinigte Staaten	7.9	5.9	4.6	9.2	6.8	5.3
OECD-Durchschnitt	11.8	9.4	7.8	13.7	10.9	9.0

Quelle: OECD-Rentenmodelle.

Annuitätsfaktoren und Lebenserwartung nach Geschlecht und Alter

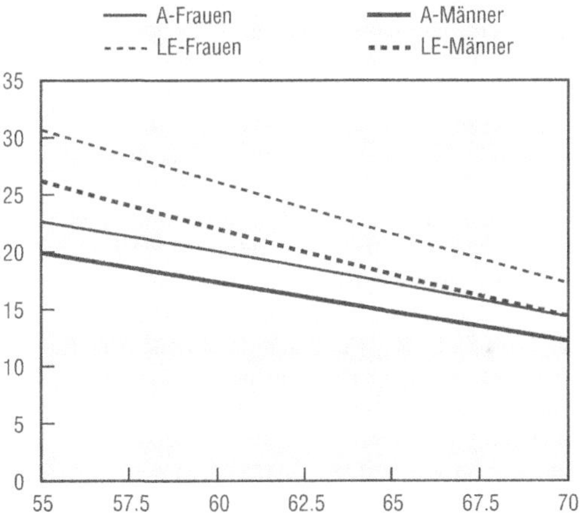

StatLink: *http://dx.doi.org/10.1787/270401783055*

Abhängigkeit des Rentenvermögens von Indexierungsverfahren und Lebenserwartung

Indexierung	Preise	Löhne	80p/20w	67p/33w	50p/50w
Männer	0	+21.7%	+3.9%	+6.5%	+10.1%
Frauen	0	+24.5%	+4.3%	+7.3%	+11.3%
Sterberaten	2002	2020	2040	Japan	Türkei
Männer	-14.5%	-7.2%	0	+12.3%	-14.4%
Frauen	-12.1%	-5.1%	0	+8.3%	-14.1%

Definition und Messung

Das Nettorentenvermögen ist der Gegenwartswert der regelmäßigen Rentenleistungen unter Berücksichtigung der von den Rentenempfängern auf ihre Rentenbezüge zu entrichtenden Steuern und Sozialabgaben. Es wird gemessen und ausgedrückt als ein Vielfaches des individuellen Bruttojahresverdiensts in dem betreffenden Land. Der Bruttoverdienst wurde als Vergleichsmaßstab benutzt, um die Effekte der im Ruhestand abgeführten Steuern und Sozialversicherungsbeiträge von den während des Erwerbslebens gezahlten zu trennen. Diese Definition bedeutet, dass Brutto- und Nettorentenvermögen in den Fällen identisch sind, wo die Betreffenden auf ihre Rentenbezüge keine Sozialversicherungsbeiträge und Einkommensteuern zu entrichten haben.

Das Nettorentenvermögen wird für Arbeitnehmer mit 0,5-, 1- und 2-fachem Durchschnittsverdienst dargestellt.

Die Angaben zum Nettorentenvermögen stehen für die Pauschalsumme, die notwendig wäre, um genau jene Rentenzahlungen abzüglich der persönlichen Einkommensteuer und der Sozialversicherungsbeiträge zu erwerben, die in jedem Land im Rahmen der gesetzlichen Rentenversicherung versprochen werden. In den Abbildungen werden Brutto- und Nettorentenvermögen für Männer und Frauen verglichen. In Ländern, die auf der 45°-Achse liegen, sind Brutto- und Nettorentenvermögen identisch, weil auf Renteneinkommen keine Steuern erhoben werden.

Ausgehend vom Durchschnittsverdiener ist das Rentenvermögen in acht Ländern netto und brutto identisch. In der Slowakischen Republik und der Türkei ist dies dadurch begründet, dass Rentenbezüge nicht zu versteuern sind. In Australien, Irland, Kanada, Mexiko, Portugal und der Tschechischen Republik erklärt es sich daraus, dass die Ersatzquoten der gesetzlichen Rente im Vergleich zu anderen OECD-Ländern niedrig sind. Die von Arbeitnehmern mit Durchschnittsverdienst akkumulierten gesetzlichen Rentenansprüche sind nicht hoch genug, um hierauf im Ruhestand Steuern entrichten zu müssen, was durch die Steuerfreibeträge zur Sicherung des Existenzminimums und die Befreiung der Renteneinkommen von Sozialversicherungspflichtbeiträgen bedingt ist. Spitzenverdiener in Australien und Portugal werden jedoch Anspruch auf eine teilweise zu versteuernde gesetzliche Rente haben, und für Personen mit doppeltem Durchschnittsverdienst ist das Nettorentenvermögen somit geringer als das Bruttorentenvermögen.

In einigen Fällen ändert sich die Rangfolge der Länder in Bezug auf das Rentenvermögen ganz erheblich, wenn die Messung auf Nettobasis erfolgt. Zum Beispiel steht die Tschechische Republik in Bezug auf die Höhe des Nettorentenvermögens für Durchschnittsverdiener an 12. Stelle, rangiert aber bei Messung auf Bruttobasis auf dem 19. Platz.

Während die Durchschnittsverdiener in acht Ländern auf ihr Renteneinkommen keine Steuern und Sozialversicherungsbeiträge entrichten müssen, dürften die Rentenempfänger in anderen Ländern – vor allem in den fünf nordischen Ländern, aber auch in Österreich – eine erhebliche Steuerbelastung zu tragen haben. Teilweise spiegelt dies das hohe Niveau der Bruttoersatzquote der Rentenbezüge aus der gesetzlichen Rentenversicherung wider, teilweise aber auch das generell hohe Steuerniveau in den nordischen Ländern. Länder, in denen das Gewicht der Einkommensteuer hoch ist, liegen daher beim Nettorentenvermögen in der Rangfolge nicht so weit vorn wie beim Bruttorentenvermögen. Finnland und Schweden z.B. befinden sich beim Bruttorentenvermögen für Männer mit Durchschnittsverdienst an 9. Stelle, beim Nettorentenvermögen dagegen erst an 18. bzw. 20. Stelle. Auf Bruttobasis gemessen ist das Rentenvermögen in den fünf nordischen Ländern 70% höher als in den sechs englischsprachigen Ländern. Bei einem Vergleich des Nettorentenvermögens beträgt die Differenz jedoch nur 30%.

Ganz oben und ganz unten in der Länderrangfolge sind bei Durchschnittsverdienern jedoch keine Veränderungen festzustellen. In Luxemburg ist das Nettorentenvermögen wieder auf allen Verdienstniveaus am höchsten. Für Männer ist das Nettorentenvermögen bei Durchschnittsverdienst im Vereinigten Königreich am geringsten, gefolgt von Mexiko mit weniger als dem 5-fachen individuellen Jahresverdienst. Die Rangfolge der beiden Länder ist jedoch bei Frauen umgekehrt, wobei das Niveau in Mexiko am niedrigsten ist.

Bei den Geringverdienern ist das Nettorentenvermögen im OECD-Durchschnitt um das 0,9-Fache des individuellen Jahresverdiensts niedriger als das Bruttorentenvermögen. Dies erklärt sich durch die Tatsache, dass Geringverdiener in zehn OECD-Ländern auf ihre Bezüge aus der gesetzlichen Rentenversicherung Einkommensteuern entrichten müssen. In Deutschland und Griechenland hätten die betreffenden Arbeitnehmer auf ihr Renteneinkommen lediglich Sozialversicherungsbeiträge abzuführen, während Rentner mit geringem Einkommen in sieben Ländern sowohl Steuern als auch Sozialabgaben zahlen müssten. Für Durchschnittsverdiener ist die Differenz zwischen Brutto- und Nettorentenvermögen etwas größer: das 1,3-Fache des individuellen Jahresverdiensts – und für Männer mit doppeltem Durchschnittsverdienst ist sie mit dem 1,6-Fachen sogar noch größer. Der durchschnittliche Anteil der auf die Rentenbezüge zu entrichtenden Steuern und Sozialversicherungsbeiträge liegt für Geringverdiener (50% des Durchschnittsverdiensts) bei 6,6%, gegenüber 11,6% für Personen mit Durchschnittsverdienst und 16,4% für Spitzenverdiener (200% des Durchschnittsverdiensts).

Nettorentenvermögen nach Geschlecht und Verdienst

Vielfaches des individuellen Bruttojahresverdiensts

	Männer			Frauen		
	0.5	1	2	0.5	1	2
Australien	12.5	7.3	4.3	14.6	8.4	5
Österreich	11.5	9	5.7	12.8	10.4	6.6
Belgien	8.8	5.6	3.1	10.2	6.5	3.6
Kanada	11.8	6.6	3.3	13.4	7.7	4.0
Tschech. Republik	13	8.1	4.8	15.3	9.5	5.6
Dänemark	13.4	8.0	5.3	15.4	9.2	6.1
Finnland	9.6	7.4	6.6	11.4	8.8	7.8
Frankreich	10.8	8.1	6.6	12.4	9.3	7.6
Deutschland	6.2	6.3	4.2	7.9	7.0	4.9
Griechenland	14.3	13.0	11.1	16.5	15.1	12.8
Ungarn	12.4	10.8	8.9	15.3	13.4	11.0
Island	14.7	9.1	7.6	16.6	10.2	8.6
Irland	11.5	5.8	2.9	13.7	6.9	3.4
Italien	10.0	8.4	7.4	10.7	9.4	8.2
Japan	7.2	5.3	4.0	8.2	5.9	4.5
Korea	13.7	9.1	6.0	16.3	10.8	7.1
Luxemburg	19.6	15.6	12.7	24	19.1	15.5
Mexiko	7.0	4.8	4.5	8.5	4.8	4.5
Niederlande	13.5	12.3	10.5	15.8	14.3	12.3
Neuseeland	12.2	6.1	3.0	14.3	7.1	3.6
Norwegen	10.1	8.3	5.6	11.8	9.7	6.6
Polen	7.2	7.0	6.9	7.9	7.3	7.1
Portugal	10.5	7.9	7.4	12.3	9.2	8.7
Slowak. Republik	8.8	8.8	8.8	10.7	10.7	10.7
Spanien	11.0	10.1	7.9	12.9	11.9	9.3
Schweden	9.5	7.2	6.8	10.9	8.2	8.0
Schweiz	10.1	8.1	4.2	12.4	9.9	5.2
Türkei	9.2	9.2	9.2	10.7	10.7	10.7
Vereinigtes Königreich	7.9	4.5	2.5	9.1	5.2	2.8
Vereinigte Staaten	7.9	5.7	4.3	9.2	6.6	5.0
OECD-Durchschnitt	10.9	8.1	6.2	12.7	9.4	7.2

Quelle: OECD-Rentenmodelle.

Vergleich Bruttorentenvermögen/Nettorentenvermögen nach Geschlecht, Durchschnittsverdiener

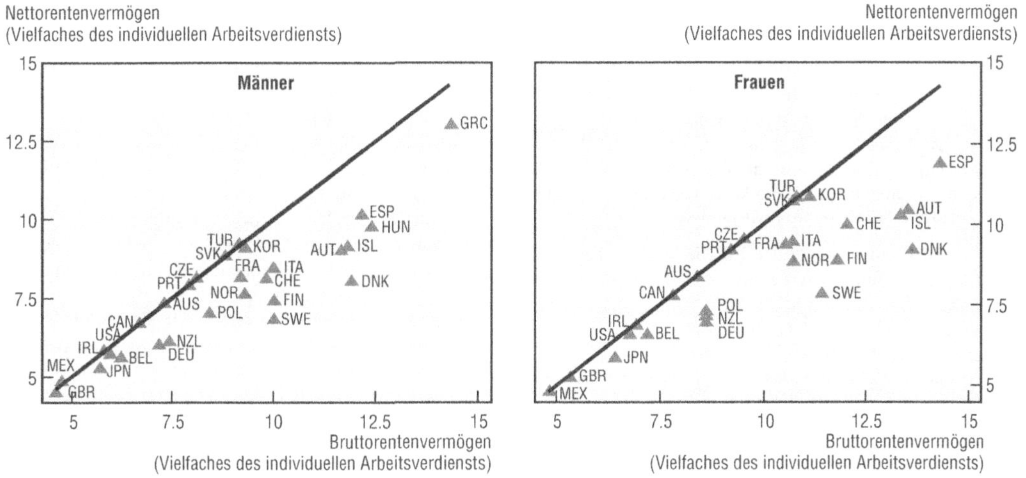

Anmerkung: Für beide Ordinaten gilt in beiden Abbildungen für das Rentenvermögen eine Obergrenze vom 15-fachen individuellen Verdienst, wodurch Luxemburg und die Niederlande aus beiden Abbildungen und Griechenland und Ungarn aus der Abbildung für Frauen herausfallen.

StatLink: *http://dx.doi.org/10.1787/237612383126*

Definition und Messung

Den Rentensystemen der OECD-Länder liegen sehr unterschiedliche Philosophien zu Grunde, insbesondere in Bezug auf die relative Bedeutung, die sie jeweils der Versicherungs- und der Umverteilungskomponente der Altersvorsorge zuweisen. Die Stärke des Zusammenhangs zwischen dem Verdienst vor dem Renteneintritt und der Höhe der Rentenansprüche nach dem Renteneintritt wird hier durch einen summarischen Indikator gemessen, dem Index der Progressivität. Der Index wurde so aufgebaut, dass reine Grundrentensysteme einen Wert von 100% und reine Versicherungssysteme einen Wert von 0% erhalten. Die Berechnung stützt sich auf den Gini-Koeffizienten. Je höher der Gini-Koeffizient, desto ungleicher ist die Verteilung. Konkret wird der Progressivitätsindex berechnet als 100 minus den Gini-Koeffizienten der Rentenansprüche geteilt durch den Gini-Koeffizienten des Verdiensts (ausgedrückt in Prozent). In jedem Fall wird bei der Berechnung der Gini-Koeffizienten die Verdienstverteilung zur Gewichtung herangezogen. Die Berechnungen wurden zur Verdienstverteilung für die einzelnen Länder (sofern Daten vorliegen) und für den OECD-Durchschnitt durchgeführt.

Bei Systemen mit „reiner Grundrente" wird allen Rentnern, unabhängig von ihrer Verdienstbiografie und ihren sonstigen Einkommensquellen, ein pauschaler Betrag ausgezahlt. Ein solches System wird manchmal auch „Demogrant" oder „Bürgerrente" genannt. Der relative Rentenwert hängt nicht vom Verdienst ab, und die Ersatzquote nimmt bei steigendem Verdienst ab. Am anderen Ende des Spektrums der unterschiedlichen Ausgestaltungsformen der Rentensysteme steht das „reine Versicherungssystem", das allen Erwerbstätigen eine identische Ersatzquote sichern soll, wenn sie in Rente gehen. Altersvorsorgepläne mit Beitragsprimat entsprechen diesem reinen Versicherungsmodell, wenn der Beitragssatz im Verhältnis zum Verdienst für alle Erwerbstätigen konstant bleibt. Dasselbe gilt für verdienstabhängige Systeme, die der Mehrzahl der Versicherten den gleichen Steigerungssatz bieten, unabhängig vom Verdienst, von der Dauer der Erwerbstätigkeit und vom Alter.

Auf diese beiden Referenzsysteme – reines Versicherungs- und reines Grundrentensystem – stützt sich der „Index der Progressivität", der für die Zwecke des Ländervergleichs der Rentenformeln konstruiert wurde. Der Index wurde so aufgebaut, dass reine Grundrentensysteme einen Wert von 100% und reine Versicherungssysteme einen Wert von 0% erhalten. (Dieser Ansatz basiert auf der von Musgrave und Thin, 1948, konzipierten Messgröße der effektiven Progression). Im reinen Grundrentensystem ist der höchste Progressionsgrad erreicht; das reine Versicherungssystem ist nicht progressiv, da die Ersatzquote konstant ist. Ein hoher Wert ist nicht zwangsläufig „besser" als ein niedriger Wert oder umgekehrt. Länder mit hohem Wert verfolgen nur andere Ziele als Länder mit einem niedrigen Wert.

In der ersten Spalte der Tabelle sind die Ergebnisse für den Gini-Koeffizienten der Bruttorentenhöhe angegeben. Der zweiten Spalte ist der Index der Progressivität der Rentenformel zu entnehmen. In Ländern mit reiner Grundrente – Irland und Neuseeland – beträgt der Index natürlich 100%. Andere Länder mit stark progressiven Rentensystemen sind Australien, Kanada, die Tschechische Republik und das Vereinigte Königreich, wo der Index über 65% beträgt. In all diesen Ländern sind Sozial- oder Grundrenten vorgesehen, die eine wichtige Rolle bei der Sicherung der Renteneinkommen spielen.

Am anderen Ende des Spektrums stehen Finnland, Italien, die Niederlande, Polen, die Slowakische Republik, die Türkei und Ungarn, die nahezu ausschließlich über proportionale Systeme mit sehr begrenzter Progressivität verfügen. Für alle diese Länder liegt der Index unter 10%. Zu dieser Gruppe gehören zwei Länder mit *Notional-Accounts*-Systemen, die bewusst so gestaltet wurden, dass ein enger Zusammenhang zwischen Beitrags- und Leistungshöhe besteht. Die übrigen Länder sind zwischen diesen beiden Gruppen angesiedelt.

Der Durchschnittsindex beträgt in den OECD-Ländern 36,9%. Die regionalen Unterschiede sind jedoch auffällig. Während die englischsprachigen Länder einen Durchschnittsindex von 82,7% haben, was bedeutet, dass ihre Systeme stark progressiv sind, weisen die Länder Südeuropas einen Durchschnittsindex von nur 10,2% auf, was auf eine sehr enge Beziehung zwischen Verdienst- und Rentenhöhe hindeutet.

Um zu untersuchen, inwieweit sich die Unterschiede bei den Rentenansprüchen durch Differenzen in Bezug auf die Rentenformel oder den Verdienst in einem bestimmten Land erklären lassen, werden in der Tabelle Ergebnisse ausgewiesen, die sowohl auf der nationalen Einkommensverteilung als auch auf der Einkommensverteilung im OECD-Durchschnitt basieren. (Die nachstehenden Abbildungen zeigen die Einkommensverteilung für ausgewählte Länder.) Nimmt man die OECD-Durchschnitte für die 18 Länder, deren Daten vollständig sind, so liegt der Progressivitätsindex unter Verwendung der Einkommensverteilung im OECD-Durchschnitt sowie der länderspezifischen Daten bei rd. 37%. Bedeutende Unterschiede sind nur in Ländern festzustellen, in denen die Einkommensverteilung sehr stark vom OECD-Durchschnitt abweicht. Zum Beispiel beträgt der Gini-Koeffizient für den Verdienst in den Vereinigten Staaten 32,7%, gegenüber 26,9% im OECD-Durchschnitt, d.h. der Progressivitätsindex ist 10 Prozentpunkte höher, wenn er auf der Basis nationaler Daten gemessen wird. Belgien hat die geringsten Einkommensunterschiede unter den 18 Ländern, über die der OECD Daten vorliegen. Das belgische Rentensystem ist daher weniger ausgleichend, wenn für die Messung nationale Daten zu Grunde gelegt werden.

Abschließend ist darauf hinzuweisen, dass der Progressivitätsindex der Rentenformeln lediglich die gesetzlichen Komponenten der Rentensysteme misst. Einige Länder haben die private und betriebliche Vorsorge stärker ausgebaut. Würden diese Komponenten ebenfalls berücksichtigt, so ergäbe sich ein breiteres Verteilungsspektrum der Renteneinkommen.

Gini-Koeffizienten für Rentenansprüche und Arbeitsverdienste

OECD-Durchschnitt und nationale Einkommensverteilungsdaten

	Einkommensverteilung OECD-Durchschnitt		Nationale Einkommensverteilung		
	Rentenanspruch-Gini	Progressivitätsindex	Rentenanspruch-Gini	Progressivitätsindex	Gini-Lohn
Australien	7.3	73.1	7.4	72.8	27.1
Österreich	18.9	30.4			
Belgien	11.2	58.8	9.9	54.1	20.7
Kanada	3.7	86.6			
Tschech. Republik	8.7	68.0	8.7	66.6	25.5
Dänemark	11.1	59.3			
Finnland	25.1	7.6	22.4	6.7	23.6
Frankreich	20.5	24.6			
Deutschland	20.0	26.7	19.5	25.7	26.3
Griechenland	26.5	2.6			
Ungarn	26.9	1.3	33.4	0.6	33.5
Island	18.0	33.9			
Irland	0.0	100.0	0.0	100.0	29.2
Italien	26.4	3.1	22.8	3.7	23.1
Japan	14.4	46.9	14.4	45.6	26.4
Korea	12.3	54.8	14.2	51.9	29.3
Luxemburg	22.2	18.6			
Mexiko	19.0	30.3			
Niederlande	26.9	0.0	25.9	0.0	25.1
Neuseeland	0.0	100.0			27.7
Norwegen	17.1	37.4	13.9	36.9	21.2
Polen	25.4	6.5	28.8	5.6	30.2
Portugal	22.1	18.8			
Slowak. Republik	26.5	2.7			
Spanien	22.1	18.8	25.8	16.9	30.8
Schweden	23.7	12.9	20.7	10.2	22.7
Schweiz	12.7	53.3			
Türkei	25.1	7.8			
Vereinigtes Königreich	5.1	81.1	5.1	82.3	28.9
Vereinigte Staaten	16.1	40.9	16.1	51.0	32.7
OECD-Durchschnitt	17.2	36.9			
18 OECD-Länder	17.0	37.5	17.0	37.1	26.9

Anmerkung: Bei den 18 OECD-Ländern handelt es sich um die Länder, für die nationale Daten über die Einkommensverteilung verfügbar sind.
Quelle: OECD-Rentenmodelle; OECD earnings-distribution database.

Einkommensverteilung: OECD-Durchschnitt und ausgewählte Länder

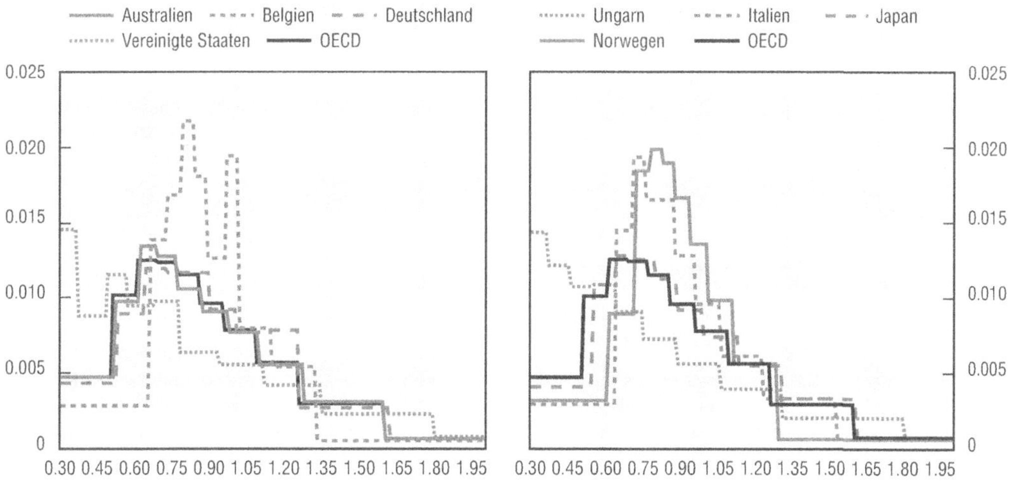

Quelle: OECD earnings-distribution database.

StatLink: *http://dx.doi.org/10.1787/332160771825*

Definition und Messung

Die Stärke der Verknüpfung zwischen den Rentenansprüchen und dem individuellen Arbeitsverdienst wird anhand des relativen Rentenniveaus gemessen, d.h. die individuelle Bruttorente dividiert durch den gesamtwirtschaftlichen Durchschnittsverdienst (anstelle des individuellen Arbeitsverdiensts wie bei den Ersatzquoten). Sie wird am besten als ein Indikator der *Angemessenheit* der Renten betrachtet, da sie die Höhe der von einem Rentner bezogenen Altersrente im Vergleich zum durchschnittlichen Arbeitsverdienst im jeweiligen Land angibt. Auch wenn die individuellen Ersatzquoten recht hoch sein können, bezieht ein Rentner dennoch u.U. nur einen Bruchteil des gesamtwirtschaftlichen Durchschnittsarbeitsentgelts. Wenn z.B. für einen Arbeitnehmer mit niedrigem Einkommen – der nur 50% des gesamtwirtschaftlichen Durchschnittsarbeitsentgelts verdient – die Ersatzquote 100% beträgt, erreichen die Leistungen lediglich 50% des gesamtwirtschaftlichen Durchschnittsarbeitsverdiensts. Bei einem Durchschnittsverdiener werden sich Ersatzquote und relatives Rentenniveau die Waage halten.

Die relativen Rentenniveaus werden hier verwendet, um die Verknüpfung zwischen dem individuellen Arbeitsverdienst vor Renteneintritt und den Rentenleistungen im jeweiligen Land zu veranschaulichen. Sie werden für individuelle Arbeitsverdienste in Höhe des 0,5- bis 2-Fachen des Durchschnittsverdiensts ausgewiesen.

In der Abbildung sind das relative Rentenniveau in den OECD-Mitgliedsländern auf der vertikalen Achse und der letzte individuelle Arbeitsverdienst vor dem Renteneintritt auf der horizontalen Achse abgezeichnet. Gruppiert werden die Länder nach der Stärke der Verknüpfung zwischen Rentenniveau und letztem individuellen Arbeitsverdienst vor dem Renteneintritt. Die Gruppierung basiert auf dem Wert des Gini-Koeffizienten der Verteilung des Rentenniveaus auf den verschiedenen Verdienststufen, gewichtet anhand der durchschnittlichen Verteilung der Arbeitsverdienste in den OECD-Ländern. Die Berechnungsmethode und die Ergebnisse sind im vorherigen Teil über die Progressivität der Rentenformeln dargelegt.

In der ersten Gruppe von fünf Ländern (Teil A) gibt es zwischen Rentenansprüchen und letztem Arbeitsverdienst vor dem Renteneintritt einen geringen oder gar keinen Zusammenhang. In Irland und Neuseeland handelt es sich bei den Renten um reine Pauschalleistungen. In Kanada schwankt das relative Rentenniveau geringfügig: von 37% für Geringverdiener bis zu 44% für Personen mit durchschnittlichem und überdurchschnittlichem Arbeitsverdienst. Obwohl Kanada über eine verdienstabhängige Rentenversicherung verfügt, ist die Zielersatzquote sehr niedrig, der Höchstwert liegt beim durchschnittlichen gesamtwirtschaftlichen Arbeitsverdienst, und einkommensabhängige Leistungen werden bei Zusatzeinkommen aus der verdienstbezogenen Rente entzogen. Im Vereinigten Königreich weist die verdienstabhängige Rentenversicherung eine stark progressive Formel auf, und es gibt auch eine Grundrente. In Australien ergibt sich die relativ flache Kurve vor allem aus der bedürftigkeitsabhängigen gesetzlichen Rentenversicherung. Es gibt auch eine Bemessungsgrenze für den Arbeitsverdienst, bis zu dem der Arbeitgeber in die Versicherung mit Beitragsprimat einzahlen muss.

Am anderen Ende des Spektrums befinden sich fünf Länder mit einer sehr starken Verknüpfung zwischen Rentenansprüchen und Arbeitsverdienst vor dem Renteneintritt (Teil F). In den Niederlanden gibt es keine Bemessungsgrenze für das versicherungspflichtige Einkommen in der quasiobligatorischen betrieblichen Altersvorsorge. In der Slowakischen Republik und in Italien sind die Bemessungsgrenzen für das versicherungspflichtige Einkommen beim Drei- oder Mehrfachen des gesamtwirtschaftlichen Durchschnittsarbeitsverdiensts angesetzt. Für Niedriglohnarbeitskräfte wird die Aufstockung der Mindestrente für alle Länder mit Ausnahme Ungarns in den Abbildungen sichtbar. Von dieser engen Verdienstbandbreite abgesehen, steigt das relative Rentenniveau linear mit dem individuellen Arbeitsverdienst.

Bei den fünf Ländern in Teil E ist die Verknüpfung zwischen individuellem Verdienst vor Renteneintritt und Rentenniveau etwas schwächer als bei den Ländern in Teil F. Der Grund hierfür sind Leistungen des Sicherheitsnetzes für Geringverdiener.

Die übrige Hälfte der OECD-Länder ist in einer mittleren Position angesiedelt (d.h. zwischen den Ländern mit einer geringen oder gar keiner Verknüpfung zwischen individuellem Arbeitsverdienst und Rentenniveau und jenen mit einer starken bzw. sehr starken Verknüpfung). Die zehn Länder in Teil B und C weisen eine stärkere Verknüpfung zwischen Rentenniveau und Einkommen vor dem Renteneintritt auf als die erste Ländergruppe, doch sind ihre Rentenformeln wesentlich progressiver ausgelegt als die der fünf in Teil F dargestellten Länder. In Norwegen, der Tschechischen Republik und den Vereinigten Staaten ist diese Umverteilung zu Gunsten von Geringverdienern in erster Linie die Folge einer progressiven Rentenformel, die bei einkommensschwächeren Arbeitnehmern einen höheren Anteil des Arbeitsverdiensts vor Renteneintritt ersetzt als bei Personen mit durchschnittlichem und höherem Einkommen. In Island wird dies mit Hilfe von Sozialrentenprogrammen erreicht. Dänemark hat bedeutende Grundrenten- und Sozialrentensysteme.

In Teil D sind fünf Länder aufgeführt, die in Bezug auf die Verknüpfungen zwischen Rentenansprüchen und Arbeitsverdienst vor dem Renteneintritt im Mittelfeld der OECD-Länder liegen. Frankreich und Portugal haben Umverteilungsprogramme – Mindestrenten und Sozialrenten – im niedrigeren Einkommensbereich und starke Verknüpfungen zwischen Verdienst und Renten auf höherem Einkommensniveau. In Deutschland gibt es keine Mindestrente, doch haben einkommensschwache Rentner Anspruch auf Leistungen aus einem allgemeinen Sozialhilfeprogramm.

Verknüpfung zwischen Rentenniveau und individuellem Arbeitsverdienst vor Renteneintritt

Bruttorentenanspruch als Anteil des gesamtwirtschaftlichen Durchschnittsverdiensts

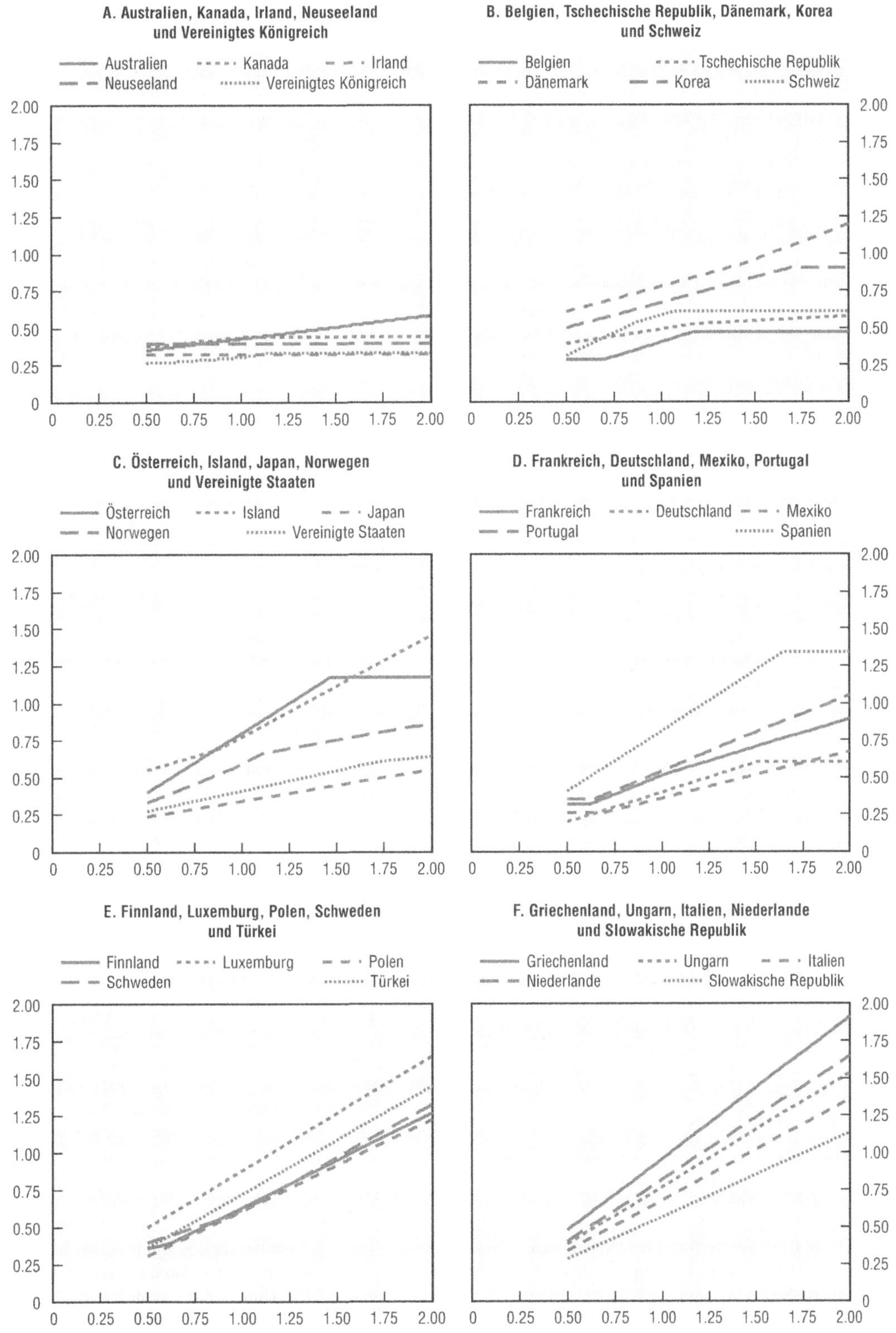

Quelle: OECD-Rentenmodelle.

StatLink: *http://dx.doi.org/10.1787/852105726472*

Definition und Messung

Aufbauend auf den Ergebnissen für die Ersatzquoten und das Rentenniveau auf den verschiedenen Stufen des Spektrums individueller Arbeitsverdienste ist es möglich, *Gesamtindikatoren* für die Rentensysteme der Länder zu erarbeiten, die die Ergebnisse für Arbeitskräfte mit unterschiedlichem Verdienstniveau zusammenfassen. Die Indikatoren sind das *gewichtete durchschnittliche Rentenniveau* und das *gewichtete durchschnittliche Rentenvermögen*. Die Indikatoren bauen auf den Berechnungen der Rentenansprüche von Personen auf, deren Arbeitsentgelt dem 0,3- bis 3-Fachen des gesamtwirtschaftlichen Durchschnitts entspricht (ein breiteres Spektrum als in den Ergebnistabellen ausgewiesen).

Jedem individuellem Verdienstniveau wird je nach seiner Bedeutung in der Einkommensverteilung ein Gewicht zugeordnet. In den Berechnungen wird auf der Basis von Daten aus 18 OECD-Ländern die durchschnittliche Einkommensverteilung verwendet. Die Einkommensverteilung weist eine Asymmetrie auf. Der Höhepunkt der Verteilung liegt bei etwa zwei Dritteln des durchschnittlichen Arbeitsverdiensts. Der Medianwert (das Einkommensniveau, unter bzw. über dem 50% der Arbeitnehmer angesiedelt sind) liegt normalerweise bei 80-85% des Durchschnittsarbeitsverdiensts. Zwei Drittel der Arbeitnehmer verdienen weniger als den Durchschnittsarbeitsverdienst. Der Anteil der Personen mit niedrigen Arbeitseinkommen ist somit groß, und der der Personen mit hohem Arbeitseinkommen geringer, weshalb Geringverdiener in der Berechnung des Indikators eine höhere Gewichtung erhalten als Spitzenverdiener.

Die Messgröße des *gewichteten durchschnittlichen Rentenniveaus* kombiniert die Einkommensverteilung mit den Projektionen der Rentenansprüche. Der Durchschnitt des relativen Rentenniveaus wird anhand der individuellen Arbeitsverdienste über das gesamte Spektrum der Verdienstverteilung unter Zugrundelegung der Gewichtung der Verdienstverteilung berechnet (vgl. die Abbildungen beim Indikator „Progressivität der Rentenformel"). Das Ergebnis ist der gewichtete durchschnittliche Rentenanspruch, der in Prozent des gesamtwirtschaftlichen Durchschnittsarbeitsverdiensts ausgedrückt wird.

Dieser Indikator findet sich in Spalte 1 der Tabelle. Das Durchschnittsniveau der OECD-Länder beträgt 57,5%. Auch hier gibt es große Unterschiede zwischen den Ländern. Bei der gesetzlichen Rentenversicherung in sieben Ländern liegt die durchschnittliche Rente unter 40% des Durchschnittsarbeitsverdiensts. Bei diesen Ländern handelt es sich um Belgien, Deutschland, Irland, Japan, Mexiko, Neuseeland und das Vereinigte Königreich. Griechenland und Luxemburg befinden sich am anderen Ende des Spektrums. Die gewichtete durchschnittliche Rente liegt dort bei 95% bzw. 87%. Weitere fünf Länder weisen ein durchschnittliches Rentenniveau von über 75% auf: Dänemark, Island, die Niederlande, Spanien und Ungarn. Es folgen mit einem Rentenniveau von etwas über 70% Österreich und die Türkei.

Dieselbe Art der Gewichtung lässt sich auch auf die Messgröße des Rentenvermögens anwenden. Die zweite und dritte Spalte der Tabelle zeigen den gewichteten Durchschnitt des Rentenvermögens, getrennt für Männer und Frauen. Auf Grund der längeren Lebenserwartung von Frauen gegenüber Männern ist das Rentenvermögen von Frauen in allen Ländern relativ höher. Die letzte Spalte dieser Tabelle stellt diese Angaben auch in US-Dollar dar, auf der Basis durchschnittlicher Marktwechselkurse von 2004.

Es überrascht nicht, dass Luxemburg das höchste Rentenvermögen aufweist, das im Durchschnitt nahezu das 19-Fache des Durchschnittsarbeitsverdiensts für Männer und das 23-Fache für Frauen beträgt. Das entspricht einem Durchschnitt von 920 000 US-$ für Männer und über 1,1 Mio. US-$ für Frauen. Der OECD-Durchschnittswert ist für Männer der 9,2-fache und für Frauen der 10,7-fache Durchschnittsarbeitsverdienst. Die Niederlande und Griechenland rangieren an zweiter und dritter Stelle. Dänemark, Island, Spanien und Ungarn liegen mit einem Rentenvermögen, das den 11- bis 12-fachen Durchschnittsarbeitsverdienst erreicht, eng beieinander.

Das durchschnittliche Rentenvermögen beträgt in Dänemark, den Niederlanden und Norwegen über eine halbe Million US-$. Unter Zugrundelegung dieser umfassenden Messgröße sind die Rentensysteme Belgiens, Irlands, Japans, Mexikos, des Vereinigten Königreichs und der Vereinigten Staaten mit den bescheidensten Leistungen verbunden, das Rentenvermögen macht dort weniger als das 6-Fache des Durchschnittsarbeitsverdiensts aus. Dies entspricht etwa zwei Dritteln des Durchschnitts der OECD-Länder.

Die Systeme von Ländern mit geringer Lebenserwartung – wie Polen und die Türkei – weisen im Vergleich zu anderen Ländern geringere Werte für das Rentenvermögen auf: 8,2 bzw. 9,1. Trotz ihres relativ hohen gewichteten durchschnittlichen Rentenniveaus hat die Türkei auf Grund der gegenüber anderen OECD-Ländern kürzeren Lebenserwartung ein geringeres Rentenversprechen. *Höher* ist das Rentenvermögen in Ländern wie Frankreich und Ungarn, da dort der Renteneintritt früher erfolgt als im OECD-Raum die Norm ist. In Frankreich beispielsweise liegt das gewichtete durchschnittliche *Rentenniveau* signifikant unter dem OECD-Durchschnitt, während das *Rentenvermögen* in etwa dem Durchschnitt entspricht; dies ist die Folge eines niedrigen Renteneintrittsalters bei zugleich hoher Lebenserwartung.

Gewichtetes durchschnittliches Rentenniveau und Rentenvermögen

(Rentenniveau in % des gesamtwirtschaftlichen Durchschnittsverdiensts, Rentenvermögen als Vielfaches des gesamtwirtschaftlichen Durchschnittsverdiensts und in US-$)

	Durchschnittliches Rentenniveau	Durchschnittliches Rentenvermögen		Durchschnittliches Rentenvermögen (US-$)	
	Männer	Männer	Frauen	Männer	Frauen
Australien	42.9	7.2	8.4	259 000	302 000
Österreich	72.8	10.6	12.4	433 000	551 000
Belgien	36.7	5.6	6.5	248 000	318 000
Kanada	41.6	6.4	7.4	192 000	233 000
Tschechische Republik	46.7	7.7	9.1	63 000	77 000
Dänemark	76.8	12.1	13.9	640 000	719 000
Finnland	64.1	10.1	12.0	396 000	462 000
Frankreich	50.1	9.0	10.4	330 000	389 000
Deutschland	36.9	6.7	8.0	342 000	439 000
Griechenland	95.1	14.2	16.6	306 000	358 000
Ungarn	76.5	12.4	15.4	104 000	129 000
Island	81.0	12.5	14.1	493 000	525 000
Irland	32.5	5.8	6.9	217 000	259 000
Italien	67.7	9.9	10.8	271 000	293 000
Japan	33.5	5.5	6.3	251 000	293 000
Korea	63.8	8.9	10.7	213 000	265 000
Luxemburg	86.7	18.9	23.3	920 000	1 144 000
Mexiko	37.3	5.0	5.3	34 000	32 000
Niederlande	81.8	15.1	17.8	695 000	814000
Neuseeland	39.7	7.4	8.6	193 000	225 000
Norwegen	54.0	9.3	11.0	505 000	581 000
Polen	60.1	8.2	8.6	66 000	69 000
Portugal	55.4	8.1	9.5	131 000	148 000
Slowakische Republik	56.5	8.8	10.8	55 000	67 000
Spanien	75.6	11.3	13.4	278 000	352 000
Schweden	66.3	10.6	12.2	434 000	467 000
Schweiz	49.4	8.3	10.3	472 000	682 000
Türkei	72.0	9.1	10.8	89 080	105 000
Vereinigtes Königreich	30.0	4.5	5.2	224 000	264 000
Vereinigte Staaten	40.2	5.7	6.7	173 000	206 000
OECD-Durchschnitt	57.5	9.2	10.7	301 000	359 000

Quelle: OECD-Rentenmodelle; OECD earnings-distribution database.

Vergleich der gewichteten Durchschnitte: Rentenniveau und Rentenvermögen nach Geschlecht

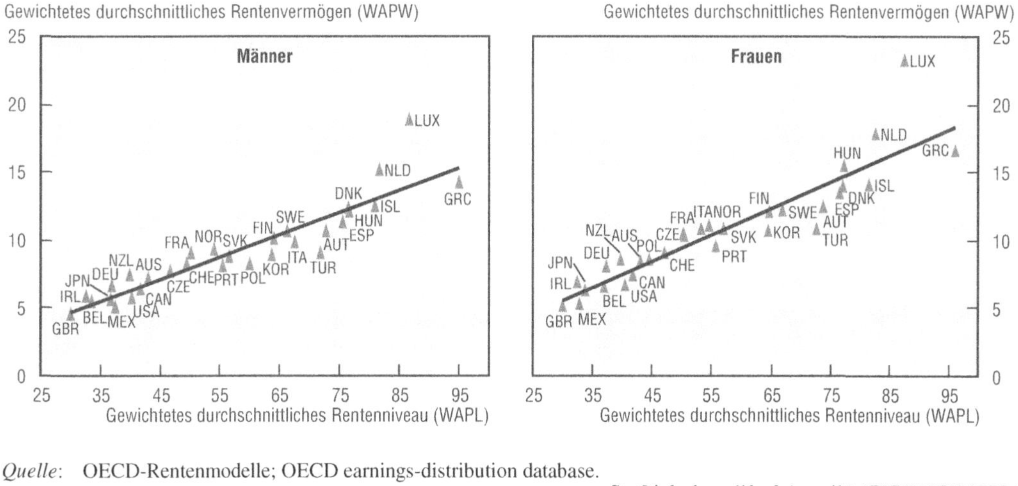

Quelle: OECD-Rentenmodelle; OECD earnings-distribution database.

StatLink: *http://dx.doi.org/10.1787/810503277546*

Definition und Messung

Die Struktur des Rentenpakets wird durch die Verwendung eines Indikators des *gewichteten durchschnittlichen Rentenvermögens* veranschaulicht, der im vorigen Abschnitt vorgestellt wurde. Die Gewichtungen basieren auf der Einkommensverteilung. Der Beitrag, den jede Komponente des Systems zum potenziellen Ressourcentransfer an Rentner leistet, wird berechnet als gewichtetes durchschnittliches Rentenvermögen je Komponente.

Der Beitrag jeder Systemkomponente zum Rentenversprechen ist ein prozentualer Anteil des Gesamtwerts. Da das gewichtete durchschnittliche Rentenvermögen in einigen Ländern nicht alle Komponenten umfasst (z.B. sind bedürftigkeitsabhängige Programme in dieser Messgröße oft nicht enthalten, da Arbeitnehmer mit vollständiger Erwerbsbiografie in den meisten Ländern keinen Anspruch auf diese Leistungen haben), bleiben die für diese Komponenten vorgesehenen Felder frei.

Dreizehn Länder weisen eine Grundrente auf, deren Bedeutung in Bezug auf den Ressourcentransfer an ältere Menschen aber erheblich variiert. In Irland und Neuseeland gibt es nur eine Grundrente; ihr Anteil liegt daher bei 100%. In Korea und im Vereinigten Königreich macht die Grundrente etwa die Hälfte aller Ressourcentransfers an Rentner aus. Auf Grundrenten entfallen in Japan und in den Niederlanden rd. 40% der Transferleistungen, während sie in Kanada, Dänemark und Norwegen mit etwa einem Drittel zum gesamten Rentenversprechen beitragen.

Die bedürftigkeitsabhängigen Programme weichen in ihrer Bedeutung ebenfalls erheblich voneinander ab. Australien ist das einzige Land, wo diese Art von Leistungen fast die Hälfte des gesamten Rentenpakets ausmacht. Die öffentliche Rente in Australien ist bedürftigkeitsabhängig, aber auf Grund der Parameter der Bedürftigkeitsprüfung bezieht zurzeit weit über die Hälfte der älteren Menschen eine öffentliche Rente. Bedürftigkeitsabhängige Programme sind auch in Dänemark, Island und Kanada von Bedeutung. Im Vereinigten Königreich spielen bedürftigkeitsabhängige Leistungen heute eine sehr wichtige Rolle in Bezug auf die Einkommenssicherung älterer Menschen. Langfristig werden sie jedoch insofern an Bedeutung verlieren, als das öffentliche verdienstabhängige Rentensystem auf eine progressivere Formel umgestellt wird (wie an der Höhe der Mindestrente deutlich wird, die sich aus den Mindestanrechnungsbeträgen im Rahmen dieses Programms ableitet). In der Modellrechnung wird zudem unterstellt, dass die Grundrente in Zukunft entsprechend der Entwicklung des Arbeitsverdiensts angehoben wird. Wäre die Grundrente preisindexiert, würde sie in ihrer Rolle weitgehend durch bedürftigkeitsabhängige Leistungen ersetzt.

Die beiden Länder, in denen Mindestrenten das größte Gewicht haben – Belgien und das Vereinigte Königreich –, haben beide Mindestanrechnungsbeträge. Nur in Mexiko, Portugal und Schweden sollen Mindestrenten einen signifikanten Anteil am gesamten Rentenpaket liefern.

Es muss daran erinnert werden, dass sich diese Ergebnisse auf Arbeitskräfte mit voller Erwerbsbiografie beziehen. Alle Programme der ersten Kategorie – Grundrente, bedürftigkeitsabhängige Rente und Mindestrente – werden für Personen mit unvollständigen Versicherungsverläufen eine wesentlich wichtigere Rolle spielen. Es ist jedoch sehr schwierig, Informationen über die Verteilung der Beitragszeiten in der Vergangenheit zu erhalten oder gar die künftigen Gewichtungen vorherzusagen.

Die obige Abbildung zeigt das allgemeine Verhältnis zwischen der ersten und der zweiten Kategorie innerhalb des gesamten Renteneinkommenspakets. In Irland und Neuseeland gibt es keine gesetzlichen Renten der zweiten Kategorie, und im Vereinigten Königreich entfällt der überwiegende Teil des verdienstbezogenen Rentenprogramms auf die Erbringung von Leistungen, die mit den Mindestanrechnungsbeträgen in Zusammenhang stehen. Am anderen Ende des Spektrums stellt das System der zweiten Kategorie in zehn Ländern 99% oder mehr der Renten von Arbeitskräften mit voller Erwerbsbiografie. In einigen dieser Länder – z.B. in Italien, Österreich, Polen, Spanien und der Türkei – erklärt sich dies durch das Ziel einer hohen Ersatzquote der zweiten Kategorie. In anderen Ländern, wie z.B. der Schweiz und den Vereinigten Staaten, ist die Rentenformel des öffentlichen Systems progressiv, was bedeutet, dass ein Großteil der Umverteilungsfunktion, die in anderen Ländern das System der ersten Kategorie gewährleistet, von Programmen der zweiten Kategorie wahrgenommen wird.

Innerhalb der zweiten Kategorie gibt es in acht Ländern Programme mit Beitragsprimat. In Bezug auf den Ressourcentransfer an ältere Menschen dominieren diese in Mexiko und stellen in Australien, Polen und der Slowakischen Republik die Hälfte oder mehr des Gesamtvolumens. Alle übrigen Programme sind verdienstabhängig, sei es mit Leistungsprimat, *Notional Accounts* oder Punktesystem.

Die untere Abbildung zeigt das Verhältnis zwischen den Renten aus obligatorischen öffentlichen und privaten Rentenversicherungssystemen für Arbeitnehmer mit voller Erwerbsbiografie (erste und zweite Kategorie). In den elf Ländern, in denen der private Sektor am obligatorischen Rentensystem beteiligt ist, stellt er durchschnittlich 51% des Renteneinkommenspakets. Die Anteile liegen zwischen 11% in Norwegen und 84% in Mexiko. In anderen Ländern spielen natürlich freiwillige private Renten eine wichtige Rolle (vgl. das Sonderkapitel über private Renten in Teil II).

Struktur des Rentenpakets

Prozentualer Beitrag der Komponenten des Rentensystems zum gewichteten Durchschnitt des Rentenvermögens

	1. Kategorie			2. Kategorie			Insg.
	Bedürftigkeitsabhängig	Grundrente	Mindestrente	Öffentlich	Privat DB	Privat DC	
Australien	45.8					54.2	100.0
Österreich				100.0			100.0
Belgien			5.4[1]	94.6			100.0
Kanada	16.5	34.5		49.0			100.0
Tschech. Rep.		17.2		82.8			100.0
Dänemark	12.5	31.5				56.0[2]	100.0
Finnland			1.5	98.5			100.0
Frankreich	1.3		1.9	96.8[3]			100.0
Deutschland	1.1			98.9			100.0
Griechenland			0.1	99.9[4]			100.0
Ungarn				65.9		34.1	100.0
Island	5.7	13.3			81		100.0
Irland		100					100.0
Italien	0.1			99.9			100.0
Japan		40.2		59.8			100.0
Korea		51.9[5]		48.1			100.0
Luxemburg		13.3[6]	0.1	86.6			100.0
Mexiko		11.8[7]	4.3			83.9	100.0
Niederlande		38.2			61.8		100.0
Neuseeland		100					100.0
Norwegen		30.1	0.4	58.5		11.1	100.0
Polen			0.3	48.8		50.9	100.0
Portugal			3.5	96.5			100.0
Slowak. Rep.			0.2	45.3		54.5	100.0
Spanien			0.2	99.8			100.0
Schweden			4.7	49.0	26.4	19.9[8]	100.0
Schweiz	0.1			68.4	31.5		100.0
Türkei			0.8	99.2			100.0
Ver. Königreich	0.5	50.8	33.8[9]	15.0			100.0
Ver. Staaten				100.0			100.0
OECD	**2.8**	**1.9**	**17.8**	**58.7**	**6.7**	**12.2**	**100.0**

DB = Leistungsprimat.
DC = Beitragsprimat.

1. Belgien: einschließlich Mindestrente und Mindestanrechnungsbeträge.
2. Dänemark: Private Rentenprogramme mit Beitragsprimat umfassen eine quasi-obligatorische Betriebsrente (51,0%) und das Besondere Vorsorgesparen (5,0%).
3. Frankreich: Das staatliche Vorsorgesystem umfasst eine staatliche Rente (59,3%) und eine betriebliche Zusatzrente (37,5%).
4. Griechenland: Die staatliche Rente besteht aus einer Hauptkomponente (73,0%) und einer Zusatzkomponente (26,9%).
5. Korea: Die Grundkomponente ist der Teil der öffentlichen Rente, der auf dem Durchschnittsverdienst anstelle des individuellen Verdiensts basiert.
6. Luxemburg: Die Grundrente umfasst zudem die Jahresendzulage.
7. Mexiko: Die Grundkomponente errechnet sich auf der Basis des staatlichen Pauschalbeitrags zur Altersvorsorge mit Beitragsprimat von 5,5% des Mindestreallohns von 1997.
8. Schweden: Die private Altersvorsorge mit Beitragsprimat umfasst den gesetzlichen Pflichtbeitrag (11,2%) und den Teil der betrieblichen Vorsorge mit Beitragsprimat (8,7%).
9. Vereinigtes Königreich: Die Mindestrente bezieht sich auf die Mindestanrechnungsbeträge des staatlichen verdienstabhängigen Systems.

Quelle: OECD-Rentenmodelle.

Verhältnis zwischen 1. Kategorie, Umverteilungsprinzip, und 2. Kategorie, Pflichtversicherung

Prozentualer Anteil des gewichteten durchschnittlichen Rentenvermögens

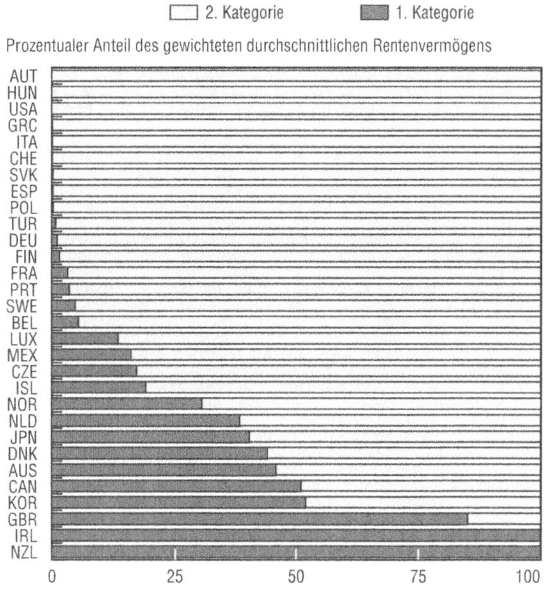

StatLink: *http://dx.doi.org/10.1787/313333516308*

Verhältnis zwischen den Renten aus staatlichen und privaten gesetzlichen Rentenversicherungssystemen

Prozentualer Anteil des gewichteten durchschnittlichen Rentenvermögens

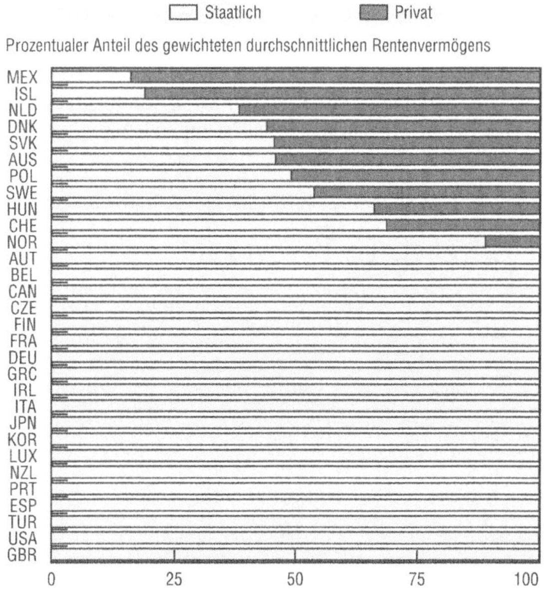

StatLink: *http://dx.doi.org/10.1787/758801064205*

Literaturverzeichnis

Blanchard, O.J. (1993), "The Vanishing Equity Premium", in R. O'Brien (Hrsg.), *Finance and the International Economy*, Vol. 7, Oxford University Press.

Bodie, Z. (1995), "On the Risk of Stocks in the Long Run", *Financial Analysts' Journal*, Mai-Juni, S. 18-22.

Constantinides, G., J. Donaldson und R. Mehra (1998), "'Junior Can't Borrow: A New Perspective on the Equity Premium Puzzle", *Working Paper,* Nr. 6617, National Bureau of Economic Research, Cambridge.

Jagannathan, R. und N. Kocherlakota (1996), "Why Should Older People Invest Less in Stocks than Younger People?", *Federal Reserve Bank of Minneapolis Quarterly Review*, Vol. 20, Nr. 3, Sommer.

Mehra, R. und E.C. Prescott (1985), "The Equity Premium: A Puzzle", *Journal of Monetary Economics*, Vol. 15, S. 145-161.

Musgrave, R.A. und T. Thin (1948), "Income Tax Progression 1924-48", *Journal of Political Economy*, Vol. 56, S. 498-514, Dezember.

OECD (1998), *Wahrung des Wohlstands in einer alternden Gesellschaft*, Paris.

OECD (2004), *OECD Classification and Glossary of Private Pensions*, Paris.

OECD (2005a), *Renten auf einen Blick: Staatliche Politik im OECD-Ländervergleich*, Verband Deutscher Rentenversicherungsträger (Hrsg.), Berlin.

OECD (2005b), *Society at a Glance: OECD Social Indicators*, Paris.

OECD (2006), *Live Longer, Work Longer*, Paris.

Whitehouse, E.R. (2000), "Administrative Charges for Funded Pensions: Measurement Concepts, International Comparison and Assessment", *Journal of Applied Social Science Studies*, Vol. 120, No. 3, S. 311-361.

Whitehouse, E.R. (2001), "Administrative Charges for Funded Pensions: Comparison and Assessment of 13 Countries", *Private Pension Systems: Administrative Costs and Reforms, Private Pensions Series*, Vol. 3, OECD, Paris.

TEIL II

Rentenreformen und private Altersvorsorge

Dieser Teil der Publikation enthält zwei Sonderkapitel, das eine zum Thema Rentenreformen, das andere zur privaten Altersvorsorge. Beide Kapitel gründen sich auf die OECD-Rentenmodelle, um die in den Debatten der einzelnen Länder vorherrschenden zentralen Fragen der Rentenpolitik genauer zu beleuchten.

Das Rahmenkonzept von Renten auf einen Blick ist zukunftsgerichtet, insofern es nach den künftigen Rentenansprüchen der heute beschäftigten Arbeitskräfte fragt. Allerdings war in den Bereichen Altersvorsorge und Renteneintritt in den vergangenen zehn Jahren in vielen OECD-Ländern eine intensive Reformaktivität zu verzeichnen. Im ersten Sonderkapitel wird daher untersucht, was die Länder im Einzelnen unternommen haben und welche Auswirkungen dies voraussichtlich auf das künftige Rentenniveau haben wird.

Durch einige dieser Reformen wurde dem privaten Sektor eine wichtigere Rolle in der Altersvorsorge übertragen. Das zweite Sonderkapitel befasst sich mit dem komplexen Spektrum verschiedener privater Vorkehrungen für die Altersvorsorge, wobei die erforderlichen Sparanstrengungen zur Sicherung des Lebensstandards in der Rente quantifiziert werden.

1. Ein Jahrzehnt der Rentenreformen: Auswirkungen auf das künftige Rentenniveau

Im Verlauf des letzten Jahrzehnts hat etwa die Hälfte der OECD-Länder entweder tiefgreifende Reformen unternommen, durch die sich die Struktur ihrer Rentensysteme veränderte, oder eine Reihe kleinerer Reformen durchgeführt, die zusammengenommen häufig ebenfalls erhebliche Auswirkungen auf die künftigen Rentenansprüche haben werden.

In diesem Sonderkapitel werden die wichtigsten seit Anfang der neunziger Jahre in den OECD-Ländern eingeleiteten Rentenreformen erörtert. Das Kapitel beginnt mit einem Überblick über die verschiedenen Arten unternommener Reformmaßnahmen. Im Anschluss daran wird der Effekt dieser Reformen auf die Rentenansprüche untersucht. Dieser Effekt wird anhand der OECD-Rentenmodelle gemessen, wozu Standardindikatoren für die Rentensysteme verglichen werden. Zahlreiche Untersuchungen haben sich mit den Auswirkungen der Rentenreformen auf die öffentlichen Finanzen befasst[1], nur wenige interessierten sich jedoch direkt für die sozialen Konsequenzen der Änderung der Systeme zur Sicherung der Alterseinkommen, z.B. in Bezug auf Verteilungsgerechtigkeit und Einkommensspektrum[2].

Untersucht wurden vier Hauptaspekte der Auswirkungen der Rentenreformen. Der erste ist der *finanzielle Effekt*: Wie viel geringer werden die künftigen Rentenansprüche von Arbeitskräften, die heute in den Arbeitsmarkt eintreten, im Vergleich zu denen früherer Generationen ausfallen? Der zweite ist der *Verteilungseffekt* der Reformen: Wie werden sich die Reformen auf die verschiedenen Personengruppen auswirken? Der dritte betrifft die *Struktur der Rentensysteme*: Wie verändert sich die Aufteilung der Verantwortlichkeiten für die Altersvorsorge zwischen öffentlichem und privatem Sektor? Beim vierten Aspekt geht es um das Ziel der Rentenreformen, die *Arbeitsanreize* zu erhöhen, d.h. die Menschen dazu zu bewegen, länger im Erwerbsleben zu bleiben.

1.1 Überblick über die Rentenreformen der OECD-Länder

In Tabelle II.1.1 sind die Bestandteile der seit 1990 durchgeführten größeren Reformen der Rentensysteme zusammengefasst, unterteilt in fünf Hauptkategorien von Veränderungen. Etwa 17 OECD-Länder haben in diesem Zeitraum größere Reformen durchgeführt, die sich auf die Rentenansprüche von Standardarbeitskräften mit vollständiger Erwerbsbiografie auswirkten. In den übrigen 13 Ländern hatten die Änderungen weniger tiefgreifende Konsequenzen: Beispielsweise wurde nur das Rentenalter der Frauen angehoben oder die Höhe der Leistungen nur im Fall einer Früh- oder Spätverrentung geändert. Die empirischen Ergebnisse von Abschnitt 1.2 beziehen sich auf 16 der 17 Länder, in denen umfangreiche Änderungen vorgenommen wurden. Die einzige größere Reform, die nicht analysiert wurde, ist die Einführung einer obligatorischen Altersvorsorge mit Beitragsprimat in Australien[3].

Anhebung des Rentenanspruchsalters

In den meisten OECD-Ländern liegt das Regelrentenalter für Männer heute bei 65 Jahren. In Island, Norwegen und den Vereinigten Staaten beträgt es bereits 67 Jahre bzw. wird entsprechend angehoben. In Dänemark, Deutschland und im Vereinigten Königreich sind Änderungen zur Erhöhung des Rentenalters gegenwärtig Gegenstand von Gesetzgebungsverfahren. Frankreich ist das Mitgliedsland mit dem niedrigsten Rentenalter: 60 Jahre.

In mehreren Ländern, darunter in Australien, Belgien, Portugal und dem Vereinigten Königreich, wird das Rentenalter der Frauen dem der Männer angeglichen werden. Nach diesen Reformen wird es den derzeitigen Plänen zufolge nur noch in Italien, Mexiko, Polen und der Schweiz längerfristig ein unterschiedliches Rentenalter für Frauen geben. In der Tschechischen Republik hängt das Rentenalter der Frauen von der Kinderzahl ab.

Das Rentenalter für Frauen und für Männer wird gegenwärtig in Griechenland, Italien, Japan, Korea, der Tschechischen Republik, Ungarn und den Vereinigten Staaten angehoben.

Durch die Anhebung des Rentenanspruchsalters dürften sich die *finanzielle Tragfähigkeit* sowie die Gestaltung der *Verrentungsanreize* verbessern. Solche Reformen können jedoch mit *sozialen Kosten* verbunden sein, wenn dadurch Personen benachteiligt werden, die ohne eigenes Verschulden gezwungen sind, vorzeitig in Rente zu gehen.

Erhöhung der Anreize für einen längeren Verbleib im Erwerbsleben

In vielen Ländern wurden Rentenabschläge bei vorzeitigem Renteneintritt eingeführt bzw. erhöht oder es wurde die Zahl der erforderlichen Beitragsjahre für den Anspruch auf eine volle Rente angehoben, was in *Live Longer, Work Longer* (OECD, 2006b) beschrieben wird. Desgleichen wurden in anderen Ländern Zuschläge oder Sonderzulagen für Personen, die über das Regelrentenalter hinaus im Erwerbsleben verbleiben, eingeführt bzw. erhöht. Mit diesen Maßnahmen soll die Rentenhöhe bei Frühverrentung soweit reduziert werden, dass ein Ausgleich sowohl für die geringeren Beitragszahlungen der fraglichen Arbeitskräfte als auch für die längere Dauer des Rentenbezugs geschaffen wird (vgl. Whitehouse, 2007a; Queisser und Whitehouse, 2006).

In Australien wurde eine zusätzliche Einmalzahlung eingeführt, die ältere Arbeitskräfte dazu bewegen soll, länger im Erwerbsleben zu bleiben. In Finnland ist der Steigerungssatz für ältere Arbeitskräfte höher, und in Ungarn wurden die zuvor höheren Steigerungssätze für jüngere Arbeitskräfte auf ein für alle Altersgruppen einheitliches Niveau abgesenkt. In Deutschland, Frankreich, Österreich, Portugal und den Vereinigten Staaten wurden die Ab- und Zuschläge bei Früh- bzw. Spätverrentung verändert. Im Vereinigten Königreich wurde in der öffentlichen Rentenversicherung der Zuschlag erhöht, den Arbeitskräfte erhalten, die über das Regelrentenalter hinaus im Erwerbsleben verbleiben.

Durch diese Maßnahmen zur Verbesserung der Gestaltung der *Verrentungsanreize* dürfte sich die *finanzielle Tragfähigkeit* erhöhen. Indem gleichzeitig die Verteilungsgerechtigkeit zwischen Arbeitskräften zunimmt, die mit unterschiedlichem Alter in Rente gehen, können auch positive *soziale und verteilungsbezogene Effekte* erzielt werden.

Änderungen in der Verdienstmessgröße für die Berechnung der Rentenhöhe

In vielen verdienstabhängigen Rentensystemen beschränkte sich der Referenzzeitraum für die Berechnung der Höhe der Rentenansprüche früher auf eine begrenzte Zahl letzter bzw. bester Erwerbsjahre. Sieben OECD-Länder haben den Referenzzeitraum für die Berechnung der Rentenhöhe seit 1990 verlängert. In Frankreichs gesetzlicher Rentenversicherung wird eine Umstellung von den besten 10 Jahren auf die besten 25 Jahre vorgenommen. In Österreich wird der Berechnungszeitraum schrittweise von den besten 15 auf die besten 40 Jahre ausgedehnt. Finnland, Polen, Portugal ebenso wie Schweden sind dabei, zu einer Berechnung auf der Grundlage des durchschnittlichen Lebensarbeitsverdiensts überzugehen. Die größte Umstellung erfolgte in der Slowakischen Republik, wo zuvor die besten fünf der letzten zehn Jahre als Referenzzeitraum dienten und nun auf den Lebensarbeitsverdienst Bezug genommen wird. Auf Grund dieser Reformen wird inzwischen in den meisten OECD-Ländern – 17 der 22 Länder mit entsprechenden Systemen – der Lebensarbeitsverdienst oder eine vergleichbare Hilfsvariable als Bezugsgröße verwendet.

Der Effekt dieser Veränderungen der Verdienstmessgröße auf die Höhe der Rentenansprüche hängt davon ab, wie stark der Verdienst der jeweiligen Arbeitskraft im Verlauf ihrer Erwerbsbiografie steigt (siehe unten). Bleibt der Verdienst während der gesamten Erwerbslaufbahn mehr oder minder identisch, haben Änderungen der Messgröße keinen Einfluss auf die Höhe der Rentenansprüche. Für Arbeitskräfte, deren Verdienst im Verlauf ihrer Erwerbsbiografie stark steigt, können sie jedoch erhebliche Auswirkungen haben.

Durch die Ausdehnung des Referenzzeitraums für die Berechnung der Rentenansprüche verringert sich in der Regel deren Höhe. Der Durchschnitt der besten Jahre oder der letzte Verdienst ist üblicherweise höher als der durchschnittliche Lebensarbeitsverdienst, in dem ja auch frühere Jahre mit niedrigerem Verdienst berücksichtigt sind. Durch solche Reformen verbessert sich die *finanzielle Tragfähigkeit*.

Die *sozialen Effekte* solcher Änderungen sind vielschichtiger. Am stärksten betroffen sind Personen, deren Verdienst mit zunehmendem Alter in größerem Umfang steigt. Bei diesen Personen handelt es sich im Allgemeinen um besser bezahlte Arbeitskräfte und zumeist um Männer. Bei geringqualifizierten Arbeitskräften ebenso wie bei Frauen verläuft die reale Alters-Verdienst-Kurve im Allgemeinen flacher (OECD, 2006b, Abb. 3.4).

Änderung der Regeln für die Wertanpassung des Verdiensts früherer Jahre

In allen verdienstabhängigen öffentlichen Rentenversicherungssystemen wird der Verdienst früherer Jahre aktualisiert, um Veränderungen des Lebensstandards in der Zeit zwischen dem Entstehen der Rentenansprüche und der Auszahlung der Renten Rechung zu tragen. Dieses Verfahren wird Wertanpassung bzw. „Valorisierung" genannt, gelegentlich aber auch als Indexierung vor dem Renteneintritt bezeichnet.

In der Mehrzahl der OECD-Länder mit verdienstabhängigem System wird eine Wertanpassung des Verdiensts früherer Jahre entsprechend der Entwicklung des gesamtwirtschaftlichen Lohnwachstums vorgenommen. Mehrere OECD-Länder sind in den letzten Jahren allerdings von einer an der Lohnentwicklung orientierten Wertanpassung abgegangen. In Frankreich erfolgte in der gesetzlichen Rentenversicherung z.B. bereits 1985 eine Umstellung auf eine von der Preisentwicklung abhängige Wertanpassung, und 1996 geschah dies auch in der betrieblichen Altersversorgung. In Finnland, Polen und Portugal richtet sich die Wertanpassung des Verdiensts früherer Jahre nach einer kombinierten Messgröße aus Lohn- und Preisentwicklung; in Finnland und Polen wurde das jeweilige Gewicht der Lohn- und der Preisentwicklung in dieser Messgröße im Rahmen der jüngsten Reformen geändert.

Die Regeln für die Wertanpassung des Verdiensts früherer Jahre haben großen Einfluss auf die Höhe der Rentenansprüche. Der Effekt von Änderungen der Wertanpassungsregeln lässt sich anhand eines allgemeinen Beispiels illustrieren: Bei Annahme eines durchschnittlichen Reallohnwachstums von 2% und einer Teuerungsrate von 2,5%, was in einem jährlichen Anstieg des Nominalverdiensts von 4,5% resultiert, sind die Rentenansprüche einer Arbeitskraft mit vollständiger Erwerbsbiografie, die also vom Alter von 20 bis zum Alter von 65 Jahren gearbeitet hat, bei Renteneintritt im Fall einer an der Preisentwicklung orientierten Wertanpassung des Verdiensts früherer Jahre um 40% niedriger als bei einer vom gesamtwirtschaftlichen Wachstum der Durchschnittslöhne abhängigen Valorisierung. Dies ist auf den „Zinseszinseffekt" zurückzuführen: Bei der Wertanpassung ihres vergangenen Verdiensts verlieren die Arbeitskräfte Jahr für Jahr im Vergleich zur tatsächlichen Entwicklung ihres Verdiensts.

Auch durch eine Umstellung auf eine weniger großzügige Form der Wertanpassung verbessert sich die *finanzielle Tragfähigkeit*. Die *sozialen Effekte* sind umgekehrt gelagert wie bei der Ausdehnung des Referenzzeitraums für die Berechnung der Höhe der Rentenansprüche (siehe oben). Personen mit einer steileren Alters-Verdienst-Kurve verlieren durch die Umstellung auf eine preisbezogene Wertanpassung in der Regel weniger als Arbeitskräfte mit einem relativ konstanten Realverdienst. Dies ist darauf zurückzuführen, dass der Verdienst früherer Jahre (der bei Personen mit steiler Alters-Verdienst-Kurve vergleichsweise geringer ist) bei einer an der Preisentwicklung orientierten Wertanpassung weniger ins Gewicht fällt als bei einer lohnbezogenen Valorisierung.

Anpassung der Renten entsprechend der Entwicklung der Lebenserwartung

In etwa der Hälfte der OECD-Länder wurden Reformen der Rentensysteme zur Einführung von Altersvorsorgeplänen mit Beitragsprimat oder Mechanismen zur Anpassung der Rentenhöhe bzw. des Rentenalters an eine steigende Lebenserwartung vorgeschlagen bzw. bereits umgesetzt (vgl. Whitehouse, 2007b).

Tabelle II.1.1 Reformen der nationalen Rentensysteme in den OECD-Ländern seit 1990

	Rentenanspruchsalter	Anpassung der Verrentungsanreize	Änderung des Bezugszeitraums für die Rentenberechnung oder der Anspruchskriterien	Anpassung an die Lebenserwartung und/oder die finanzielle Tragfähigkeit	System mit Beitragsprimat	Sonstige
Australien	Anhebung des Rentenalters für Frauen von 60 auf 65 Jahre. Anhebung von 55 auf 60 Jahre in der privaten Altersvorsorge.	Zusätzliche Einmalzahlung bei Rentenaufschub.		Durch den Umwandlungsfaktor zur Berechnung der Rentenzahlungen im System mit Beitragsprimat.	Einführung eines obligatorischen Systems mit Beitragsprimat als Ergänzung zur öffentlichen Rente.	Niedrigere Transferentzugsrate bei der Einkommensprüfung für die öffentliche Rente.
Österreich	Anhebung des Frührentenalters um 1,5 Jahre. „Rentenkorridor" zwischen 62 und 65 Jahre. Angleichung des Rentenalters der Frauen an das der Männer.	Einführung von Abschlägen bei vorgezogenem Renteneintritt, die sich weiter erhöhen sollen. Verschärfung der Anspruchskriterien für die Frührente.	Verlängerung von den besten 15 auf 40 Jahre.	Einführung eines Nachhaltigkeitsfaktors im Gespräch.		Absenkung des Steigerungssatzes. Weniger großzügige Indexierung höherer Renten.
Belgien	Angleichung des Rentenalters der Frauen an das der Männer.	Rentenbonus für Erwerbstätige über 62 Jahre. Unterschiedliche Berücksichtigung von Arbeitsphasen und sonstigen Anrechnungszeiten. Steueranreize für die private Altersvorsorge nur bei Inanspruchnahme im Regelrentenalter.	Erhöhung der Zahl der erforderlichen Beitrittsjahre für Renteneintritt mit 60 Jahren.			
Kanada						Vorfinanzierung der verdienstabhängigen Altersvorsorge.
Tschechische Republik	Schrittweise Anhebung des Regelrentenalters auf 63 Jahre.	Veränderung der Ab- und Aufschläge bei Früh-/Spätverrentung.				
Dänemark	Stufenweise Anhebung des Regelrentenalters von 65 auf 67 Jahre.			Anpassung des Regelrentenalters an die Entwicklung der Lebenserwartung.		
Finnland		Höherer Steigerungssatz für Erwerbstätige zwischen 63 und 67 Jahren.	Lebenszeitverdienst statt letzter 10 Jahre.	Lebenserwartungsfaktor (ab 2010).		Einkommensprüfung für die Grundrente im staatlichen System. Erhöhung der Wertanpassung des Verdiensts früherer Jahre und Verringerung der Indexierung der laufenden Rentenzahlungen.

Tabelle II.1.1 (Forts.) Reformen der nationalen Rentensysteme in den OECD-Ländern seit 1990

	Rentenanspruchsalter	Anpassung der Verrentungsanreize	Änderung des Bezugszeitraums für die Rentenberechnung oder der Anspruchskriterien	Anpassung an die Lebenserwartung und/oder die finanzielle Tragfähigkeit	System mit Beitragsprimat	Sonstige
Frankreich		Änderung der Anpassung der Rentenhöhe bei Früh-/Spätverrentung in der gesetzlichen und der betrieblichen Altersvorsorge.	Erhöhung der erforderlichen Mindestzahl an Beitragsjahren. Verlängerung des Bezugszeitraums für die Rentenberechnung von den besten 10 auf die besten 25 Jahre.	Weitere Erhöhung der Mindestzahl der erforderlichen Beitragsjahre bei steigender Lebenserwartung vorgesehen.		Sozialrente in Höhe von 85% des Mindestlohns. Wertanpassung jetzt in beiden Systemen effektiv entsprechend der Preisentwicklung.
Deutschland		Einführung von Rentenabschlägen bei Renteneintritt vor 65 Jahre.		Geringere Wertanpassung und Indexierung bei Verschlechterung des Verhältnisses Beitragszahler/Rentenempfänger.	Freiwillige, steuerlich geförderte Altersvorsorgepläne mit Beitragsprimat.	Schrittweise Abschaffung der günstigeren steuerlichen Behandlung von Renteneinkommen.
Griechenland	Anhebung des Rentenalters von 58 auf 65 Jahre.					
Ungarn	Schrittweise Anhebung des Rentenalters von 55 Jahren für Frauen und 60 Jahren für Männer auf 62 Jahre für beide Geschlechter.	Lineare Steigerungssätze anstelle der früheren höheren Sätze für die Anfangsjahre.	Rentenberechnung auf Grundlage des Brutto- und nicht mehr des Nettoverdiensts.	Durch den Umwandlungsfaktor zur Berechnung der Rentenzahlungen im System mit Beitragsprimat.	System mit Beitragsprimat obligatorisch für Arbeitsmarktneuzugänge, freiwillig für bereits Beschäftigte.	Abschaffung der Mindestrente vorgesehen. Weniger großzügige Indexierung der laufenden Rentenzahlungen. Einführung einer Einkommensteuerpflicht für Renteneinkommen.
Island	Keine nennenswerten Änderungen seit 1990.					
Irland					Anreize für die freiwillige Altersvorsorge.	Vorfinanzierung der öffentlichen Rentenleistungen. Anhebung der Grundrenten.
Italien	Anhebung des Regelrentenalters für Männer von 60 auf 65 Jahre und für Frauen von 55 auf 60 Jahre. Anhebung des Mindestalters für einen vorzeitigen Renteneintritt mit 35 Versicherungsjahren von 60 auf 62 Jahre.	Anpassung der Rentenhöhe bei vorgezogenem Renteneintritt durch das Notional-Accounts-System.	Anhebung der Zahl der erforderlichen Versicherungsjahre für die Frührente bei langjähriger Erwerbstätigkeit von 37 auf 40 Jahre.	Durch die Rentenberechnung im Notional-Accounts-System.		Umstellung von einem System mit Leistungsprimat auf ein Notional-Accounts-System. Weniger großzügige Indexierung höherer Renten.
Japan	Anhebung des Rentenalters von 60 auf 65 Jahre.		Berücksichtigung von Sonderzulagen im versicherungspflichtigen Verdienst.	Anpassung der Rentenhöhe zur Berücksichtigung erwarteter Verschiebungen im Verhältnis Beitragszahler/Rentenempfänger.		Senkung des Steigerungssatzes.

Tabelle II.1.1 (Forts.) Reformen der nationalen Rentensysteme in den OECD-Ländern seit 1990

	Rentenanspruchsalter	Anpassung der Verrentungsanreize	Änderung des Bezugszeitraums für die Rentenberechnung oder der Anspruchskriterien	Anpassung an die Lebenserwartung und/oder die finanzielle Tragfähigkeit	System mit Beitragsprimat	Sonstige
Korea	Anhebung des Rentenalters von 60 auf 65 Jahre.					
Luxemburg	Keine nennenswerten Änderungen seit 1990.					
Mexiko					Öffentliches System mit Leistungsprimat ersetzt durch obligatorisches privates System mit Beitragsprimat.	
Niederlande		Geplante Abschaffung des Vorruhestandsprogramms.	Umstellung vom letzten Verdienst auf den Lebensarbeitsverdienst in vielen betrieblichen Altersvorsorgeplänen.			
Neuseeland	Anhebung des Rentenalters von 60 auf 65 Jahre.				Durch Anreize geförderte, freiwillige Altersvorsorgepläne mit Beitragsprimat und automatischem Beitritt.	Vorfinanzierung der öffentlichen Rentenleistungen.
Norwegen					Arbeitgeberpflichtbeiträge zu Altersvorsorgeplänen mit Beitragsprimat.	Vorfinanzierung der öffentlichen Altersversorgung.
Polen	Abschaffung der Frühverrentungsmöglichkeiten für bestimmte Arbeitskräftekategorien.		Lebensarbeitsverdienst statt bester 10 aufeinander folgender Jahre der letzten 20 Jahre.	Durch Notional-Accounts-System bei der öffentlichen Rente und Umwandlungsfaktor zur Berechnung der Rentenzahlungen im System mit Beitragsprimat.	System mit Beitragsprimat obligatorisch für Arbeitsmarktneuzugänge und Arbeitskräfte unter 30 Jahren.	Abschaffung der Grundrente. Umstellung von einem System mit Leistungsprimat auf ein Notional-Accounts-System.
Portugal	Angleichung des Rentenalters der Frauen an das der Männer (65 Jahre).	Einführung von Zu- und Abschlägen bei aufgeschobenem bzw. vorgezogenem Renteneintritt.	Lebensarbeitsverdienst statt bester 10 der letzten 15 Jahre.	Anpassung der Rentenhöhe an die Entwicklung der Lebenserwartung.		Weniger großzügige Indexierung höherer Renten.
Slowakische Republik	Anhebung des Rentenalters auf 62 Jahre für Männer und Frauen.		Lebensarbeitsverdienst statt bester 5 der letzten 10 Jahre.	Durch den Umwandlungsfaktor zur Berechnung der Rentenzahlungen im System mit Beitragsprimat.	System mit Beitragsprimat obligatorisch für Arbeitsmarktneuzugänge, freiwillig für bereits Beschäftigte.	Umstellung von einem System mit Leistungsprimat auf ein Entgeltpunktesystem.
Spanien		Einführung eines kleinen Zuschlags bei Rentenaufschub.				

Tabelle II.1.1 (Forts.) Reformen der nationalen Rentensysteme in den OECD-Ländern seit 1990

	Rentenanspruchsalter	Anpassung der Verrentungsanreize	Änderung des Bezugszeitraums für die Rentenberechnung oder der Anspruchskriterien	Anpassung an die Lebenserwartung und/oder die finanzielle Tragfähigkeit	System mit Beitragsprimat	Sonstige
Schweden			Lebensarbeitsverdienst statt bester 15 Jahre (öffentliches verdienstabhängiges System).	Durch Notional-Accounts-System und Umwandlungsfaktor zur Berechnung der Rentenzahlungen im System mit Beitragsprimat. Im Notional-Accounts-System ist zusätzlich ein Nachhaltigkeitsfaktor vorgesehen.	System mit Beitragsprimat für fast alle Erwerbstätige Vorschrift. Umstellung vom Leistungs- zum Beitragsprimat in der betrieblichen Altersvorsorge.	Umstellung von System mit Leistungsprimat auf Notional-Accounts-System. Abschaffung der Einkommensteuervergünstigungen für Rentner.
Schweiz	Anhebung des Rentenalters für Frauen von 62 auf 64 Jahre.					Absenkung des Mindestzinssatzes und des Umwandlungssatzes in der obligatorischen betrieblichen Altersvorsorge.
Türkei	Anhebung des Rentenalters auf 65 Jahre.					Senkung des Steigerungssatzes.
Vereinigtes Königreich	Anhebung des Rentenalters für Frauen und des Anspruchsalters für das „garantierte Einkommen" (guarantee credit) von 60 auf 65 Jahre.	Erhöhung des Zuschlags bei Rentenaufschub. Einführung der Option einer Einmalzahlung.			Die Arbeitgeber müssen den Abschluss von Altersvorsorgeplänen mit Beitragsprimat („Teilhaberpläne") ermöglichen.	Anhebung der Grundrente. Ausdehnung der bedürftigkeitsabhängigen Zusatzleistungen. Stärker progressive Gestaltung des verdienstabhängigen Systems.
Vereinigte Staaten	Anhebung des Anspruchsalters für eine Vollrente von 65 auf 67 Jahre.	Veränderung der Anpassung der Rentenhöhe bei vorgezogenem / aufgeschobenem Renteneintritt.				

Quelle: Whiteford und Whitehouse (2006); amtliche Stellen der jeweiligen Länder.

Bei Systemen mit Beitragsprimat – seien es kapitalgedeckte oder *Notional-Accounts*-Systeme – wird die Rentenhöhe automatisch entsprechend der Lebenserwartung angepasst. Das Rentenkapital wird auf einem individuellen Konto angespart und muss bei Renteneintritt in eine regelmäßige Rentenzahlung umgewandelt werden. Diese Rentenzahlung wird umso niedriger ausfallen, je höher die Lebenserwartung zum Zeitpunkt des Renteneintritts ist, weil mit einer entsprechend längeren Dauer des Rentenbezugs zu rechnen ist. Seit Ende der neunziger Jahre wurden in Polen, Schweden, der Slowakischen Republik und Ungarn kapitalgedeckte Altersvorsorgepläne mit Beitragsprimat eingeführt, die in diesen Ländern einen Teil der öffentlichen Rentenversicherung mit Leistungsprimat ersetzen sollten. In Australien wurde die bedürftigkeitsabhängige öffentliche Altersvorsorge 1992 durch ein System mit Beitragsprimat ergänzt. In Mexiko wurde das vorherige öffentliche Rentenversicherungssystem ab 1997 vollständig durch Altersvorsorgepläne mit Beitragsprimat ersetzt. In Italien, Polen und Schweden wurden hingegen *Notional-Accounts*-Systeme (fiktive Rentenkonten) eingeführt. In allen diesen Ländern gibt es also Systeme mit mindestens einem Bestandteil, bei dem eine Anpassung an die Lebenserwartung erfolgt.

In Deutschland ist eine Anpassung der im Rahmen des Entgeltpunktesystems gezahlten Renten vorgesehen, mit der der finanziellen Tragfähigkeit des Systems Rechnung getragen werden soll (sogenannter Nachhaltigkeitsfaktor). Nimmt die Lebenserwartung zu, steigt ceteris paribus die Zahl der Rentenempfänger im Verhältnis zur Zahl der Beitragszahler und sinkt die Höhe der Renten. Der Effekt der höheren Lebenserwartung auf die Renten könnte jedoch ausgeglichen werden, sollte die Zahl der Erwerbstätigen steigen, die in das System einzahlen. In Österreich wird ebenfalls über die Einführung eines solchen Nachhaltigkeitsfaktors diskutiert.

In Finnland und Portugal wird die Rentenhöhe künftig entsprechend der Entwicklung der Lebenserwartung der Rentner angepasst werden. Eine weitere Anpassungsmethode ist eine an der Entwicklung der Lebenserwartung orientierte Anhebung des Regelrentenalters und/oder der Zahl der erforderlichen Beitragsjahre für den Anspruch auf eine volle Rente. In Dänemark wurde eine direkte Verknüpfung zwischen dem Anstieg der Lebenserwartung und dem Rentenanspruchsalter hergestellt. In Frankreich wurde die erforderliche Zahl der Beitragsjahre für eine volle Rente mit der Rentenreform von 2003 an die Lebenserwartung gekoppelt.

Wenn die Rentenhöhe zur Berücksichtigung der gestiegenen Lebenserwartung verringert wird, verbessert sich die *finanzielle Tragfähigkeit* der Rentensysteme, dabei kann es jedoch zu negativen *sozialen Effekten* kommen. Es ist zur Genüge belegt, dass ein Zusammenhang zwischen der Lebenserwartung einerseits und dem sozioökonomischen Status, dem Einkommen und der Vermögenslage andererseits besteht (vgl. Brown und McDaid, 2002, wegen einer Übersicht über 45 Untersuchungen zu diesem Thema). Dies kann bedeuten, dass Geringverdiener von einer Anhebung des Rentenalters bzw. Absenkung der Höhe der Renten entsprechend dem Anstieg der *durchschnittlichen* Lebenserwartung möglicherweise proportional stärker getroffen werden. Die Gestaltung der *Verrentungsanreize* würde verbessert, weil die Versicherten länger arbeiten müssen, um dieselbe Rente zu erhalten.

Einführung von Altersvorsorgeplänen mit Beitragsprimat

Wie im Vorigen erwähnt, wurden in einer Reihe von OECD-Ländern Altersvorsorgepläne mit Beitragsprimat eingeführt, die als Ersatz für einen Teil der öffentlichen, verdienstabhängigen Rentenversicherung dienen sollten. Im Allgemeinen hatten entweder einige Arbeitskräftekategorien oder alle Erwerbstätigen die Möglichkeit zu entscheiden, ob sie bei der öffentlichen, verdienstabhängigen Versicherung bleiben oder zur öffentlich-privaten Altersvorsorge mit Beitragsprimat überwechseln wollten. (Wegen einer eingehenderen Erörterung dieser Reformen vgl. Mattil und Whitehouse, 2007; sowie Whitehouse et al., 2007.)

Die Umstellung auf Altersvorsorgepläne mit Beitragsprimat ist die große Reform, durch die sich das *Gleichgewicht zwischen öffentlichem und privatem Sektor* in der Rentenversicherung verschiebt. Dies hat komplexe *finanzielle Auswirkungen*. Es findet kein direkter Transfer vom Beitragszahler zum Rentenempfänger statt wie im Fall von Rentenversicherungssystemen mit Umlageverfahren. Allerdings kommt es doch zu einem Ressourcentransfer zwischen den Generationen – von den Erwerbstätigen zu den Rentnern –, so dass der finanzielle Gesamteffekt ungewiss ist. Die Gestaltung der *Verrentungsanreize* verbessert sich in der Regel. Die *sozialen Effekte* hängen von der Ausgestaltung des Systems ab, insbesondere von der Interaktion mit anderen öffentlichen Rentenversicherungsleistungen.

Änderung der Indexierung der laufenden Rentenzahlungen

Unter Indexierung ist die Anpassung der *laufenden Rentenzahlungen* an Veränderungen des Preis- oder Verdienstniveaus zu verstehen. In den letzten Jahren sind viele OECD-Länder von einer Indexierung entsprechend der Verdienstentwicklung auf eine vollständige oder teilweise Anpassung der laufenden Rentenzahlungen an die Preisentwicklung übergegangen. Dies sichert zwar die Kaufkraft der Rentner, bedeutet aber, dass sie nicht am allgemeinen Anstieg des Lebensstandards teilhaben[4].

Einige Länder – Polen, Slowakische Republik und Ungarn – verwenden zur Anpassung der laufenden Rentenzahlungen einen Mischindex, der sich aus dem Lohnwachstum und der Inflation zusammensetzt. In Finnland und der Schweiz wird diese Form der Indexierung schon seit längerer Zeit angewandt. In der Schweiz werden die laufenden Rentenzahlungen entsprechend einem zu gleichen Teilen gewichteten Index aus Lohn- und Preiswachstum angepasst, während die relative Gewichtung des Index in Finnland im Rahmen der jüngsten Reformen geändert wurde. In Deutschland wird die Indexierung der Rentenzahlungen, die sich bislang am Lohnwachstum abzüglich von Steuern und Sozialversicherungsbeiträgen orientierte, in Zukunft ebenfalls geändert werden, um den Abhängigenquotienten zu berücksichtigten, d.h. das Verhältnis von Rentnern zu Beitragszahlern.

In Italien werden höhere Renten nicht in vollem Umfang an die Preisentwicklung angepasst (zu 75% oder 90%), während geringe und mittlere Renten ganz preisindexiert sind. Auch in Österreich werden die laufenden Rentenzahlungen nur bis zu einer bestimmten Obergrenze an die Preisentwicklung angepasst; Renten, die diese Grenze übersteigen, werden nur um einen Festbetrag erhöht. In Portugal werden niedrige Renten bei der Aktualisierung in Zukunft stärker angehoben werden als höhere.

Die Aktualisierung der laufenden Rentenzahlungen ist ein klassisches Beispiel für eine Ad-hoc-Politikgestaltung. Obwohl inzwischen in den meisten Ländern eine formelle Preisbindung vorgesehen ist, wird die Indexierung immer noch häufig als Abhilfemaßnahme ausgesetzt, wenn auf dem System ein zu starker finanzieller Druck lastet. In Deutschland geschah dies mehrmals, bevor 2004 der Nachhaltigkeitsfaktor eingeführt wurde. Auch in Belgien und in den Vereinigten Staaten wurde die Indexierung vorübergehend ausgesetzt. Im Vereinigten Königreich hingegen wurden trotz einer formellen Bindung der öffentlichen Renten an die Preisentwicklung Ad-hoc-Maßnahmen vorgenommen, um die Renten zusätzlich anzuheben[5].

Durch eine weniger großzügige Anpassung der laufenden Rentenzahlungen erhöht sich die *finanzielle Tragfähigkeit* des Rentensystems, dabei kann es jedoch zu Problemen in Bezug auf die langfristige *soziale* und folglich auch politische Tragfähigkeit kommen.

Vorfinanzierung der öffentlichen Rentenleistungen

Als alternative Methode zur Vorfinanzierung der Rentenverbindlichkeiten, dem Gegenprinzip zum Umlageverfahren, haben einige Länder öffentliche Rentenfonds eingerichtet. Zusätzlich zu den bereits seit langem bestehenden Rentenfonds in Japan, Schweden und der Schweiz wurden solche Fonds mittlerweile auch in Irland, Kanada, Neuseeland und Norwegen eingerichtet (vgl. Palacios, 2002). Da sich die vorliegende Untersuchung mit den Rentenansprüchen befasst, wird auf diese Initiativen hier nicht weiter eingegangen.

Rentenversicherungsbeiträge

Einer der Gründe für die jüngste Rentenreformwelle in den OECD-Ländern war die Besorgnis über die negativen Beschäftigungseffekte einer hohen Besteuerung des Faktors Arbeit. In Tabelle II.1.2 ist die Entwicklung der Beitragssätze zur Rentenversicherung im Zeitraum 1994-2004 dargestellt. Für diesen Zeitraum deuten wenig Belege auf eine Zunahme der Belastung durch Rentenversicherungsbeiträge hin, was u.U. überraschen könnte.

Tabelle II.1.2 **Beitragssätze zur Rentenversicherung (Arbeitgeber- und Arbeitnehmerbeiträge), 1994, 1999 und 2004**

	1994	1999	2004
Australien		Nur private Beiträge	
Österreich	22.8	22.8	22.8
Belgien	16.4	16.4	16.4
Kanada	5.2	7.0	9.9
Tschech. Republik	26.9	26.0	28.0
Dänemark		Nur private Beiträge	
Finnland	18.6	21.5	21.4
Frankreich	21.5	24.0	24.0
Deutschland	19.2	19.7	19.5
Griechenland	20.0	20.0	20.0
Ungarn	30.5	30.0	26.5
Island		Nur private Beiträge	
Irland		Keine gesonderten Rentenbeiträge	
Italien	28.3	32.7	32.7
Japan	16.5	17.4	13.9
Korea	6.0	9.0	9.0
Luxemburg	16.0	16.0	16.0
Mexiko		Nur private Beiträge	
Niederlande	33.1	37.7	28.1
Neuseeland		Keine Beiträge	
Norwegen		Keine gesonderten Rentenbeiträge	
Polen	-	32.5	32.5
Portugal		Keine gesonderten Rentenbeiträge	
Slowak. Republik	28.5	27.5	26.0
Spanien	29.3	28.3	28.3
Schweden	19.1	15.1	18.9
Schweiz	9.8	9.8	9.8
Türkei	20.0	20.0	20.0
Verein. Königreich		Keine gesonderten Rentenbeiträge	
Vereinigte Staaten	12.4	12.4	12.4
OECD (21)	**19.9**	**20.3**	**20.0**

Anmerkung: Auf eine Dezimalstelle auf- bzw. abgerundet.
Quelle: OECD (1995b, 2001, 2006a).

In etwa 21 OECD-Ländern ist ein gesondert identifizierbarer Beitrag zur gesetzlichen Rentenversicherung vorgesehen. In der Hälfte dieser Länder bewegte sich der entsprechende Beitragssatz während dieser zehn Jahre weitgehend unverändert bei rd. 20%. Ein relativ starker Anstieg war in Italien, Japan, Kanada und Korea festzustellen, während die Zunahme in Frankreich und der Tschechischen Republik geringer ausfiel. In fünf Ländern sind die Beitragssätze gesunken, darunter in Japan, den Niederlanden und Ungarn.

Für diese auf den ersten Blick überraschende Feststellung gibt es mehrere mögliche Erklärungen. Erstens könnten die Regierungen auf die steigenden Rentenaufwendungen reagiert haben, indem sie sie aus dem allgemeinen Steueraufkommen anstatt aus den Rentenversicherungsbeiträgen finanzierten. Zweitens könnten die Beitragssätze konstant geblieben sein, weil die Einnahmen durch eine Ausweitung der Bemessungsgrundlage erhöht wurden (z.B. durch eine Anhebung der Beitragsbemessungsgrenzen). Drittens lässt das Profil der Bevölkerungsalterung darauf schließen, dass der Großteil des von den Rentenkosten ausgehenden Drucks bislang noch nicht zum Tragen gekommen ist. Viertens könnte es mit den Rentenreformen gelungen sein, die Kosten einzudämmen.

Tabelle II.1.3 **Öffentliche Ausgaben für Alters- und Hinterbliebenenrenten, 1990-2003**

	1990	1995	2000	2003	Veränderung 1990-2003
Australien	3.7	4.2	4.5	4.1	0.4
Österreich	11.9	12.8	12.8	13.2	1.3
Belgien	9.1	9.4	9.1	9.3	0.2
Kanada	4.3	4.8	4.4	4.4	0.1
Tschech. Republik	6.1	6.5	8.0	8.0	1.8
Dänemark	7.4	8.4	7.1	7.2	-0.2
Finnland	8.1	6.8	5.9	6.4	-1.7
Frankreich	10.9	12.2	12.0	12.3	1.4
Deutschland	10.2	10.9	11.2	11.7	1.5
Griechenland	11.1	10.8	12.2	12.4	1.3
Ungarn	n.v.	n.v.	8.0	8.7	n.v.
Island	3.5	3.8	3.6	4.2	0.6
Irland	4.2	3.7	3.4	3.7	-0.5
Italien	10.2	11.4	13.7	13.9	3.6
Japan	5.0	6.3	8.0	9.3	4.3
Korea	0.8	1.3	1.5	1.4	0.6
Luxemburg	9.6	10.3	7.8	6.5	-3.1
Mexiko	0.6	0.8	0.9	1.2	0.7
Niederlande	7.0	6.1	5.6	5.8	-1.2
Neuseeland	7.4	5.7	5.0	4.5	-2.9
Norwegen	7.6	7.5	6.8	7.4	-0.3
Polen	5.3	9.6	10.9	12.4	7.2
Portugal	5.4	7.9	8.7	10.5	5.1
Slowak. Republik	n.v.	6.6	6.6	6.5	6.5
Spanien	8.1	9.2	8.8	8.4	0.3
Schweden	9.3	10.7	10.0	10.8	1.5
Schweiz	5.8	6.9	6.9	7.2	1.3
Türkei	3.2	3.7	n.v.	n.v.	n.v.
Vereinigtes Königreich	5.3	6.0	5.9	6.1	0.8
Vereinigte Staaten	6.1	6.3	6.0	6.3	0.2
OECD	6.7	7.3	7.4	7.7	1.0

n.v.: nicht verfügbar.
Quelle: OECD Social Expenditure Database.

Der OECD-Datenbank zu den Sozialausgaben (*OECD Social Expenditures Database*) ist allerdings zu entnehmen, dass sich die öffentlichen Ausgaben für die Alters- und Hinterbliebenenversicherung in den OECD-Ländern zwischen 1990 und 2003 im Durchschnitt von 6,7% auf 7,7% des BIP erhöht haben (vgl. Tabelle II.1.3). Ein Rückgang wurde nur in sieben Ländern verzeichnet, insbesondere in Finnland, Luxemburg und Neuseeland. Eine sehr starke Zunahme im Umfang von 3,5-7,5% des BIP war demgegenüber in Italien, Japan, Polen, Portugal und der Slowakischen Republik zu beobachten.

1.2 Effekt der Rentenreformen in ausgewählten OECD-Ländern

Durch Reformen der Rentensysteme, ganz gleich, ob sie nun auf einen Schlag erfolgten oder in mehreren Abschnitten, änderte sich häufig eine ganze Reihe von Parametern und Regeln der Systeme der jeweiligen Länder. Daher ist es schwierig, die Reformpakete in den verschiedenen Ländern ausschließlich anhand institutioneller Daten zu vergleichen. In der folgenden Analyse werden die mikroökonomischen Indikatoren der Rentensysteme – darunter die in Teil I vorgestellten

Parameter Ersatzquote, relative Rentenhöhe und Rentenvermögen – vor und nach den Reformen untersucht. Diese mikroökonomischen Messgrößen sollen das Bild ergänzen, das sich aus den langfristigen Finanzprojektionen für die Rentensysteme ergibt. Die Analyse konzentriert sich auf 16 OECD-Länder (Deutschland, Finnland, Frankreich, Italien, Japan, Korea, Mexiko, Neuseeland, Österreich, Polen, Portugal, Schweden, Slowakische Republik, Türkei, Ungarn und Vereinigtes Königreich), in denen im letzten Jahrzehnt umfangreiche Rentenreformen durchgeführt wurden.

Methodik

Bei den unter der Rubrik „Nach-Reform-Szenario" beschriebenen Ergebnissen handelt es sich um diejenigen, die auch im Rest des Berichts zu finden sind. Diese spiegeln kurz gesagt die Situation von Arbeitskräften wider, die 2004 in den Arbeitsmarkt eingetreten sind und für die während ihrer gesamten Erwerbslaufbahn dieselben Rentenversicherungsparameter und -regeln galten, nämlich diejenigen, die im Jahr 2004 in Kraft waren, einschließlich der zu diesem Zeitpunkt bereits gesetzlich verankerten, aber erst im Zeitverlauf wirksam werdenden Veränderungen.

Das Vor-Reform-Szenario stützt sich auf folgende Frage: Wie hätten sich die Parameter und Regeln des Rentensystems 2004 dargestellt, wenn die Reformen nicht stattgefunden hätten? Dieser stilisierte Ansatz soll dazu dienen, die Effekte des Reformprogramms von denen anderer im letzten Jahrzehnt erfolgter Veränderungen zu isolieren. Die Sterberaten und wirtschaftlichen Variablen sind in beiden Szenarien somit identisch, und es wird auch dieselbe Modellierungsmethode angewandt (vgl. Abschnitt „Aufbau des Berichts und Methodik", S. 11).

Das Ziel ist dabei *nicht*, die Rentenansprüche für Versicherte zu berechnen, die 2004 in Rente gegangen sind. Erstens müssten in Anbetracht der Häufigkeit, mit der in einigen Ländern Rentenreformen durchgeführt werden, in diesem Fall mehr als zwei Regelkataloge modelliert werden, einschließlich häufig komplexer Übergangsregelungen, was die Berechnung erheblich erschweren würde. Zweitens sind zur Beurteilung der Lage der *heutigen* Rentner Einkommensverteilungsdaten oder administrative Informationen zur Höhe der tatsächlich bezogenen Renten besser geeignet als mikroökonomische Modellrechnungen.

Beim hier verfolgten Ansatz werden zwei Datensätze zu den künftigen Ersatzquoten verglichen: Der eine spiegelt die Rentenansprüche wider, die 2004 in den Arbeitsmarkt eingetretenen Versicherten in Aussicht gestellt worden wären, hätte damals noch das System aus der Zeit vor den Reformen gegolten. Der zweite Datensatz bezieht sich auf die Rentenansprüche von 2004 in den Arbeitsmarkt eingetretenen Arbeitskräften nach dem derzeitigen System, d.h. dem System der Zeit nach den Reformen. Dabei handelt es sich um einen mikroökonomischen Vergleich, der sich folglich nicht mit der Bezahlbarkeit der Rentenzusagen in den beiden Szenarien befasst.

Veränderungen der Methode zur Indexierung der laufenden Rentenzahlungen werden in den Rentenreformmodellen durch die Berechnung des Rentenvermögens berücksichtigt. Veränderungen der im Hinblick auf die Indexierung der Rentenversicherungsparameter verfolgten Politik lassen sich im Modell allerdings schwerer realistisch darstellen. Wie im Abschnitt zur Methodik erwähnt, ist in einigen Ländern, wie in Schweden und dem Vereinigten Königreich, theoretisch eine Preisindexierung der Schlüsselparameter vorgesehen, z.B. der Höhe der Mindesteinkommenssicherung. Wie bereits erläutert, würde dies bei einer Umsetzung über einen Zeitraum von 40 bis 50 Jahren in einem unrealistisch niedrigen Lebensstandard für finanziell schlechter gestellte Rentner resultieren, der sich politisch nicht vertreten ließe. Daher wird unterstellt, dass die Parameter der Rentensysteme im Zeitverlauf parallel zum *Durchschnittsverdienst* angehoben werden. Dabei gilt es zu erwähnen, dass diese Annahme konsequent sowohl auf das Vor-Reform-Szenario als auch auf das Szenario nach den Reformen angewandt wird, unabhängig davon, ob Änderungen in der Politik zur Indexierung der Parameter vorgenommen wurden oder nicht.

Ersatzquoten für Durchschnittsverdiener

Die seit den neunziger Jahren vorgenommenen Rentenreformen hatten einen starken Effekt auf die Ersatzquoten von Durchschnittsverdienern. In Tabelle II.1.4 sind die *Bruttoersatzquoten* vor und nach den Reformen für Männer sowie, falls abweichend, für Frauen angegeben. Durch die

Reformen verringern sich die Bruttoersatzquoten für Durchschnittsverdiener in allen Ländern außer Ungarn, wo sie sich deutlich um fast 20 Prozentpunkte erhöhen. Die Ergebnisse für Ungarn sind jedoch stark durch das Steuersystem beeinflusst, weil die ungarischen Renten früher auf der Grundlage des Verdiensts nach Einkommensteuer berechnet wurden. Folglich ist nicht der gesamte Anstieg der Ersatzquoten in Ungarn auf die Rentenreform zurückzuführen; Änderungen im Steuersystem spielten ebenfalls eine große Rolle. Im Vereinigten Königreich sind die Ersatzquoten vor und nach den Reformen identisch. Dies gilt auch für Neuseeland, wo sich die Reform auf die Anhebung des Rentenalters von 60 auf 65 Jahre beschränkte. Diese Änderung schlägt sich nicht in der Ersatzquote nieder, da es sich um eine Pauschalrente handelt. In Polen sowie in Österreich für Frauen dürften die Ersatzquoten vor und nach den Reformen identisch sein. Der stärkste Rückgang ist in Mexiko zu erwarten, wo die Ersatzquoten für Männer und Frauen um mehr als die Hälfte sinken dürften. Dabei sollte aber darauf hingewiesen werden, dass sich das mit den Reformen eingeführte System auf Arbeitskräfte bezieht, die nach 1997 in den Arbeitsmarkt eingetreten sind. Allen damals bereits beschäftigten Arbeitskräften wurde mindestens die gleiche Rentenhöhe zugesichert, auf die sie vor den Reformen Anspruch gehabt hätten. Große Veränderungen sind auch in Italien und Portugal, gefolgt von Schweden, Frankreich und Österreich festzustellen. Natürlich waren viele dieser Kürzungen der Ersatzquoten notwendig, da die fraglichen Systeme bereits in finanzielle Schwierigkeiten geraten waren, die sich aller Voraussicht nach in Zukunft verschärft hätten. Die Systeme der Zeit vor den Reformen „versprachen“ häufig ein Rentenniveau, das faktisch niemals hätte gezahlt werden können.

Tabelle II.1.4 **Bruttoersatzquoten für Durchschnittsverdiener in ausgewählten OECD-Ländern vor und nach den Reformen**[1]

In % des individuellen Verdiensts

	Männer		Frauen (sofern abweichend)	
	Vor den Reformen	Nach den Reformen	Vor den Reformen	Nach den Reformen
Österreich	90.0	80.1	80.0	80.1
Finnland	66.3	63.4		
Frankreich	64.7	51.2		
Deutschland	48.7	39.9		
Ungarn	57.7	76.9	52.7	76.9
Italien	90.0	67.9	80.0	52.8
Japan	40.7	34.4		
Korea	69.3	66.8		
Mexiko	72.5	35.8	72.5	29.7
Neuseeland	39.7	39.7		
Polen	62.2	61.2	57.3	44.5
Portugal	90.1	54.1		
Slowak. Republik	59.5	56.7		
Schweden	78.9	62.1		
Türkei	107.6	72.5	102.8	72.5
Verein. Königreich	30.8	30.8		

1. OECD-Länder, die im letzten Jahrzehnt größere Rentenreformen durchgeführt haben.
Quelle: OECD-Rentenmodelle.

Sicherung ausreichender Renten für Geringverdiener

In Tabelle II.1.5 ist das relative Rentenniveau (die Höhe der Rente im Verhältnis zum gesamtwirtschaftlichen Durchschnittsverdienst) abzüglich von Steuern und Sozialversicherungsbeiträgen vor und nach den Reformen für Arbeitskräfte dargestellt, die die Hälfte des Durchschnittsverdiensts beziehen. Dies ist eine geeignetere Messgröße zur Beurteilung der *Angemessen-*

Tabelle II.1.5 **Relatives Nettorentenniveau von Geringverdienern in ausgewählten OECD-Ländern vor und nach den Reformen**[1]

	Männer		Frauen (sofern abweichend)	
	Vor den Reformen	Nach den Reformen	Vor den Reformen	Nach den Reformen
Österreich	57.8	53.2	53.1	53.2
Finnland	44.6	44.8		
Frankreich	42.8	42.1		
Deutschland	39.7	32.6		
Ungarn	52.5	58.4	42.9	58.4
Italien	55.9	46.7		
Japan	32.2	26.9	51.1	36.3
Korea	54.3	54.2		
Mexiko	38.7	28.2		
Neuseeland	41.7	41.7	38.7	28.2
Polen	50.0	38.8	47.1	29.9
Portugal	58.5	45.0		
Slowak. Republik	41.8	36.5		
Schweden	44.7	42.8		
Türkei	77.2	52.0	73.2	52.0
Verein. Königreich	29.4	36.0		

1. OECD-Länder, die im letzten Jahrzehnt größere Rentenreformen durchgeführt haben. Das relative Nettorentenniveau entspricht den individuellen Rentenansprüchen (nach Steuern und Sozialversicherungsbeiträgen), geteilt durch den Durchschnittsverdienst nach Steuern und Sozialversicherungsbeiträgen.

Quelle: OECD-Rentenmodelle.

heit der Renten als die Ersatzquote, weil aus ihr ersichtlich ist, wie groß der Abstand zwischen einem Rentner der untersten Einkommensgruppe und dem durchschnittlichen Lebensstandard der Erwerbstätigen ist. Somit handelt es sich um einen guten Indikator für das Armutsrisiko von Rentnern.

Die Ergebnisse zeigen, dass sich die Einkommenslage von Rentnern, die während ihrer Erwerbstätigkeit die Hälfte des Durchschnittsverdiensts bezogen haben, durch die Reformen nur in zwei der 16 Länder verschlechtern wird. Im Vereinigten Königreich erhöht sich die Rente der untersten Einkommensgruppe von 29% auf 36% des Durchschnittsverdiensts. Dieser Anstieg erklärt sich aus der Einführung der zweiten Säule der öffentlichen Rentenversicherung, die gestaffelte Ersatzquoten für die verschiedenen Abschnitte des Verdienstspektrums vorsieht. Durch diesen Mechanismus erhöhen sich die Rentenansprüche von Geringverdienern. Zudem wurde die frühere Mindesteinkommensgarantie (*minimum income guarantee*) von 18% des Durchschnittsverdiensts im Jahr 1997 auf 21% im Jahr 2004 angehoben; anschließend wurde sie durch eine Rentensicherung (*pension credit*) in etwa gleicher Höhe ersetzt. In Ungarn verbessert sich die Situation deutlicher für weibliche Geringverdiener. Die Zunahme ist hier hauptsächlich der Änderung des Rentenalters zuzuschreiben, das für Frauen von 55 auf 62 Jahre angehoben wurde. Frauen können folglich sowohl im System mit Beitragsprimat als auch im System mit Leistungsprimat über einen längeren Zeitraum hinweg Rentenansprüche erwerben.

In Finnland, Frankreich und Korea wurde die Einkommenssituation von Geringverdienern in der Rente gesichert; das Rentenniveau vor und nach den Reformen ist so gut wie identisch. Das Gleiche gilt für einkommensschwache Rentnerinnen in Österreich. Im Rahmen der finnischen Rentenreform von 1996 wurde das Grundelement des Rentensystems, das teilweise vom sonstigen Renteneinkommen abhängig war, durch eine staatliche Sozialrente ersetzt, die im Fall anderer Renteneinkommen vollständig entzogen werden kann; auf diese Weise wird einkommensschwachen Rentnern, die keine ausreichenden Rentenansprüche aus dem verdienstabhängigen System haben, ein Mindestrentenniveau gesichert. In Frankreich wurde dieses Ergebnis durch eine Klausel in der Rentenreform von 2003 erzielt, der zufolge die Rente eines Versicherten mit voller Erwerbsbiografie nicht weniger als 85% des Nettomindestlohns betragen darf. Durch diese Maßnahme erhöhen sich die Rentenansprüche einkommensschwacher Rentner zwar erheblich, sie schafft jedoch nur einen knappen Ausgleich für die Leistungskürzungen, die sich aus der Verlängerung des Referenzzeitraums für die Berechnung der Rentenhöhe und den in den neunziger Jahren erfolgten Änderungen im System der betrieblichen Altersvorsorge ergeben.

In allen anderen Ländern verringerte sich infolge der Reformen die Rentenhöhe, selbst für die einkommensschwächste Rentnerkategorie. Besonders große Abstriche beim relativen Rentenniveau in Höhe von 10 Prozentpunkten oder mehr sind wiederum in Mexiko (28% statt zuvor 39%) sowie in Polen (39% statt 50%) und Portugal (45% statt 58%) zu beobachten. In Deutschland sinkt das relative Rentenniveau von 40% auf 33%.

In Mexiko ist der Rückgang auf die Umstellung vom früheren System mit Leistungsprimat auf ein System mit Beitragsprimat zurückzuführen. Obwohl alle Arbeitskräfte einen staatlichen Zuschuss für ihre individuellen Rentenkonten erhalten und eine Mindestrente vorgesehen ist, reicht dies nicht aus, um das relative Rentenniveau von Geringverdienern zu sichern, für die bei Renteneintritt die neuen Regeln gelten werden.

In Polen änderte sich das Niveau der Mindestrente durch die Reformen nicht. Versicherte mit voller Erwerbsbiografie, die die Hälfte des Durchschnittsverdiensts beziehen, haben auf diese Leistung jedoch keinen Anspruch. Allerdings wurde in Polen die Pauschalkomponente des alten Rentensystems abgeschafft, was Geringverdiener am stärksten trifft. Der Rückgang der Renten von Versicherten, die die Hälfte des Durchschnittsverdiensts beziehen, ist somit in vollem Umfang der Umstellung von dem früheren Umverteilungssystem auf ein gemischtes System zuzuschreiben, das sich aus *Notional-Accounts-* und kapitalgedeckten Altersvorsorgeplänen mit Beitragsprimat zusammensetzt.

In Portugal wurde mit der vor kurzem beschlossenen Rentenreform eine Anpassung der künftigen Renten an die steigende Lebenserwartung im Alter von 65 Jahren eingeführt. Laut der VN/Weltbank-Datenbank zu den Sterberaten belief sich die Restlebenserwartung im Alter von 65 Jahren in Portugal 2006 auf 16,2 Jahre. Diese Zahl wird sich bis 2050 voraussichtlich auf 20,3 Jahre erhöhen. Folglich dürfte das Rentenniveau auf Grund der Koppelung an die Entwicklung der Lebenserwartung für einen Versicherten, auf den diese Anpassung während der gesamten Erwerbslaufbahn Anwendung findet, bei 81% des nach den derzeitigen Regeln vorgesehenen Niveaus liegen. Dank der Mindestrente sinkt das Rentenniveau für Geringverdiener aber weniger als für Durchschnittsverdiener.

In Deutschland ist der Rückgang der Rentenhöhe auf die Änderung der Methode zur Berechnung des Entgeltpunktwerts (wie weiter oben erläutert) sowie die allmähliche Umstellung auf eine nachgelagerte Besteuerung zurückzuführen, die mit einem Anstieg der Nettolöhne und einer Verringerung der Nettorenten verbunden ist; da es in Deutschland kein explizites Mindestrentensystem gibt, sind die unteren Einkommensgruppen nicht vor diesem Rentenrückgang geschützt. Die einzige zur Verfügung stehende Einkommenssicherung ist die Sozialhilfe, bei der die Anspruchskriterien für ältere Menschen jedoch weniger streng sind als für Personen im Erwerbsalter. Bei älteren Menschen wird insbesondere nicht das Einkommen oder Vermögen anderer Familienmitglieder berücksichtigt. Für einen Versicherten, der die Hälfte des Durchschnittsverdiensts bezieht, liegt die Rente aber über dem Sozialhilfeniveau.

Der Effekt von Änderungen der Verdienstmessgröße

In der Rentenmodellrechnung wird unterstellt, dass sich das individuelle Verdienstwachstum mit dem gesamtwirtschaftlichen Verdienstwachstum deckt (real 2% jährlich). Die Ersatzquoten werden im Verhältnis zum individuellen Verdienst im Durchschnitt der gesamten Erwerbslaufbahn berechnet, der bis zum Zeitpunkt des Renteneintritts in Einklang mit dem gesamtwirtschaftlichen Durchschnittsverdienstwachstum aktualisiert wird. Entspricht die individuelle Verdienstentwicklung dem gesamtwirtschaftlichen Durchschnitt, deckt sich der aktualisierte durchschnittliche Lebensarbeitsverdienst mit dem letzten Verdienst[6].

In zahlreichen Ländern wurden die Methoden der Verdienstmessung zur Berechnung der Rentenhöhe verändert, im Allgemeinen indem der Referenzzeitraum für die Berechnung verlängert wurde. In einigen Fällen wird der Effekt dieser Reformen in den Rentenmodellen mit den Basishypothesen erfasst. Aus der Verlängerung des Bezugszeitraums im französischen öffentlichen Rentensystem von 10 auf 25 Jahre ergibt sich den Berechnungen zufolge z.B., dass die Rente für einen Versicherten, dessen Verdienstentwicklung dem gesamtwirtschaftlichen Durchschnitt entspricht, um 13,2% sinkt (auf Grund der an der Preisentwicklung orientierten Wertanpassung des Verdiensts früherer Jahre). In Portugal handelt es sich bei der künftigen Verdienstmessgröße um den Lebensarbeitsverdienst, der entsprechend einem zusammengesetzten Index – 25% Lohnwachstum und 75% Inflation – angepasst wird. Gemäß den Basisannahmen wird sich die Rentenhöhe dadurch im Vergleich zur derzeitigen Messgröße (letzte 15 Jahre) voraussichtlich um 27% verringern. Die Änderungen der Verdienstmessgröße waren natürlich jeweils Teil eines umfassenderen Reformpakets, und diese Berechnungen beziehen sich nicht auf den Gesamteffekt.

In Polen, Schweden und der Slowakischen Republik spiegeln sich die Veränderungen der Verdienstmessgröße allerdings nicht in den Basisergebnissen wider. In diesen drei Ländern wurde der Referenzzeitraum für die Berechnung der Rentenhöhe auf die gesamte Erwerbslaufbahn ausgedehnt, während zuvor ein wesentlich kürzerer Berechnungszeitraum verwendet wurde. Personen, deren Verdienst stärker steigt als der gesamtwirtschaftliche Durchschnitt, entstehen durch die Umstellung der Verdienstmessgröße Einbußen. Ein Versicherter, dessen Verdienst um 1% stärker steigt als der gesamtwirtschaftliche Durchschnitt, verliert durch die Änderung der Verdienstmessgröße in Polen 9,1%, in der Slowakischen Republik 17,7% und in Schweden 13,2%.

Diese Berechnungen sollten bei der Betrachtung des Gesamteffekts der Reformen berücksichtigt werden, weil die Basishypothesen die Konsequenzen der Veränderungen für Arbeitskräfte unterzeichnen, deren Verdienstwachstum über die gesamte Erwerbslaufbahn betrachtet den gesamtwirtschaftlichen Durchschnitt übersteigt[7].

Zusammenhang zwischen Verdienst und Rentenhöhe

In diesem Abschnitt wird untersucht, wie sich der Zusammenhang zwischen Verdienst und Rentenhöhe durch die Rentenreformen verändert hat. Während sich der vorherige Abschnitt mit der relativen Position von Geringverdienern befasste, geht es hier mehr im Allgemeinen um den Grad der Umverteilung über das gesamte Verdienstspektrum.

In der Analyse wird der Index der Progressivität der Rentenhöhe verwendet, der in Teil I eingehender beschrieben ist. Er ist folgendermaßen konstruiert: Ein Grundrentensystem mit einheitlichen Rentenleistungen für alle erhält den Wert 100% und weist den größtmöglichen Grad an Progressivität auf. Ein reines Versicherungssystem, bei dem sich die Höhe der Leistungen nach dem früheren Verdienst bemisst, erhält den Wert null. Es ist nicht progressiv gestaltet, da die Ersatzquote für alle Versicherten identisch ist.

Der Effekt der Rentenreformen ist in Abbildung II.1.1 dargestellt, der die Progressivitätsindizes vor und nach den Reformen für 16 Länder zu entnehmen sind. Mehrere Länder haben ihr Rentensystem progressiver gestaltet; sie sind in Teil A der Abbildung wiedergegeben. Der stärkste Anstieg ist in Mexiko, Portugal und im Vereinigten Königreich festzustellen. In Mexiko ist dies auf die Kombination des staatlichen Zuschusses mit der Mindestrente zurückzuführen. In Portugal gleicht die Mindestrente einen Teil der Leistungskürzungen für Geringverdiener aus, was in einer progressiveren Rentenstruktur resultiert. Im Vereinigten Königreich ist der höhere Grad der Umverteilung den neuen Regeln zuzuschreiben, die die Rentenansprüche von Geringverdienern sichern sollen; diese Regeln wurden im vorigen Abschnitt beschrieben. In Österreich und Frankreich wurde die Progressivität in geringerem Umfang erhöht. In Deutschland ist nur ein leichter Anstieg der Progressivität zu verzeichnen, weil die Einkommenssicherung im Alter erhalten geblieben ist, wenn auch auf niedrigem Niveau, während die verdienstabhängigen Renten gekürzt wurden.

Ein starker Rückgang der Progressivität ist erwartungsgemäß in Ländern zu beobachten, die ihre alten Rentensysteme ganz oder teilweise durch *Notional-Accounts*- oder kapitalgedeckte Systeme mit Beitragsprimat ersetzt haben (Slowakische Republik, Polen, Ungarn, vgl. Teil B). In

Abbildung II.1.1 **Index der Progressivität der Rentenformel vor und nach den Reformen**
Gini-Koeffizient der Rentenansprüche im Verhältnis zum Gini-Koeffizient der Verdienste

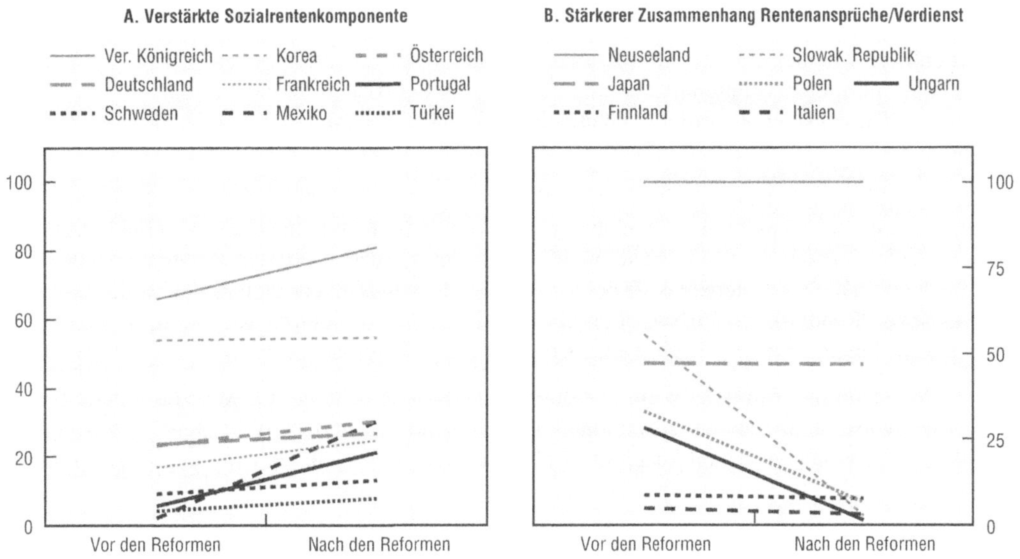

Anmerkung: Wegen einer genauen Definition des Index, vgl. Abschnitt „Progressivität der Rentenformeln" in Teil I.
Quelle: OECD-Rentenmodelle.

StatLink: *http://dx.doi.org/10.1787/450527113232*

allen drei Ländern liegt der Progressivitätsindex nach den Reformen nahe null; daran zeigt sich, dass sie in der Tat zu einem reinen Versicherungsmodell mit einem starken Zusammenhang zwischen Verdienst und Rentenhöhe übergegangen oder dem zumindest sehr nahe gekommen sind. Das schwedische System wurde durch die Rentenreform trotz des umfangreichen *Notional-Accounts*-Elements und der obligatorischen Altersvorsorgepläne mit Beitragsprimat insgesamt nicht weniger progressiv als es zuvor war; dies ist dadurch bedingt, dass die vorherige allgemeine Grundrente, die an alle Einkommensgruppen ausgezahlt wurde, durch eine Sozialrente ersetzt wurde, auf die nur einkommensschwache Rentner Anspruch haben.

In Italien wurde die zuvor existierende Mindestrente mit den Reformen abgeschafft, allerdings blieb eine Sozialhilfeleistung als Einkommenssicherung erhalten. Daraus erklärt sich, warum die Reformen trotz der Einführung eines neuen *Notional-Accounts*-Systems mit Beitragsprimat nicht viel an der Progressivität des Systems geändert haben. Im alten ungarischen Rentensystem war ebenfalls eine Mindestrente vorgesehen, diese wird aber nach dem Jahr 2009 nicht mehr ausgezahlt werden, weshalb sie nicht in die Modellrechnung für das System nach den Reformen aufgenommen wurde. In Polen ist die Verringerung der Progressivität auf die Abschaffung der Grundrentenkomponente zurückzuführen.

Die stärkste Veränderung erfolgte in der Slowakischen Republik, wo praktisch die gesamte Umverteilungskomponente des Systems abgeschafft wurde. Im alten slowakischen System war die Höhe der Renten nach oben begrenzt, wodurch die Beitragsbemessungsgrenze de facto knapp oberhalb des gesamtwirtschaftlichen Durchschnittsverdiensts lag. Dies bedeutete, dass besser verdienende Arbeitskräfte eine proportional kleinere Rente erhielten als Geringverdiener. Das neue zweistufige System ist nach dem Versicherungsprinzip aufgebaut: In beiden Komponenten besteht ein enger Zusammenhang zwischen Verdienst und Rentenhöhe. Bei dem verdienstabhängigen System handelt es sich um ein Entgeltpunktesystem, was in einem einheitlichen Steigerungssatz für alle Versicherten resultiert. Eine Mindestrente gibt es nicht mehr; stattdessen wird bei der Berechnung der Rentenhöhe gegebenenfalls der Mindestlohn als Referenzwert zu Grunde gelegt. In der Komponente mit Beitragsprimat besteht natürlich ein strikter Zusammenhang zwischen Verdienst und Rentenhöhe. Die im Hinblick auf die Progressivität wichtigste Änderung ist die Einführung einer Beitragsbemessungsgrenze, die fast dreimal so hoch ist wie die faktische Obergrenze im alten System.

Umverteilung zwischen öffentlicher und privater Altersvorsorge

In fünf OECD-Ländern (Ungarn, Schweden, Polen, Slowakische Republik und Mexiko) verschob sich das Verhältnis zwischen öffentlicher und privater Altersvorsorge. Aus Abbildung II.1.2 ist ersichtlich, wie sich der jeweilige Anteil der Zahlungen aus öffentlichen und privaten Kassen am durchschnittlichen Rentenniveau und am durchschnittlichen Rentenvermögen (d.h. an der abgezinsten Gesamtsumme der durchschnittlichen künftigen Rentenzahlungen) durch diese Reformen verändert hat.

Die radikalste Veränderung fand in Mexiko statt, wo vor der Reform das gesamte Rentensystem öffentlich war und wo nun nur noch eine geringe öffentliche Komponente übrig geblieben ist. Drei andere Länder – Polen, Slowakische Republik und Ungarn – hatten vor den Reformen ebenfalls ein vollständig öffentliches System, das sie durch ein gemischtes System ersetzt haben. In Polen und in der Slowakischen Republik wird inzwischen über die Hälfte der Rentenzusagen vom privaten Sektor getragen, wohingegen in Ungarn immer noch mehr als 60% auf das öffentliche System entfallen.

Schweden nimmt innerhalb dieser Gruppe eine Sonderstellung ein, weil die private betriebliche Altersvorsorge dort immer schon eine wichtige Rolle spielte. Durch die Rentenreform erhöhte sich die private Komponente auf knapp unter 50% der Rentenzusagen. Dies wurde z.T. durch die Einführung einer neuen obligatorischen, privat verwalteten Altersvorsorge mit Beitragsprimat erreicht.

Abbildung II.1.2 **Umverteilung öffentlicher/privater Sektor**

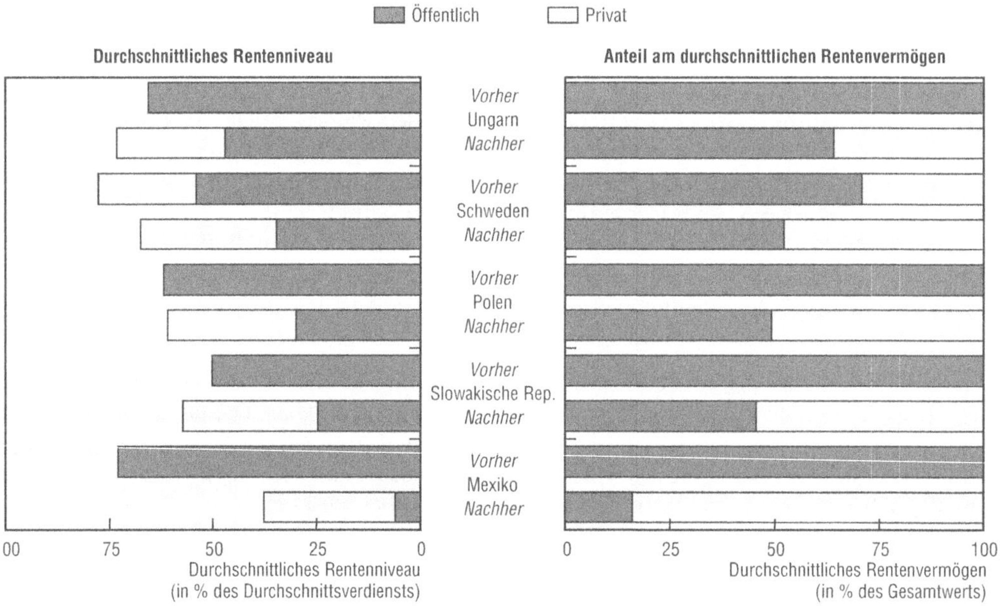

StatLink: *http://dx.doi.org/10.1787/565066581031*

Anpassungen an Änderungen der Lebenserwartung

In Ländern, die in ihrem Rentensystem Altersvorsorgepläne mit Beitragsprimat oder *Notional-Accounts*-Pläne eingeführt haben, wurde auf diese Weise eine automatische Anpassung an die Entwicklung der Lebenserwartung geschaffen. Andere Länder haben in ihren herkömmlichen Systemen mit Leistungsprimat eine Verknüpfung mit der Lebenserwartung hergestellt bzw. entsprechende Änderungen vorgeschlagen. Der Effekt dieser Anpassungen variiert je nach ihrer genauen Gestaltung und hängt auch davon ab, inwieweit die anderen Komponenten des Rentensystems, die nicht an die Lebenserwartung gekoppelt sind, eine ausgleichende Wirkung ausüben (vgl. Whitehouse, 2007b).

Tabelle II.1.6 **Effekte der prognostizierten Erhöhung der Lebenserwartung (2002-2040) auf die Rentenhöhe in ausgewählten OECD-Ländern**[1]

	Gesamtlebenserwartung 65-Jähriger			Durchschnittliches Rentenniveau (in % des Durchschnittsverdiensts)			Durchschnittliches Rentenvermögen (als Vielfaches des Verdiensts)		
	2002	2040	*Veränderung*	2002	2040	*Veränderung*	2002	2040	*Veränderung*
Australien	82.8	85.6	*+15.5%*	44.7	42.6	*-4.7%*	6.5	7.2	*+10.8%*
Dänemark	81.0	84.5	*+21.7%*	87.1	79.3	*-9.0%*	11.3	12.4	*+9.7%*
Finnland	81.8	85.4	*+21.5%*	69.9	61.9	*-11.4%*	9.0	9.7	*+7.4%*
Ungarn	78.9	82.7	*+27.8%*	79.6	73.4	*-7.8%*	10.3	11.9	*+15.5%*
Italien	82.3	84.9	*+15.1%*	73.1	65.0	*-11.1%*	9.4	9.5	*+1.1%*
Mexiko	80.5	82.6	*+13.7%*	41.0	37.6	*-8.3%*	4.9	5.0	*+2.0%*
Polen	79.7	83.4	*+25.2%*	74.6	60.7	*-18.6%*	8.2	8.3	*+1.2%*
Portugal	80.8	84.4	*+22.9%*	67.9	56.3	*-18.9%*	8.2	8.3	*+1.2%*
Slowak. Rep.	79.4	82.9	*+24.2%*	63.2	57.1	*-9.7%*	8.0	8.9	*+11.3%*
Schweden	83.3	85.8	*+13.4%*	72.3	67.4	*-6.8%*	10.4	10.8	*+3.8%*

Anmerkung: Die Veränderung der Lebenserwartung ist in Prozent der Restlebenserwartung im Alter von 65 Jahren und nicht der Gesamtlebenserwartung 65-Jähriger angegeben. Gestützt auf geschlechtsneutrale Sterbetafeln.

1. In den fraglichen OECD-Ländern wurde eine Anpassung an die Entwicklung der Lebenserwartung eingeführt.

Quelle: OECD-Rentenmodelle; VN/Weltbank-Bevölkerungsdatenbank.

In Tabelle II.1.6 ist zusammengefasst, wie sich die voraussichtliche Änderung der Sterberaten zwischen 2002 und 2040 (erfasster Zeitraum der VN/Weltbank-Bevölkerungsdatenbank) auf die Höhe der Renten in einer Auswahl von OECD-Ländern auswirken wird, die eine Verknüpfung zwischen Rentenhöhe und Lebenserwartung hergestellt haben. In den zehn aufgeführten Ländern wird sich die Restlebenserwartung im Alter von 65 Jahren in diesem Zeitraum durchschnittlich um 3,2 Jahre erhöhen. Die Projektionen gründen sich auf die Annahme einer Konvergenz der Sterberaten. In Schweden – wo die Lebenserwartung 2002 am höchsten war – dürfte sie sich nur um 2,5 Jahre erhöhen, während sie in den drei mittel- und osteuropäischen Ländern, in denen die Lebenserwartung 65-Jähriger 2002 weniger als 80 Jahre betrug, um über 3,5 Jahre steigen wird.

In allen Fällen wird sich das durchschnittliche Rentenniveau durch die Verknüpfung mit der Lebenserwartung verringern. In den zehn betrachteten Ländern wird sich dieser Rückgang durchschnittlich auf rd. 10% belaufen. Gleichzeitig wird das Rentenvermögen voraussichtlich steigen, weil nicht alle Teile des Rentensystems von dieser Anpassung betroffen sind. Im Länderdurchschnitt ist ein Anstieg um fast 7% zu erwarten. Am geringsten fällt die Erhöhung des Rentenvermögens im Betrachtungszeitraum in Italien, Mexiko und Polen aus, was auf die sehr starke Verknüpfung zwischen Lebenserwartung und Rentenhöhe zurückzuführen ist. In der Slowakischen Republik und Ungarn bleibt ein umfangreiches öffentliches Rentensystem bestehen, in dem keine Anpassung an die Lebenserwartung vorgesehen ist, so dass sich das Rentenvermögen mit der Lebenserwartung erhöht.

Verringerung der langfristigen Rentenzusagen

Eines der Hauptziele der in den OECD-Ländern durchgeführten Rentenreformen war es, die öffentlichen Rentenaufwendungen zu senken und die finanzielle Tragfähigkeit der Rentensysteme mit Blick auf die Bevölkerungsalterung zu sichern. Wie aus Tabelle II.1.1 ersichtlich, wurden die üblichsten Änderungen der Rentensysteme, z.B. die weniger großzügige Gestaltung der Indexierung und/oder Wertanpassung, die Anhebung des Rentenalters, die Umstellung der Verdienstmessgröße usw., diesem Ziel in der Tat gerecht.

Zur Illustrierung des Umfangs der finanziellen und fiskalischen Konsolidierung wird der Wert der Rentenzusagen in den Systemen vor und nach den Reformen verglichen. Auch hier gilt es wieder darauf hinzuweisen, dass ein Rentensystem, nur weil es gesetzlich verankert war, nicht zwangsläufig auch in der Lage gewesen wäre, die entsprechenden Rentenzusagen tatsächlich zu erfüllen. Die Systeme der Zeit vor den Reformen wären auf längere Sicht häufig nicht finanzierbar gewesen, so dass dieser Indikator auch als ein Anhaltspunkt für den Umfang der Veränderungen gesehen werden kann, die notwendig waren, um das System auf eine langfristig tragfähige finanzielle Basis zu stellen.

Der Vergleich stützt sich auf den Indikator des gewichteten durchschnittlichen Rentenvermögens. Dabei handelt es sich um die umfassendste Messgröße für den Umfang der Rentenversprechen, die den Arbeitskräften heute gemacht werden. Dies ist darauf zurückzuführen, dass sie die Unterschiede bei der Lebenserwartung, beim Rentenanspruchsalter und bei der Indexierung der laufenden Rentenzahlungen berücksichtigt. Ihre Berechnung ist im Abschnitt zum gewichteten durchschnittlichen Rentenniveau und Rentenvermögen in Teil I dieses Berichts genauer beschrieben.

Der Effekt der Reformen auf die Kosten der Rentenzusagen ist in Abbildung II.1.3 für Männer (Teil A und B) und Frauen (Teil C und D) dargestellt. Es zeigt sich, dass die bei weitem stärkste Kostensenkung in Mexiko für männliche Arbeitskräfte sowie – in noch größerem Umfang – für weibliche Arbeitskräfte erzielt wurde. Wie vorstehend erörtert, wurden die Renten durch die Umstellung von dem alten System, in dem das Leistungsprimat vorherrschend war, auf das neue, fast vollständig auf dem Beitragsprimat beruhende System erheblich gekürzt. Der Rückgang fällt für Frauen stärker aus, weil im alten System der höheren Lebenserwartung der Frauen nicht Rechnung getragen wurde; ihr Rentenvermögen war daher höher, weil sie länger lebten. Im neuen System gilt für Männer und Frauen dasselbe Rentenanspruchsalter, und die Rentenhöhe errechnet sich auf der Grundlage geschlechtsspezifischer Sterbetafeln, durch die das Rentenvermögen der Frauen im System mit Beitragsprimat dem der Männer angeglichen wird. Die Mindestrente ist für Männer und Frauen jedoch identisch, so dass das Rentenvermögen der Frauen insgesamt geringfügig höher ist als das der Männer.

In Italien ist das Rentenalter für Frauen und Männer seit der Reform identisch, vor der Reform war es für Frauen jedoch niedriger. Frauen erleiden daher im Vergleich zu den Männern noch größere Einbußen beim Rentenvermögen, als wenn nur eine Anpassung an die unterschiedliche Lebenserwartung vorgenommen worden wäre.

Im neuen polnischen System ist das Rentenalter der Frauen immer noch niedriger als das der Männer. Frauen können daher weniger Beitragsjahre geltend machen und erhalten folglich eine geringere Rente. Da Frauen jedoch eine höhere Lebenserwartung haben als Männer, ist ihr Rentenvermögen dennoch etwas größer. In der Slowakischen Republik wurde das Rentenalter für Frauen und Männer einheitlich auf 62 Jahre angehoben; die aus dieser Maßnahme resultierende Kostensenkung ist jedoch nicht sehr groß, weil das Rentenniveau nicht in gleichem Umfang zurückging wie in den anderen Ländern. In Japan und Österreich trugen auch Kürzungen des Steigerungssatzes zur Kosteneindämmung bei. In Österreich erhöhen sich die Renten der Frauen effektiv durch den Anstieg der Zahl der möglichen Versicherungsjahre, infolge der Anhebung des Rentenalters und der damit einhergehenden Verkürzung der Dauer des Rentenbezugs verringert sich ihr Rentenvermögen insgesamt jedoch im Vergleich zur Situation vor den Reformen.

In Deutschland und Finnland spielten Änderungen der Regeln für die Wertanpassung des Verdiensts früherer Jahre und die Indexierung der laufenden Rentenzahlungen eine wichtige Rolle. Das Rentenvermögen der Frauen ist immer noch höher als das der Männer, die infolge der Reformen erlittenen Einbußen sind für beide Geschlechter jedoch im Großen und Ganzen identisch.

Nur im Vereinigten Königreich erhöhte sich das gewichtete durchschnittliche Rentenvermögen. Dies ist auf Änderungen der Ersatzquoten zurückzuführen, vor allem für finanziell schlechter gestellte Rentner. Bedingt durch ihre höhere Lebenserwartung fällt der Anstieg für Frauen stärker aus als für Männer.

1.3 Schlussbetrachtungen

Fast alle 30 OECD-Länder haben seit 1990 zumindest einige Änderungen in ihren Rentensystemen vorgenommen. In über der Hälfte der Länder kam es zu größeren Reformen, durch die die künftige Höhe der Rentenansprüche deutlich modifiziert wird. In diesem Kapitel wurden acht verschiedene Arten von Änderungen der Rentensysteme untersucht, die im Rahmen der Reformen der letzten Jahre vorgenommen wurden. Einige dieser Änderungen, wie die Anhebungen des Renten-

Abbildung II.1.3 **Durchschnittliches Rentenvermögen vor und nach den Reformen**

Als Vielfaches vom gesamtwirtschaftlichen Durchschnittsverdienst

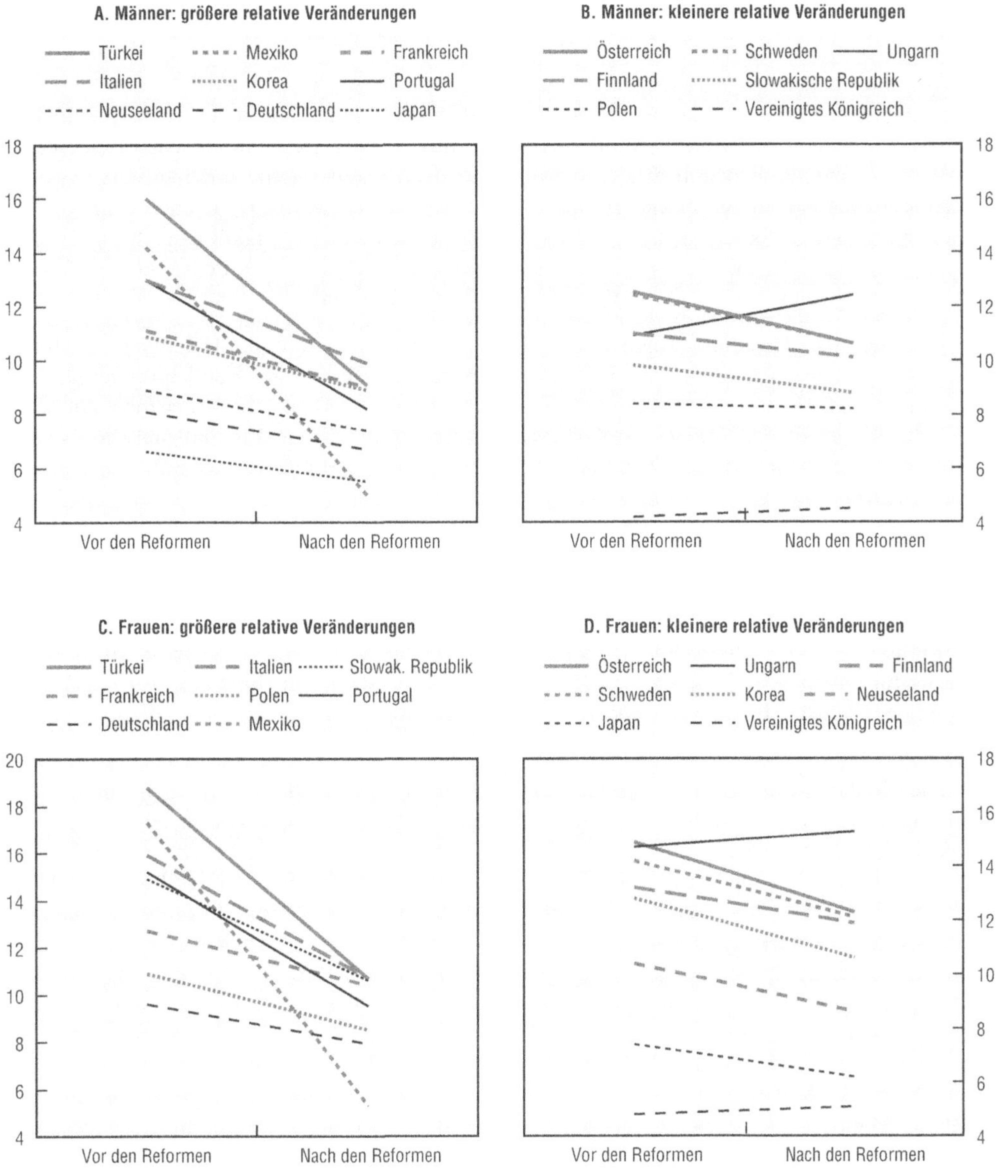

Anmerkung: In den Abbildungen ist das gewichtete durchschnittliche Rentenvermögen dargestellt (Gewichtung entsprechend der Verdienstverteilung). Vgl. Abschnitt zu „Gewichtete Durchschnittswerte: Rentenniveau und Rentenvermögen" in Teil I.

Quelle: OECD-Rentenmodelle.

StatLink: *http://dx.doi.org/10.1787/837752045346*

alters, erregten großes Aufsehen und sind sehr kontrovers. Andere, wie die Änderung der Methoden zur Messung des für die Berechnung der Rentenhöhe maßgeblichen Verdiensts, sind komplexer und eher technischer Art, können aber dennoch einen gewaltigen Effekt auf die Höhe der Leistungen haben.

Wie die Rentensysteme selbst weisen auch die Reformpakete komplexe, unterschiedliche Merkmale auf. Trotzdem ist ein klarer struktureller Trend in Richtung niedrigerer Rentenzusagen für heutige Erwerbstätige im Vergleich zu früheren Generationen festzustellen. Die durchschnittlichen Rentenzusagen für Männer verringerten sich in den 16 betrachteten Ländern von einem

10,7-Fachen des Jahresverdiensts auf ein 8,4-Faches, was einem Rückgang um 22% entspricht. Bei den Frauen fällt dieser Rückgang stärker aus: Die Rentenzusagen sanken vom 13-Fachen des Jahresverdiensts auf ein 9,7-Faches, d.h. um 25%. Nur in zwei der 16 Länder – in Ungarn und im Vereinigten Königreich – stiegen die Rentenzusagen im Durchschnitt.

Welche Länder haben Rentenreformen vorgenommen und welche nicht? In sechs der zehn Länder mit den *höchsten* öffentlichen Rentenausgaben im Jahr 1990 – Österreich, Frankreich, Deutschland, Italien, Schweden und Finnland (in absteigender Reihenfolge nach der Höhe der Ausgaben) – sind seitdem umfangreiche Reformen der Rentensysteme durchgeführt worden. In den anderen Ländern dieser Zehnergruppe wurde das Rentensystem im gleichen Zeitraum allerdings nur geringfügig oder gar nicht geändert. Bei diesen Ländern handelt es sich um Griechenland, Luxemburg, Belgien und Spanien, wo die Rentenausgaben 1990 durchschnittlich 9,5% des BIP betrugen, gegenüber 6,7% des BIP im OECD-Raum insgesamt.

Umfangreiche Rentenreformen wurden in der Gruppe der zehn OECD-Länder, in denen die öffentlichen Rentenausgaben im Jahr 1990 am *niedrigsten* waren, fast genauso häufig vorgenommen wie in den Ländern, die sich damals bereits mit einer hohen fiskalischen Belastung konfrontiert sahen. Zu dieser Gruppe von Reformländern gehören Japan, Korea, Mexiko und die Türkei. In Japan waren die Reformen auf Grund der besonders starken und besonders rasch voranschreitenden Bevölkerungsalterung notwendig: Die Ausgaben hatten sich zwischen 1990 und 2003 bereits von 5% auf 9,3% des BIP erhöht. In Korea, Mexiko und der Türkei sind die Rentensysteme bislang noch weniger beansprucht und ist die demografische Situation derzeit günstiger als in allen anderen OECD-Ländern. In Korea wird mit einer sehr raschen Bevölkerungsalterung gerechnet. In Mexiko und der Türkei war das Rentensystem vor den Reformen sehr großzügig, das durchschnittliche Rentenvermögen betrug dort etwa das 15-Fache des Jahresverdiensts für Männer und das 18-Fache für Frauen – im Vergleich zu einem OECD-Durchschnitt in Höhe des 9- bzw. 11-Fachen des Jahresverdiensts. In diesen Ländern waren daher Reformen nötig, obwohl die derzeitigen Rentenausgaben nicht besonders hoch sind.

Die Rentenreformen in den OECD-Ländern können und sollten auch nicht allein anhand fiskalischer Kriterien beurteilt werden. Rentenreformen haben beispielsweise auch tiefgreifende soziale und verteilungsbezogene Konsequenzen: Wie werden sich die Änderungen auf die verschiedenen Personengruppen auswirken? Die Antwort ist nicht einfach. Einige Länder – darunter Frankreich, Portugal und Vereinigtes Königreich – bewegen sich in ihren öffentlichen Systemen in Richtung einer Verstärkung der Sozialrentenkomponente für Geringverdiener. Andere – wie Polen und Slowakische Republik – haben einen starken Zusammenhang zwischen Rentenansprüchen und Verdienst während der Erwerbstätigkeit hergestellt, um die Arbeitsanreize zu erhöhen. Dies hat erhebliche Auswirkungen in Bezug auf die Frage, ob die Renten von Geringverdienern in Zukunft ausreichend sein werden. In Deutschland, Japan, Mexiko, Polen und der Slowakischen Republik beliefen sich die Rentenansprüche eines Versicherten mit voller Erwerbsbiografie, der die Hälfte des Durchschnittsverdiensts bezog, vor der Reform auf rd. 41% des Durchschnittsverdiensts, etwas weniger als im Durchschnitt des OECD-Raums insgesamt. Durch die Reformen verringern sie sich auf nur 32,5% des Durchschnittsverdiensts. In einigen Ländern besteht daher die Gefahr, dass es wieder zu Altersarmut kommt. In Finnland, Frankreich, Korea, Neuseeland, Ungarn und im Vereinigten Königreich wurde bei den Rentenreformen hingegen sichergestellt, dass das Rentenniveau von Geringverdienern nicht sinken wird.

Die Reform der Rentensysteme ist zweifellos ein ebenso schwieriges wie kontroverses Unterfangen, weil sie langfristige Planungen auf Seiten von Regierungen voraussetzt, die sich mit zahlreichen kurzfristigen Forderungen konfrontiert sehen. Dieses Kapitel hat jedoch deutlich gemacht, dass Rentenreformen politisch nicht unmöglich sind. Länder, die die notwenigen Änderungen in ihren Rentensystemen noch nicht in Angriff genommen haben, können hier viel von jenen lernen, die dies bereits getan haben.

Anmerkungen

1. Unter diesen Untersuchungen sind beispielsweise zu nennen: Europäische Union, Ausschuss für Wirtschaftspolitik (2005, 2006), Salomaki (2006) und Dang et al. (2001).
2. Ein Beispiel ist McHale (1999).
3. Diese Reform wurde nicht in die Analyse aufgenommen, weil sie die Arbeitgeber verpflichtete, private Altersvorsorgeprogramme anzubieten, die bereits vor der Reform weit verbreitet waren. Ein Vergleich der obligatorischen Bestandteile des neuen Systems mit der Situation in der Zeit vor der Reform bei ausschließlicher Berücksichtigung der öffentlichen Altersvorsorge wäre somit irreführend.
4. Hier gilt es darauf hinzuweisen, dass die Indexierung der laufenden Rentenzahlungen in der öffentlichen Debatte häufig mit der „Valorisierung“ verwechselt wird, d.h. der Wertanpassung des Verdiensts früherer Jahre zur Berücksichtigung der Preis- und Lohnentwicklung bis zum Zeitpunkt des Renteneintritts.
5. Zwischen 2000 und 2005 wurde die Grundrente in realer Rechnung um 7,9% angehoben, so dass ihr Wert konstant bei 15,9% des Durchschnittsverdiensts gemäß der nationalen Messgröße gehalten wurde (Department of Work and Pensions, 2006b, Tabelle 5.1).
6. Individuelle Arbeitsverdienste in einem Zeitraum *i* können ausgedrückt werden als ein Vielfaches des Arbeitsentgelts in der Basisperiode (w0): $w_i = w_0(1+g)^1$, wobei *w* für den Arbeitsverdienst und *g* für das Wachstum des (individuellen und gesamtwirtschaftlichen) Arbeitsverdiensts steht. Eine Wertanpassung entsprechend dem Verdienstwachstum ergibt für jeden Zeitraum: $w_i = w_0(1+g)^i(1+g)^{R-i}$. Diese ist im Zeitverlauf konstant, so dass der Endlohn und der durchschnittliche, aktualisierte Lebensarbeitsverdienst in diesem Fall identisch sind.
7. Aus Abbildung 3.4 in OECD (2006b) ist ersichtlich, dass der Durchschnittsverdienst von Männern in der Altersgruppe 60-64 Jahre 136% des Verdiensts von Männern der Altersgruppe 25-29 Jahre beträgt, woraus sich ein jährlicher durchschnittlicher Verdienstanstieg über die Erwerbslaufbahn ergibt, der rd. 0,8% höher ist als der gesamtwirtschaftliche Durchschnitt. Für Frauen beträgt das Verdienstverhältnis zwischen der jüngeren und der älteren Altersgruppe 112%, woraus sich ein jährliches Verdienstwachstum über die Erwerbslaufbahn von 0,3% ergibt, falls dieses Muster auch in Zukunft zu beobachten sein sollte.

2. Die Rolle der privaten Altersvorsorge bei der Sicherung des künftigen Renteneinkommens

Eine länderübergreifende Analyse der Systeme zur Sicherung der Renteneinkommen kann die wichtige und wachsende Rolle der privaten Altersversorgung für die finanzielle Absicherung im Ruhestand nicht außer Acht lassen. In elf OECD-Ländern – Australien, Dänemark, Island, Mexiko, Norwegen, Polen, Schweden, Schweiz, Slowakische Republik, Ungarn und Vereinigtes Königreich – erbringt der private Sektor einen Teil des aus der *obligatorischen* Altersvorsorge resultierenden Renteneinkommens. In sechs dieser Länder – Australien, Mexiko, Norwegen, Polen, Slowakische Republik und Ungarn – ist der private Sektor erst seit den neunziger Jahren im Spiel. Dabei hat sich nicht nur die obligatorische private Rentenversicherung weiter verbreitet, in neun OECD-Ländern sind mindestens 40% der Erwerbsbevölkerung über eine *freiwillige* private Altersvorsorge abgesichert.

Abschnitt 2.1 des vorliegenden Kapitels über die private Altersvorsorge befasst sich mit der Frage, welchen Beitrag diese Vorsorge im Rahmen freiwilliger und obligatorischer Pläne zur Sicherung des Renteneinkommens leistet. Abschnitt 2.2 untersucht den sich wandelnden Charakter der privaten Altersvorsorge. Private Rentenversicherungen wurden traditionell vom Arbeitgeber angeboten; es handelte sich um Systeme mit Leistungsprimat, in denen der Anspruch von einer bestimmten Messgröße des individuellen Arbeitsentgelts und von den Beitragsjahren abhängt. In einer Reihe von Ländern werden die Systeme mit Leistungsprimat nun aber durch Systeme mit Beitragsprimat ersetzt. In Systemen mit Beitragsprimat richtet sich die Rentenhöhe nach dem Wert des Arbeitgeber- und Arbeitnehmerbeitrags, der Rendite des angesparten Kapitals sowie den Bedingungen, unter denen das angesparte Rentenkapital in ein regelmäßiges Renteneinkommen umgewandelt werden kann.

Die Abschnitte 2.3 und 2.4 befassen sich mit dem jeweiligen Gewicht von obligatorischer und freiwilliger Altersvorsorge. Bei der hier dargelegten Analyse wird die Größe der „Versorgungslücke“ gemessen, d.h. untersucht, welche Rolle freiwillige Zusatzversicherungen spielen sollten, wenn die Leistungen der gesetzlichen Rentenversicherung verhältnismäßig niedrig sind.

In Abschnitt 2.5 wird berechnet, wie hoch der Anteil am Arbeitsentgelt ist, der zur Schließung der Versorgungslücke eingezahlt werden müsste. Die Abschnitte 2.6 und 2.7 veranschaulichen, dass dies ganz entscheidend von der Zahl der Beitragsjahre wie auch der Rendite des in den Rentenfonds investierten Kapitals abhängt.

Abschnitt 2.8 vergleicht die Ersatzquoten zwischen Ländern, in denen die private Altersvorsorge weitgehend Pflicht ist, und solchen, wo freiwilliges Rentensparen eine bedeutende Rolle spielt.

2.1 Erfassungsgrad der privaten Altersvorsorge

Tabelle II.2.1 gibt einen Überblick über die verschiedenen in den einzelnen Ländern angebotenen Altersvorsorgepläne. Sie enthält ferner Daten über den versicherten Personenkreis und den durchschnittlichen (oder Regel-)Beitragssatz. In Ländern, die gleichzeitig auch über ein System mit Leistungsprimat verfügen, gelten die Angaben zu den Beitragssätzen ausschließlich für die Systeme mit Beitragsprimat. Die Informationen beziehen sich in jedem Land auf die zwei Hauptkategorien von privaten Altersvorsorgeplänen.

Tabelle II.2.1 **Formen privater Altersvorsorgepläne, Erfassungsgrad und durchschnittliche Beitragssätze**

	Größtes Programm			Zweitgrößtes Programm		
	Programm	Erfassungsgrad	Beitragssatz	Programm	Erfassungsgrad	Beitragssatz
Australien	MO/P	>90%	9%			
Österreich	VO	35%	1.5-2%	VP	10%	-
Belgien	VO	40-50%	1-5%			
Kanada	VO	39%	8.5%	VP	50%	-
Tschech. Rep.	VO/P	40%	2.8%			
Dänemark	MP	>90%	1%	QMO	>80%	10.8-17%
Finnland	VP	15%	3%	VO	7%	2%
Frankreich	VO	10%		VP	8%	
Deutschland	VO	57%	2-4%	VP	13%	2-4%
Griechenland	VO/P	unbedeutend	-			
Ungarn	MP[1]	58%	8%	VO/P	31%	5%
Island	MO	>90%	10%			
Irland	VO/P	52%	c. 10%			
Italien[2]	VO	8%	2.35%	VP	2%	-
Japan[3]	VO	45%				
Korea	VO	unbedeutend				
Luxemburg	VO	20%	-	VP	5%	4%
Mexiko	MP	31%	6.275%			
Niederlande	QMO	>90%	-			
Neuseeland	VO	20%	-			
Norwegen	MO	>90%	2%	VO	45%	-
Polen	MP[1]	49%	7.3%	VO/P	unbedeutend	-
Portugal	VO	4%	3%	VP	1.5%	-
Slowak. Rep.	MP[1]	45%	9%	VP	27%	5.4%
Spanien	VP	40%	-	VO	10%	-
Schweden	MP	>90%	2.5%	QMO	>90%	2%
Schweiz	MO	>90%	7-18%			
Türkei	VO/P	unbedeutend	-			
Ver. Königreich[4]	VO	43%	c. 9%	VP	16%	-
Ver. Staaten	VO	47%	c. 9%	VP	17%	

M = obligatorisch.
O = betrieblich (beim Arbeitgeber).
P = individuell.
QM = quasiobligatorisch (nach tarifvertraglichen Bestimmungen).
V = freiwillig.
Anmerkung: Die angegebenen Beitragssätze beziehen sich auf Systeme mit Beitragsprimat in Ländern, in denen parallel auch betriebliche Altersvorsorgepläne mit Leistungsprimat existieren (Irland, Kanada, Schweden, Vereinigtes Königreich, Vereinigte Staaten).

1. Die Mitgliedschaft ist in diesen Ländern für Arbeitsmarktneuzugänge (und in manchen Fällen auch jüngere Arbeitskräfte) Pflicht, für seit längerem Erwerbstätige aber fakultativ. Mit der Zeit wird sich der Erfassungsgrad daher 100% nähern.
2. Der sogenannte Abfindungsfonds TFR (*trattamento fine rapporto*) kann in einen Rentensparplan umgewandelt werden. Die Beitragssätze liegen bei 6,91% für neue Arbeitskräfte und 2,41% für bereits länger Erwerbstätige. Abfindungsprogramme – die zur Finanzierung der Rente genutzt werden können – spielen auch in Japan und Korea eine wichtige Rolle.
3. Der Erfassungsgrad berücksichtigt die Gesamtheit der Mitglieder in steuerbegünstigten Rentenplänen und Arbeitnehmer-Rentenfonds oder beidem.
4. Bei den angegebenen Programmen handelt es sich um solche, in die die Versicherten aus der zweiten Säule der staatlichen Rentenversicherung übergewechselt sind. Ein Teil der Leistungen dieser Programme ist daher eine Komponente der obligatorischen Rentenversicherung.

Quelle: OECD Private Pension Statistics; Europäische Union, Ausschuss für Sozialschutz (2005); Copeland (2006); Schembari (2004); Palacios und Pallares-Miralles (2000); Government Actuary's Department (2005, 2006); amtliche Stellen der jeweiligen Länder.

Leider sind Daten über den Erfassungsgrad privater Rentenversicherungen zuweilen äußerst schwer zu erhalten, und Vergleiche gestalten sich auf Grund der institutionellen Unterschiede an den Märkten für langfristige Sparanlagen häufig schwierig. Daher stützt sich Tabelle II.2.1 auf eine Vielzahl von Quellen, und darin wiedergegebene Schätzungen sollten als vorläufig betrachtet werden.

Die Tabelle zeigt, dass elf OECD-Länder obligatorische (oder quasiobligatorische) private Altersvorsorgesysteme besitzen. Acht dieser Länder verfügen über private Rentensysteme mit Beitragsprimat. In den Niederlanden sind 97% der Mitglieder einer quasiobligatorischen betrieblichen Altersvorsorge über ein Rentenprogramm mit Leistungsprimat abgesichert (der Rest über Versicherungen mit Beitragsprimat). In Island und der Schweiz funktionieren die obligatorischen betrieblichen Altersvorsorgepläne auf ähnliche Art und Weise. Beide fußen auf einem Pflichtbeitragssatz und einem gesetzlich festgelegten Zins- und Umwandlungssatz. Sie ähneln daher stärker Systemen mit Leistungsprimat (und sonstigen verdienstabhängigen Systemen) als einem System mit Beitragsprimat, wie man es normalerweise versteht.

Der Erfassungsgrad obligatorischer und quasiobligatorischer Rentenversicherungen liegt in der Regel bei mehr als 90% der Beschäftigten. In Polen, der Slowakischen Republik und Ungarn hingegen müssen nur jüngere Arbeitskräfte und/oder Arbeitsmarktneuzugänge den neuen privaten Rentenprogrammen beitreten. Einige Arbeitskräfte mit längerer Erwerbsbiografie konnten zwischen dem alleinigen Verbleib in dem staatlichen verdienstabhängigen System oder dem Übergang zu einem gemischten öffentlich-privaten System mit Beitragsprimat wählen. Der Erfassungsgrad dieser Programme liegt zwischen 45% und 60% der derzeit Beschäftigten, dürfte sich im Laufe der Zeit aber auf die gesamte Erwerbsbevölkerung ausdehnen[1].

Der verbleibende Teil dieses Kapitels konzentriert sich auf die *freiwillige* private Altersvorsorge, d.h. freiwillig in dem Sinne, dass der Arbeitgeber keine Betriebsrente anzubieten braucht oder der einzelne Mitarbeiter keinen individuellen Altersvorsorgeplan abschließen muss. Die jeweiligen Erfassungsquoten für freiwillige Rentenversicherungen aus Tabelle II.2.1 sind in Abbildung II.2.1 zusammengefasst, die ein präziseres Bild der zwischen den Ländern bestehenden Unterschiede liefert. In vier Ländern – Deutschland, Irland, Vereinigtes Königreich und Vereinigte Staaten – ist über die Hälfte der Erwerbsbevölkerung über eine freiwillige private Altersvorsorge

Abbildung II.2.1 **Erfassungsgrad der freiwilligen privaten Rentenversicherung**

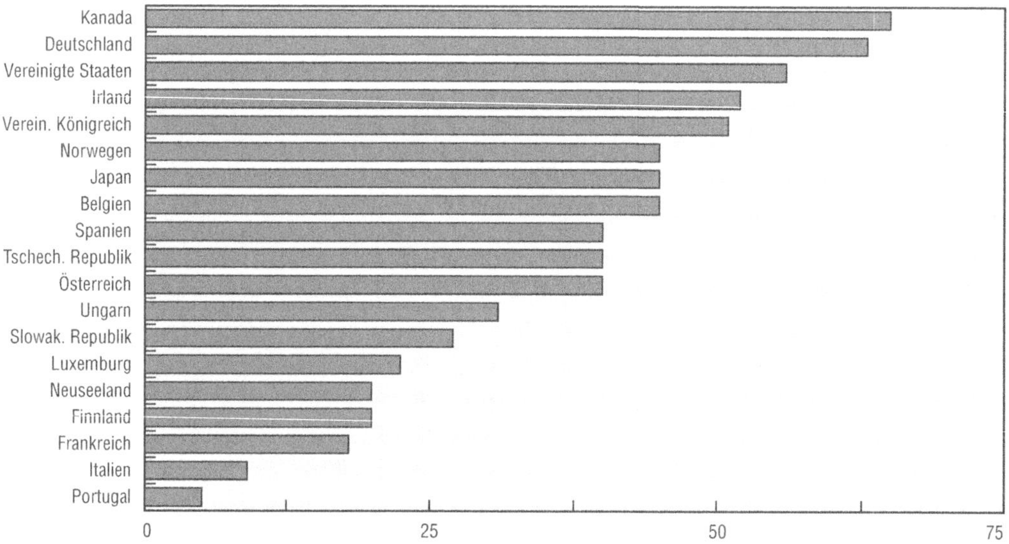

Anmerkung: Vgl. Anmerkungen zu Tabelle II.2.1.
Quelle: OECD Private Pension Statistics; Europäische Union, Ausschuss für Sozialschutz (2005); Copeland (2006); Schembari (2004); Palacios und Pallares-Miralles (2000); Government Actuary's Department (2005, 2006); amtliche Stellen der jeweiligen Länder.

StatLink: *http://dx.doi.org/10.1787/000011070715*

abgesichert. Dabei handelt es sich größtenteils um Betriebsrenten, doch spielen individuelle Rentensparpläne in allen vier Ländern ebenfalls eine wichtige Rolle. Mit einem Erfassungsgrad von etwa 45% der Arbeitskräfte sind freiwillige private Altersversorgungssysteme auch in Belgien, Japan und Norwegen weit verbreitet. Am anderen Ende des Spektrums sind in Finnland, Italien, Portugal und Spanien höchstens 10% der Arbeitskräfte über eine freiwillige private Betriebsrente abgesichert.

Wie eingangs dargelegt, ist die Messung des Erfassungsgrads privater Altersversorgungssysteme eine ungenaue Wissenschaft. Daten über den Erfassungsgrad individueller, freiwilliger, privater Altersvorsorgepläne sind besonders schwer zu erhalten, und hier fallen institutionelle Unterschiede noch deutlicher ins Gewicht als bei der freiwilligen betrieblichen Altersvorsorge. So enthält Tabelle II.2.1 z.B. keine Daten zum Erfassungsgrad individueller Altersvorsorgepläne in Australien, Belgien, Japan und Neuseeland, wo diese einigen Quellen zufolge weit verbreitet sind.

2.2 Formen freiwilliger privater Altersvorsorge

In der ersten Ausgabe von *Renten auf einen Blick* wurden die Rentenansprüche der Mitglieder betrieblicher Altersvorsorgepläne mit Leistungsprimat in nur drei Ländern modelliert: Kanada, Vereinigtes Königreich und Vereinigte Staaten. Die Wahl fiel aus drei Gründen auf diese Länder: Erstens ist dort ein breiter Personenkreis über solche betrieblichen Altersvorsorgepläne abgesichert, zweitens spielt die betriebliche Altersvorsorge dort eine wichtige Rolle im Hinblick auf die Sicherung des Einkommens von Rentenbeziehern und drittens liegen für diese Länder Daten zu den Regeln und Parametern verschiedener Arbeitgeberprogramme vor. Jedoch wechselten in diesen drei Ländern die Arbeitskräfte im privaten Sektor von einem System mit Leistungsprimat zu einer Altersversorgung mit Beitragsprimat über[2], und in Irland war dies in geringerem Umfang der Fall.

Kanada

Das statistische Amt Kanadas (Statistics Canada) berichtet über einen Rückgang des Erfassungsgrads betrieblicher Altersvorsorgepläne seit Anfang der achtziger Jahre. Unter Männern beispielsweise ging der Anteil der über eine betriebliche Zusatzrente abgesicherten Arbeitnehmer von 55% Anfang der achtziger Jahre auf 42% im Jahr 2000 zurück. Bei den Frauen stieg dieser Anteil im selben Zeitraum geringfügig von 37% auf 39% (Morissette und Johnson, 2003). Eine Untersuchung der betrieblichen Altersvorsorge lässt eine rasche Zunahme des über einen Rentenplan mit Beitragsprimat abgesicherten Personenkreises erkennen – um 180% zwischen 1993 und 2003 –, wenn auch von einem niedrigen Ausgangsniveau aus. Insgesamt erhöhte sich der Mitgliederanteil von Rentensystemen mit Beitragsprimat zwischen 1993 und 2003 von 9% auf 15%. Im privaten Sektor erreichte der Anteil von Systemen mit Beitragsprimat 2003 24%, gegenüber 14% zehn Jahre zuvor.

Diese Angaben weisen die Umstellung vom Leistungsprimat auf das Beitragsprimat indessen zu niedrig aus. Viele Arbeitgeber bieten an Stelle der traditionellen betrieblichen Alterssicherung nunmehr individuelle Sparpläne (*registered retirement savings* – RRSP) an. Leider lässt sich auf Grund eines Mangels an geeigneten Daten nicht feststellen, inwieweit dies den Rückgang des Erfassungsgrads bei den Betriebsrenten kompensiert hat (Schembari, 2004).

Irland

Zwischen 1999 und 2005 nahm die Zahl der Mitglieder von Betriebsrentensystemen laut Angaben der Rentenkommission (*Pension Board*) um nahezu 30% zu. Dabei stieg die Zahl der Versicherten in Rentensystemen mit Beitragsprimat jedoch um 63%, während die Vorsorgepläne mit Leistungsprimat nur 18% mehr Mitglieder zählten. Außerdem entfiel der Zuwachs in Systemen mit Leistungsprimat größtenteils auf den öffentlichen Sektor. Die Zahl der Versicherten in Systemen mit Leistungsprimat (im weiteren Sinne) im privaten Sektor (nach formeller Definition solche, die Deckungsauflagen unterliegen) stieg nur um knapp 5%. Der Mitgliederanteil von betrieblichen Altersversorgungssystemen mit Beitragsprimat nahm im privaten Sektor von weniger als 40% im Jahr 1999 auf 50% im Jahr 2005 zu.

Vereinigtes Königreich

Bei betrieblichen Altersvorsorgeplänen mit Leistungsprimat im privaten Sektor wurde ein deutlicher Rückgang verzeichnet. Während diese im Zeitraum 1988-1989 noch 23% aller Beschäftigten im Vereinigten Königreich erfassten, waren es in den Jahren 2002-2003 mit 12% fast nur noch halb so viele. Demgegenüber blieb der Mitgliederanteil in Systemen mit Leistungsprimat im öffentlichen Sektor über weite Strecken konstant und erhöhte sich mit der Expansion des öffentlichen Sektors in jüngster Zeit auf 19%. Damit ist die Zahl der über ein solches System im privaten Sektor abgesicherten Personen 1994-1995 unter die Zahl der im öffentlichen Sektor hierdurch abgedeckten Personen gefallen (Department of Work and Pensions, 2006a).

Nach Angaben des Government Actuary's Department (2006) ging die Versichertenzahl in Altersvorsorgeplänen mit Leistungsprimat im privaten Sektor von 4,8 Millionen im Jahr 2000 auf 3,7 Millionen im Jahr 2005 zurück. Der Rückgang der Zahl der Betriebsrenten mit Leistungsprimat im privaten Sektor scheint sich in letzter Zeit beschleunigt zu haben. 42% der aktiven Mitglieder von Systemen mit Beitragsprimat im privaten Sektor gehören Versicherungen an, die keine neuen Mitglieder mehr aufnehmen. Allein in den Jahren 2003-2004 schieden 0,25 Millionen Personen aus derartigen geschlossenen Versicherungsplänen aus (sei es durch Renteneintritt oder Arbeitsplatzwechsel), während weitere 50 000 Personen per saldo aus offenen Systemen abwanderten. Dieser Rückgang um 0,3 Millionen entspricht einem Mitgliederverlust von 14% in einem einzigen Jahr.

Vereinigte Staaten

Die Umstellung von Rentenversicherungen mit Leistungsprimat auf Beitragsprimat in privaten Altersvorsorgesystemen begann in den Vereinigten Staaten früher als anderswo. Bereits 1980 hatten beispielsweise etwa 32% der aktiven Mitglieder eine betriebliche Rentenversicherung mit Beitragsprimat abgeschlossen. Ihr Anteil verdoppelte sich in den folgenden 15 Jahren bis auf 64% im Jahr 1995 und stieg bis 2003 weiter auf 71% (Department of Labor, verschiedene Jahre).

Die sich wandelnde Struktur der privaten Altersversorgung

Die Umstellung von Betriebsrenten mit Leistungsprimat auf Altersvorsorgepläne mit Beitragsprimat hat in den einzelnen Ländern verschiedene Stadien erreicht. Viele Arbeitskräfte sind immer noch über ein System mit Leistungsprimat abgesichert, was aber mehr und mehr der Vergangenheit angehört. Der Erfassungsgrad wird insofern rasch geringer werden, als viele dieser Rentenprogramme keine neuen Mitglieder mehr aufnehmen. In Ländern, in denen betriebliche Altersvorsorgepläne mit Leistungsprimat weiterhin dominierend sind – wie in Island, den Niederlanden und der Schweiz –, erklärt sich dies im Allgemeinen durch gesetzliche Regelungen oder dadurch, dass eine Mitgliedschaft auf Grund von Tarifabkommen quasiobligatorisch ist.

In *Renten auf einen Blick* werden die Arbeitskräfte im privaten Sektor in einer zukunftsorientierten Perspektive betrachtet. Wenn überhaupt, werden in den zuvor betrachteten Ländern nur sehr wenige neu an den Arbeitsmarkt gelangende Personen einer Rentenversicherung mit Leistungsprimat beitreten und während ihres gesamten Erwerbslebens in dieser Versicherung bleiben. Im Weiteren konzentriert sich dieses Kapitel daher auf Rentenpläne mit Beitragsprimat[3].

2.3 Ersatzquoten der gesetzlichen Rentenversicherung und die Versorgungslücke

In Abbildung II.2.2 sind noch einmal die projizierten Bruttoersatzquoten für einen Durchschnittsverdiener mit vollständiger Erwerbsbiografie dargestellt, die von 31% des individuellen Arbeitsentgelts im Vereinigten Königreich bis zu 96% in Griechenland reichen (vgl. Teil I, „Bruttorentenersatzquoten"). Die durchschnittliche Bruttoersatzquote für die 30 OECD-Länder beträgt nahezu 59%.

Abbildung II.2.2 **Die Versorgungslücke**

Bruttoersatzquoten für einen Durchschnittsverdiener in der gesetzlichen Rentenversicherung und Abweichungen von der durchschnittlichen Ersatzquote im OECD-Raum

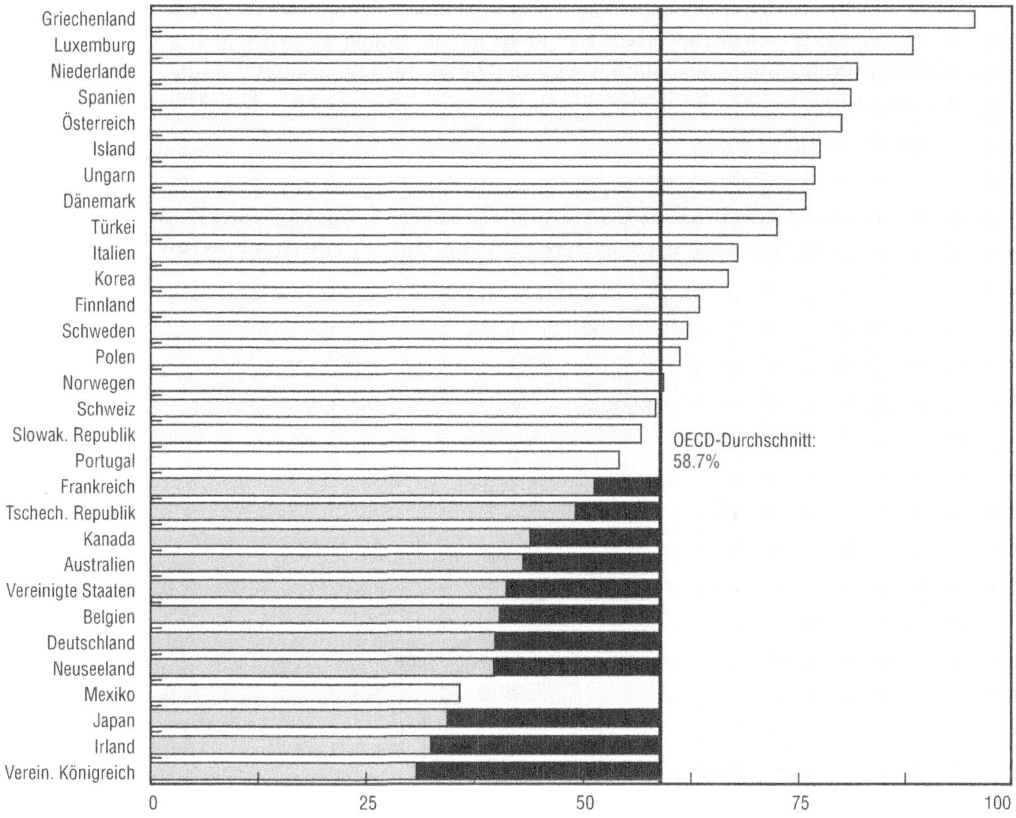

Quelle: OECD-Rentenmodelle.

StatLink: *http://dx.doi.org/10.1787/000033132132*

Die folgende Analyse konzentriert sich auf die elf Länder am unteren Ende des Diagramms, in denen die Ersatzquoten der gesetzlichen Rentenversicherung unter dem Durchschnitt liegen. Wie hoch müsste das Niveau der freiwilligen privaten Altersvorsorge sein, um in diesen Ländern insgesamt Bruttoersatzquoten zu erreichen, die dem OECD-Durchschnitt entsprechen? Auch wenn es sich hierbei natürlich um eine willkürliche Zielvorgabe handelt, ist es doch hilfreich, eine Referenzgröße gegenüber allen OECD-Ländern festzulegen, einschließlich solchen, in denen die Leistungen der gesetzlichen Rentenversicherung überwiegen.

Die Kluft zwischen den Ersatzquoten der gesetzlichen Rentenversicherung in den jeweiligen Ländern und dem OECD-Durchschnitt wird hier als „Versorgungslücke" bezeichnet. Neben den sechs größtenteils englischsprachigen Mitgliedsländern der OECD – Australien, Irland, Kanada, Neuseeland, Vereinigtes Königreich und Vereinigte Staaten – liegen die Bruttoersatzquoten der gesetzlichen Rentenversicherung in vier kontinentaleuropäischen Ländern – Belgien, Deutschland, Frankreich und Tschechische Republik – und auch in Japan unter dem OECD-Durchschnitt[4].

Im Vereinigten Königreich müssten die privaten Altersvorsorgepläne eine Ersatzquote von 28% erbringen, um das Gesamtrenteneinkommen auf das Niveau des OECD-Durchschnitts anzuheben. Frankreich weist mit 7,5% unter den elf analysierten Ländern die geringste Versorgungslücke auf. Für die elf Länder insgesamt beläuft sich die Ersatzquote der gesetzlichen Rentenversicherung für Durchschnittsverdiener auf 40,6%, wodurch sich im Schnitt eine Versorgungslücke von 18,2% ergibt (gegenüber dem OECD-Durchschnitt bei der Bruttoersatzquote für einen Durchschnittsverdiener von 58,7%).

2.4 Ersatzquoten der gesetzlichen Rentenversicherung und private Altersvorsorge

Reagiert der Einzelne auf niedrigere Ersatzquoten der gesetzlichen Rentenversicherung mit dem Abschluss freiwilliger privater Altersvorsorgepläne? Abbildung II.2.3 kombiniert Informationen über den Erfassungsgrad privater Rentenversicherungen aus Tabelle II.2.1 und Abbildung II.2.1 mit den Projektionen bezüglich der Ersatzquoten für Durchschnittsverdiener in der gesetzlichen Rentenversicherung, die in Abbildung II.2.2 dargelegt wurden. Die Abbildung II.2.3 lässt klar zwei Ländercluster erkennen.

Abbildung II.2.3 **Voraussichtliche Durchschnittsrente aus der gesetzlichen Rentenversicherung und Erfassungsgrad der freiwilligen privaten Rentenversicherung**

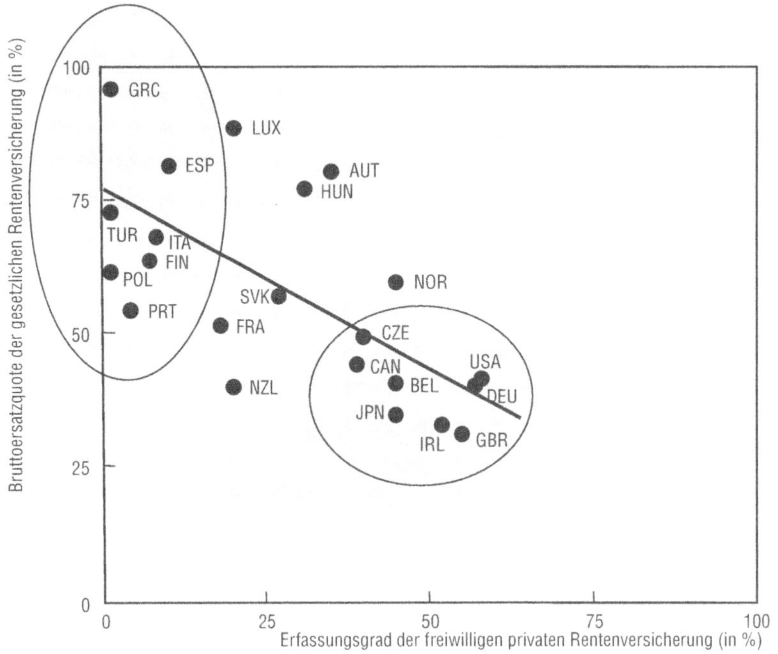

Anmerkung: Die Regressionsergebnisse lauten: Erfassungsgrad = 67,8 (10,6) – 0,692 (-,176) x Bruttoersatzquote (Standardfehler in Klammern). Beide Werte sind bei 1% signifikant. R^2 beträgt 0,434. Die beiden gekennzeichneten Gruppen setzen sich aus Ländern mit hohen Ersatzquoten in der gesetzlichen Rentenversicherung und niedrigem Erfassungsgrad der privaten Rentenversicherung und umgekehrt zusammen (vgl. Text).

Quelle: Die Erfassungsdaten aus Tabelle II.2.1 beziehen sich auf private betriebliche Altersvorsorgepläne; die Bruttoersatzquoten für Durchschnittsverdiener sind den OECD-Rentenmodellen entnommen.

StatLink: *http://dx.doi.org/10.1787/000060622602*

Erstens gibt es eine Gruppe, die vornehmlich südeuropäische Länder – Griechenland, Italien, Portugal, Spanien und Türkei –, aber auch Finnland[5] sowie Polen umfasst, in denen der Erfassungsgrad der privaten Rentenversicherung weniger als 10% beträgt. Gleichzeitig gibt es in diesen Ländern für Durchschnittsverdiener verhältnismäßig hohe Ersatzquoten in der gesetzlichen Rentenversicherung (gemessen auf Projektionsbasis). Für diese sieben Länder liegt die durchschnittliche Bruttoersatzquote bei 71%, gegenüber 59% für den OECD-Raum insgesamt.

Die zweite Gruppe besteht aus acht Ländern mit wesentlich niedrigeren Ersatzquoten der gesetzlichen Rentenversicherung. Es ist nicht überraschend, dass es sich bei der Hälfte davon um vorwiegend englischsprachige Länder handelt – Irland, Kanada, Vereinigtes Königreich und Vereinigte Staaten. Bei Belgien, Deutschland, Japan und der Tschechischen Republik ist jedoch ein ähnlicher Zusammenhang zwischen dem Erfassungsgrad privater Altersvorsorgepläne und der Größenordnung der Ersatzquoten der gesetzlichen Rentenversicherung festzustellen. In diesen acht Ländern beträgt die Ersatzquote in der gesetzlichen Rentenversicherung für den Durchschnittsverdiener knapp 38%.

Die Regierungen einer Reihe von Ländern – Deutschland, Irland, Neuseeland und Vereinigtes Königreich z.B. – suchen explizit den Anteil der Beschäftigten mit freiwilliger privater Rentenversicherung zu erhöhen. Festzuhalten ist an dieser Stelle, dass der Erfassungsgrad freiwilliger privater Rentenversicherungen nicht weit über 50% der Erwerbsbevölkerung liegt. Private Altersvorsorge zur Pflicht zu machen, scheint nach internationalen Erfahrungen der einzige Weg zu sein, einen privaten Rentenversicherungsschutz von deutlich über 50% zu gewährleisten (Tabelle II.2.1).

2.5 Schließung der Versorgungslücke

In den elf hier untersuchten Ländern liegt die Bruttoersatzquote für einen Durchschnittsverdiener in der gesetzlichen Rentenversicherung durchschnittlich bei 40,6% des Arbeitsverdiensts. Die freiwillige private Altersvorsorge müsste eine zusätzliche Ersatzquote von 18,1% erbringen, um das Rentenniveau im Verhältnis zum individuellen Arbeitsentgelt in diesen Ländern auf den OECD-Durchschnitt anzuheben, wie den Spalten 1 und 2 in Tabelle II.2.2 zu entnehmen ist.

Da betriebliche Altersvorsorgepläne mit Leistungsprimat mehr und mehr an Bedeutung verlieren, werden Arbeitsmarktneuzugänge in diesen elf Ländern zur Schließung ihrer Versorgungslücke hauptsächlich oder ausschließlich Zugang zu Plänen mit Beitragsprimat haben. Tabelle II.2.2 veranschaulicht die notwendigen Parameter für die Berechnung des Beitragssatzes – des in Systemen mit Beitragsprimat auf das individuelle Rentenkonto einzuzahlenden Verdienstanteils –, mit dem die Ersatzquote erzielt werden könnte, die zur Erreichung der Durchschnittsrente im OECD-Raum notwendig ist.

Die elf untersuchten Länder unterscheiden sich in Bezug auf das in Spalte 3 der Tabelle II.2.2 angegebene Regelrentenalter. Dieses Alter liegt in acht Ländern bei 65 Jahren, beträgt in Frankreich aber 60 und in Ungarn 62 Jahre und wird in den Vereinigten Staaten 67 Jahre erreichen. Das Regelrentenalter beeinflusst die Dauer der Beitragsleistungen. Auf der Grundlage der Basishypothesen eines Arbeitsmarkteintritts mit 20 Jahren leisten Erwerbstätige über einen Zeitraum von 40-47 Jahren Beiträge, in den meisten Fällen sind dies jedoch 45 Jahre, wie Spalte 4 von Tabelle II.2.2 zu entnehmen ist. Spalte 5 zeigt das akkumulierte Rentenkapital zum Zeitpunkt des Renteneintritts für jede Beitragseinheit und die Unterschiede je nach Beitragszeitraum. Nach 45 Beitragsjahren würde das zum Renteneintritt akkumulierte Kapital das 64,3-Fache des Jahresbeitrags betragen. Der Unterschied zwischen den 45 Beitragseinheiten und 64,3 Einheiten des akkumulierten Rentenkapitals erklärt sich aus dem Zinseszinseffekt. (Die Ergebnisse in Tabelle II.2.2 fußen auf den Basishypothesen dieses Berichts, einem realen Lohnwachstum um 2% pro Jahr und einer realen Investitionsrendite von 3,5% pro Jahr.)

Das Regelrentenalter hat – im Verein mit der Lebenserwartung in dem betreffenden Land – auch Einfluss auf die voraussichtliche Rentenbezugsdauer. Hier kommt bei den Berechnungen der Umwandlungsfaktor ins Spiel. Dieser – Spalte 6 – gibt den Gegenwartswert der Rentenzahlungen unter Berücksichtung der Unterschiede beim Renteneintrittsalter und bei der Lebenserwartung wieder.

Die letzte Spalte von Tabelle II.2.2 zeigt den Prozentsatz des Arbeitsverdiensts, den ein Durchschnittsverdiener in einen privaten Altersvorsorgeplan einzahlen müsste, um die Versorgungslücke zu schließen. Die Ergebnisse sind in Abbildung II.2.4 auch grafisch dargestellt. Im Vereinigten Königreich ist die Versorgungslücke am größten und entsprechend der notwendige Beitragssatz am höchsten. In Japan ist der Abstand zum Durchschnitt der Ersatzquote um 4 Prozentpunkte geringer als im Vereinigten Königreich, die Lebenserwartung aber länger, wie der höhere Umwandlungsfaktor in Tabelle II.2.2 verdeutlicht. Der notwendige Beitragssatz beträgt in Japan 6,7% gegenüber 6,9% im Vereinigten Königreich. In Frankreich ist die Differenz bei der Ersatzquote am geringsten, auf Grund des Regelrentenalters von 60 Jahren und einer über dem OECD-Durchschnitt liegenden Lebenserwartung ergibt sich hier jedoch der höchste Umwandlungsfaktor in Tabelle II.2.2. Das wiederum erhöht den erforderlichen Beitragssatz im Vergleich zu Ländern mit einem Regelrentenalter von 65 oder mehr Jahren. Der notwendige Beitragssatz beträgt in Frankreich und der Tschechischen Republik jeweils 2,6%.

Tabelle II.2.2 **Schließung der Versorgungslücke**

Berechnung des notwendigen Beitragssatzes

	(1)	(2)	(3)	(4)	(5)	(6)	(7)
	GRR gesetzliche Renten-versicherung (in %)	Differenz zu GRR (in %)	Rentenalter	Jahre	Akkumulation	Umwandlungs-faktor	Beitragssatz (in %)
Australien	43.1	15.6	65	45	64.3	16.5	4.0
Belgien	40.4	18.3	65	45	64.3	16.4	4.7
Kanada	43.9	14.8	65	45	64.3	16.4	3.8
Tschech. Rep.	49.1	9.6	63	43	60.4	16.6	2.6
Frankreich	51.2	7.5	60	40	54.8	19.3	2.6
Deutschland	39.9	18.8	65	45	64.3	16.0	4.7
Irland	32.5	26.2	65	45	64.3	15.7	6.4
Japan	34.4	24.3	65	45	64.3	17.6	6.7
Neuseeland	39.7	19.0	65	45	64.3	16.2	4.8
Ver. Königreich	30.8	27.9	65	45	64.3	16.0	6.9
Ver. Staaten	41.2	17.5	67	47	68.3	15.3	3.9

Anmerkung: GRR = Bruttoersatzquote. Die Berechnungen gehen von einer realen Investitionsrendite von 3,5% pro Jahr aus. Eine vollständige Beitragsbiografie reicht vom 20. Lebensjahr bis zum Regelrentenalter. Die versicherungsmathematischen Berechnungen fußen auf den Sterblichkeitsprojektionen der VN/Weltbank für 2040.

Quelle:

Die Ersatzquoten – Spalten 1 und 2 – sind den OECD-Rentenmodellen entnommen. Wegen Informationen über das Regelrentenalter vgl. die Länderkapitel in diesem Bericht.

Die Beitragsjahre – Spalte 4 – sind einfach die Differenz zwischen dem Regelrenteneintrittsalter und dem Alter von 20 Jahren, der Basishypothese für das Eintreten in den Arbeitsmarkt.

Die Berechnung des akkumulierten Rentenkapitals – Spalte 5 – basiert auf der Formel $K = e^{rT}\frac{e^{(g-r)T}-1}{g-r}$, mit K = Rentenkapital, g = reales Lohnwachstum und r = reale Investitionsrendite sowie T = Dauer der Beitragszahlungen. Die Ableitung dieser Formel wird in Kasten 1 von Queisser und Whitehouse (2006) erklärt.

Die Berechnung des Umwandlungsfaktors – Spalte 6 – basiert auf der Überlebensfunktion, s_i, die definiert ist als $\prod_{i=R}^{100}(1-\lambda_i)$, mit Π als Produktoperator und λ als Sterberaten nach Alter, indexiert mit *i*, und *R* dem Rentenalter. Der Umwandlungsfaktor A ist dann $\sum_{i=R}^{100} s_i(1+z)^{-i}$. Vgl. Kasten 2 von Queisser und Whitehouse (2006).

Der notwendige Beitragssatz – Spalte 7 – ist die Differenz zur Ersatzquote – Spalte 2 – dividiert durch die Kapitalakkumulation – Spalte 5 – multipliziert mit dem Umwandlungsfaktor – Spalte 6.

Abbildung II.2.4 **Schließung der Versorgungslücke**

Bei vollständiger Erwerbsbiografie zur Erreichung der durchschnittlichen Bruttoersatzquote im OECD-Raum für einen Durchschnittsverdiener notwendige Beitragssätze

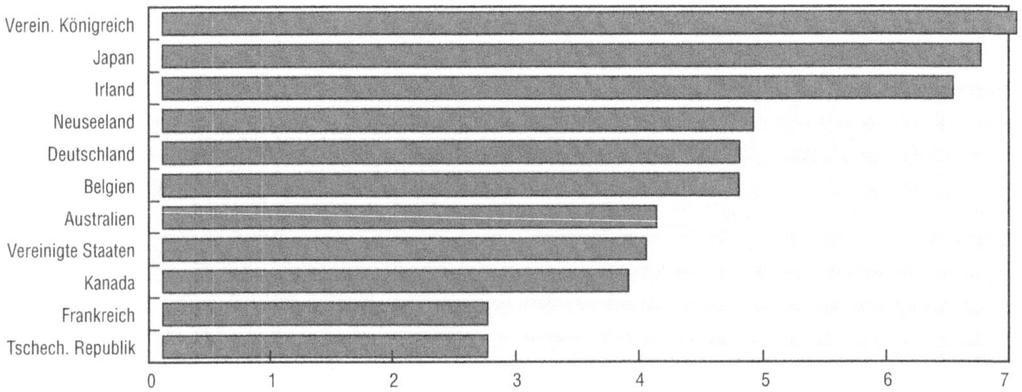

Quelle: OECD-Rentenmodelle; vgl. Tabelle II.2.2.

StatLink: *http://dx.doi.org/10.1787/000061850525*

2.6 Beitragsdichte und Versorgungslücke

Die Vergleiche der gesetzlichen Rentensysteme in *Renten auf einen Blick* fußen auf der Basishypothese einer Arbeitskraft mit vollständiger Erwerbsbiografie – definiert als eine Person, die mit 20 Jahren in den Arbeitsmarkt eintritt und bis zum Erreichen des Regelrentenalters in dem jeweiligen Land jährlich Beiträge entrichtet. Eine Erklärung für die Verwendung dieser Arbeitshypothese findet sich weiter oben im Abschnitt zur Methodik. Generell kann der Einzelne jedoch wählen, ob er einen *freiwilligen* privaten Altersvorsorgeplan abschließen und wie viel er einzahlen möchte. In der *gesetzlichen* Rentenversicherung besteht indessen Beitrittspflicht. Zweitens ist der Beitragssatz festgelegt, es gibt keine Wahlmöglichkeiten. Drittens bietet die gesetzliche Rentenversicherung durch ihr System der Anrechnung von Kinderbetreuungs- und Arbeitslosenzeiten auch Personen in Zeiten der Nichterwerbstätigkeit Versicherungsschutz. Daher ist eine vollständige Beitragsbiografie als Basishypothese für freiwillige private Altersvorsorgepläne weniger realistisch als für die gesetzliche Rentenversicherung.

Abbildung II.2.5 veranschaulicht, wie die Zahl der Beitragsjahre die Höhe des Beitragssatzes beeinflusst, der notwendig ist, um die Versorgungslücke zu schließen, d.h. eine Gesamtersatzquote der gesetzlichen und der freiwilligen Rentenversicherung zu erzielen, die der durchschnittlichen Ersatzquote der gesetzlichen Rentenversicherung im OECD-Raum entspricht. Auf der linken Seite der Abbildung ist der notwendige Beitragssatz bei vollständiger Erwerbsbiografie – Erwerbstätigkeit ab dem Alter von 20 Jahren bis zum Regelrentenalter – dargestellt, der die Ergebnisse von Tabelle II.2.2 und Abbildung II.2.4 weiter oben wieder aufnimmt.

Der nächste Eintrag in der Abbildung zeigt die Situation bei fünf fehlenden Jahren in der Beitragsbiografie, d.h. unter der Annahme, dass die Erwerbstätigen erst mit 25 Jahren eine private Rentenversicherung abschließen[6]. Bei zehn fehlenden Jahren – in der Mitte der Abbildung – steigt der notwendige Beitragssatz im Vereinigten Königreich auf nahezu 10%, gegenüber 7% bei vollständiger Erwerbsbiografie. Bei 20 fehlenden Jahren liegt der notwendige Beitragssatz zur Schließung der Versorgungslücke bei nahezu 15%. In Irland und Japan liegen die notwendigen Beitragssätze geringfügig unter denen für das Vereinigte Königreich.

In Belgien, Deutschland und Neuseeland beträgt der notwendige Beitragssatz etwa 4,6% bei vollständiger Erwerbsbiografie, 6,7% bei zehn fehlenden Jahren und 10% bei 20 fehlenden Jahren.

Abbildung II.2.5 **Beitragsdichte und Versorgungslücke**

Zur Erreichung der durchschnittlichen Bruttoersatzquote im OECD-Raum notwendiger Beitragssatz nach Anzahl der Beitragsjahre

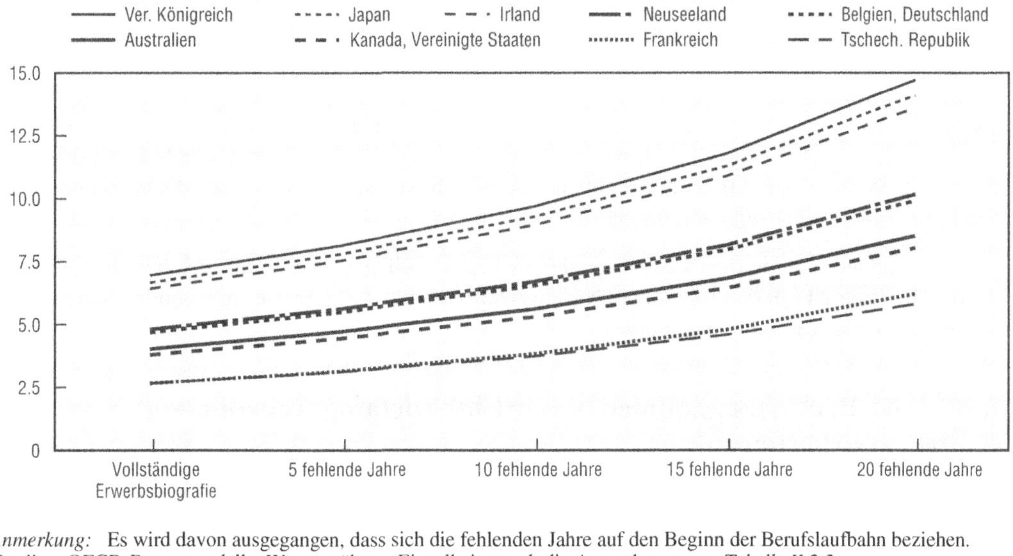

Anmerkung: Es wird davon ausgegangen, dass sich die fehlenden Jahre auf den Beginn der Berufslaufbahn beziehen.
Quelle: OECD-Rentenmodelle. Wegen näherer Einzelheiten vgl. die Anmerkungen zu Tabelle II.2.2.

StatLink: *http://dx.doi.org/10.1787/000072758576*

2.7 Reale Investitionsrenditen und Versorgungslücke

Die Rentenhöhe in Systemen mit Beitragsprimat hängt ganz entscheidend von der Investitionsrendite und dem eingezahlten Betrag ab. Abbildung II.2.6 zeigt, wie sich verschiedene Investitionsrenditen im Verhältnis zur Basishypothese des Berichts einer realen Rendite von 3,5% auf den zur Schließung der Versorgungslücke notwendigen Beitragssatz auswirken.

Entscheidend für die Ersatzquote in einem Rentenplan mit Beitragsprimat ist das Gefälle zwischen realer Investitionsrendite und realem Lohnwachstum. In der Abbildung II.2.6 zu Grunde liegenden Analyse wird die unterstellte Lohnwachstumsrate konstant bei 2% gehalten. Dann wird eine Situation mit niedrigeren Investitionsrenditen von 2% betrachtet, was dem realen Lohnwachstum entspricht. Andererseits wird auch eine höhere Investitionsrendite von 5% herangezogen. Diese Szenarien mit niedrigerer und höherer Investitionsrendite siedeln sich symmetrisch um die Basishypothese an.

Abbildung II.2.6 **Investitionsrendite und Versorgungslücke**

Zur Erreichung der durchschnittlichen Bruttoersatzquote im OECD-Raum notwendige Beitragssätze nach Investitionsrendite

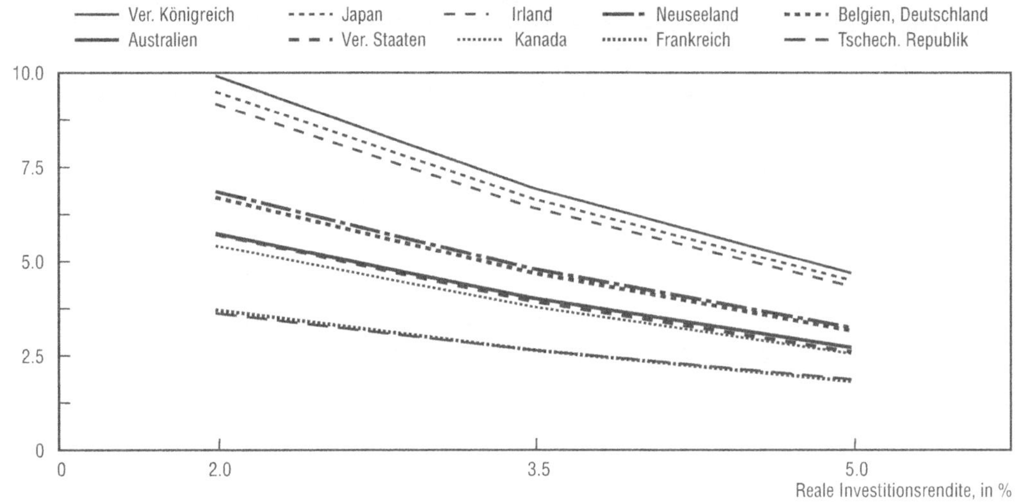

Quelle: OECD-Rentenmodelle. Wegen näherer Einzelheiten vgl. Anmerkungen zu Tabelle II.2.2.

StatLink: *http://dx.doi.org/10.1787/000081617754*

Irland, Japan und das Vereinigte Königreich weisen die größte Versorgungslücke auf, sie macht im Schnitt 6,7% gegenüber der Basishypothese aus. Eine niedrigere Rendite würde aber natürlich bedeuten, dass der Einzelne höhere Beiträge entrichten müsste. Zur Schließung der Versorgungslücke in diesen drei Ländern wäre bei einer realen Rendite von nur 2% ein Beitragssatz von 9,5% erforderlich. Bei einer höheren Rendite hingegen wäre die Notwendigkeit zusätzlicher Investitionen in private Altersvorsorgepläne nicht mehr so groß, so dass sich der notwendige Beitragssatz auf nur 4,5% reduzieren könnte.

Am anderen Ende der Skala läge der in Frankreich und der Tschechischen Republik notwenige Beitragssatz in den unterschiedlichen Szenarien bei 3,7% (niedrige Rendite), 2,6% (Basishypothese) und 1,8% (höhere Rendite).

2.8 Indikative Bruttoersatzquoten, unter Einbeziehung freiwilliger Rentenversicherungen

Ausgehend von Hypothesen hinsichtlich der Beitragsdauer und -höhe in privaten Rentenversicherungen können die OECD-Rentenmodelle die Gesamtersatzquote berechnen, die aus der gesetzlichen und der freiwilligen Rentenversicherung resultiert. Für die elf in diesem Kapitel untersuchten Länder stehen mit Ausnahme Australiens Daten über den Erfassungsgrad freiwilliger Altersvorsorgepläne zur Verfügung (Tabelle II.2.1). Dieser beträgt in Frankreich und Neuseeland 20% oder weniger, so dass solche Pläne im Hinblick auf das künftige Renteneinkommen wohl kaum eine wichtige Rolle spielen werden. In Japan bleiben Systeme mit Leistungsprimat, Pauschalleistungen sowie Hybridsysteme die Regel; Systeme mit Beitragsprimat haben wenig Verbreitung gefunden.

Daten zu durchschnittlichen Beitragssätzen sind noch schwerer zu erhalten als Informationen über den Erfassungsgrad. Die in Tabelle II.2.1 wiedergegebenen vorläufigen Daten lassen beispielsweise erkennen, dass die Beitragssätze für Versicherte in Kanada 8,5%, im Vereinigten Königreich und in den Vereinigten Staaten etwa 9% und in Irland 10% betragen. Für die Tschechische Republik wird ein durchschnittlicher Beitragssatz von 2,8% angegeben. Verlässliche Daten für Belgien und Deutschland sind noch schwerer zu bekommen. Für Deutschland wird ein Beitragssatz von 4% unterstellt, da dies der höchste Satz ist, der zu größeren staatlichen Zuschüssen berechtigt. Die unten dargelegten Ergebnisse gehen für Belgien von einem Beitragssatz von 4,25% aus, der sich am oberen Ende der Skala von 1-5% ansiedelt, die als typisch betrachtet wird (Tabelle II.2.1). Die in der Analyse der freiwilligen privaten Altersvorsorgepläne unterstellten Beitragssätze sind in der letzten Spalte von Tabelle II.2.3 zusammengefasst.

Die erste Spalte von Tabelle II.2.3 zeigt noch einmal die Bruttoersatzquoten der gesetzlichen Rentenversicherung für Durchschnittsverdiener in den sieben untersuchten Ländern. Diese Ersatzquoten reichen von 31% im Vereinigten Königreich bis zu 49% in der Tschechischen Republik, gegenüber einem Durchschnitt von 59% für den OECD-Raum insgesamt.

Die weiteren Spalten von Tabelle II.2.3 zeigen die Gesamtersatzquoten unter Einbeziehung der freiwilligen privaten Altersvorsorge. Angegeben sind diese für eine volle Beitragsbiografie (ab dem Alter von 20 Jahren bis zum Regelrentenalter des betreffenden Landes) sowie eine Beitragsbiografie mit 10 bzw. 20 fehlenden Jahren. Der höchste Beitragssatz wurde mit 10% des Arbeitsverdiensts für Irland unterstellt: Bei einer vollständigen Beitragsbiografie würde sich die Bruttoersatzquote dort von 32,5% auf 73,3% erhöhen und mithin weit über dem OECD-Durchschnitt ansiedeln. Selbst bei 10 fehlenden Jahren – d.h. Beitragszahlungen zwischen dem Alter von 30 und 65 Jahren – läge die Gesamtersatzquote der gesetzlichen und der freiwilligen Rentenversicherung bei 61,7%. Nur bei 20 fehlenden Jahren sinkt die Gesamtersatzquote unter den OECD-Durchschnitt.

Tabelle II.2.3 **Indikative Ersatzquoten für Durchschnittsverdiener**

	Ersatzquote für den Durchschnittsverdiener (in %)				Unterstellter Beitragssatz
	Gesetzliche Rentenversicherung	Freiwillige Altersvorsorge			
		20 fehlende Jahre	10 fehlende Jahre	Vollständige Erwerbsbiografie	
Belgien	40.4	48.3	52.3	57.1	4.25%
Kanada	43.9	55.0	63.2	72.6	8.5%
Tschech. Rep.	49.1	53.7	56.3	59.3	2.8%
Deutschland	39.9	47.5	51.4	56.0	4%
Irland	32.5	51.8	61.7	73.3	10%
Ver. Königreich	30.8	47.9	56.8	67.0	9%
Ver. Staaten	41.2	60.7	70.2	81.2	9%

Anmerkung: Bei den Ergebnissen für das Vereinigte Königreich wird unterstellt, dass die Arbeitskraft über die staatliche Rentenversicherung versichert ist (ehemals SERPS – Staatliche verdienstabhängige Zusatzrente –, heute S2P – zweite Säule der staatlichen Rentenversicherung). Bei Arbeitskräften, die aus der zweiten Säule ausscheiden, fällt die Gesamtersatzquote niedriger aus, da die S2P-Leistungen im Gegenzug für den bei Ausscheiden gewährten Sozialversicherungsnachlass entfallen.
Quelle: OECD-Rentenmodelle.

Abbildung II.2.7 ermöglicht es, die indikativen Ersatzquoten unter Einbeziehung der freiwilligen Altersvorsorge mit den Ersatzquoten der gesetzlichen Rentenversicherung in den übrigen OECD-Ländern zu vergleichen. Die schwarze Linie in der Abbildung gibt einfach die Daten aus Abbildung II.2.2 wieder. Bei einer vollständigen Erwerbsbiografie mit freiwilligen Beiträgen (hellgrauer Balken) stellen sich die Gesamtersatzquoten im Vergleich zu Ländern mit höheren Leistungen der gesetzlichen Rentenversicherung günstig dar. Selbst bei 10 fehlenden Beitragsjahren liegen die Gesamtersatzquoten nur in Belgien und Deutschland, wo die unterstellten Beitragssätze niedriger sind als in den fünf anderen untersuchten Ländern, signifikant unter dem OECD-Durchschnitt. In Deutschland hingegen füllen die Leistungen aus der freiwilligen Altersvorsorge die Lücke zwischen den Ersatzquoten vor und nach der Reform.

Abbildung II.2.7 **Indikative Ersatzquoten für Durchschnittsverdiener: gesetzliche Rentenversicherung und freiwillige Altersvorsorgepläne**

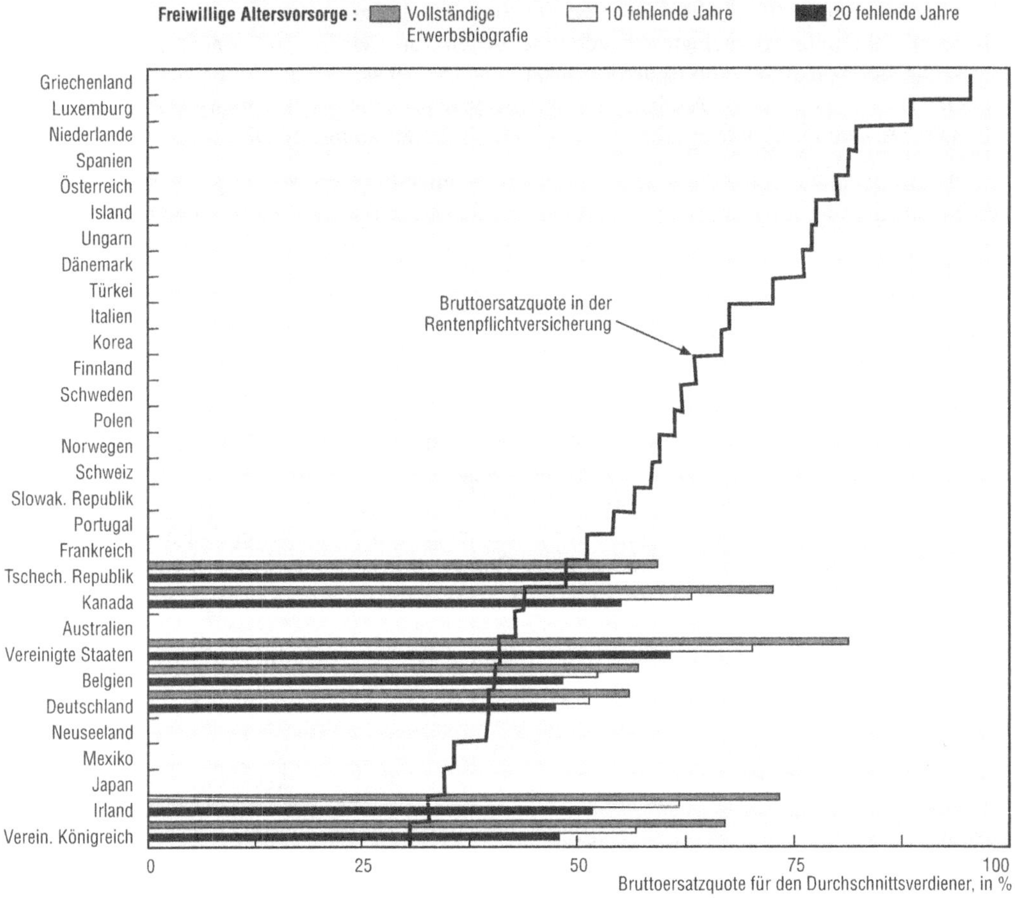

Quelle: OECD-Rentenmodelle.

StatLink: *http://dx.doi.org/10.1787/000101177147*

2.9 Schlussbetrachtungen und künftige Entwicklungen

Die angestrebte Ersatzquote des obligatorischen (generell staatlichen) Rentensystems ist verhältnismäßig niedrig, was in etwa einem Dutzend OECD-Länder für freiwillige, private Altersvorsorgepläne viel „Raum" lässt. In der Mehrzahl dieser Länder erfassen die privaten Rentenversicherungen einen breiten Personenkreis. Etwa die Hälfte der Arbeitnehmer zahlt Beiträge in eine private Zusatzversicherung (nach den besten verfügbaren Daten). Damit verbleibt aber ein beträchtliches potenzielles Mitgliederdefizit in der privaten Altersvorsorge. In vielen Fällen erklärt sich dies u.U. einfach aus der Tatsache, dass sich die Notwendigkeit zusätzlichen Rentensparens hauptsächlich für die Bezieher hoher oder hoher und mittlerer Einkommen stellt. Wenn Geringverdiener dank des sozialen Sicherheitsnetzes ein angemessenes Renteneinkommen erwarten können, besteht für sie möglicherweise keine Notwendigkeit, für das Alter zu sparen. Dies ist aber keineswegs sicher.

Ein zweites Problem entsteht durch die Tatsache, dass die Erfassungsdaten nur eine „Momentaufnahme" darstellen, wohingegen sich das individuelle Renteneinkommen nach dem Versicherungsschutz und den Beitragszahlungen während der gesamten Lebensarbeitszeit richtet. So lässt sich beispielsweise nicht feststellen, ob der mit der Momentaufnahme abgelichtete Erfassungsgrad von 50% bedeutet, dass die Hälfte der Arbeitskräfte in allen Jahren der Erwerbstätigkeit Beiträge entrichtet oder ob die gesamte Erwerbsbevölkerung während der Hälfte ihres Erwerbslebens Beiträge leistet. Die Implikationen für die Rentenpolitik sind sehr unterschiedlich, je nachdem, ob das Ziel lautet, die Anzahl der Beitragszahler zu erhöhen oder dieselbe Anzahl von Beitragszahlern dazu zu bewegen, über einen längeren Zeitraum Beiträge zu entrichten.

Traditionell versucht man, freiwilliges Rentensparen durch steuerliche Anreize zu fördern. Diese können jedoch kostspielig sein, und die Erfahrung zeigt deutlich, dass sie insofern ineffizient sind, als ein Großteil der Ersparnis auch ohne die Vergünstigungen zustande gekommen wäre; Steueranreize sind z.B. für die Bezieher höherer Einkommen von größerem Vorteil.

Neue Konzepte zur Förderung des Abschlusses privater Altersvorsorgepläne stützen sich auf Erkenntnisse der Verhaltensökonomik hinsichtlich der natürlichen Trägheit der menschlichen Natur. Ein derartiger „sanfter Zwang", bei dem die Arbeitnehmer automatisch an einem Rentensparplan teilnehmen, sofern sie sich nicht ausdrücklich dagegen entscheiden, wird erstmals auf nationaler Ebene mit dem KiwiSaver-Plan in Neuseeland eingeführt. Das Vereinigte Königreich beabsichtigt die Einführung eines ähnlichen Programms, und in Irland wird derzeit darüber diskutiert, inwieweit ein solches Vorgehen das Bemühen, den Erfassungsgrad privater Altersvorsorgepläne auf 70% zu erhöhen, voranbringen könnte.

Die OECD wird diese Innovationen in der Rentenpolitik in künftigen Ausgaben von *Renten auf einen Blick* weiter verfolgen und ihre Implikationen für die Rentenpolitik in den Mitgliedsländern evaluieren.

Anmerkungen

1. Vgl. Mattil und Whitehouse (2007) sowie Whitehouse et al. (2007) zu diesen Reformen.
2. Gustman und Steinmeier (1992) sowie Disney und Whitehouse (1992) bezeichnen die Veränderungen in den Vereinigten Staaten und im Vereinigten Königreich jeweils als „Massenbewegung".
3. Der Anhang zu diesem Kapitel enthält jedoch einige Daten zu Rentensystemen mit Leistungsprimat.
4. In Mexiko, wo es einen großen informellen Sektor gibt, besitzen viele Arbeitskräfte keinen gesetzlichen Rentenschutz. Darüber hinaus garantiert das neue Rentensystem, das auf obligatorischen individuellen Rentenkonten fußt, allen Arbeitskräften, die zum Zeitpunkt des Inkrafttretens der Reform eine reguläre Beschäftigung ausübten, dass ihre Renten nicht unter das im alten System versprochene Niveau sinken werden. Daher hat die Problematik der Versorgungslücke in Mexiko einen ganz anderen Charakter als in sonstigen OECD-Ländern.
5. Es gibt neun verdienstabhängige Rentenprogramme für unterschiedliche Berufssparten in Finnland, von denen vier Beschäftigte im privaten Sektor betreffen. Alle Programme werden nach harmonisierten Regeln verwaltet und von einer Zentralanstalt für Rentenschutz (ETK) koordiniert und zählen zu den staatlichen Programmen.
6. Der Zinseszinseffekt hat zur Folge, dass fehlende Beiträge zu Beginn der Berufslaufbahn bei der Berechnung der Ersatzquote stärker ins Gewicht fallen als fehlende Beitragsjahre am Ende der Erwerbsbiografie (sofern die Investitionsrenditen das Lohnwachstum übersteigen, wie in der Basishypothese in diesem Bericht unterstellt).

ANHANG

Bruttoersatzquoten, einschließlich betrieblicher Vorsorgepläne mit Leistungsprimat

In Abschnitt 2.2 des vorliegenden Kapitels wurde erläutert, wie betriebliche Altersvorsorgepläne mit Leistungsprimat, insbesondere für Arbeitskräfte im privaten Sektor, nach und nach durch Rentenpläne mit Beitragsprimat ersetzt werden. Diese Umstellung betrifft Erwerbstätige in über der Hälfte der Länder, in denen ein beachtlicher Personenkreis eine freiwillige betriebliche Altersvorsorgeversicherung abgeschlossen hat.

Die erste Ausgabe von *Renten auf einen Blick* enthielt Berechnungen der Ersatzquoten von betrieblichen Altersvorsorgeplänen mit Leistungsprimat für drei Länder: Kanada, Vereinigtes Königreich und Vereinigte Staaten. Der vorliegende Anhang liefert aktualisierte Informationen zu diesen drei Ländern zusammen mit Informationen für Irland.

Tabelle II.A2.1 bietet einen kurzen Überblick über die wichtigsten Parameter der modellierten Systeme mit Leistungsprimat. In den meisten Fällen fußt die Auswahl dieser spezifischen Größen auf nationalen Erhebungen der Parameter der Rentenpläne und dazugehörigen Regeln, obgleich es zwischen den einzelnen Programmen natürlich erhebliche Unterschiede gibt.

Tabelle II.A2.1 **Parameter und Regeln von ausgewählten betrieblichen Altersvorsorgeplänen mit Leistungsprimat**

	Kanada	Irland	Vereinigtes Königreich	Vereinigte Staaten
Verdienstmessgröße	Endlohn	Endlohn	Endlohn	Endlohn
Steigerungssatz	2%	1.67%	1.25%	1.5%
Integration	Niedriger Steigerungssatz	Grundrente	Austreten aus der zweiten Säule	–
Wertsicherung	Keine	Inflationsausgleich	Inflationsausgleich	Keine
Indexierung	Halber Inflationsausgleich	Inflationsausgleich	Inflationsausgleich	Keine

Anmerkung: Integration in Kanada bedeutet, dass der Steigerungssatz bis zur Bemessungsgrenze der staatlichen Alterssicherung 1,3% beträgt, und darüber hinaus 2%. In Irland wird davon ausgegangen, dass Rentenansprüche aus dem System mit Leistungsprimat nur aus dem über der Grundrente liegenden Arbeitsverdienst entstehen. Voraussetzung für den Bezug einer Betriebsrente ist im Vereinigten Königreich der Austritt aus der gesetzlichen verdienstabhängigen Rentenversicherung/zweiten Säule der staatlichen Rentenversicherung (SERPS/S2P), wodurch dem Arbeitnehmer die Leistungen aus der zweiten Staatsrente entgehen. Bei den Parametern für das Vereinigte Königreich handelt es sich um Mindestleistungen, die einen Austritt ermöglichen. Die Zeile mit der Bezeichnung „Wertsicherung" enthält die Regeln für die Leistungsanpassung bei Personen, die vor dem Renteneintritt den Arbeitsplatz gewechselt haben.
Quelle: OECD-Sekretariat auf der Grundlage von OECD (1995a), National Association of Pension Funds (2005), Government Actuary's Department (2006), Mitchell und Dykes (2000).

Tabelle II.A2.2 enthält indikative Ersatzquoten, aufgeschlüsselt nach Komponenten des Rentensystems. In allen Fällen wird von einer Arbeitskraft mit vollständiger Erwerbsbiografie im Hinblick auf die Betriebsrente ausgegangen. Gleichzeitig wird aber unterstellt, dass die Berufslaufbahn in vier gleich lange Beschäftigungsverhältnisse aufgeteilt ist. Ein Arbeitgeberwechsel verringert die Rentenhöhe, da die Rechte in Bezug auf den Endlohn zwischen dem Zeitpunkt des Arbeitsplatzwechsels und dem Renteneintritt häufig nicht vollständig erhalten bleiben.

In Kanada würde eine Arbeitskraft mit Durchschnittsverdienst und betrieblichem Altersvorsorgeplan unter diesen Annahmen zusätzlich zu den Leistungen der gesetzlichen Rentenversicherung eine Ersatzquote von 26% erhalten. Allerdings würde ein Teil hiervon durch den verringerten Anspruch auf Sozialrente, die Zulage für das garantierte Mindesteinkommen, kompensiert.

Die Ergebnisse für das Vereinigte Königreich werden durch die Bestimmungen hinsichtlich des Ausstiegs aus der staatlichen Rentenversicherung erschwert, wonach der Einzelne eine Ersatzquote von 15,6% in der zweiten Säule der staatlichen Rentenversicherung verliert, gleichzeitig aber 37,4% aus dem betrieblichen Altersvorsorgeplan hinzugewinnt. In Irland bringt die Betriebsrente wesentlich niedrigere Ersatzquoten als im Vereinigten Königreich, da diese Leistungen in das staatliche Rentensystem integriert sind, was bedeutet, dass bei der Berechnung nur Arbeitsverdienste über der Grundrente berücksichtigt werden.

Tabelle II.A2.2 **Indikative Ersatzquoten für Durchschnittsverdiener**

Gesetzliche Rentenversicherung plus freiwillige Altersvorsorgepläne mit Leistungsprimat

	Sozialrente	Grundrente	Gesetzliche Rente	Betriebsrente	**Insgesamt**
Kanada	4.6	14.4	25.0		**43.9**
	0.0	14.4	25.0	26.4	**65.8**
Irland		32.5			**32.5**
		32.5		17.4	**49.9**
Ver. Königreich		15.2	15.6		**30.8**
		15.2		37.4	**52.6**
Ver. Staaten			41.2		**41.2**
			41.2	30.6	**71.8**

Anmerkung: Es wird davon ausgegangen, dass die Betriebsrente im Vereinigten Königreich nach Austritt aus der staatlichen Rentenversicherung abgeschlossen wird.
Quelle: OECD-Rentenmodelle. Vgl. auch OECD (2005), Teil II, „Freiwillige betriebliche Altersvorsorge".

Literaturverzeichnis

Brown, R.L. und J. McDaid (2002), "Factors Affecting Retirement Mortality", *North American Actuarial Journal*, Vol. 7, Nr. 2, S. 24-43.

Copeland, C. (2006), "Retirement Plan Participation and Retirees' Perception of their Standard of Living", Issue Brief No. 289, Employee Benefits Research Institute, Washington D.C.

Dang, T.T., P. Antolín und H. Oxley (2001), "Fiscal Implications of Ageing: Projections of Age-Related Spending", *Working Paper*, Nr. 305, Economics Department, OECD, Paris.

Department of Labor, Employee Benefits Security Administration (verschiedene Jahre), *Private Pension Plan Bulletin: Abstract of Form 5500 Annual Reports*, Washington, D.C.

Department of Work and Pensions (2006a), *Second Tier Pension Provision 1978/79 to 2003/04*, London.

Department of Work and Pensions (2006b), *The Abstract of Statistics for Benefits, National Insurance Contributions and Indices of Prices and Earnings: 2005 edition*, London.

Disney, R.F. und E.R. Whitehouse (1992), *The Personal Pension Stampede*, Report No. 42, Institute for Fiscal Studies, London.

Europäische Union, Ausschuss für Wirtschaftspolitik (2005), "The 2005 Projections of Age-Related Expenditure (2004-2050) for the EU-25 Member States: Underlying Assumptions and Projection Methodologies", *European Economy*, Special Report No. 4/2005.

Europäische Union, Ausschuss für Wirtschaftspolitik (2006), "The Impact of Ageing on Public Expenditure: Projections for the EU-25 Member States on Pensions, Health Care, Long-term Care, Education and Unemployment Transfers (2004-2050)", *European Economy*, Special Reports No. 1/2006.

Europäische Union, Ausschuss für Sozialschutz (2005), *Privately Managed Pension Provision*, Brüssel.

Fujisawa, R. und E.R. Whitehouse (erscheint 2007), "The Role of the Tax System in Old-Age Support: Cross-Country Evidence", *Social, Employment and Migration Working Paper*, OECD, Paris.

Government Actuary's Department (2005), *Occupational Pension Schemes 2004: Twelfth Survey by the Government Actuary*, London.

Government Actuary's Department (2006), *Occupational Pension Schemes 2005: Thirteenth Survey by the Government Actuary*, London.

Gustman, A. und T. Steinmeier (1992), "The Stampede towards Defined Contribution Plans: Fact or Fiction?", *Industrial Relations*, Vol. 31, S. 361-369.

Mattil, B. und E.R. Whitehouse (erscheint 2007), "Individual Incentives to Switch between Public and Private Pension Schemes", *Social, Employment and Migration Working Paper*, OECD, Paris.

McHale, J. (1999), "The Risk of Social Security Benefit Rule Changes: Some International Evidence", *Working Paper*, Nr. 7031, National Bureau of Economic Research, Cambridge, Mass.

Mitchell, O.S. und E.L. Dykes (2000), "New Trends in Pension Benefit and Retirement Provisions", *Working Paper*, Nr. 2000-2001, Pension Research Council, Wharton School, University of Pennsylvania, Philadelphia.

Morissette, R. und A. Johnson (2003), "Are Good Jobs Disappearing in Canada?", *Research Paper*, Nr. 239, Analytical Studies Branch, Statistics Canada, Ottawa.

National Association of Pension Funds (2005), *Annual Survey*, London.

OECD (1995a), *Private Pensions in OECD Countries: Canada*, Paris.

OECD (1995b), *The Tax/Benefit Position of Production Workers: 1991-1994*, Paris.

OECD (2001), *Taxing Wages: Income Tax, Social Security Contributions and Cash Family Benefits* 1999-2000, Paris.

OECD (2004), *OECD Classification and Glossary of Private Pensions*, Paris.

OECD (2005), *Renten auf einen Blick: Staatliche Politik im OECD-Ländervergleich*, Verband Deutscher Rentenversicherungsträger (Hrsg.), Berlin.

OECD (2006a), *Taxing Wages*, Paris.

OECD (2006b), *Live Longer, Work Longer*, Paris.

OECD (2007), *Benefits and Work Incentives*, Paris.

Palacios, R.J. (2002), "Managing Public Pension Reserves Part II: Lessons from Five Recent OECD Initiatives", Pension Reform Primer series, *Social Protection Discussion Paper*, Nr. 0219, Weltbank, Washington, D.C.

Palacios, R.J. und M. Pallares-Miralles (2000), "International Patterns of Pension Provision", Pension Reform Primer series, *Social Protection Discussion Paper*, No. 0009, Weltbank, Washington, D.C.

Pensions Board (verschiedene Jahre), *Annual Report*, Dublin.

Queisser, M. und E.R. Whitehouse (2006), "Neutral or Fair? Actuarial Concepts and Pension-System Design", *Social, Employment and Migration Working Paper*, Nr. 40, OECD, Paris.

Salomaki, A. (2006), "Public Pension Expenditure in the EPC and the European Commission Projections: An Analysis of the Projection Results", *European Economy Economic Papers*, Nr. 268, Europäische Kommission, Brüssel.

Schembari, P. (2004), "Pension Plans in Canada", *Pension and Wealth Research Paper*, Nr. 1, Statistics Canada, Ottawa.

Whiteford, P. und E.R. Whitehouse (2006), "Pension Challenges and Pension Reforms in OECD Countries", *Oxford Review of Economic Policy*, Vol. 22, No. 1, S. 78-94.

Whitehouse, E.R. (2000), "Administrative Charges for Funded Pensions: Measurement Concepts, International Comparison and Assessment", *Journal of Applied Social Science Studies*, Vol. 120, No. 3, S. 311-361.

Whitehouse, E.R. (2001), "Administrative Charges for Funded Pensions: Comparison and Assessment of 13 Countries", *Private Pension Systems: Administrative Costs and Reforms, Private Pensions Series*, Vol. 3, OECD, Paris.

Whitehouse, E.R. (2006), *Pensions Panorama: Retirement-Income Systems in 53 Countries*, Weltbank, Washington, D.C.

Whitehouse, E.R. (2007a), "Pension Incentives to Retire", *Social, Employment and Migration Working Paper*, OECD, Paris, erscheint demnächst.

Whitehouse, E.R. (2007b), "Life-Expectancy Risk and Pensions: Who Bears the Burden?", *Social, Employment and Migration Working Paper*, OECD, Paris, erscheint demnächst.

Whitehouse, E.R., B. Mattil und R.J. Palacios (erscheint 2007), "Rebalancing Retirement-Income Systems: The Role of Individual Choice under Mixed Public/Private Pension Provision", *Fiscal Studies*.

TEIL III

Länderkapitel

Der folgende Teil dieser Publikation enthält detaillierte Hintergrundinformationen zu den Alterssicherungssystemen aller 30 Länder. Dazu gehören das Rentenanspruchsalter und sonstige Anspruchskriterien, die Regeln für die Berechnung der Rentenansprüche, die Behandlung der Früh- und Spätverrentung sowie nähere Informationen zu den Vor-Reform-Szenarien, die im Sonderkapitel zu den Rentenreformen in Teil II eingehender untersucht werden. In den Länderkapiteln werden die nationalen Ergebnisse in Standardabbildungen und -tabellen zusammengefasst.

Einleitung

Die Länderkapitel folgen einem Standardschema. Sie beginnen mit einer genauen Beschreibung der Regeln und Parameter der Rentensysteme*.

- Anspruchskriterien: zulässiges Alter für den Renteneintritt (bzw. Rentenalter) und Zahl der erforderlichen Beitragsjahre.
- Rentenberechnung: geltende Regeln für die verschiedenen Bestandteile des Rentensystems, wie verdienstabhängige Systeme, obligatorische private Altersvorsorgepläne und einkommensabhängige Systeme.
- Früh- und Spätverrentung: die Regeln und Bedingungen, nach denen Arbeitskräfte vorzeitig in den Ruhestand gehen bzw. über das Rentenregelalter hinaus erwerbstätig sein können. (Hier handelt es sich um eine Erweiterung der in der ersten Ausgabe von *Renten auf einen Blick* dargelegten Informationen.).
- Vor-Reform-Szenario: für Länder, die seit den neunziger Jahren eine große oder eine Reihe kleiner Rentenreformen durchgeführt haben, werden in diesem Abschnitt jene Parameter und Regeln erklärt, die zur Beschreibung der Vor-Reform-Szenarien herangezogen wurden, wie im Sonderkapitel zu den Rentenreformen näher erörtert wird.

Die Behandlung von Rentnern in Bezug auf Einkommensteuer- und Sozialversicherungsbeiträge wird in dieser Ausgabe aus Platzgründen nicht beschrieben. Wegen näherer Einzelheiten zu den Steuerregeln und Sozialversicherungsbeiträgen, die für die Rentner in den einzelnen Ländern gelten, vgl. die erste Ausgabe von *Renten auf einen Blick* (OECD, 2005) sowie Fujisawa und Whitehouse (2007). Informationen zur steuerlichen Behandlung von Arbeitskräften sind *Taxing Wages* (OECD, 2006) zu entnehmen.

Der Wert aller Rentenparameter und sonstiger relevanter Größen, wie Mindestlöhne, sind in Landeswährung sowie als Prozentsatz des Durchschnittsarbeitsentgelts angegeben. (Vgl. Tabelle 0.1 wegen der Werte sowie den Begleittext wegen einer Diskussion über die jüngsten Änderungen in den OECD-Berechnungsmethoden der Durchschnittsarbeitsverdienste.

In einer zusammenfassenden Tabelle sind die erwarteten relativen Rentenniveaus, die Ersatzquoten und das Rentenvermögen bei verschiedenen individuellen Verdienstniveaus in obligatorischen Rentensystemen aufgeführt. (Vgl. Teil I dieses Berichts wegen Informationen zu Definition und Messgrößen der unterschiedlichen Indikatoren.) Diese Werte sind sowohl brutto als auch netto angegeben (im Nettobetrag sind die in der Einzahlungsphase und die in der Auszahlungsphase zu entrichtenden Steuern und Sozialabgaben berücksichtigt). Für Länder, in denen große Rentenreformen durchgeführt wurden, zeigt eine zweite Tabelle denselben Indikatorenkatalog im Vor-Reform-Szenario (wegen näherer Einzelheiten vgl. das Sonderkapitel über Rentenreformen).

---

* Die Modellrechnung bezieht sich auf alleinstehende Arbeitskräfte mit vollständiger Erwerbsbiografie, die ihren Ruhestand im Regelrentenalter antreten. In den Rentensystemen können komplexe Regeln für beitragsfreie Zeiten (z.B. für Kindererziehung oder bei Arbeitslosigkeit) vorgesehen sein oder Ehepaare als Einheit behandelt werden. Diese Regeln wirken sich nicht auf die hier dargelegten Modellrechnungen aus.

In Übersichtsschemas wird der relative Bruttorentenwert nach den verschiedenen Bestandteilen des Rentensystems aufgeschlüsselt (erste Reihe der Abbildungen). Bei der Beschreibung der verschiedenen Systeme wurde soweit möglich dieselbe Terminologie verwendet. Das jeweils dargestellte nationale System ist im Text des entsprechenden Länderkapitels beschrieben. In den Legenden zu den Abbildungen werden einige Standardkurzbezeichnungen verwendet:

- SA (*social assistance*): Sozialhilfe;
- Sozialrente: gesondertes bedürftigkeitsabhängiges System für Senioren;
- Mindestrente: bezieht sich auf die Mindestrente innerhalb eines verdienstabhängigen Systems;
- Grundrente: Rente, deren Höhe nur von der Zahl der Beitrags- oder Wohnsitzjahre abhängig ist;
- verdienstabhängige Rente: sämtliche verdienstabhängigen gesetzlichen Rentenversicherungssysteme, einschließlich der *Notional-Accounts-* und Punktesysteme sowie der herkömmlichen Altersvorsorgepläne mit Leistungsprimat (*Defined Benefit* – DB);
- Beitragsprimat (*Defined Contribution* – DC): obligatorische private Altersvorsorgepläne mit Beitragsprimat;
- betriebliche Altersvorsorge: obligatorische, vom Arbeitgeber, der Branche (Niederlande), den Berufsorganisationen (Schweden) oder dem Staat (Finnland, Frankreich) angebotene Altersvorsorge.

In der zweiten Reihe der Länderabbildungen sind die Auswirkungen der Einkommensteuer und der Sozialabgaben auf den relativen Rentenwert und die Ersatzquote dargestellt, wobei die Brutto- und Nettobeträge angegeben werden.

In den Abbildungen wird eine Standardskala verwendet, um den Vergleich zwischen den verschiedenen Ländern zu erleichtern: Die Ersatzquotenskala reicht bis 125%, die Skala der relativen Rentenwerte bis zum 2,5-Fachen des Durchschnittsarbeitsentgelts. In einigen Fällen gehen die Rentenleistungen über diese Höchstwerte hinaus, so dass die Messgröße auf diesen Niveaus plafoniert sind.

Australien

Das australische Rentensystem steht auf zwei Säulen: einer bedürftigkeitsabhängigen Altersrente sowie der sogenannten *Superannuation guarantee*, einer obligatorischen privaten Altersvorsorge. Für die privaten Altersvorsorgepläne gilt mehrheitlich das Beitragsprimat.

Anspruchskriterien

Die Altersrente wird Männern ab dem vollendeten 65. Lebensjahr gezahlt. Das Rentenalter der Frauen – gegenwärtig 62½ Jahre – wird schrittweise angehoben, so dass es ab 2014 bei 65 Jahren liegen wird. Das Mindestalter für die Auszahlung der Leistungen aus der *Superannuation guarantee* beträgt derzeit 55 Jahre, wird sich aber bis 2025 schrittweise auf 60 Jahre erhöhen.

Rentenberechnung

Beitragsprimat

Die *Superannuation guarantee* wurde 1992 eingeführt. Sie besteht aus Pflichtbeiträgen der Arbeitgeber zu privaten Altersvorsorgeplänen. Diese Altersvorsorgepläne können vom Arbeitgeber, von Industrieverbänden, Finanzinstituten oder sogar von den betreffenden Personen selbst verwaltet werden. Der Pflichtbeitragssatz beträgt seit dem Finanzjahr 2002-2003 9%.

Für Arbeitnehmer mit einem Monatsverdienst von weniger als 450 $A (was 5 400 $A im Jahr entspricht) müssen die Arbeitgeber keine Beiträge entrichten, es steht ihnen jedoch frei, dies zu tun. (Anzumerken ist, dass dieser Mindestbetrag in der Vergangenheit nicht angehoben wurde.) Darüber hinaus gibt es eine Beitragsbemessungsgrenze: Für den Teil des Verdiensts der Arbeitnehmer, der diese Grenze überschreitet, müssen die Arbeitgeber keine Beiträge entrichten. Im Finanzjahr 2003/2004 betrug der Wert in jedem Quartal 30 560 $A, 2004/2005 lag er in allen Quartalen bei 32 180 $A. Die Beitragsbemessungsgrenze entspricht in etwa dem 2½-Fachen der Durchschnittsarbeitsentgelte und ist an eine Messgröße der durchschnittlichen Lohnentwicklung gekoppelt.

Im Auszahlungsstadium der *Superannuation guarantee* werden die Berechnungen komplizierter. Es gibt zwar einige betriebliche Altersvorsorgepläne mit Leistungsprimat, die meisten Arbeitnehmer sind jedoch über Systeme mit Beitragsprimat versichert. Die Versicherten können sich das angesammelte Kapital entweder als einmaligen Betrag oder als Einkommensstrom in der einen oder anderen Form auszahlen lassen. Derzeit entscheiden sich die meisten Versicherten für eine Einmalzahlung. Für Vergleiche mit anderen Ländern (in denen Altersvorsorgepläne mit Leistungsprimat dominieren) wird das Kapital aus der *Superannuation guarantee* in eine preisindexierte, regelmäßige Rentenzahlung (*annuity*) umgewandelt. Die Berechnung dieser Rentenzahlung stützt sich auf die australischen Sterberaten.

Sozialrente

Der Wert der Altersrente wird alle zwei Jahre angepasst, und die Auszahlung erfolgt im Zweiwochenrhythmus. Der Höchstrentensatz für Alleinstehende lag im September 2003 bei 453 $A auf Zweiwochenbasis, im März 2004 wurde er auf 464 $A und im September 2004 auf 471 $A angehoben. (Alle Beträge wurden auf den nächsten Dollarwert ab- bzw. aufgerundet.) Daraus ergibt sich ein Durchschnitt für das Finanzjahr in Höhe von 12 241 $A jährlich, was einem Viertel des Durchschnittsarbeitsentgelts entspricht.

Die Altersrente wird schrittweise entzogen, sobald das Jahreseinkommen aus anderen Quellen einen bestimmten Freibetrag übersteigt. Dieser wird jährlich im Juli angepasst. 2004 lagen die entsprechenden Werte bei 120 $A im ersten Halbjahr und 122 $A im zweiten Halbjahr (wiederum auf Zweiwochenbasis berechnet). Der Grenzwert für das Finanzjahr 2004 erreichte somit 3 172 $A bzw. etwa 6,5% des Durchschnittsarbeitsentgelts. Die Transferentzugsrate beträgt 40%. Darüber hinaus wird eine Vermögensprüfung durchgeführt. Allerdings ist bei über 90% der Betroffenen die Einkommens- und nicht die Vermögensprüfung für den Entzug der Leistungen ausschlaggebend (weshalb in der Modellrechnung unterstellt wurde, dass die Einkommensprüfung bindend ist). Rund ein Drittel der Rentner erfahren auf Grund der Einkommensprüfung eine Leistungskürzung und beziehen daher nur einen verringerten Rentensatz. Zwei Drittel der Rentner beziehen den vollen Satz.

Der Rentenwert wird dem Preisniveau angepasst, aber gegebenenfalls weiter angehoben, um sicherzustellen, dass die Altersrente nicht unter 25% des durchschnittlichen wöchentlichen Gesamtarbeitsentgelts sinkt, das eine männliche Arbeitskraft gemäß der nationalen Definition (die geringfügig von der in den OECD-Analysen verwendeten Definition des Durchschnittsentgelts abweicht) vor Steuern bezieht.

Frühverrentung

Die Beanspruchung von Altersrentenleistungen (einschließlich Leistungen aus der *Superannuation guarantee*) ist gegenwärtig mit dem Übergang in den Ruhestand ab dem Alter von 55 Jahren möglich (das auf 60 Jahre angehoben wird). Es gibt in der Alterversorgung kein System der Frühverrentung.

Spätverrentung

Es ist möglich, die Beantragung der *Superannuation guarantee* über das Alter von 65 Jahren hinaus zu verschieben. Die Arbeitgeber sind im Rahmen der *Superannuation-guarantee*-Bestimmungen verpflichtet, für ihre anspruchsberechtigten Mitarbeiter bis zum Alter von 70 Jahren Altersvorsorgebeiträge zu entrichten.

Auch die Beantragung der Sozialrente kann über das Alter von 65 Jahren hinaus aufgeschoben werden. Im Rahmen des Rentenbonusprogramms (*pension bonus scheme)* erhalten Anspruchsberechtigte, die ihren Rentenanspruch erst später geltend machen und weiter berufstätig bleiben, einen einmaligen steuerfreien Pauschalbetrag. Dieser wird ausgezahlt, wenn der Versicherte den Antrag stellt und Altersrente bezieht. Anspruchsberechtigt sind gemeldete Personen, die ab dem Registrierungsdatum mindestens 12 Monate berufstätig und jährlich mindestens 960 Stunden erwerbstätig waren. Die Bonuszahlung kann bis zu fünf Jahre zurückgestellt werden. Der Bonusbetrag entspricht 9,4% des Grundrentenanspruchs für das erste Jahr des Aufschubs. Für zwei Aufschubsjahre entspricht der Bonus dem 4-Fachen dieses Betrags, für drei Jahre dem 9-Fachen, vier Jahre dem 16-Fachen und für fünf Jahre dem 25-Fachen. Der höchste Bonus, der Fünfjahresbonus, entspricht dem 2,35-Fachen des jährlichen Höchstrentenanspruchs.

Ergebnisse des Rentenmodells: Australien

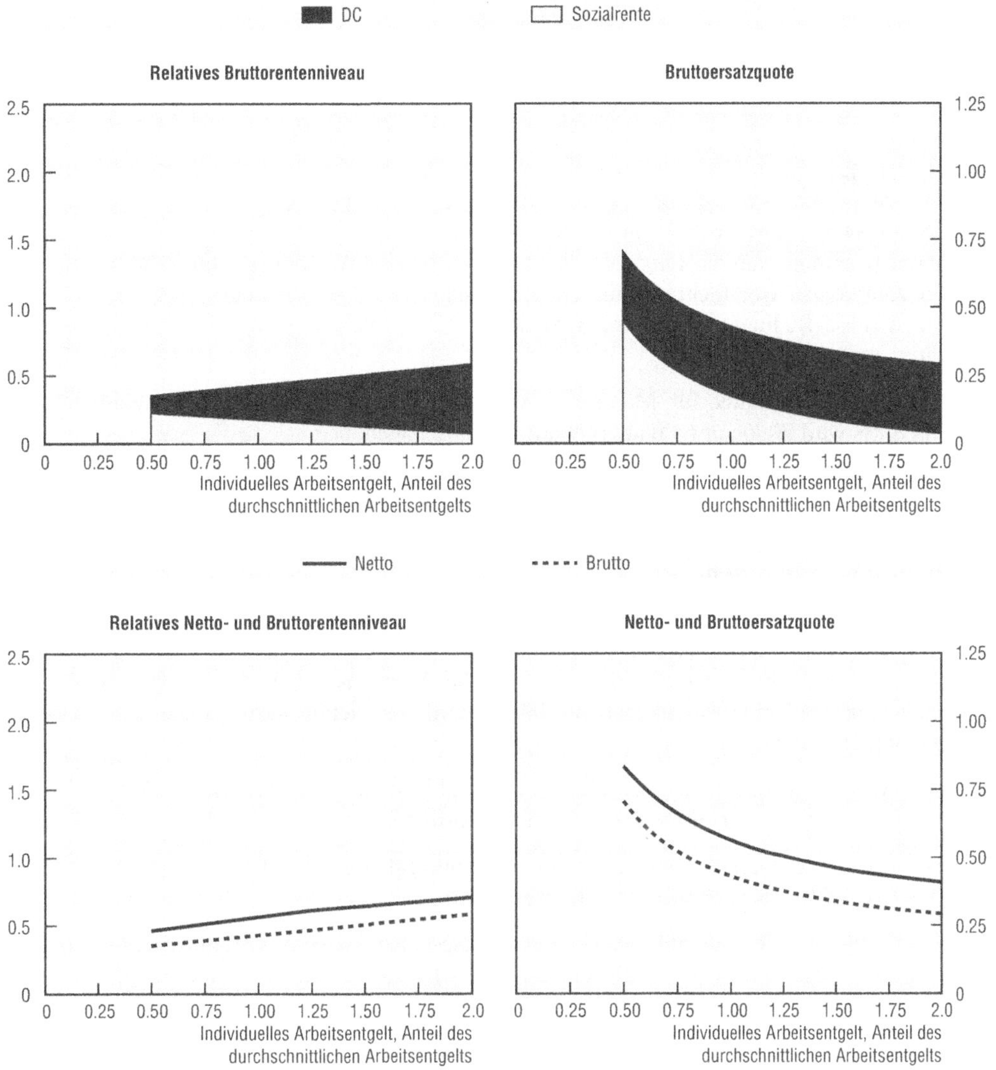

Männer *Frauen* (falls abweichend)	Median-verdiener	Individuelles Arbeitsentgelt, Vielfaches vom gesamtwirtschaftlichen Durchschnitt				
		0.5	0.75	1	1.5	2
Relatives Bruttorentenniveau *(In % des durchschnittlichen Bruttoarbeitsentgelts)*	40.8	35.4	39.2	43.1	50.8	58.5
Relatives Nettorentenniveau *(In % des durchschnittlichen Nettoarbeitsentgelts)*	53.4	46.3	51.4	56.4	64.4	70.7
Bruttoersatzquote *(In % des individuellen Bruttoarbeitsentgelts)*	47.9	70.7	52.3	43.1	33.8	29.2
Nettoersatzquote *(In % des individuellen Nettoarbeitsentgelts)*	61.7	83.5	66.2	56.4	46.1	40.8
Bruttorentenvermögen *(Vielfaches des durchschnittlichen Bruttoarbeitsentgelts)*	8.2 *9.5*	12.5 *14.6*	9.0 *10.5*	7.3 *8.4*	5.5 *6.4*	4.6 *5.4*
Nettorentenvermögen *(Vielfaches des durchschnittlichen Bruttoarbeitsentgelts)*	8.2 *9.5*	12.5 *14.6*	9.0 *10.5*	7.3 *8.4*	5.3 *6.2*	4.3 *5.0*

Belgien

Das Rentensystem besteht aus zwei Komponenten: einer verdienstabhängigen öffentlichen Altersversorgung mit einer Mindestrente und einer bedürftigkeitsabhängigen Einkommenssicherung.

Anspruchskriterien

Nach 34 Beitragsjahren kann die Rente gemäß den Regeln von 2004 ab einem Alter von 60 Jahren beantragt werden. Die Zahl der dazu erforderlichen Beitragsjahre erhöht sich ab 2005 auf 35 Jahre. Da Arbeitnehmer mit einer vollständigen Erwerbsbiografie ab dem Alter von 20 Jahren diese Bedingung erfüllen, wird in der Modellrechnung von einem Renteneintritt mit 60 Jahren ausgegangen.

Das Regelrentenalter für Männer ist 65 Jahre. Für Frauen lag das Rentenalter 2004 bei 63 Jahren. Es wird 2006 auf 64 und 2009 auf 65 Jahre angehoben.

Rentenberechnung

Verdienstabhängige Rente

Die volle Ersatzquote beträgt für alleinstehende Rentner 60% und für solche mit unterhaltsberechtigtem Ehepartner 75%. Der Jahressteigerungssatz liegt also bei 60/45 = 1,33% für Männer und Frauen. Maßgeblich ist der durchschnittliche Verdienst über das gesamte Erwerbsleben gerechnet. Für den Verdienst aus früheren Jahren wird eine Neubewertung entsprechend der Preisentwicklung vorgenommen.

Die volle Ersatzquote wird gezahlt, sofern die obigen Anspruchskriterien erfüllt sind. Bei kürzeren Beitragszeiten verringert sich die Rente proportional.

Es gibt eine Bemessungsgrenze für den anrechnungsfähigen Verdienst, die 2004 bei 41 564,11 Euro lag (rd. 117% des Durchschnittsarbeitsentgelts).

Die laufenden Rentenzahlungen werden entsprechend einem Verbraucherpreisindex angepasst (in dem bestimmte Güter nicht enthalten sind). Darüber hinaus werden diskretionäre reale Rentenerhöhungen zur Anpassung an den allgemeinen Lebensstandard vorgenommen. Der Umfang dieser Anpassungen war in jüngster Zeit allerdings sehr begrenzt (sie bezogen sich entweder auf die niedrigsten oder die am längsten bestehenden Renten). Ab 2008 muss die Regierung Entscheidungen hinsichtlich der Rentenaktualisierung im Zweijahresrhythmus treffen.

Es gibt zusätzliche Renteneinkommen („Urlaubs-“ und „Ergänzungs“-Leistungen), die einmal jährlich ausbezahlt werden. Bis zu einer Obergrenze von 505 Euro für Alleinstehende und 631 Euro für Rentner mit einem unterhaltsberechtigten Ehepartner entsprechen sie der Höhe einer Monatsrente.

Mindestrente

Zur Anhebung der Rentenansprüche von Personen, die ein geringes Einkommen beziehen und/oder auf Teilzeitbasis beschäftigt sind, ist ein jährlicher Mindestanrechnungsbetrag vorgesehen. Bei einem Jahresverdienst von weniger als 14 520,06 Euro (was rd. 41% des Durchschnittsarbeitsentgelts entspricht) wird der Referenzverdienst auf dieses Niveau angehoben. Anspruch auf diese Mindestanrechnung besteht nach mindestens 15 Versicherungsjahren. (Daraus ergibt sich eine effektive Mindestrente bei vollständigem Erwerbsverlauf in Höhe von 11 959,67 Euro für Alleinstehende, was 34% des Durchschnittsarbeitsentgelts entspricht.)

Des Weiteren gibt es eine verdienstabhängige Mindestrente, die sich für Alleinstehende, die die Bedingungen in Bezug auf die Zahl der Beitragsjahre voll erfüllen, auf 10 191,95 Euro beläuft (12 735,92 Euro für Personen mit unterhaltsberechtigtem Ehepartner). Für Alleinstehende entspricht dies in etwa 29% des Durchschnittsarbeitsentgelts. Bei nicht vollständigen Erwerbsbiografien wird der Betrag auf einen Anteil der Mindestrente reduziert, wobei die Grundvoraussetzung allerdings ist, dass der Empfänger mindestens zwei Drittel der Gesamtzahl der erforderlichen Versicherungsjahre vorweisen kann. Ansonsten lässt sich die Rentenhöhe einfach durch die Anwendung der Rentenformel ermitteln (eine „Erhöhung" der Rentenleistung entsprechend dem Wachstum der Mindestrente entfällt).

Die Mindestrente ist preisindexiert, wobei bestimmte Güter nicht im Index enthalten sind. Die Leistungen werden immer dann erhöht, wenn die kumulative Inflation seit der letzten Aktualisierung einen bestimmten Grenzwert übersteigt (2%).

Rentner erhalten von den beiden Mindestleistungen – der Mindestrente und der auf der Basis des garantierten Mindesteinkommens berechneten Rente – jeweils die höhere.

Sozialrente

Die Leistungen im Rahmen der Einkommenssicherung betragen 7 889,28 Euro für allein lebende Rentner (22% des Durchschnittseinkommens) und 5 259,48 Euro für in Gemeinschaft lebende ältere Menschen. Auch für diese Leistung ist eine Preisindexierung vorgesehen, bei der bestimmte Güter ausgeklammert sind.

Frühverrentung

Die Frühverrentung ist ab dem Alter von 60 Jahren möglich, wobei die Zahl der vorausgesetzten Beitragsjahre 2005 auf 35 Jahre gegenüber 34 im Jahr 2004 gestiegen ist. Eine versicherungsmathematische Kürzung der Rentenhöhe ist nicht vorgesehen. Dennoch wird die Rente auf Grund der verkürzten Berufslaufbahn unvollständig sein. Es gibt eine Verdienstprüfung, die die Möglichkeiten einer Kombination aus Frührente und Erwerbseinkommen begrenzt. Die Prüfung erfolgt nach strengeren Kriterien als die Verdienstprüfung nach Überschreiten des Regelrentenalters (siehe unten).

Spätverrentung

Personen, die weiterarbeiten, können die Inanspruchnahme der Rentenleistungen über das Regelrentenalter hinaus verschieben. Bei einer Berufstätigkeit nach dem Alter von 62 Jahren bzw. nach über 44 Beitragsjahren gibt es Aufschläge. Ferner kann die Erwerbstätigkeit über das Rentenalter hinaus auch genutzt werden, um im Hinblick auf den Erwerb einer Vollrente Beitragsausfallzeiten in der Erwerbsbiografie zu kompensieren oder den Rentenbetrag aufzubessern, da für die Berechnung der Rentenhöhe nur die letzten 45 Verdienstjahre zu Grunde gelegt werden.

Rentenleistungen und Arbeitsverdienste (nach dem Regelrentenalter) lassen sich bis zu einer gewissen Grenze kombinieren. Bei einem Jahresarbeitsverdienst von weniger als 13 556,68 Euro (Alleinstehende) bzw. 17 267,48 Euro (mit einem unterhaltsberechtigten Kind) wird die Rente nicht gekürzt. Der Schwellenwert liegt für einen Alleinstehenden bei 38% des Durchschnittsarbeitsverdiensts. Oberhalb dieses Betrags wird die Rente um den Betrag gekürzt, um den der Arbeitsverdienst diese Grenzen überschreitet. Liegen die tatsächlichen Arbeitsverdienste um 15% über diesen Grenzwerten, wird die Rente vollständig entzogen.

Ergebnisse des Rentenmodells: Belgien

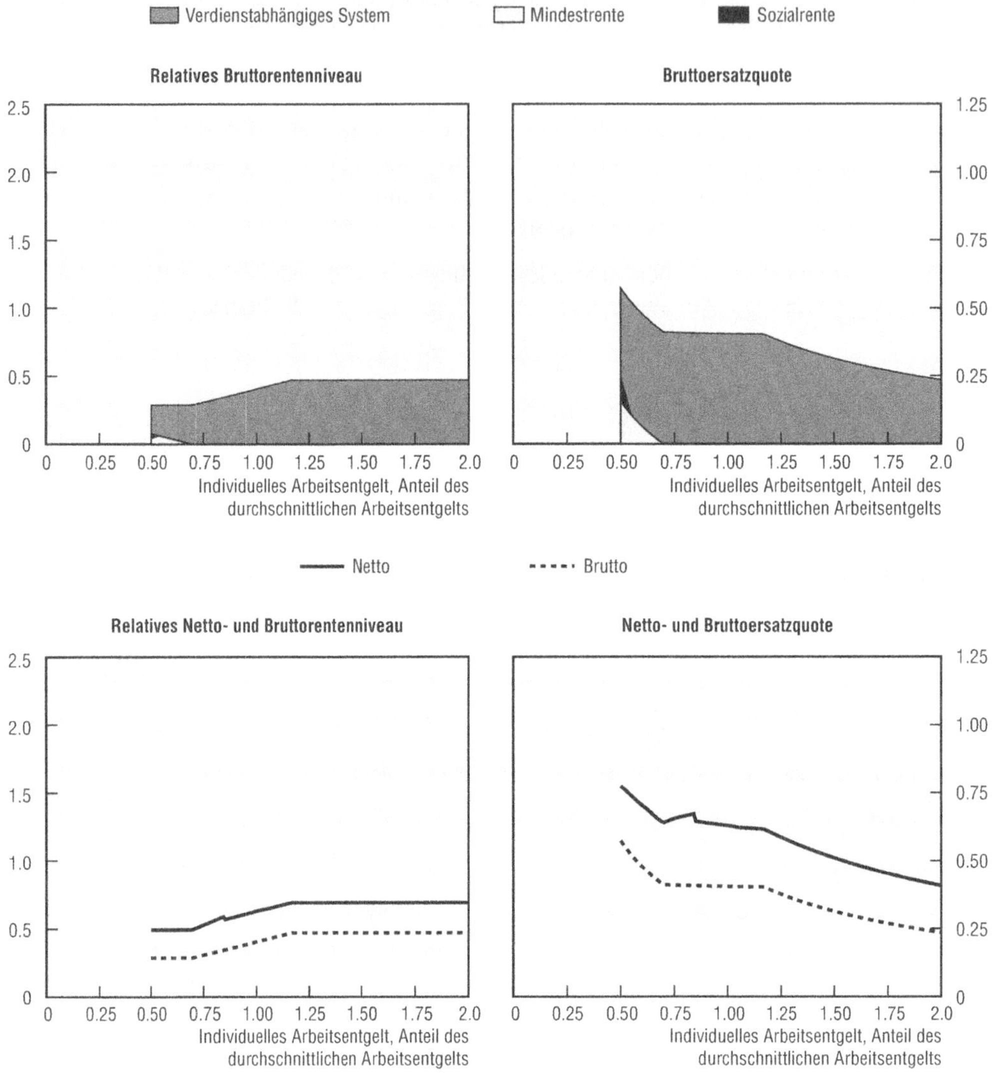

Männer *Frauen* (falls abweichend)	Median-verdiener	Individuelles Arbeitsentgelt, Vielfaches vom gesamtwirtschaftlichen Durchschnitt				
		0.5	0.75	1	1.5	2
Relatives Bruttorentenniveau *(In % des durchschnittlichen Bruttoarbeitsentgelts)*	34.6	28.6	30.7	40.4	47.0	47.0
Relatives Nettorentenniveau *(In % des durchschnittlichen Nettoarbeitsentgelts)*	56.9	49.3	52.8	63.0	69.2	69.2
Bruttoersatzquote *(In % des individuellen Bruttoarbeitsentgelts)*	40.7	57.3	40.9	40.4	31.3	23.5
Nettoersatzquote *(In % des individuellen Nettoarbeitsentgelts)*	64.4	77.3	65.5	63.0	51.1	40.7
Bruttorentenvermögen	6.2	8.8	6.2	6.2	4.8	3.6
(Vielfaches des durchschnittlichen Bruttoarbeitsentgelts)	*7.2*	*10.2*	*7.3*	*7.2*	*5.6*	*4.2*
Nettorentenvermögen	5.9	8.8	6.2	5.6	4.1	3.1
(Vielfaches des durchschnittlichen Bruttoarbeitsentgelts)	*6.9*	*10.2*	*7.3*	*6.5*	*4.8*	*3.6*

Dänemark

Das staatliche Sicherungssystem (*folkepension*) besteht aus einer Grundrente und einer einkommensabhängigen Zusatzrente. Eine bedürftigkeitsabhängige Ergänzungsleistung erhalten die finanziell am stärksten benachteiligten Rentner. Ferner gibt es zwei von den Versicherungszeiten abhängige Zusatzsysteme, die Arbeitsmarkt-Zusatzrente (ATP) und das Besondere Vorsorgesparen (SP). Darüber hinaus sind über 90% der Vollzeitbeschäftigten durch eine tarifvertraglich vereinbarte obligatorische Betriebsrente abgesichert.

Anspruchskriterien

Die Regelaltersgrenze beträgt 65 Jahre (67 Jahre für Personen mit Geburtsdatum vor dem 1. Juli 1939). Für den Bezug einer vollen Rente im staatlichen Alterssicherungssystem muss der Empfänger mindestens 40 Jahre in Dänemark ansässig gewesen sein. Bei kürzeren Zeiten haben die Betroffenen Anspruch auf anteilige Leistungen (bei mindestens 3-jährigem Wohnsitz).

Ein voller Anspruch auf die Arbeitsmarkt-Zusatzrente (ATP) und Leistungen aus dem Besonderen Vorsorgesparen (SP) setzt eine vollständige Erwerbsbiografie voraus. Das ATP-Programm wurde 1964 eingeführt, und das Besondere Vorsorgesparen (SP) 1999.

Rentenberechnung

Grundrente

Die volle Grundrente beläuft sich auf 4 648 DKK pro Monat bzw. 55 776 DKK pro Jahr, was 17,6% des durchschnittlichen Arbeitsentgelts entspricht. Es gibt eine Verdienstprüfung, was bedeutet, dass die Leistungen reduziert werden, wenn das Arbeitsentgelt 237 000 DKK (drei Viertel des Durchschnittsarbeitsentgelts) pro Jahr überschreitet. Liegt der Jahresarbeitsverdienst über diesem Betrag, werden die Leistungen um 30% gekürzt.

Sozialrente

Die volle Ergänzungsleistung beträgt für eine alleinstehende Person 4 679 DKK pro Monat bzw. 56 148 DKK pro Jahr (wiederum rd. 17,7% des Durchschnittsarbeitsentgelts). Bei der Berechnung des Betrags werden abgesehen von der Grundrente alle sonstigen Einnahmequellen berücksichtigt (einschließlich ATP, SP und Betriebsrenten). Die Ergänzungsleistung wird verringert, sobald das Einkommen einer alleinstehenden Person 52 300 DKK (16,5% des Durchschnittsarbeitsentgelts) pro Jahr überschreitet. Die Entzugsrate entspricht 30% des Einkommens über dem Schwellenwert für eine alleinstehende Person.

In Verbindung mit der staatlichen Altersrente wurde 2004 eine neue Ergänzungsleistung von 6 200 DKK (2005) pro Jahr eingeführt. Die Ergänzungsleistung ist zu versteuern und wird einmal jährlich gezahlt. Sie ist bedürftigkeitsabhängig und den ärmsten Rentnern vorbehalten.

Die staatliche Altersrente (die Grundrente und die Zusatzrente) und die Ergänzungsleistung werden jährlich entsprechend der Entwicklung des Durchschnittslohns angepasst. Die Anpassung basiert auf einem Index des Lohnanstiegs in den vorangegangenen zwei Jahren. Übersteigt das nominale Lohnwachstum 2%, dann wird ein Höchstbetrag von 0,3 Prozentpunkten des über 2% liegenden Lohnwachstums einem Reservefonds für Sozialausgaben zugeführt. Die Indexierung der Renten und anderen Sozialleistungen basiert daher auf dem Lohnanstieg abzüglich der an den Reservefonds abgeführten Beträge.

Betriebliche Altersvorsorge

Bei diesen Rentensystemen handelt es sich um von den Sozialpartnern ausgehandelte hundertprozentig kapitalgedeckte Versicherungen mit Beitragsprimat. Nahezu alle Arbeitnehmer werden von diesen Systemen erfasst. Die Beitragssätze liegen in der Regel zwischen 9% und 17%

des Arbeitsentgelts. Im Jahr 2006 wurde der Beitragssatz für die meisten dänischen Arbeitnehmer auf 10,8% angehoben, und dieser Satz wird in der Modellrechnung zu Grunde gelegt. Die Leistungen werden generell in Form einer regelmäßigen Rente ausgezahlt. Der unterstellte Zinssatz beträgt 1,5% für Beitragszahlungen neueren Datums oder neue Programme. Allerdings operieren die Rentenprogramme auf der Basis einer Gewinnbeteiligung, wobei die Rentenerhöhungen von der Anlageverzinsung und Sterbeinzidenz im Fonds abhängt. Viele Rentenprogramme ermöglichen auch Pauschalauszahlungen. Seit dem Jahr 2000 müssen für die Berechnung der Jahreszahlungen geschlechtsneutrale Sterblichkeitstabellen verwendet werden.

Beitragsprimat (ATP-Programm)

Die ATP-Versicherung zahlt im Prinzip eine Anwartschaftsrente. Zwei Drittel der Beitragsleistungen trägt der Arbeitgeber, ein Drittel der Arbeitnehmer. Die Beitragshöhe hängt von der Anzahl der geleisteten Arbeitsstunden ab. Die Gegenüberstellung der Beitragszahlungen und der geleisteten Arbeitsstunden wird in der folgenden Tabelle gezeigt (für auf Monatsbasis entlohnte Arbeitskräfte):

Monatliche Arbeitsstunden	<39	39-77	78-116	>116
Beiträge (DKK) pro Monat bis 2006	0	74.55	149.10	223.65
Beiträge (DKK) pro Monat ab 2006	0	81.30	162.60	243.90

So zahlte eine vollzeitbeschäftigte Person im privaten Sektor 2005 einen Beitrag von 2 684 DKK – ein nominaler Beitrag, der seit 1996 zu entrichten war. Der Beitrag wird angepasst, wenn die Sozialpartner dies im Rahmen von Tarifverträgen festlegen. In den letzten 20 Jahren wurde der Beitrag schrittweise mehr oder minder der Entwicklung des Durchschnittsverdiensts angepasst. In der Modellrechnung wird unterstellt, dass der Beitrag parallel zum Durchschnittsarbeitsentgelt steigen wird. Für 2006 wurde jedoch eine Erhöhung von 9% ausgehandelt.

Bis 2002 ergaben jeweils 396 DKK an Beiträgen 100 DKK an Rente ab dem 67. Lebensjahr, unabhängig vom Alter, in dem die Beiträge geleistet wurden. Dies implizierte eine Verzinsung von rd. 4,5%. Seit 2002 wird ein nominaler Zinssatz von 1,5% unterstellt. Die ATP ist eine Rente mit Gewinnbeteiligung (*With-Profit*-Rente), d.h. übersteigt die tatsächliche Verzinsung 4,5% bzw. 1,5%, so können die Renten angehoben werden. In der Modellrechnung wird vorausgesetzt, dass das ATP-Programm denselben Zinssatz abwirft, wie für kapitalgedeckte Rentenpläne mit Beitragsprimat in anderen OECD-Ländern unterstellt wird.

Das ATP-Programm hebt die Rentenzahlungen genauso an wie die Rentenansprüche, wenn die finanzielle Situation dies erlaubt. Dies erfolgt in Form von Prämienzahlungen, die die Differenz zwischen den impliziten Zinssätzen für Beitragszahlungen vor und nach 2002 reflektieren.

In der Modellrechnung wird eine volle Indexierung an der Preisinflation unterstellt.

Beitragsprimat (Besonderes Vorsorgesparen – SP)

Abhängig Beschäftigte, Selbstständige und Bezieher von Arbeitslosen- oder Krankengeld zahlen 1% ihres Arbeitsverdiensts in dieses obligatorische individuelle Rentenversicherungs-Sparsystem ein. Derzeit werden die Investitionen zentral verwaltet. Seit 2005 ist es den Mitgliedern möglich, den Fondsmanager und die Zusammensetzung ihres Portefeuilles selbst zu wählen. Für die in den Programmen berücksichtigten Arbeitsentgelte gibt es keine Obergrenze. Die Leistungen werden im Alter von 65 Jahren gezahlt. Liegt der Saldo bei Erreichung der Altersgrenze von 65 Jahren unter 15 000 DKK, wird der Gesamtbetrag ausgezahlt. Liegt er zwischen 15 000 DKK und 120 000 DKK, dann wird im ersten Jahr ein Zehntel des Saldos gezahlt, im darauffolgenden Jahr ein Neuntel usw. Überschreitet der Saldo bei Erreichung von 65 Jahren 120 000 DKK, dann erfolgen die Zahlungen monatlich mit jährlichen Anpassungen, die den Marktwert des Rentenguthabens widerspiegeln.

Auf Grund einer wirtschaftspolitischen Übereinkunft wurden die Beitragszahlungen für das SP-Programm seit 2004 ausgesetzt, um den Konsum anzukurbeln und die Beschäftigung zu erhöhen. Das Modell ist auf eine langfristige Perspektive angelegt und geht davon aus, dass die Entrichtung der SP-Beiträge wieder aufgenommen wird.

Frühverrentung

Es gibt eine Teilfrührente für Arbeitnehmer im Alter von 60 bis 65 Jahren, die weiter zwischen 12 und 30 Stunden wöchentlich tätig sind. Der Empfänger dieser Rente muss seine Wochenarbeitszeit mindestens um sieben Stunden bzw. um ein Viertel der Gesamtzahl der durchschnittlich geleisteten Wochenstunden reduzieren. Die Teilrente berechnet sich als ein fester Betrag für jede Stunde, um die die Arbeitszeit reduziert wird. Der Betrag liegt bei etwa 71 DKK pro Stunde (2004). Seit 1999 wird die Rente derjenigen, die diese Option in Anspruch nehmen, gemindert.

Personen, die eines der Frühverrentungssysteme in Anspruch nehmen, beziehen ab Erreichung des Regelrentenalters von 65 Jahren die Regelaltersrente.

Spätverrentung

Es besteht die Möglichkeit, die Inanspruchnahme der Rente um bis zu zehn Jahre aufzuschieben. Der Wertzuwachs bei Aufschub um ein Jahr ist das Verhältnis zwischen der Zeitspanne des Aufschubs und der durchschnittlichen Lebenserwartung zum Zeitpunkt des Renteneintritts. Zum Beispiel zeigen die Bevölkerungsprojektionen der VN/Weltbank, dass die Lebenserwartung eines 66-Jährigen bei 18,7 Jahren liegt. Der Wertzuwachs bei Aufschub um ein Jahr im Alter von 65 wäre daher 1/18,7 = 5,3%.

Ergebnisse des Rentenmodells: Dänemark

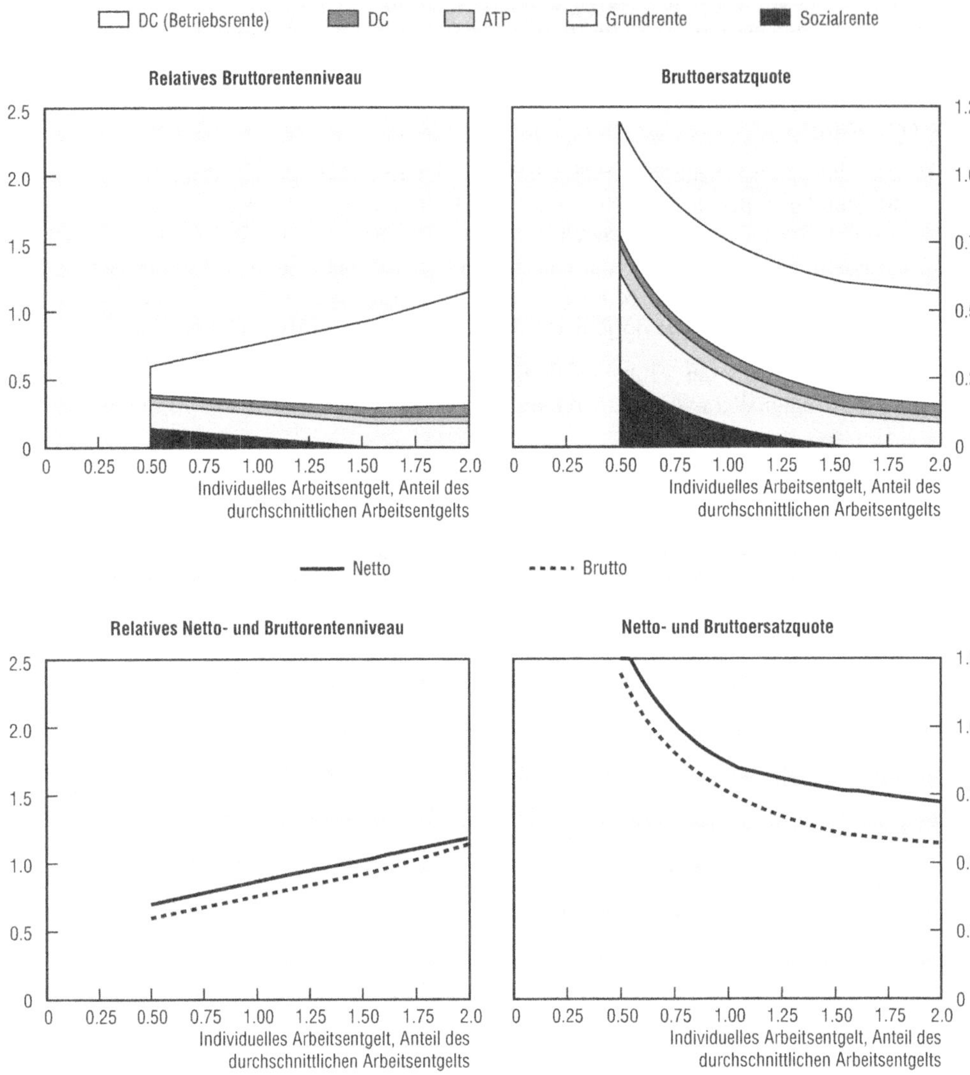

Männer *Frauen* (falls abweichend)	Median-verdiener	Individuelles Arbeitsentgelt, Vielfaches vom gesamtwirtschaftlichen Durchschnitt				
		0.5	0.75	1	1.5	2
Relatives Bruttorentenniveau *(In % des durchschnittlichen Bruttoarbeitsentgelts)*	71.0	59.8	67.8	75.8	91.9	114.2
Relatives Nettorentenniveau *(In % des durchschnittlichen Nettoarbeitsentgelts)*	81.6	69.0	78.3	86.7	102.2	118.6
Bruttoersatzquote *(In % des individuellen Bruttoarbeitsentgelts)*	83.6	119.6	90.4	75.8	61.3	57.1
Nettoersatzquote *(In % des individuellen Nettoarbeitsentgelts)*	94.1	132.7	101.6	86.7	77.0	72.2
Bruttorentenvermögen	13.2	19.5	14.4	11.9	9.4	8.7
(Vielfaches des durchschnittlichen Bruttoarbeitsentgelts)	*15.2*	*22.3*	*16.5*	*13.6*	*10.7*	*9.9*
Nettorentenvermögen	8.9	13.4	9.8	8.0	6.1	5.3
(Vielfaches des durchschnittlichen Bruttoarbeitsentgelts)	*10.3*	*15.4*	*11.2*	*9.2*	*7.0*	*6.1*

Deutschland

Die gesetzliche Rentenversicherung beruht auf einer einzigen Säule und ist ein verdienstabhängiges System mit Umlageverfahren. Die Rentenberechnung basiert auf einem Entgeltpunktesystem. Für Rentner mit niedrigem Einkommen besteht ein Sicherheitsnetz in Form der Sozialhilfe.

Anspruchskriterien

Die Rente wird Personen, die 1952 oder später geboren sind, ab 65 Jahren bei mindestens fünf Beitragsjahren und ab 63 Jahren bei 35 Beitragsjahren gezahlt. Bei weniger als fünf Versicherungsjahren besteht kein Leistungsanspruch.

Rentenberechnung

Verdienstabhängige Rente

Ein Jahresbeitrag bezogen auf das Durchschnittsentgelt aller abhängig Beschäftigten ergibt einen Entgeltpunkt. Das zu Grunde gelegte Durchschnittsentgelt ist in etwa identisch mit dem durchschnittlichen Arbeitsentgelt nach der Definition der Volkswirtschaftlichen Gesamtrechnung. Auf einem niedrigeren oder höheren Einkommen basierende Beiträge bringen proportional weniger oder mehr Entgeltpunkte. Die Beiträge werden auf Jahresverdienste bis zu 61 800 Euro (2004) erhoben. Die Obergrenze entspricht rd. 210% des zu Grunde gelegten Durchschnittsentgelts. Dieses betrug 2004 28 973 Euro, was 70% der OECD-Messgröße des Durchschnittsverdiensts entspricht.

Bei Renteneintritt werden die Entgeltpunkte aller Beitragsjahre addiert. Die Summe der Entgeltpunkte wird mit dem „aktuellen Rentenwert" multipliziert, der sich im Kalenderjahr 2004 auf 313,56 Euro jährlich belief. Der aktuelle Rentenwert gilt für Neurentner wie auch für bereits im Ruhestand lebende Personen. Er wird jährlich entsprechend der Bruttolohnentwicklung angepasst, wobei aber noch zwei weitere Faktoren ins Spiel kommen. Der erste Faktor betrifft Veränderungen der Beitragssätze zur gesetzlichen Rentenversicherung sowie zu den geförderten freiwilligen betrieblichen und privaten Altersvorsorgesystemen. Ein Anstieg der Beitragssätze führt zu einer geringeren Anpassung des aktuellen Rentenwerts. Der zweite, der sogenannte „Nachhaltigkeitsfaktor", verknüpft die Anpassung des aktuellen Rentenwerts mit dem Rentnerquotienten, d.h. dem Verhältnis von Rentnern zu Beitragszahlern.

Mit der Einbeziehung dieser Faktoren in die Rentenanpassungsformel wird das Ziel verfolgt, den Anstieg des Beitragssatzes, der derzeit bei 19,5% liegt, auf 22% zu begrenzen. Das steigende Verhältnis von Rentnern zu Beitragszahlern wird zu einer Indexierung an weniger als den Durchschnittsverdienst führen. Langfristig wird die Anpassung des aktuellen Rentenwerts voraussichtlich 18% unter dem Anstieg des Durchschnittsentgelts liegen.

Das für die Berechnung der Entgeltpunkte zu Grunde gelegte Durchschnittsentgelt wie auch der aktuelle Rentenwert weichen in den neuen Bundesländern etwas ab. Es wird davon ausgegangen, dass diese Differenz mit der Angleichung der Löhne langfristig nicht mehr bestehen wird.

Sozialhilfe

Für Personen mit niedrigem Einkommen gibt es Sozialhilfeleistungen, auf die auch Rentner Anspruch haben. Der Sozialhilfebetrag lag 2004 in den alten Bundesländern bei 7 932 Euro pro Jahr, einschließlich der durchschnittlichen Miet- und Heizkostenzuschüsse; dies entspricht 19,3% des Durchschnittsverdiensts.

Frühverrentung

Für Personen, die 1952 oder später geboren sind, ist die Frühverrentung ab 63 Jahren und 35 Beitragsjahren (acht davon unmittelbar vor dem Renteneintritt) möglich. Bei Renteneintritt vor Vollendung des 65. Lebensjahrs verringern sich die Leistungen um 3,6% pro Jahr des vorgezogenen

Rentenbezugs. Außerdem sind die Rentenansprüche im Vergleich zum Rentenbezug mit 65 Jahren wesentlich geringer, da die Erwerbstätigkeit um zwei Jahre kürzer ist und in dieser Zeit keine Entgeltpunkte mehr erworben werden.

Spätverrentung

Bei Renteneintritt nach Erreichen des 65. Lebensjahrs beträgt der Steigerungssatz für jedes zusätzliche Jahr der Erwerbstätigkeit 6%.

Vor-Reform-Szenario

Für das Vor-Reform-Szenario wird in der Modellrechnung der aktuelle Rentenwert ohne Anpassung auf Grund von Beitragserhöhungen und Nachhaltigkeitsfaktor herangezogen. Das Vor-Reform-Szenario berücksichtigt Steuervergünstigungen für Renteneinkommen, während den Ergebnissen des Basisszenarios die Annahme zu Grunde liegt, dass der Übergang vom alten Steuersystem auf die volle Besteuerung von Renteneinkommen abgeschlossen ist.

Ergebnisse des Rentenmodells: Deutschland

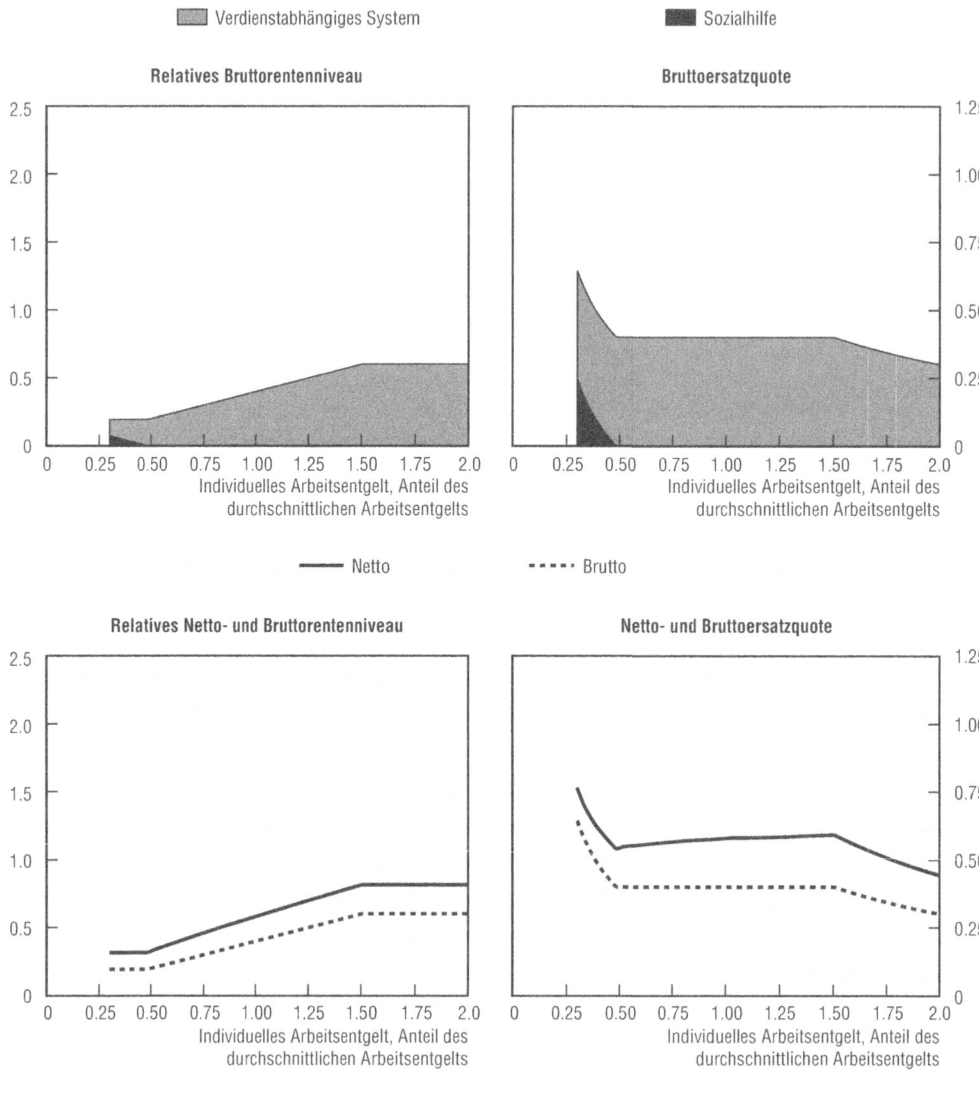

Männer *Frauen* (falls abweichend)	Medianverdiener	Individuelles Arbeitsentgelt, Vielfaches vom gesamtwirtschaftlichen Durchschnitt				
		0.5	0.75	1	1.5	2
Relatives Bruttorentenniveau	33.9	20.0	29.9	39.9	59.9	60.1
(In % des durchschnittlichen Bruttoarbeitsentgelts)						
Relatives Nettorentenniveau	51.0	32.0	46.0	58.0	81.2	81.5
(In % des durchschnittlichen Nettoarbeitsentgelts)						
Bruttoersatzquote	39.9	39.9	39.9	39.9	39.9	30.0
(In % des individuellen Bruttoarbeitsentgelts)						
Nettoersatzquote	57.3	53.4	56.6	58.0	59.2	44.4
(In % des individuellen Nettoarbeitsentgelts)						
Bruttorentenvermögen	7.2	7.2	7.2	7.2	7.2	5.5
(Vielfaches des durchschnittlichen Bruttoarbeitsentgelts)	*8.6*	*8.6*	*8.6*	*8.6*	*8.6*	*6.5*
Nettorentenvermögen	6.2	6.6	6.3	6.0	5.6	4.2
(Vielfaches des durchschnittlichen Bruttoarbeitsentgelts)	*7.3*	*7.8*	*7.4*	*7.0*	*6.6*	*4.9*

Ergebnisse des Rentenmodells: Deutschland, Vor-Reform-Szenario

Männer *Frauen* (falls abweichend)	Medianverdiener	Individuelles Arbeitsentgelt, Vielfaches vom gesamtwirtschaftlichen Durchschnitt				
		0.5	0.75	1	1.5	2
Relatives Bruttorentenniveau	41.1	24.4	36.5	48.7	73.1	73.3
(In % des durchschnittlichen Bruttoarbeitsentgelts)						
Relatives Nettorentenniveau	67.5	39.7	59.6	79.5	119.2	119.6
(In % des durchschnittlichen Nettoarbeitsentgelts)						
Bruttoersatzquote	48.7	48.7	48.7	48.7	48.7	36.7
(In % des individuellen Bruttoarbeitsentgelts)						
Nettoersatzquote	75.9	66.3	73.4	79.5	86.9	65.2
(In % des individuellen Nettoarbeitsentgelts)						
Bruttorentenvermögen	8.8	8.8	8.8	8.8	8.8	6.7
(Vielfaches des durchschnittlichen Bruttoarbeitsentgelts)	*10.5*	*10.5*	*10.5*	*10.5*	*10.5*	*7.9*
Nettorentenvermögen	8.2	8.2	8.2	8.2	8.2	6.1
(Vielfaches des durchschnittlichen Bruttoarbeitsentgelts)	*9.6*	*9.6*	*9.6*	*9.6*	*9.6*	*7.3*

Finnland

Das Zweisäulensystem besteht aus einer staatlichen Grundrente (Volksrente), deren Höhe vom Einkommen abhängig ist, und einer Reihe gesetzlicher verdienstabhängiger Rentenprogramme, die für die einzelnen Gruppen sehr ähnliche Bestimmungen vorsehen. Die Modellrechnung bezieht das Programm für Arbeitnehmer des privaten Sektors (TEL) ein. Die Rentenversicherungen für Arbeitnehmer des privaten Sektors funktionieren z.T. nach dem Kapitaldeckungsverfahren, während die Systeme für den öffentlichen Dienst nach dem Umlageverfahren finanziert werden (wobei Stabilisierungsfonds eingerichtet worden sind, um künftige Erhöhungen der Rentenbeiträge auszugleichen). 2005 wurde in Finnland eine umfassende Rentenreform eingeführt. Die hier dargelegten Bestimmungen beziehen sich auf die Situation, die langfristig gegeben sein wird, wenn alle Reformmaßnahmen voll in Kraft sind.

Anspruchskriterien

Die Volksrente unterliegt einer Wohnsitzprüfung und wird ab einem bestimmten Niveau der verdienstabhängigen Rente nicht mehr gezahlt. Die Volksrente wird ab dem Alter von 65 Jahren ausgezahlt. Anspruch auf eine volle staatliche Rente haben Personen mit 40-jährigem gewöhnlichen Aufenthalt als Erwachsene, bei kürzeren Aufenthaltszeiten werden proportionale Anpassungen vorgenommen. Eine frühere Inanspruchnahme der Volksrente ist ab dem Alter von 62 Jahren möglich.

Im verdienstabhängigen Rentensystem ist das Rentenalter flexibel zwischen 63 und 68 Jahren (ab 2005). Die Frühverrentung ist zudem ab dem Alter von 62 Jahren möglich, und der Renteneintritt kann bis nach Erreichen des 68. Lebensjahrs hinausgeschoben werden.

Rentenberechnung

Verdienstabhängige Rente

Ab 2005 wird der Steigerungssatz für den Rentenanspruch 1,5% des versicherungspflichtigen Einkommens im Alter von 18-52 Jahren, 1,9% zwischen 53 und 62 Jahren und 4,5% zwischen 63 und 67 Jahren betragen. Bei einer Person mit vollständiger Erwerbsbiografie, die vom 20. Lebensjahr bis zum Rentenalter von 65 Jahren berufstätig war, dürfte der über das gesamte Erwerbsleben angesammelte Rentenanspruch 77,5% des versicherungspflichtigen Arbeitsverdiensts betragen. Die Verdienstmessgröße basiert auf dem Durchschnittsverdienst des gesamten Erwerbslebens. Bei der Berechnung werden aber die Rentenbeiträge des Arbeitnehmers abgezogen. Anzumerken ist jedoch, dass die Ersatzquoten im Verhältnis zum gesamten Bruttoarbeitsentgelt ausgewiesen werden.

Die Arbeitsverdienste aus früheren Jahren werden anhand eines Mix aus gesamtwirtschaftlichen Arbeitsentgelten und Preisen neu bewertet. Ab 2005 erhält der Lohnindex eine Gewichtung von 80% und der Preisindex eine Gewichtung von 20%. Nach Renteneintritt wird die verdienstabhängige Rente anhand einer Formel angepasst, in der die Lohninflation 20% und die Preisinflation 80% ausmacht.

Ab 2010 werden neu erworbene Rentenansprüche entsprechend der gestiegenen Lebenserwartung gekürzt. Die Berechnungen basieren auf zeitverzögerten Sterbedaten: Für 2010 handelt es sich bei den Angaben um den Durchschnitt für 2004-2008 gegenüber dem Basisjahr, das sich wiederum auf Daten für den Zeitraum 2003-2007 stützt. Im Zeitraum 2002-2040 implizieren die Sterblichkeitsprojektionen der VN/Weltbank einen Anstieg der Lebenserwartung im Alter von 65 Jahren von 16,8 auf 20,4 Jahre (berechnet auf der Basis geschlechtsneutraler Sterberaten). Die Anpassung erfolgt in Form einer Rentenberechnung mit einem Abzinsungssatz von 2% pro Jahr. Durch die Anpassung werden sich die Leistungen voraussichtlich bis zum Jahr 2040 auf 88,6% ihres Werts vor der Reform verringern. Der Lebenserwartungskoeffizient wird für jede Kohorte im Alter von 62 Jahren berechnet.

Es gibt keinen Mindestbeitrag und keine Bemessungsgrenze für die Beiträge oder versicherungspflichtigen Arbeitsverdienste. Es existiert jedoch eine Mindestverdienstgrenze für die Rentenversicherung.

Mindestrente

Die Parameter des Volksrentensystems sind von Kommune zu Kommune unterschiedlich. Die volle monatliche Grundrente für eine alleinstehende Person lag 2004 zwischen 496,38 Euro in der ersten Gruppe von Kommunen, und 475,73 Euro in der zweiten, was knapp einem Fünftel des Durchschnittsarbeitsentgelts entspricht. Die Volksrente wird um 50% der Differenz zwischen sonstigem Renteneinkommen und einem geringen Freibetrag gemindert; 2004 waren dies 559 Euro pro Jahr. Es wird keine Volksrente gezahlt, wenn das sonstige Renteneinkommen 1 016,96 bzw. 975,58 Euro pro Monat überschreitet, je nach Kommunengruppe. Es sei darauf hingewiesen, dass bei der Modellrechnung der höhere Wert für die Volksrente zu Grunde gelegt wird.

Ab 2005 bleiben die nach Erreichen des 63. Lebensjahrs erworbenen verdienstabhängigen Rentenansprüche bei der Berechnung der Volksrente unberücksichtigt.

Die Höhe der Grundrente, die Parameter der Bedürftigkeitsprüfung und die Rentenzahlungen werden jährlich an die Preisentwicklung angepasst. In der Praxis wurden ad hoc zusätzliche Anhebungen vorgenommen. Zu beachten ist, dass in der Modellrechnung von einer Anpassung an die langfristige Verdienstentwicklung ausgegangen wird.

Frühverrentung

Die Frühverrentung ist im Volksrentensystem ab einem Alter von 62 Jahren möglich. Ab 2005 wird die Rente für jeden Monat, um den der Renteneintritt vor Erreichung des 65. Lebensjahrs erfolgt, definitiv um 0,4% gekürzt.

Die Frühverrentung ist auch im verdienstabhängigen Rentensystem im Alter von 62 Jahren möglich, wobei die Bezüge dort bei vorzeitigem Renteneintritt bis zur Erreichung des 63. Lebensjahrs für jeden Monat um 0,6% gekürzt werden. Nach Erreichen des 63. Lebensjahrs werden die Rentenbezüge nicht mehr gekürzt.

Spätverrentung

Seit 2004 kann der Renteneintritt beim Volksrentensystem auf einen Zeitpunkt nach Erreichung des 65. Lebensjahrs verschoben werden, und die Rente erhöht sich dann für jeden Monat, um den der Renteneintritt verschoben wird, um 0,6%.

Ab 2005 verringert sich die Erhöhung bei späterem Renteneintritt im verdienstabhängigen Rentensystem nach einem Alter von 68 Jahren für jeden Monat auf 0,4% (4,8% jährlich). Zwischen 63 und 68 Jahren ist wegen der beschleunigten Akkumulierung von Rentenansprüchen in diesem Alter keine Anpassung vorgesehen.

Es besteht die Möglichkeit, Rentenbezüge und Arbeitseinkommen zu kumulieren. Seit 2005 entstehen nach Renteneintritt durch den Arbeitsverdienst bis zum Alter von 68 Jahren zusätzliche Rentenansprüche mit einem Steigerungssatz von 1,5% pro Jahr.

Vor-Reform-Szenario

Seit 1990 wurden die Bestimmungen der einzelnen Rentensysteme mehrmals geändert, und bei der Modellrechnung werden für 1990 folgende Bestimmungen zu Grunde gelegt.

Das Regelrentenalter betrug 65 Jahre. Anspruch auf Frühverrentung bestand ab 60 Jahren.

Vor der Reform umfasste die Volksrente eine Grundkomponente, die nicht bedürftigkeitsabhängig war. 1990 belief sich diese auf 390 FIM pro Monat.

Der zusätzliche renteneinkommensabhängige Betrag machte für Alleinstehende 1 824 FIM pro Monat aus (und war ebenfalls je nach Kommune unterschiedlich: der hier angegebene Wert galt für Helsinki).

Um die Parameter abzuleiten, die 1994 anwendbar gewesen wären, wenn keine Reform des Rentensystems stattgefunden hätte, wird für die Berechnung des Niveaus der Grundrente und der renteneinkommensabhängigen Rente für das Jahr 1994 die Relation zwischen der Grundrente und der Volksrente von 1990 zu Grunde gelegt. Die entsprechenden Zahlen lauten 1 054 Euro bzw. 4 907 Euro.

Im verdienstabhängigen System galt 1990 eine lineare Steigerung von 1,5% jährlich für jedes Beitragsjahr. Das Eintrittsalter für die verdienstabhängige Rentenversicherung lag bei 23 Jahren, gegenüber derzeit 18 Jahren (d.h. es gab keine Steigerung vor Erreichen des 23. Lebensjahrs). Ab einem Alter von 65 Jahren entfiel die Steigerung.

Die Indexierung der Rentenzahlungen sowie die Wertanpassung des Arbeitsverdiensts früherer Jahre erfolgte zu gleichen Teilen anhand der Verdienst- und der Preisentwicklung. Ab 1996 wurde die Gewichtung bei der Rentenindexierung für Personen über 65 Jahre geändert: Lohninflation 20% und Preisinflation 80%. Für frühere Arbeitsverdienste und die Renten von Personen unter 65 Jahren wurde die Gewichtung von 50% Verdienstentwicklung und 50% Preisentwicklung beibehalten.

Die Verdienstmessgröße basierte auf den beiden mittleren Verdienstniveaus der letzten vier Jahre in jedem Beschäftigungsverhältnis (d.h. es wurde der höchste und geringste Verdienst der letzten vier Jahre ausgeklammert). Bis 1993 blieben die Rentenversicherungsbeiträge des Arbeitnehmers unberücksichtigt. Bis zum Jahr 1996, in dem das versicherungspflichtige Arbeitsentgelt neu definiert wurde als Arbeitsverdienst abzüglich der Rentenversicherungsbeiträge des Arbeitnehmers (siehe oben), war das versicherungspflichtige Einkommen der Bruttoarbeitsverdienst.

Die Abschläge bei Frührente lagen im verdienstabhängigen Rentensystem vor der Reform bei 0,37-0,5% monatlich (4,44-6% jährlich), je nach Geburtsjahr des Rentenempfängers. Die Volksrente verringerte sich um 0,5% für jeden Monat, um den die Rente früher in Anspruch genommen wurde.

Der Aufschub des Renteneintritts brachte sowohl im verdienstabhängigen als auch im Grund-/ Volksrentensystem eine Steigerung von 1% pro Monat.

Ergebnisse des Rentenmodells: Finnland

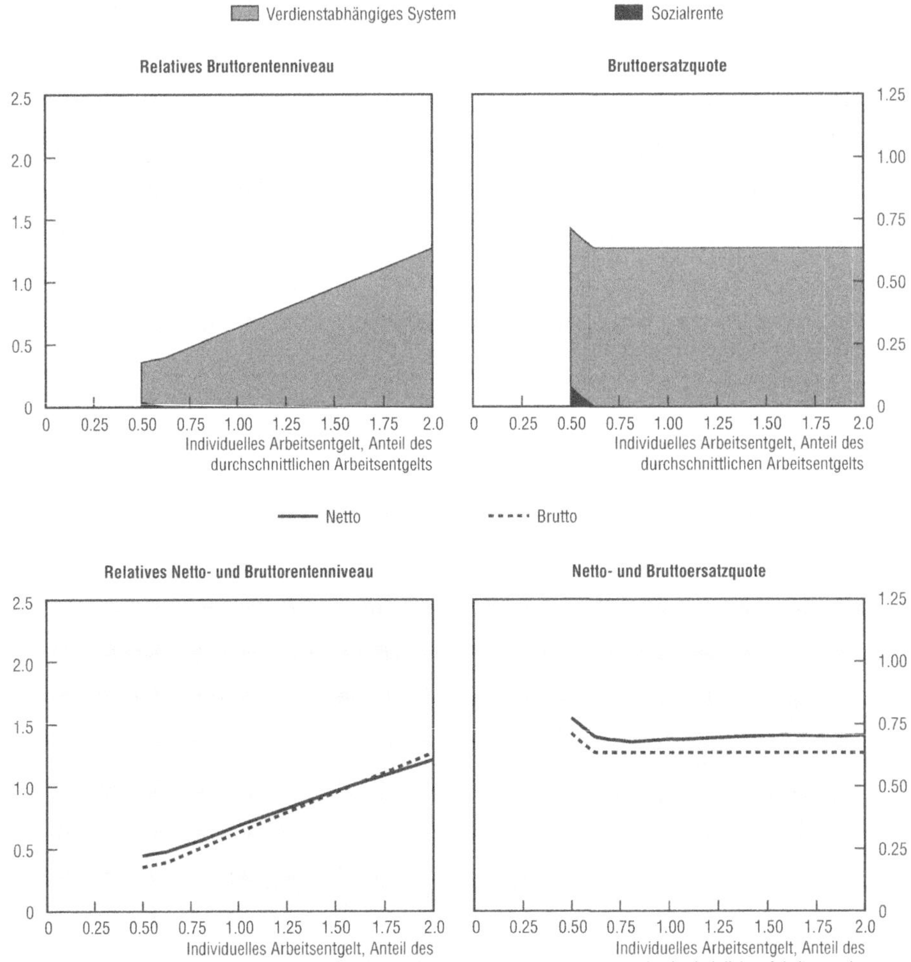

Männer *Frauen* (falls abweichend)	Median-verdiener	Individuelles Arbeitsentgelt, Vielfaches vom gesamtwirtschaftlichen Durchschnitt				
		0.5	0.75	1	1.5	2
Relatives Bruttorentenniveau *(In % des durchschnittlichen Bruttoarbeitsentgelts)*	53.9	35.6	47.6	63.4	95.1	126.9
Relatives Nettorentenniveau *(In % des durchschnittlichen Nettoarbeitsentgelts)*	59.8	44.8	54.5	68.8	96.2	121.2
Bruttoersatzquote *(In % des individuellen Bruttoarbeitsentgelts)*	63.4	71.3	63.4	63.4	63.4	63.4
Nettoersatzquote *(In % des individuellen Nettoarbeitsentgelts)*	68.0	77.4	68.4	68.8	70.3	70.5
Bruttorentenvermögen *(Vielfaches des durchschnittlichen Bruttoarbeitsentgelts)*	10.0 *11.8*	11.2 *13.2*	10.0 *11.8*	10.0 *11.8*	10.0 *11.8*	10.0 *11.8*
Nettorentenvermögen *(Vielfaches des durchschnittlichen Bruttoarbeitsentgelts)*	7.6 *9.0*	9.6 *11.4*	7.9 *9.3*	7.4 *8.8*	6.9 *8.2*	6.6 *7.8*

Ergebnisse des Rentenmodells: Finnland, Vor-Reform-Szenario

Männer *Frauen* (falls abweichend)	Median-verdiener	Individuelles Arbeitsentgelt, Vielfaches vom gesamtwirtschaftlichen Durchschnitt				
		0.5	0.75	1	1.5	2
Relatives Bruttorentenniveau *(In % des durchschnittlichen Bruttoarbeitsentgelts)*	56.9	35.5	50.6	66.3	97.8	129.3
Relatives Nettorentenniveau *(In % des durchschnittlichen Nettoarbeitsentgelts)*	62.3	44.6	56.5	71.0	98.0	122.4
Bruttoersatzquote *(In % des individuellen Bruttoarbeitsentgelts)*	66.9	71.1	67.5	66.3	65.2	64.7
Nettoersatzquote *(In % des individuellen Nettoarbeitsentgelts)*	70.9	77.0	70.9	71.0	71.6	71.1
Bruttorentenvermögen *(Vielfaches des durchschnittlichen Bruttoarbeitsentgelts)*	11.1 *13.3*	11.7 *14.0*	11.2 *13.4*	11.0 *13.2*	10.8 *13.0*	10.8 *12.9*
Nettorentenvermögen *(Vielfaches des durchschnittlichen Bruttoarbeitsentgelts)*	8.4 *10.0*	10.1 *12.1*	8.6 *10.3*	8.1 *9.7*	7.5 *8.9*	7.9 *8.4*

Frankreich

Das Zweisäulensystem besteht aus einer verdienstabhängigen staatlichen Rente und einer obligatorischen betrieblichen Vorsorge auf der Basis eines Punktesystems. Die staatliche Rentenversicherung sieht ferner eine Mindestrente vor.

Anspruchskriterien

Für den Bezug einer vollen Altersrente werden 2008 40 Beitragsjahre erforderlich sein, gegenüber zuvor 37,5 Jahre. Im Zeitraum 2008-2012 wird diese Zahl nach und nach auf 41 Jahre angehoben. Ab 2012 wird sich die Mindestversicherungsdauer entsprechend dem Anstieg der Lebenserwartung erhöhen, so dass die Relation zwischen den Phasen des Rentenbezugs und der Erwerbstätigkeit konstant bleibt. Das Regelrentenalter beträgt 60 Jahre. In der Modellrechnung wird davon ausgegangen, dass sich eine komplette Erwerbsbiografie vom 20. bis zum 60. Lebensjahr erstreckt. Für die Mindestrente gelten dieselben Anspruchskriterien wie für die verdienstabhängige Rente aus der staatlichen Rentenversicherung.

Rentenberechnung

Verdienstabhängige Rente

In der staatlichen Rentenversicherung wird eine Ersatzquote von 50% bei vollständiger Erwerbsbiografie angestrebt (40 Beitragsjahre und wie oben ausgeführt später dann mehr). Für jedes fehlende Quartal werden die Leistungen um 1,25% gekürzt, was für jedes fehlende Beitragsjahr einen Abschlag (*décote*) von 5% ergibt.

Bei im Vergleich zu einer vollständigen Erwerbsbiografie kürzeren Beitragszeiten wird die Lohnersatzquote pro fehlendem Quartal anteilsmäßig und um einen zusätzlichen Abschlag für jedes fehlende Jahr (bzw. jedes Jahr der Rentenauszahlung vor dem 65. Lebensjahr) reduziert.

Zur Berechnung der Rente wird das Durchschnittsarbeitsentgelt einer bestimmten Anzahl bester Jahre zu Grunde gelegt und anhand der Preisentwicklung angepasst. Ab 2008 wird das Durchschnittsarbeitsentgelt der besten 25 Jahre zu Grunde gelegt. Derzeit sind es etwa 20 Jahre.

Auf Grund der begrenzten Anzahl von Jahren, die in die Berechnung des Referenzarbeitsentgelts einfließen, und der Politik der Anpassung anhand der Preisentwicklung wird die Ersatzquote in der öffentlichen Rentenversicherung Frankreichs von der unterstellten Zuwachsrate der realen Arbeitsverdienste während des gesamten Erwerbslebens beeinflusst. Auf Grund der Basisannahme eines kontinuierlichen realen Lohnwachstums von 2% über den Verlauf des Arbeitslebens sowie der Tatsache, dass in den OECD-Berechnungen die angepassten Durchschnittsarbeitsentgelte während des gesamten Erwerbslebens als Referenzlohn verwendet werden, sind die errechneten Ersatzquoten niedriger als die Quoten, die sich bei Verwendung der tatsächlich beobachteten Verdienstentwicklung in Frankreich ergeben, zumal Einkommenszuwächse dort vor allem in der ersten Hälfte des Berufslebens erfolgen.

Es gibt eine Obergrenze für das versicherungspflichtige Arbeitsentgelt, die im Jahr 2004 bei 29 712 Euro lag. Das entspricht ungefähr dem Durchschnittsverdienst nach der OECD-Messgröße (29 549 Euro), aber 142% des Durchschnittsverdiensts nach der nationalen Messgröße. Laufende Rentenzahlungen sind preisindexiert.

Mindestrente

Es gibt eine Mindestrente, die im Kalenderjahr 2004 bei 6 706 Euro pro Jahr lag. Das entspricht 23% des Durchschnittsarbeitsentgelts nach der OECD-Messgröße. Für den Anspruch auf die volle Rente sind 38 Beitragsjahre notwendig (40 Jahre ab 2008 und danach mehr). Die Mindestrente wird bei kürzeren Versicherungszeiten entsprechend angepasst. Arbeitskräfte mit vollständiger Erwerbsbiografie haben auf Grund der obligatorischen betrieblichen Vorsorge zusätzlich zur staatlichen Rentenversicherung nur selten Anspruch auf die Mindestrente. Der Wert der Mindestrente ist preisindexiert.

Obligatorische betriebliche Altersvorsorge

Die Mehrzahl der Arbeitnehmer in der Privatwirtschaft gehört dem ARRCO-System an. Für leitende Angestellte (*cadres*), d.h. Fach- und Führungskräfte, gelten im Rahmen des AGIRC-Systems andere Regeln; die nachstehenden Bestimmungen gelten für Nichtführungskräfte.

Obwohl die effektiven Beiträge höher sind, werden Rentenanwartschaften nur auf 6% des Arbeitsverdiensts unterhalb der Bemessungsgrenze der allgemeinen Rentenversicherung erworben. Zwischen dem 1- und 3-Fachen der Bemessungsgrenze der allgemeinen Rentenversicherung beträgt die Anwartschaft 16% des Arbeitsentgelts. So ist die Bemessungsgrenze im ARRCO-System dreimal so hoch wie in der allgemeinen Rentenversicherung: Sie liegt bei 89 136 Euro. (Anzumerken ist, dass es im AGIRC-System für Fach- und Führungskräfte keine Bemessungsgrenze gibt.)

In jedem Jahr entspricht die Zahl der erworbenen Punkte dem Wert des Jahresbeitrags dividiert durch die Kosten eines Entgeltpunkts. Im Ruhestand wird die Gesamtzahl der Punkte mit dem Wert eines Entgeltpunkts multipliziert und in eine Rentenleistung umgerechnet. Der Wert eines Entgeltpunkts entsprach von April 2003 bis April 2004 1,0698 Euro und nach April 2004 1,0886 Euro, so dass sich für das Kalenderjahr 2004 ein Jahreswert von 1,0839 Euro ergibt. Die Entgeltpunktkosten lagen im Kalenderjahr 2004 bei 12,362 Euro.

Die Anpassung von Kosten und Wert der Punkte erfolgt in Verhandlungen zwischen den Sozialpartnern. Laut der derzeitigen bis 2008 gültigen Regelung werden die Kosten der Entgeltpunkte anhand der Lohnentwicklung und die Punktwerte anhand der Preisentwicklung erhöht. In der Modellrechnung wird von einer Fortsetzung der unterschiedlichen Anpassung von Kosten und Punktwerten ausgegangen. Auch hier führt die Politik der effektiven Anpassung der in früheren Jahren erworbenen Ansprüche anhand der Preisentwicklung zu niedrigeren Leistungen, als es bei einer Anpassung anhand der Lohnentwicklung der Fall wäre. Im Basisszenario führt diese Methode zu einer Reduzierung der Rentenansprüche auf 69% gegenüber einer Anpassung anhand der Lohnentwicklung.

Es ist darauf zu verweisen, dass die Anpassungspolitik für diese beiden Parameter sowohl die Entwicklung der laufenden Rentenzahlungen beeinflusst (hier „Indexierung" genannt) als auch Veränderungen im Wert der Rentenansprüche zwischen dem Zeitpunkt, an dem sie erworben werden, und dem Zeitpunkt, an dem sie geltend gemacht werden (entsprechend ähnlich dem Anpassungsprozess in verdienstabhängigen Programmen).

Sozialrente

Es gibt ein Mindesteinkommen für über 65-jährige Personen, das 7 053 Euro pro Jahr bzw. 24% des durchschnittlichen Arbeitsentgelts entspricht. Diese Leistung wird entsprechend der Lohnentwicklung angepasst.

Mit der Reform von 2003 wurde ein neues Ziel eingeführt, wonach ab 2008 Personen mit vollständiger Erwerbsbiografie und einem dem Mindestlohn entsprechenden Verdienst (d.h. etwa 40% des Durchschnittsverdiensts nach der OECD-Messgröße) eine Rente von mindestens 85% des Nettomindestlohns erhalten sollen. Dies wurde in der Modellrechnung als eine Mindesteinkommensgarantie von 85% des Nettomindestlohns für eine 35-Stunden-Woche betrachtet. 2004 betrug der Nettomindestlohn 11 086 Euro, woraus sich für das Jahr 2004 eine Zielvorgabe von mindestens 9 423 Euro ergäbe, wenn diese Maßnahme bereits umgesetzt wäre.

Vor-Reform-Szenario

Das Ziel einer Ersatzquote von 50% der verdienstabhängigen staatlichen Rente wurde nicht geändert. Die Verdienstmessgröße ist jedoch über die besten zehn Jahre hinaus ausgedehnt worden und wird sich letztendlich auf die besten 25 Jahre erstrecken. Die Wertanpassung des Verdiensts früherer Jahre an die Preisentwicklung wurde 1987 eingeführt. Bei beiden Szenarien, vor der Reform und nach der Reform, wird daher von einer Anpassung an die Preisentwicklung ausgegangen. Die Verlängerung der erforderlichen Versicherungsdauer von 37,5 auf 41 Jahre (und darüber hinaus) wurde bereits erläutert. Die Anpassung der Rentenbezüge nach Renteneintritt erfolgt seit 1998 anhand der Preisentwicklung.

Beim ARRCO-System wurde die bedeutendste Veränderung 1996 vorgenommen. Zwischen 1997 und 2001 wurden die Kosten des Entgeltpunkts entsprechend den Durchschnittsverdiensten angepasst und der Punktwert entsprechend der Preisentwicklung. 1996 lagen die Kosten eines Entgeltpunkts bei 9,30 Euro, 2004 dagegen bei 12,36 Euro, was einem Anstieg von 33% in diesem Zeitraum entspricht. Der Punktwert, der 1996 knapp über 0,98 Euro betrug, erhöhte sich im Kalenderjahr 2004 auf 1,08 Euro, was einem Anstieg von nur 11% entspricht. Für das Vor-Reform-Szenario wird unterstellt, dass die Relation zwischen den Kosten des Entgeltpunkts und seinem Wert im Jahre 1996 gleich blieb, womit sich für 2004 (ohne Reform) ein Punktwert von 1,30 Euro anstelle von 1,08 Euro ergibt. Unter den Bedingungen vor der Reform wären sowohl die Kosten als auch der Wert des Entgeltpunkts entsprechend der Entwicklung der Durchschnittsverdienste gestiegen.

Frühverrentung

Die Frühverrentung erfolgt im Rahmen eines separaten, vom Fonds national pour l'emploi (FNE) verwalteten Programms. Ein vorzeitiger Rentenbezug ist ab 57 Jahren und unter bestimmten Umständen im Zusammenhang mit den Arbeitsbedingungen ab 56 Jahren möglich. Die Ersatzquote beträgt etwa 80%. Im Regelrentenalter (oder dem Alter, ab dem Arbeitnehmer Anspruch auf eine volle reguläre Altersrente bis zum Alter von 65 Jahren haben) beziehen die Betreffenden eine Rente des staatlichen Rentensystems. Der Zeitraum des FNE-Leistungsbezugs ist für die staatliche Rente voll anrechenbar.

Im betrieblichen Altersvorsorgesystem ist ein vorzeitiger Rentenbezug möglich, oft mit Abschlägen auf der Basis des Alters bei Renteneintritt oder der Zahl der Beitragsjahre oder beider Faktoren. Bei 40 Beitragsjahren kann im Alter von 60 Jahren eine Rente ohne Abschläge bezogen werden. Bei weniger als 40 Jahren werden die Rentenbezüge, wie in der Tabelle dargestellt, angepasst, wobei der jeweils günstigere Anpassungsfaktor im Hinblick auf das Renteneintrittsalter oder die fehlenden Beitragsjahre gewählt wird. Zum Beispiel verringert sich die Rente bei Inanspruchnahme mit 61 Jahren gegenüber der Vollrente auf 83%, hat der Betreffende jedoch 39 Jahre Beiträge geleistet, so verringern sich die Bezüge auf 96%, denn es fehlt nur ein Beitragsjahr.

Renteneintrittsalter	55	56	57	58	59	60	61	62	63	64
Fehlende Jahre						5	4	3	2	1
Koeffizient	0.43	0.50	0.57	0.64	0.71	0.78	0.83	0.88	0.92	0.96

Spätverrentung

Bei Fortsetzung der Erwerbstätigkeit über das Alter von 60 Jahren hinaus und Erfüllung der Anspruchskriterien für den Bezug einer Vollrente (d.h. 40 Beitragsjahre und mehr nach 2008) erhöht sich mit jedem zusätzlichen Jahr der Erwerbstätigkeit der Betrag der staatlichen Rente um 3%. In der Zeit des Rentenaufschubs erwirbt der Betreffende weitere ARRCO-Entgeltpunkte.

Einkünfte aus Erwerbstätigkeit und Altersrente können kumuliert werden, sofern das bisherige Beschäftigungsverhältnis aufgegeben wird.

Ergebnisse des Rentenmodells: Frankreich

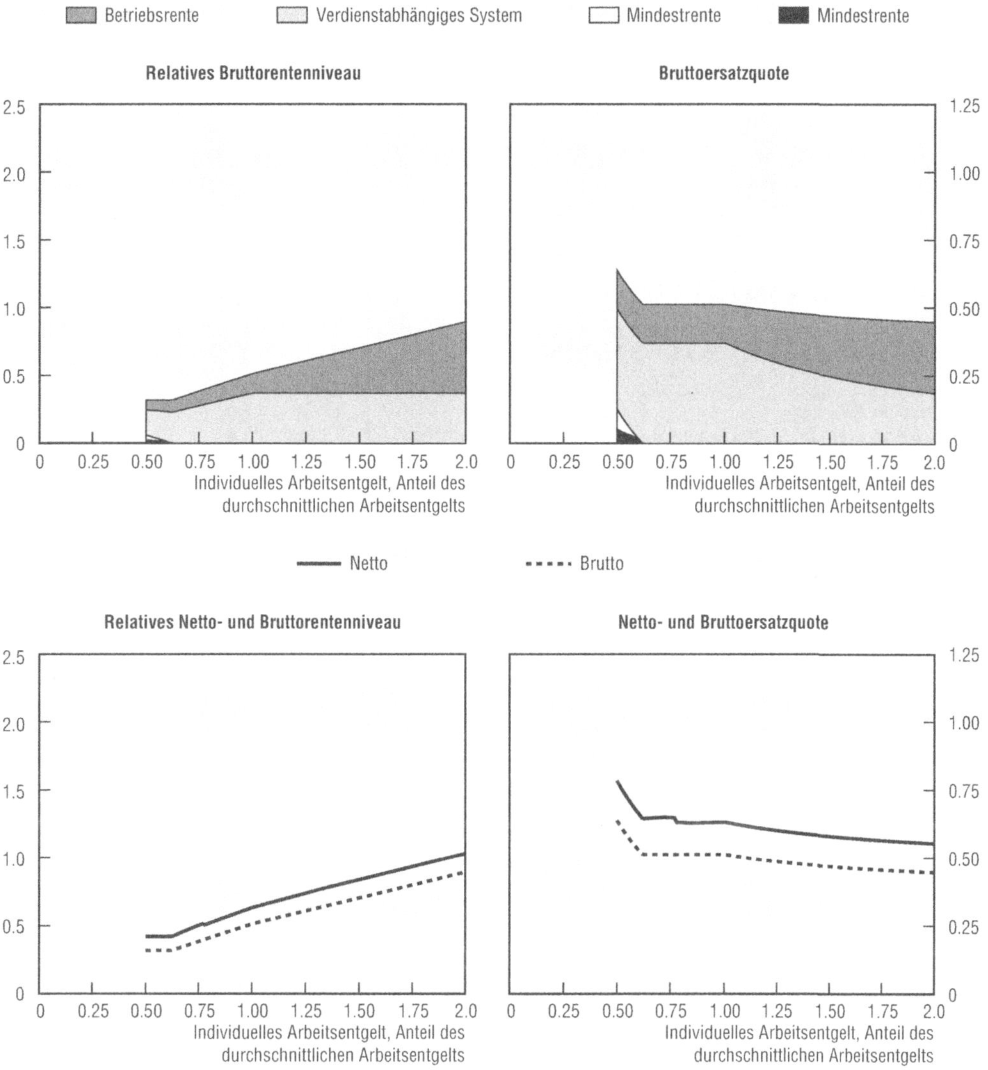

Männer *Frauen* (falls abweichend)	Median-verdiener	Individuelles Arbeitsentgelt, Vielfaches vom gesamtwirtschaftlichen Durchschnitt				
		0.5	0.75	1	1.5	2
Relatives Bruttorentenniveau *(In % des durchschnittlichen Bruttoarbeitsentgelts)*	43.5	31.9	38.4	51.2	70.3	89.4
Relatives Nettorentenniveau *(In % des durchschnittlichen Nettoarbeitsentgelts)*	54.6	42.1	50.2	63.1	83.8	103.1
Bruttoersatzquote *(In % des individuellen Bruttoarbeitsentgelts)*	51.2	63.8	51.2	51.2	46.9	44.7
Nettoersatzquote *(In % des individuellen Nettoarbeitsentgelts)*	62.8	78.4	64.9	63.1	58.0	55.4
Bruttorentenvermögen *(Vielfaches des durchschnittlichen Bruttoarbeitsentgelts)*	9.2 *10.6*	11.5 *13.2*	9.2 *10.6*	9.2 *10.6*	8.4 *9.7*	8.0 *9.3*
Nettorentenvermögen *(Vielfaches des durchschnittlichen Bruttoarbeitsentgelts)*	8.2 *9.5*	10.8 *12.4*	8.6 *9.9*	8.1 *9.3*	7.2 *8.3*	6.6 *7.6*

Ergebnisse des Rentenmodells: Frankreich, Vor-Reform-Szenario

Männer *Frauen* (falls abweichend)	Median-verdiener	Individuelles Arbeitsentgelt, Vielfaches vom gesamtwirtschaftlichen Durchschnitt				
		0.5	0.75	1	1.5	2
Relatives Bruttorentenniveau *(In % des durchschnittlichen Bruttoarbeitsentgelts)*	55.0	32.5	48.5	64.7	87.7	110.5
Relatives Nettorentenniveau *(In % des durchschnittlichen Nettoarbeitsentgelts)*	67.3	42.8	60.1	78.1	101.3	123.9
Bruttoersatzquote *(In % des individuellen Bruttoarbeitsentgelts)*	64.7	64.9	64.7	64.7	58.4	55.3
Nettoersatzquote *(In % des individuellen Nettoarbeitsentgelts)*	77.4	79.8	77.7	78.1	70.1	66.6
Bruttorentenvermögen *(Vielfaches des durchschnittlichen Bruttoarbeitsentgelts)*	11.6 *13.4*	11.7 *13.5*	11.6 *13.4*	11.6 *13.4*	10.5 *12.1*	10.0 *11.5*
Nettorentenvermögen *(Vielfaches des durchschnittlichen Bruttoarbeitsentgelts)*	10.2 *11.7*	11.0 *12.7*	10.3 *11.8*	10.0 *11.5*	8.7 *10.0*	8.0 *9.2*

Griechenland

Griechenland verfügt über eine zwei Säulen umfassende öffentlich-rechtliche Rentenversicherung mit verdienstabhängigen Leistungen sowie über verschiedene Mindestrentensysteme/ soziale Sicherheitsnetze. Das beschriebene Rentensystem gilt für alle Personen, die seit 1993 eine Erwerbstätigkeit aufgenommen haben.

Anspruchskriterien

Die Regelaltersgrenze beträgt 65 Jahre für Männer und 60 Jahre für Frauen; und für alle Personen, die seit 1993 neu an den Arbeitsmarkt gekommen sind, wurde die Regelaltersgrenze einheitlich auf 65 Jahre festgelegt. Voraussetzung für den Bezug einer Vollrente ab diesem Alter sind mindestens 4 500 beitragspflichtige Arbeitstage (was etwa 15 Beitragsjahren entspricht). Arbeitnehmer mit einer Anwartschaftszeit von 11 100 Arbeitstagen (rd. 37 Jahre) können altersunabhängig mit vollen Rentenbezügen aus dem Erwerbsleben ausscheiden. Sonderkonditionen gelten für Personen mit besonders schweren bzw. gesundheitsschädlichen Berufen sowie für Mütter unterhaltsberechtigter oder behinderter Kinder.

Für den Bezug der Mindestsozialrente sind 15 Beitragsjahre erforderlich.

Rentenformel

Verdienstabhängiges System: Hauptkomponente

Für Personen, die seit 1993 eine Erwerbstätigkeit aufgenommen haben, beträgt die Rente 2% des Arbeitsentgelts je Beitragsjahr bis zu 35 Jahren. Für Personen, die im Regelrentenalter oder früher aus dem Erwerbsleben ausscheiden, ergibt sich daher eine maximale Ersatzquote von 70%. Für Personen, die über das 65. Lebensjahr hinaus und bis zum Alter von 67 Jahren erwerbstätig bleiben, ist der Steigerungssatz jedoch höher (3% pro Jahr), während es nach dem 67. Lebensjahr keine Steigerung mehr gibt, so dass die maximale Ersatzquote 76% beträgt.

Die Bestimmungen bezüglich der Höchstrente (siehe unten) kommen bei weiterer Erwerbstätigkeit über das 65. Lebensjahr hinaus ebenfalls nicht zur Anwendung.

Als Rentenbemessungsgrundlage dient das durchschnittliche Arbeitsentgelt der letzten fünf Jahre vor Renteneintritt. Der Verdienst früherer Jahre wird für die Berechnung des Rentenniveaus entsprechend den im Rahmen der Einkommenspolitik festgelegten Steigerungen angepasst („aufgewertet").

Es gibt eine Höchstrente, die dem Vierfachen des Pro-Kopf-BIP von 1991 entspricht und an die Entwicklung der Ruhegehälter der Beamten gekoppelt ist. Für 2004 betrug diese Höchstrente 2 346,76 Euro monatlich. Den Berechnungen zufolge entspricht dieser Betrag für einen Arbeitnehmer mit voller Erwerbsbiografie einer Obergrenze der auf die Rente anrechenbaren Arbeitsentgelte von 275% des Durchschnittsverdiensts.

Rentenanpassungen liegen im staatlichen Ermessen. In den vergangenen fünf Jahren waren die Rentensteigerungen progressiv gestaffelt – mit einer Ausnahme, nämlich einer einmaligen Erhöhung aller Renten um denselben Prozentsatz (siehe unten). Im Zeitraum 1999-2001 überschritten die Aufbesserungen der Niedrigrenten die Preisinflation erheblich; 2002 blieben sie jedoch dahinter zurück. Angesichts der Uneinheitlichkeit der jüngsten Leistungsanpassungen basieren die Berechnungen des Rentenvermögens auf der Preisindexierung.

	1999	2000	2001	2002	2003	2004
Inflation	2.6%	3.2%	3.4%	3.6%	3.0%	2.9%
Steigerungen	3.9% (< 733 Euro)	4.0%	5.5% (< 352 Euro)	3.5% (< 400 Euro)	4% (< 500 Euro)	5% (< 500 Euro)
	3.4% (> 733 Euro)		2.75% (< 587 Euro)	1.5% (< 620 Euro)	2% (< 1 000 Euro)	3% (< 1 000 Euro)
			1.4% (< 880 Euro)	0.75% (< 910 Euro)	0% (> 1 000 Euro)	0% (< 1 000 Euro)
			0% (> 880 Euro)	0% (> 910 Euro)		

Alle Renten werden in 14 Monatsraten gezahlt.

Zusatzkomponente des verdienstabhängigen Systems

Die volle Zusatzrente beträgt 20% der Arbeitsentgelt-Bemessungsgrundlage für die Hauptkomponente des verdienstabhängigen Systems für Versicherte mit 35 Beitragsjahren. Die Rente wird bei kürzeren Beitragszeiten proportional reduziert, was einen linearen Steigerungssatz von 0,57% impliziert. Der Wert erhöht sich ab 35 Beitragsjahren für jedes zusätzliche Beitragsjahr (300 Tage) um ein Fünftel.

Mindestrente

Die Mindestrente beträgt 70% des Mindestlohns eines verheirateten Vollzeitbeschäftigten. 2004 belief sich die Mindestrente auf 419,48 Euro monatlich, was 34% des Durchschnittsverdiensts entspricht. Dieser Wert wird jährlich im Rahmen der Einkommenspolitik angepasst.

Einkommensabhängige Leistungen: Sozialer Solidaritätszuschuss

Dieses 1996 eingeführte, nicht beitragspflichtige Programm sieht für Anspruchsberechtigte im Rahmen der meisten Rentenversicherungssysteme (mit Ausnahme der Rentenversicherung der Bauern) bedürftigkeitsabhängige Leistungen für Rentner mit niedrigem Einkommen vor.

Um Anspruch auf Leistungen dieses sogenannten EKAS-Systems zu haben, muss das gesamte Nettoeinkommen aus allen Quellen weniger als 6 562,02 Euro (Stand 2004) betragen. Das gesamte steuerpflichtige Einkommen darf 7 655,71 Euro und das gesamte steuerpflichtige Familieneinkommen 11 913,22 Euro nicht überschreiten.

Einkommensniveau, untere Grenze	0	5 976.14 Euro	6 210.52 Euro	6 366.73 Euro	6 562.02 Euro
Leistungen pro Monat	141.2 Euro	105.9 Euro	70.6 Euro	35.3 Euro	0

Frühverrentung

Ein vorzeitiger Rentenbezug ist mit Abschlägen möglich, wie in der nachstehenden Tabelle angegeben. Die Anpassung entspricht 1/267 pro Monat, um den der Renteneintritt früher erfolgt, bzw. 4,5% pro Jahr.

Beitragsjahre	Anspruchsalter	Bedingungen
15	65	Kein Abschlag
15	60	Mit Abschlag (1/267)
35	55	Mit Abschlag (1/267)
37	Beliebig	Kein Abschlag

Spätverrentung

Es besteht die Möglichkeit, den Renteneintritt auf einen Zeitpunkt nach Erreichen des Regelrentenalters von 65 Jahren zu verschieben. Der Steigerungssatz der Hauptkomponente erhöht sich bis zum Alter von 67 Jahren auf 3%, und bei weiterem Verbleib im Erwerbsleben nach dem 67. Lebensjahr gibt es keine Steigerung mehr (d.h. die höchste Ersatzquote beträgt 76%). Nach Erreichen des 65. Lebensjahrs gilt keine Höchstrente. Die Zusatzkomponente erhöht sich ebenfalls weiter. Es ist möglich, Einkünfte aus Erwerbstätigkeit und Rentenbezüge zu kumulieren, solange der Verdienst unter 700 Euro liegt.

Ergebnisse des Rentenmodells: Griechenland

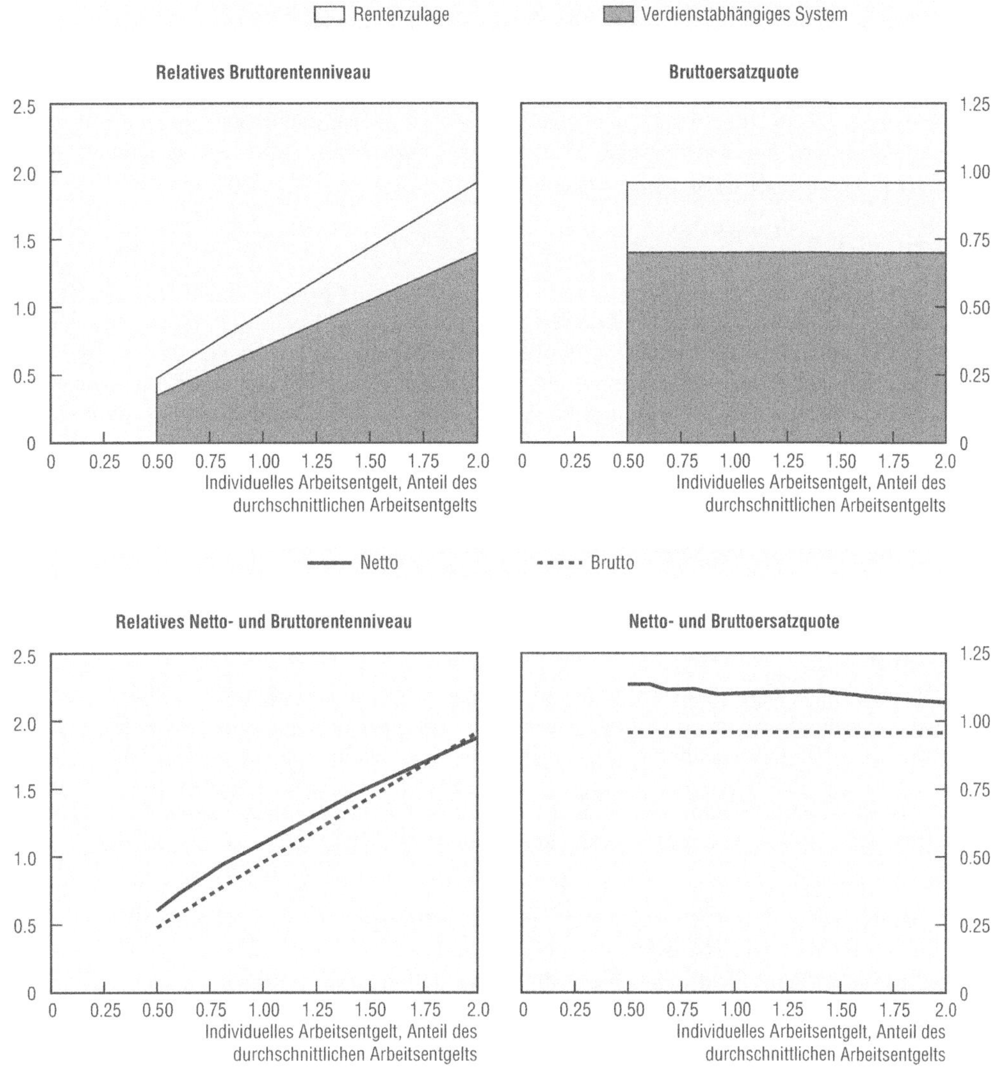

Männer *Frauen* (falls abweichend)	Median-verdiener	Individuelles Arbeitsentgelt, Vielfaches vom gesamtwirtschaftlichen Durchschnitt				
		0.5	0.75	1	1.5	2
Relatives Bruttorentenniveau *(In % des durchschnittlichen Bruttoarbeitsentgelts)*	81.4	47.9	71.8	95.7	143.6	191.4
Relatives Nettorentenniveau *(In % des durchschnittlichen Nettoarbeitsentgelts)*	97.4	60.4	87.9	110.1	151.3	187.6
Bruttoersatzquote *(In % des individuellen Bruttoarbeitsentgelts)*	95.7	95.7	95.7	95.7	95.7	95.7
Nettoersatzquote *(In % des individuellen Nettoarbeitsentgelts)*	111.1	113.6	111.7	110.1	110.3	107.0
Bruttorentenvermögen	14.3	14.3	14.3	14.3	14.3	14.3
(Vielfaches des durchschnittlichen Bruttoarbeitsentgelts)	*16.6*	*16.6*	*16.6*	*16.6*	*16.6*	*16.6*
Nettorentenvermögen	13.6	14.3	13.9	13.0	11.9	11.1
(Vielfaches des durchschnittlichen Bruttoarbeitsentgelts)	*15.7*	*16.5*	*16.0*	*15.1*	*13.8*	*12.8*

Irland

Bei der öffentlichen Altersversorgung handelt es sich um eine Grundsicherung, in deren Rahmen alle Personen, die die Anspruchskriterien erfüllen, eine Pauschalleistung erhalten. Außerdem gibt es eine bedürftigkeitsabhängige Rente zur Absicherung älterer Menschen mit geringem Einkommen. Freiwillige betriebliche Altersversorgungssysteme sind weit verbreitet, rund die Hälfte der Arbeitnehmer ist über sie versichert.

Anspruchskriterien

Die (beitragsabhängige) Altersrente wird ab einem Alter von 66 Jahren ausgezahlt, wohingegen die Altersgrenze für die Ruhestandsrente bei 65 Jahren liegt. Voller Anspruch auf beide Leistungen besteht ab einer Durchschnittszahl von 48 entrichteten oder angerechneten Wochenbeiträgen pro Jahr während des gesamten Erwerbslebens. Bei unvollständigen Erwerbsbiografien verringert sich der Rentenwert proportional. Mindestvoraussetzung sind allerdings durchschnittlich 10 Beitragswochen pro Jahr für die beitragsabhängige Altersrente und 24 Wochen pro Jahr für die Ruhestandsrente. Außerdem muss eine Gesamtversicherungsdauer von mindestens 260 Wochen nachgewiesen werden (was 5 vollen Beitragsjahren entspricht).

Die bedürftigkeitsabhängige Rente wird ab einem Alter von 66 Jahren ausgezahlt.

Rentenberechnung

Grundrente

Die beitragsabhängige Altersrente beläuft sich 2004 ebenso wie die Ruhestandsrente auf 167,30 Euro wöchentlich (53 Wochen pro Jahr), was (nach der OECD-Messgröße des Durchschnittsverdiensts) rd. 30% des Durchschnittsarbeitsentgelts entspricht. Darüber hinaus werden Zulagen in Höhe von 111,50 Euro für Unterhaltsberechtigte im Erwerbsalter und von 129,20 Euro für Unterhaltsberechtigte ab 66 Jahre gezahlt. Der Wert der Grundrente soll nach einem langfristigen Aktionsplan neueren Datums in Abhängigkeit vom Verdienstniveau festgelegt werden, wobei die Zielquote mit 34% des gesamtwirtschaftlichen Durchschnittsverdiensts des vorangegangenen Jahrs angesetzt ist.

Rentner haben Anspruch auf zahlreiche Sachleistungen. Laut Schätzungen der Regierung wäre für diese Güter und Dienstleistungen insgesamt ein Preis von 870 Euro jährlich zu zahlen, Gesundheitsversorgung nicht inbegriffen. (In der Modellrechnung sind nur Geldleistungen erfasst, Sachleistungen wurden nicht berücksichtigt.)

Sozialrente

Der Höchstwert der bedürftigkeitsabhängigen Leistung beträgt 2004 154 Euro pro Woche für Alleinstehende, zuzüglich 101,80 Euro für erwachsene Unterhaltsberechtigte. Der Wert der Rente entspricht für Alleinstehende 27% des Durchschnittsarbeitsentgelts. Für die Bedürftigkeitsprüfung gilt ein geringer Freibetrag, ansonsten wird Einkommen zu 100% auf die Leistung angerechnet. Des Weiteren wird eine Vermögensprüfung durchgeführt, bei der Kapital in Höhe von mehr als 20 315 Euro gemäß einer Standardformel in Einkommen umgerechnet wird.

Der Zielwert der Einkommenssicherung im bedürftigkeitsabhängigen System wird im Großen und Ganzen entsprechend den Aktualisierungen der Grundsicherung angepasst (d.h. er ist vom Verdienstniveau abhängig).

Frühverrentung

Die Rente kann nicht vor Erreichen des Regelrentenalters in Anspruch genommen werden.

Spätverrentung

Erwerbseinkommen und Rentenbezüge können (im Rahmen der Ruhestandsrente) kumuliert werden, soweit der Arbeitsverdienst unter 38 Euro pro Woche liegt. Dagegen gelten für die beitragsabhängige Altersrente keine Verdienstkriterien. Der Zeitpunkt der Inanspruchnahme der Rentenbezüge kann nicht verschoben werden.

Ergebnisse des Rentenmodells: Irland

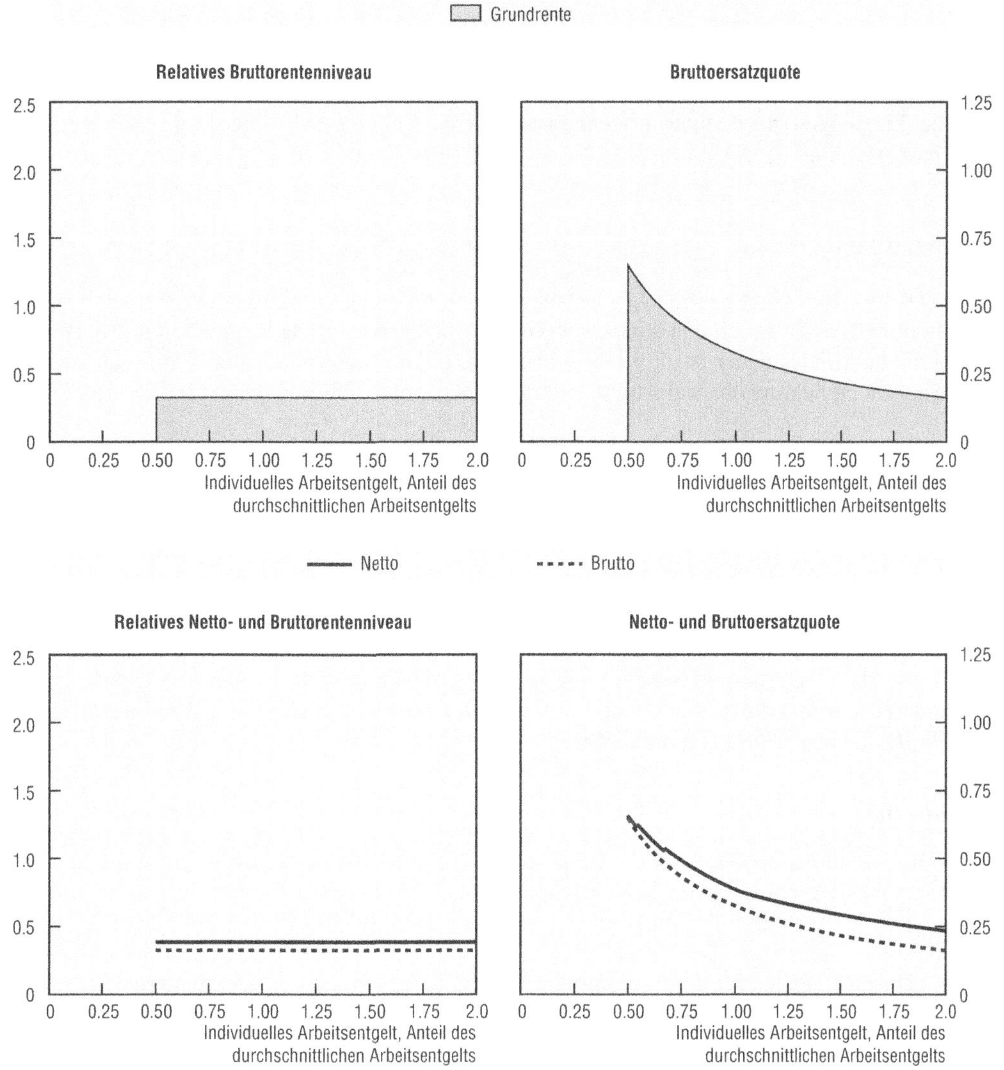

Männer *Frauen* (falls abweichend)	Medianverdiener	Individuelles Arbeitsentgelt, Vielfaches vom gesamtwirtschaftlichen Durchschnitt				
		0.5	0.75	1	1.5	2
Relatives Bruttorentenniveau *(In % des durchschnittlichen Bruttoarbeitsentgelts)*	32.5	32.5	32.5	32.5	32.5	32.5
Relatives Nettorentenniveau *(In % des durchschnittlichen Nettoarbeitsentgelts)*	38.5	38.5	38.5	38.5	38.5	38.5
Bruttoersatzquote *(In % des individuellen Bruttoarbeitsentgelts)*	38.2	65.0	43.3	32.5	21.7	16.2
Nettoersatzquote *(In % des individuellen Nettoarbeitsentgelts)*	44.4	65.8	49.3	38.5	29.3	23.5
Bruttorentenvermögen	6.8	11.5	7.7	5.8	3.8	2.9
(Vielfaches des durchschnittlichen Bruttoarbeitsentgelts)	*8.1*	*13.7*	*9.2*	*6.9*	*4.6*	*3.4*
Nettorentenvermögen	6.8	11.5	7.7	5.8	3.8	2.9
(Vielfaches des durchschnittlichen Bruttoarbeitsentgelts)	*8.1*	*13.7*	*9.2*	*6.9*	*4.6*	*3.4*

Island

Das öffentliche Rentensystem hat drei Säulen, eine Grundrente und zwei einkommensabhängige Systeme. Darüber hinaus ist eine obligatorische betriebliche Alterssicherung vorgesehen, bei der die Leistungen nach einer kombinierten Formel (allerdings zumeist mit Leistungsprimat) berechnet werden.

Anspruchskriterien

Das Regelrentenalter ist 67 Jahre. Anspruch auf die volle Grundrente besteht nach 40 Wohnsitzjahren in Island. Bei einer kürzeren Wohnsitzdauer verringert sich die Rente proportional, die erforderliche Mindestdauer ist drei Jahre. Die betriebliche Altersversorgung kann von Beschäftigten des privaten Sektors ebenfalls mit 67 Jahren in Anspruch genommen werden.

Rentenberechnung

Grundrente

Die volle Grundrente beläuft sich auf 21 249 ISK pro Monat, ungefähr 9% des Durchschnittsarbeitsentgelts. Diese Leistung ist einkommensabhängig: Sie wird schrittweise entzogen, sobald das Einkommen (aus anderen Quellen als der Zusatzrente) 1 716 020 ISK übersteigt, was 62% des Durchschnittsarbeitsentgelts entspricht, und entfällt bei 2 565 980 ISK. Die Einkommensprüfung bezieht sich nur auf Nichtrenteneinkommen, z.B. Arbeitsverdienste oder Sozialhilfe sowie 50% der Kapitalerträge.

Sozialrente

Die zweite Komponente ist die Rentenzulage. Der Höchstbetrag dieser Leistung beläuft sich auf 41 655 ISK pro Monat für Alleinstehende, rd. 18% des Durchschnittsarbeitsentgelts. Diese Leistung wird ab einem Jahreseinkommen von mehr als 550 656 ISK (rd. 20% des Durchschnittsarbeitsentgelts) entzogen. Die Grundrente hat jedoch keinen Einfluss auf die Höhe der Rentenzulage. Die Entzugsrate für die Einkommensprüfung bei der Rentenzulage liegt bei 45%.

Darüber hinaus gibt es noch eine ergänzende Rentenzulage in Höhe von maximal 20 540 ISK monatlich, knapp 9% des Durchschnittsarbeitsentgelts. Diese wird bei Anrechnung sämtlicher anderer Einkommen mit einem Satz von zwei Dritteln entzogen und entfällt bei 439 680 ISK.

Das Leistungsniveau wird entsprechend der Lohnentwicklung im öffentlichen Sektor angepasst (für die hier unterstellt wird, dass sie dem gesamtwirtschaftlichen Verdienstwachstum in der Standardannahme entspricht).

Obligatorische betriebliche Altersvorsorge

Die Arbeitgeberprogramme sind gesetzlich vorgeschrieben. Das Gesetz fordert, dass diese Programme auf eine Ersatzquote von 56% nach 40 Beitragsjahren abzielen, wobei ein Steigerungssatz von 1,4% für jedes Dienstjahr vorgesehen ist. Die Versicherungspflicht besteht für Erwerbstätige im Alter von 16 bis 70 Jahren. Der in dieser Berechnung verwendete Referenzverdienst ist der über das Erwerbsleben gerechnete Durchschnittslohn für jedes Versicherungsjahr. Es gibt keine Beitragsbemessungsgrenze. Zurückliegende Verdienste werden entsprechend der Preisinflation plus einer Verzinsung von 3,5% angepasst.

Die laufenden Betriebsrenten müssen von Gesetzes wegen zumindest parallel zur Verbraucherpreisinflation angehoben werden.

In der Praxis zahlen viele Systeme mehr als den oben angegebenen gesetzlich vorgeschriebenen Mindestsatz, in der Regel durch Hinzufügung eines kombinierten Elements mit Beitrags-/ Leistungsprimat. Der Mindestbeitragssatz zur betrieblichen Alterssicherung beläuft sich auf 10% des Verdiensts. Der Arbeitnehmer zahlt 4%, der Arbeitgeber 6%. Beitragszahlungen, die über das zur Finanzierung der gesetzlichen Mindestleistungen erforderliche Niveau hinausgehen, können entweder zur Anhebung der leistungsbezogenen Rentenansprüche verwendet oder in individuelle Konten umgeleitet werden, aus denen dann eine beitragsbezogene Rente gezahlt wird. In der Modellrechnung wird allerdings nur die gesetzlich vorgeschriebene Komponente berücksichtigt, die Sonderleistungen bleiben ausgeklammert, da sie nicht garantiert sind.

Frühverrentung

Im Rahmen der betrieblichen Alterssicherung sind die Frühverrentungsregeln von einem Versicherungsträger zum anderen je nach Mitgliederstruktur unterschiedlich. Im privaten Sektor beträgt das Regelrentenalter 67 Jahre, und die Rente kann ab 62 Jahre beantragt werden. Im Allgemeinen werden die Rentenansprüche für jedes Jahr, um das der Renteneintritt früher erfolgt, um 7% gekürzt.

Grundrente oder Sozialrente können nicht vor dem Regelrentenalter bezogen werden.

Spätverrentung

Im Rahmen der betrieblichen Alterssicherung können die Arbeitnehmer den Renteneintritt bis zum Alter von 70 Jahren hinausschieben, wobei sich die Rentenbezüge um 9% pro zusätzlichem Dienstjahr erhöhen. Arbeitnehmer, die den Renteneintritt aufschieben, leisten weiter Rentenversicherungsbeiträge und erwerben zusätzliche Rentenansprüche. In einigen Fällen ist die Gesamtbeitragsdauer auf 32 Jahre begrenzt.

Es ist nicht möglich, den Bezug der Grundrente oder der Sozialrente auf einen Zeitpunkt nach dem Regelrentenalter zu verschieben. Die Grundrente ist verdienstabhängig (siehe oben), während die Sozialrente einer Prüfung des gesamten Einkommens, einschließlich Arbeitsentgelt, unterliegt.

Ergebnisse des Rentenmodells: Island

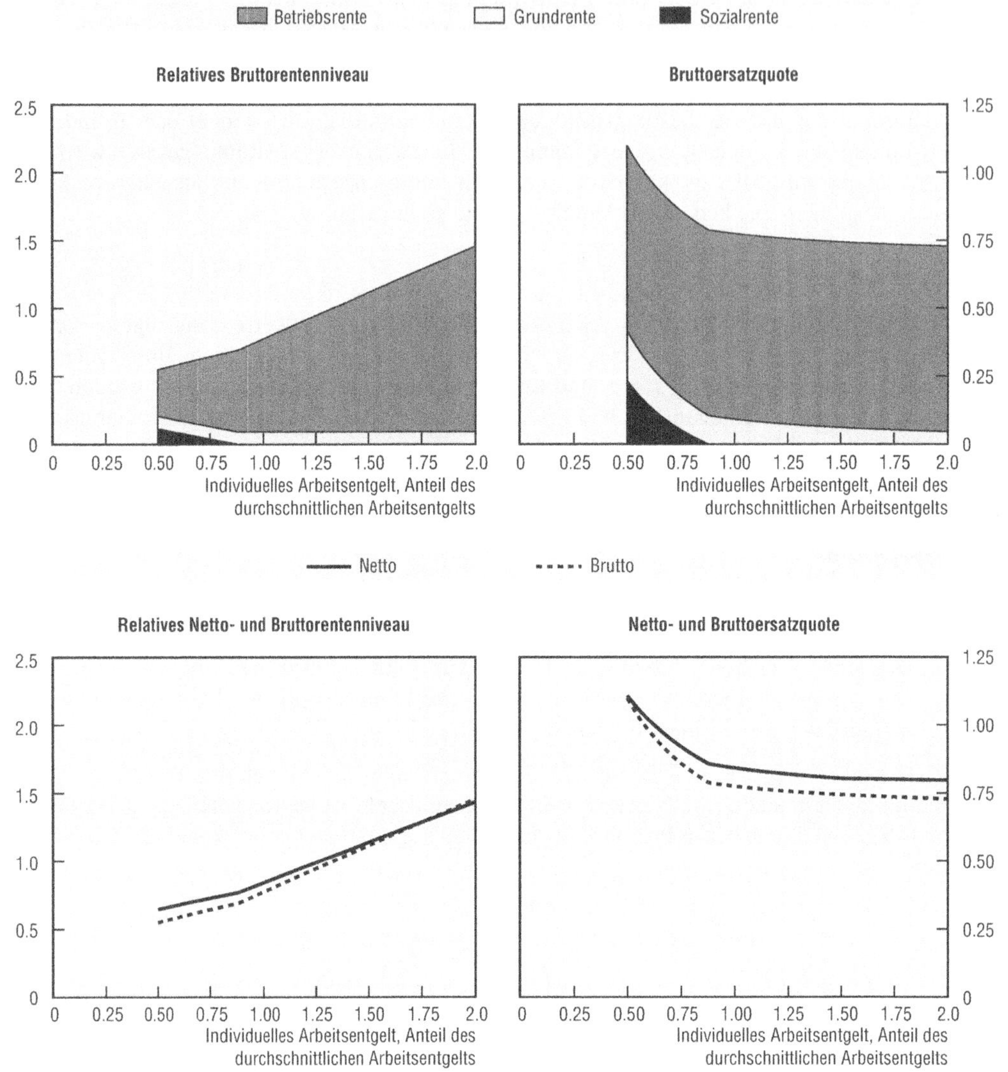

Männer *Frauen* (falls abweichend)	Median-verdiener	Individuelles Arbeitsentgelt, Vielfaches vom gesamtwirtschaftlichen Durchschnitt				
		0.5	0.75	1	1.5	2
Relatives Bruttorentenniveau *(In % des durchschnittlichen Bruttoarbeitsentgelts)*	68.1	55.0	64.4	77.5	111.6	145.7
Relatives Nettorentenniveau *(In % des durchschnittlichen Nettoarbeitsentgelts)*	76.0	64.6	72.8	84.2	113.8	143.5
Bruttoersatzquote *(In % des individuellen Bruttoarbeitsentgelts)*	80.1	109.9	85.8	77.5	74.4	72.9
Nettoersatzquote *(In % des individuellen Nettoarbeitsentgelts)*	86.9	110.9	92.0	84.2	80.3	79.7
Bruttorentenvermögen *(Vielfaches des durchschnittlichen Bruttoarbeitsentgelts)*	12.3 *13.8*	17.7 *20.0*	13.3 *15.0*	11.8 *13.3*	11.3 *12.6*	11.0 *12.3*
Nettorentenvermögen *(Vielfaches des durchschnittlichen Bruttoarbeitsentgelts)*	9.7 *10.9*	14.7 *.6*	10.6 *12.0*	9.1 *10.2*	8.1 *9.1*	7.6 *8.6*

Italien

Das neue italienische Rentensystem stützt sich auf das Prinzip der *Notional Accounts*, der „fiktiven" Rentenkonten. Die Beiträge werden zu einem Satz verzinst, der an das BIP-Wachstum gebunden ist. Bei Renteneintritt wird das akkumulierte „fiktive" Kapital in eine Rente umgerechnet, wobei die durchschnittliche Lebenserwartung beim Renteneintritt berücksichtigt wird. Das System gilt in vollem Umfang für Arbeitsmarktneuzugänge ab 1996.

Anspruchskriterien

Infolge der Rentenreform 2004 wird das Regelrentenalter im neuen System ab 2008 für Frauen 60 Jahre und für Männer 65 Jahre betragen. Ein vorzeitiger Rentenbezug wird jedoch unter bestimmten Bedingungen in Bezug auf die Beitragszahlungen (siehe unten) weiterhin möglich sein. In der Basismodellrechnung wird unterstellt, dass der Renteneintritt bei Männern mit 65 Jahren und bei Frauen mit 60 Jahren erfolgt*.

Rentenberechnung

Verdienstabhängige Rente

Bei diesem System werden auf den fiktiven Rentenkonten der Arbeitnehmer 33% des Verdiensts gutgeschrieben, was etwas über dem tatsächlich von Arbeitgeber und Arbeitnehmer entrichteten Beitragssatz liegt. Die Beiträge werden dann bis zum Jahr des Renteneintritts entsprechend einem gleitenden Fünfjahresdurchschnitt des BIP-Wachstums angepasst. In den Modellrechnungen für alle Länder wurde ein reales Lohnwachstum von 2% pro Jahr unterstellt. In Anbetracht der voraussichtlichen Abnahme der italienischen Erwerbsbevölkerung ist es folgerichtig, hier von einem realen BIP-Jahreswachstum in Höhe von 1,6% auszugehen.

Das daraus resultierende „fiktive Kapital" wird bei Renteneintritt mit einem „Umwandlungskoeffizienten" multipliziert. Der Koeffizient variiert mit dem Alter, in dem die Rente angetreten wird. Der Rentenwert soll alle zehn Jahre entsprechend den vorliegenden Daten zu den altersbezogenen Sterberaten angepasst werden. Die Sozialpartner und das Parlament werden konsultiert, die Verantwortung liegt letztlich jedoch bei der Regierung. Bei den Berechnungen wird ein realer Zinssatz von 1,5% unterstellt. Für den Zeitraum 2036-2045 (der das für die Basisprojektionen verwendete Jahr 2040 einschließt) ergeben sich auf der Basis der ISTAT-Bevölkerungsprognosen von 2001 folgende versicherungsmathematische Werte:

Renteneintrittsalter	57	58	59	60	61	62	63	64	65+
Umwandlungskoeffizient (%)	4.014	4.113	4.217	4.328	4.446	4.572	4.705	4.847	4.999

Beiträge werden für Arbeitnehmer ab einem Lohn von mindestens 164,87 Euro pro Woche erhoben (was 39% des Durchschnittsarbeitsentgelts entspricht). Die Bemessungsgrenze liegt bei dem neuen System bei 82 401 Euro pro Jahr bzw. etwas mehr als 370% des Durchschnittsarbeitsentgelts.

Die Indexierung der laufenden Renten ist kompliziert, da kleine Renten großzügiger behandelt werden als hohe Renten. Für Renten in Höhe von bis zu dem Dreifachen der Mindestrente ist eine vollständige Anpassung der laufenden Renten an die Preise vorgesehen. Diese Grenze entspricht im Jahr 2003 (das für die Anpassung 2004 zu Grunde gelegt wird) 1 206 Euro monatlich und im Jahr 2004 1 236 Euro (Basis für die Anpassung 2005) bzw. annähernd zwei Dritteln

* Italien hat ernste Zweifel an der Angemessenheit des im Bericht verwendeten Datenmaterials und folglich an der Vergleichbarkeit der Ergebnisse geäußert. Insbesondere weichen die Basishypothesen betreffend das Alter des Erstzugangs zum Arbeitsmarkt sowie die Dauer der Erwerbstätigkeit (20 bzw. 45 Jahre) von denen ab, die bei einer vergleichbaren Untersuchung auf EU-Ebene vereinbart wurden, und unterscheiden sich von den derzeitigen Arbeitsmarktstandards in Italien. Italien ist der Auffassung, dass auf diesen Daten basierende Interpretationen irreführend sein könnten.

des gesamtwirtschaftlichen Durchschnittsarbeitsentgelts. Für Renten in Höhe des 3- bis 5-Fachen der Mindestrente werden die gezahlten Leistungen im Umfang von 90% der Preissteigerung erhöht. Oberhalb dieser Grenze verringert sich die Anpassung auf 75% der Preisindexsteigerung. Anzumerken ist, dass die Indexierung separat für jede Tranche einer hohen Rente vorgenommen wird.

Sozialhilfe

Für Personen, die ausschließlich durch das neue System abgesichert sind, d.h. für die Arbeitsmarktneuzugänge ab 1996, wurde die Mindestrente (siehe unten) abgeschafft. Rentner, deren Einkommen unter dem Sozialhilfeniveau liegt, können ab dem Alter von 65 Jahren jedoch eine bedürftigkeitsabhängige Leistung beantragen. Einschließlich Zulagen belief sich die Sozialhilfe (*assegno sociale*) 2004 auf 4 952 Euro. Für Personen über 70 Jahre erhöht sich diese Leistung auf 6 967 Euro. Diese Beträge entsprechen 22% bzw. 31% des Durchschnittsarbeitsentgelts.

Frühverrentung

Mit der Rentenreform von 2004 wurde das Regelrentenalter im neuen System ab 2008 auf 65 Jahre für Männer und auf 60 Jahre für Frauen festgesetzt. Dies ist das gleiche Regelrentenalter wie im alten System. Männer mit mindestens 35 Beitragsjahren werden (ab 2008) die Möglichkeit haben, ab einem Alter von 60 Jahren in Rente zu gehen. Das Mindestrentenalter für Männer wird in der Folge (ab 2010) auf 61 Jahre und (ab 2014) auf 62 Jahre angehoben. Bei weniger als 40 Versicherungsjahren gilt für die Frühverrentung (ab 2008) eine zusätzliche Wartefrist von (durchschnittlich) neun Monaten, was ein um neun Monate höheres effektives Frühverrentungsalter ergibt, als eingangs genannt. Frauen werden weiterhin (bis 2015) ab 57 Jahren eine Rente beziehen können. Ab 2016 können Frauen erst im Alter von 60 Jahren in Rente gehen.

Allerdings wird weiter die Möglichkeit bestehen, bei 40 Beitragsjahren in jedem beliebigen Alter in den Ruhestand zu treten. Im Übrigen muss bei Frühverrentung die Rentenhöhe mindestens dem 1,2-Fachen der Sozialhilfe entsprechen.

Spätverrentung

Frauen haben das Recht, bis zu dem für Männer geltenden Regelrentenalter erwerbstätig zu bleiben. Der Renteneintritt muss nicht zwangsläufig mit 65 Jahren erfolgen, doch hat der Arbeitgeber das Recht, Beschäftigte bei Erreichen dieses Alters zu entlassen. Im Rahmen des Systems fiktiver Rentenkonten ist es nicht möglich, Erwerbs- und Renteneinkommen vor dem 63. Lebensjahr zu kumulieren. Nach dem 63. Lebensjahr ist dies gestattet, wobei aber ein Abschlag hinzunehmen ist: Der Steuersatz auf das die Mindestrente überschreitende Einkommen beträgt 50% bis zu dem Niveau, bei dem die Steuer insgesamt der Gesamthöhe der Rentenbezüge entspricht.

Der Renteneintritt kann bis nach dem 65. Lebensjahr verschoben werden, doch bleibt der Umwandlungskoeffizient (siehe oben) der gleiche und die Rentenansprüche erhöhen sich nur auf Grund der weiteren Beitragszahlungen und deren Verzinsung (auf fiktiven Rentenkonten) während eines oder mehrerer Jahre.

Vor-Reform-Szenario

Die Arbeitsmarktneuzugänge ab 1996 sind ausschließlich durch das neue System abgesichert. Personen mit über 18 Beitragsjahren zum Zeitpunkt der Reform sind nur durch das alte System abgesichert. Für die dazwischen liegenden Kohorten sind die bis Ende 1995 aufgelaufenen Ansprüche durch das alte System und spätere Ansprüche durch das neue System gedeckt.

Bei dem alten System handelte es sich um ein System mit Leistungsprimat, bei dem für jedes Beitragsjahr ein variabler Anteil des Arbeitsentgelts gezahlt wurde. Für die Erwerbsjahre nach 1993 waren auf die einzelnen Verdienstniveaus unterschiedliche Sätze anwendbar. Die Tabelle zeigt die Sätze von 2004:

Verdienstniveau (untere Grenze)	0	37 884 Euro	50 386 Euro	62 887 Euro	71 980 Euro
Steigerungssatz	2.0%	1.6%	1.35%	1.10%	0.9%

Im alten System gab es keine Beitragsbemessungsgrenze.

Das Regelrentenalter bei diesem System wurde ab 1992 schrittweise angehoben (von 60 Jahren für Männer, 55 Jahren für Frauen) auf 65 Jahre für Männer und 60 Jahre für Frauen (seit dem Jahr 2000). Rentenanspruch besteht nach 20 Beitragsjahren (bis 1992 waren es 15 Jahre).

Es gab aber auch eine „Senioritätsrente" (*pensione di anzianità*), die einen früheren Rentenbezug ermöglichte. Mit der Reform von 1992 wurden die entsprechenden Voraussetzungen schrittweise verschärft. Auf Grund dessen kann der Renteneintritt 2001-2003 bei 37 Beitragsjahren, 2004-2005 bei 38 Beitragsjahren, 2006-2007 bei 39 Beitragsjahren und ab 2008 bei 40 Beitragsjahren in jedem Alter erfolgen. Bei 35 Beitragsjahren konnte die Rente 2001 im Alter von 56 und 2002 mit 57 Jahren in Anspruch genommen werden. Weitere Anhebungen sind vorgesehen (siehe unten).

Die Mindestrente ist für 60- bis 64-Jährige um 50 Euro und für 65- bis 69-Jährige um 110 Euro höher als die Sozialhilfe (Beschreibung siehe oben). Ab 70 Jahre ist die Höhe der Mindestrente mit der der Sozialhilfe identisch.

Im alten System war es möglich, Erwerbs- und Renteneinkommen ab einem Alter von 58 Jahren zu kumulieren, wenn 37 Beitragsjahre erreicht waren.

Ergebnisse des Rentenmodells: Italien

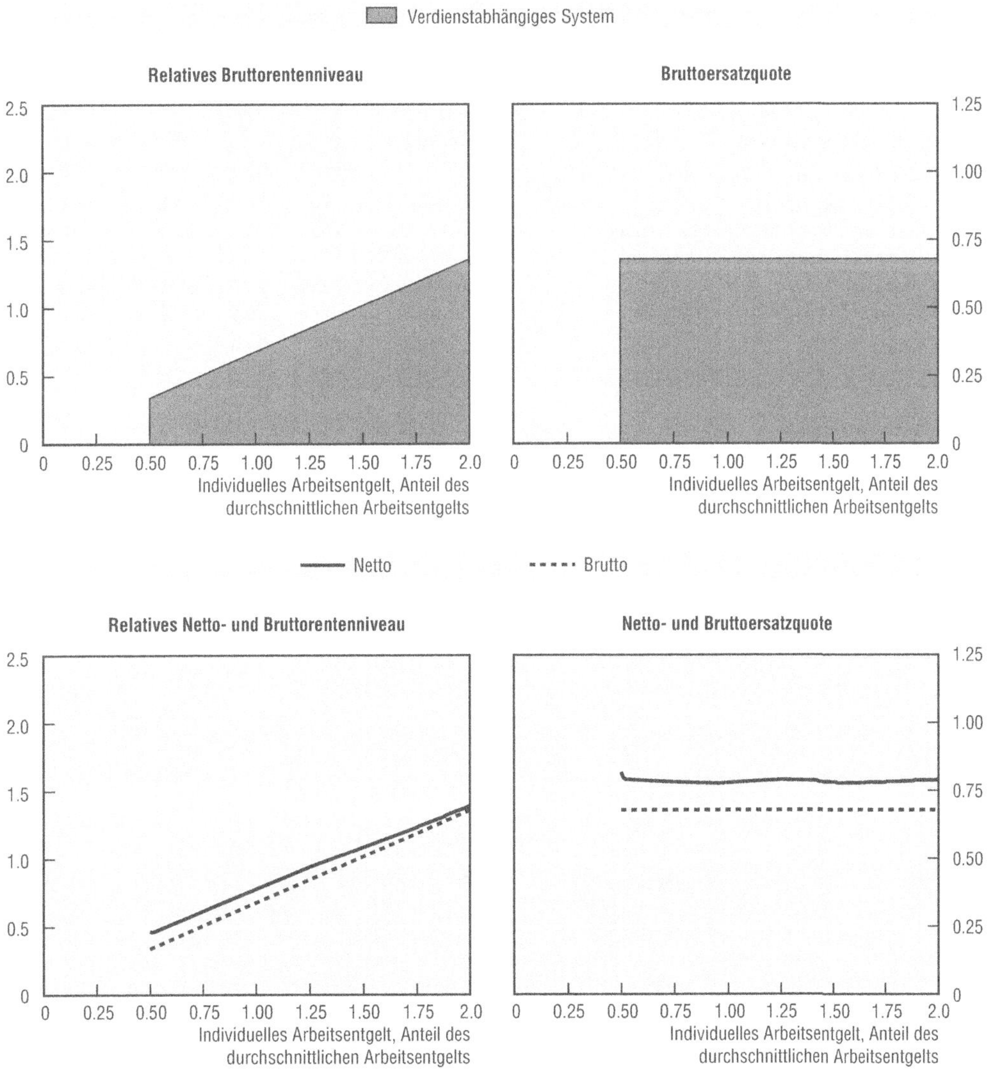

Männer *Frauen* (falls abweichend)	Median-verdiener	Individuelles Arbeitsentgelt, Vielfaches vom gesamtwirtschaftlichen Durchschnitt				
		0.5	0.75	1	1.5	2
Relatives Bruttorentenniveau	57.7	34.0	51.0	67.9	101.9	135.9
(In % des durchschnittlichen Bruttoarbeitsentgelts)	*44.9*	*26.4*	*39.6*	*52.8*	*79.2*	*105.6*
Relatives Nettorentenniveau	68.1	46.7	61.6	77.9	108.8	139.6
(In % des durchschnittlichen Nettoarbeitsentgelts)	*55.8*	*36.3*	*50.7*	*63.4*	*88.7*	*111.9*
Bruttoersatzquote	67.9	67.9	67.9	67.9	67.9	67.9
(In % des individuellen Bruttoarbeitsentgelts)	*52.8*	*52.8*	*52.8*	*52.8*	*52.8*	*52.8*
Nettoersatzquote	77.9	81.8	78.2	77.9	78.1	79.3
(In % des individuellen Nettoarbeitsentgelts)	*63.8*	*63.6*	*64.4*	*63.4*	*63.7*	*63.5*
Bruttorentenvermögen	10.0	10.0	10.0	10.0	10.0	9.9
(Vielfaches des durchschnittlichen Bruttoarbeitsentgelts)	*10.7*	*10.7*	*10.7*	*10.7*	*10.7*	*10.6*
Nettorentenvermögen	8.6	10.0	8.8	8.4	7.7	7.4
(Vielfaches des durchschnittlichen Bruttoarbeitsentgelts)	*9.7*	*10.7*	*10.0*	*9.4*	*8.7*	*8.2*

Ergebnisse des Rentenmodells: Italien, Vor-Reform-Szenario

Männer *Frauen* (falls abweichend)	Median-verdiener	Individuelles Arbeitsentgelt, Vielfaches vom gesamtwirtschaftlichen Durchschnitt				
		0.5	0.75	1	1.5	2
Relatives Bruttorentenniveau	76.5	45.0	67.5	90.0	135.0	174.9
(In % des durchschnittlichen Bruttoarbeitsentgelts)	*68.0*	*40.0*	*60.0*	*80.0*	*120.0*	*155.5*
Relatives Nettorentenniveau	86.1	55.9	77.5	98.6	138.1	170.8
(In % des durchschnittlichen Nettoarbeitsentgelts)	*78.0*	*51.1*	*70.3*	*89.5*	*124.7*	*155.1*
Bruttoersatzquote	90.0	90.0	90.0	90.0	90.0	87.5
(In % des individuellen Bruttoarbeitsentgelts)	*80.0*	*80.0*	*80.0*	*80.0*	*80.0*	*77.7*
Nettoersatzquote	98.5	97.8	98.4	98.6	99.2	97.0
(In % des individuellen Nettoarbeitsentgelts)	*89.2*	*89.5*	*89.2*	*89.5*	*89.5*	*88.1*
Bruttorentenvermögen	13.3	13.3	13.3	13.3	13.3	12.9
(Vielfaches des durchschnittlichen Bruttoarbeitsentgelts)	*16.3*	*16.3*	*16.3*	*16.3*	*16.3*	*15.8*
Nettorentenvermögen	10.9	12.0	11.1	10.6	9.9	9.2
(Vielfaches des durchschnittlichen Bruttoarbeitsentgelts)	*13.6*	*15.1*	*13.8*	*13.2*	*12.3*	*11.5*

Japan

Das japanische staatliche Rentensystem besteht aus zwei Komponenten: einer einheitlichen Grundrente und einer verdienstabhängigen Zusatzrente (Rentensystem für abhängig Beschäftigte).

Anspruchskriterien

Die Grundrente wird nach mindestens 25 Beitragsjahren ab dem 65. Lebensjahr gezahlt. Anspruch auf eine volle Grundrente besteht nach 40 Beitragsjahren, im Fall kürzerer oder längerer Beitragszeiten wird die Rentenhöhe proportional angepasst.

Die verdienstabhängige Rente wird zusätzlich zur Grundrente gezahlt, nach Entrichtung von mindestens einem Monatsbeitrag, sofern Anspruch auf eine Grundrente besteht. Das Rentenalter wird schrittweise von 60 auf 65 Jahre angehoben, bei der Pauschalkomponente im Zeitraum 2001-2013 für Männer und 2006-2018 für Frauen und bei der verdienstabhängigen Komponente bis 2025 für Männer und bis 2030 für Frauen. Die verdienstabhängige Rente aus dem System für abhängig Beschäftigte wird im Fall kürzerer oder längerer Beitragszeiten angepasst.

Rentenberechnung

Grundrente

Die volle Grundrente lag 2004 bei 794 500 Yen pro Jahr, was 16% des Durchschnittsarbeitsentgelts entspricht. Die Grundrente wird an die Preisentwicklung angepasst.

Verdienstabhängige Rente

Das Rentensystem für abhängig Beschäftigte setzt sich aus zwei Komponenten zusammen, einer Pauschalrente und einem verdienstabhängigen Teil, wobei letzterer die bei weitem wichtigere Komponente ist. Der Rentensteigerungssatz betrug bis zum Finanzjahr 2002 0,75% des Durchschnittsarbeitsentgelts ohne Sonderzulagen. Seit dem Finanzjahr 2003 werden beim versicherungspflichtigen Arbeitsentgelt auch die Sonderzulagen berücksichtigt. Durch diese Ausdehnung der Bemessungsgrundlage verringert sich der Steigerungssatz auf 0,5481% des Verdiensts (einschließlich Sonderzulagen).

Der Verdienst früherer Jahre wird entsprechend dem gesamtwirtschaftlichen Nettoverdienstwachstum aufgewertet. Für die Beitragsberechnung gilt eine Bemessungsgrenze in Höhe von 620 000 Yen pro Monat, was 150% des Durchschnittsarbeitsentgelts entspricht.

Die Höhe der Pauschalkomponente hängt vom Geburtsjahr des Empfängers ab. 2004 betrug sie zwischen 1 676 und 3 143 Yen je Beitragsmonat. Sie wird nur an Rentner im Alter von 62-64 Jahre gezahlt und soll bis 2013 abgeschafft werden.

Die Anpassung der laufenden Renten ist preisindexiert.

Austritt aus dem System

Arbeitgeber mit mindestens 1 000 Mitarbeitern haben die Möglichkeit, aus einem Teil des verdienstabhängigen Systems auszuscheiden (sogenannter „Ersatzteil"), wenn sie ihren Mitarbeitern selbst eine Alterssicherung anbieten; rd. 15% der Arbeitnehmer sind über solche betrieblichen Altersvorsorgepläne versichert. Voraussetzung für den Austritt ist, dass das Unternehmen Rentenleistungen in Höhe von mindestens 150% (vor 2005: 110%) des Betrags bieten kann, auf den die fraglichen Arbeitskräfte im öffentlichen System Anspruch hätten. Maßgeblich für die Berechnung der erforderlichen Rentenhöhe für den Austritt ist der durchschnittliche nominale Lebensarbeitsverdienst. Die Indexierung der laufenden Rentenzahlungen und die Wertanpassung des Verdiensts früherer Jahre werden vom Staat finanziert.

Der Beitragssatz in den vom Arbeitgeber angebotenen Altersvorsorgeplänen wird vom Staat festgelegt und richtet sich nach der Altersstruktur der versicherten Mitarbeiter sowie versicherungsmathematischen Annahmen. Bis 1996 galt für diese Altersvorsorgepläne allerdings ein einheitlicher Satz. Seit 2005 schwankt der Satz zwischen 2,4% und 5% des Gesamtarbeitsentgelts.

Seit 2001 fördert die Regierung auch Rentensysteme mit Beitragsprimat und betriebliche Altersvorsorgepläne mit Leistungsprimat. Dies hatte zur Folge, dass mehrere betriebliche Pensionsfonds aufgelöst wurden.

Frühverrentung

Bis 2001 konnte ab 60 Jahre eine „besondere" Rente für abhängig Beschäftigte in Anspruch genommen werden. Diese Regelung läuft derzeit aus, und danach wird erst ab 65 Jahre Anspruch auf eine volle Rente bestehen.

Ein vorzeitiger Renteneintritt mit entsprechenden Leistungsabschlägen ist sowohl im Grund- als auch im verdienstabhängigen System möglich. Die Rente verringert sich für jeden Monat des vorgezogenen Rentenbezugs um 0,5%, was 6% pro Jahr entspricht. Die Pauschalkomponente des Systems für abhängig Beschäftigte kann zwischen 60 und 65 Jahren in Anspruch genommen werden. Die laufenden Rentenzahlungen werden bis zur Vollendung des 65. Lebensjahrs entsprechend der Entwicklung des Nettodurchschnittsverdiensts angepasst, anschließend sind sie preisindexiert.

Spätverrentung

Der Rentenbezug kann sowohl bei der Grundrente als auch im verdienstabhängigen System aufgeschoben werden. Im Fall eines Rentenaufschubs erhöhen sich die Leistungen um 0,7% pro Monat, d.h. 8,4% jährlich. Für jedes Beitragsjahr nach Vollendung des 65. Lebensjahrs werden weitere Rentenansprüche erworben.

Seit 2006 ist es möglich, Erwerbstätigkeit und Rentenbezug zu kombinieren, vorausgesetzt, das Gesamteinkommen (Arbeitsentgelt plus Rente) beträgt nicht mehr als 480 000 Yen. Oberhalb dieses Schwellenwerts verringert sich die verdienstabhängige Rente um die Hälfte des fraglichen Mehrbetrags; die Grundrente wird allerdings noch in vollem Umfang ausgezahlt. Seit April 2007 gilt dieser Abzug auch für Arbeitskräfte über 70 Jahre, sie müssen jedoch keine Sozialversicherungsbeiträge entrichten.

Vor-Reform-Szenario

1994 wurde (wie vorstehend erwähnt) die Anhebung des Bezugsalters für die Pauschalkomponente des Systems für abhängig Beschäftigte beschlossen. Während die Wertanpassung des Verdiensts früherer Jahre im alten System entsprechend der Entwicklung der Bruttoarbeitsentgelte erfolgte, richtet sie sich heute nach dem Wachstum der Nettoverdienste. 2000 wurde das Rentenalter im verdienstabhängigen System angehoben. Beim versicherungspflichtigen Arbeitsentgelt werden inzwischen auch die Sonderzulagen berücksichtigt, und der Beitragssatz im verdienstabhängigen System wurde gesenkt.

Die letzte Reform erfolgte 2004. Ab 2017 wird der Beitragssatz im verdienstabhängigen System bei 18,3% liegen, während er im Grundrentensystem 16 900 Yen zuzüglich Inflation betragen wird.

Bei dieser Reform wurde auch eine Verknüpfung mit dem voraussichtlichen Anstieg der Lebenserwartung in die Rentenformel aufgenommen. Etwa 20 Jahre lang, d.h. bis das Gleichgewicht zwischen Rentenversicherungseinnahmen und -ausgaben wiederhergestellt ist, wird bei der Valorisierung ein besonderer Anpassungsfaktor zur Anwendung kommen. Dieser Faktor errechnet sich aus der Summe der durchschnittlichen Abnahme der Zahl der Beitragspflichtigen in den gesetzlichen Rentenversicherungen über einen Zeitraum von drei Jahren und der Wachstumsrate der Lebenserwartung. Es wird unterstellt, dass sich die Lebenserwartung mit einer konstanten Jahresrate von 0,3% erhöht. Dieser Faktor wird (bei der Valorisierung) vom Nettoverdienstwachstum und (bei der Indexierung) von der Teuerungsrate abgezogen, ein „Sperrklingenmechanismus“ sorgt jedoch dafür, dass es nicht zu einer negativen Wertanpassung oder Indexierung kommen kann. Die angestrebte Mindestersatzquote soll für einen Alleinverdiener-Paarhaushalt mit Durchschnittsverdienst bei 50% für 40 Beitragsjahre liegen. Sollte die Ersatzquote infolge der Anpassung unter 50% sinken, wird der Mechanismus ausgesetzt und es werden Zusatzmaßnahmen ergriffen, um das angestrebte Ersatzquotenniveau zu sichern. Laut Schätzungen der Regierung wird der Anpassungsfaktor bis 2025 0,9% betragen. Anschließend wird die Wertanpassung erneut das Verdienstwachstum und die Indexierung die Preisentwicklung widerspiegeln.

Ergebnisse des Rentenmodells: Japan

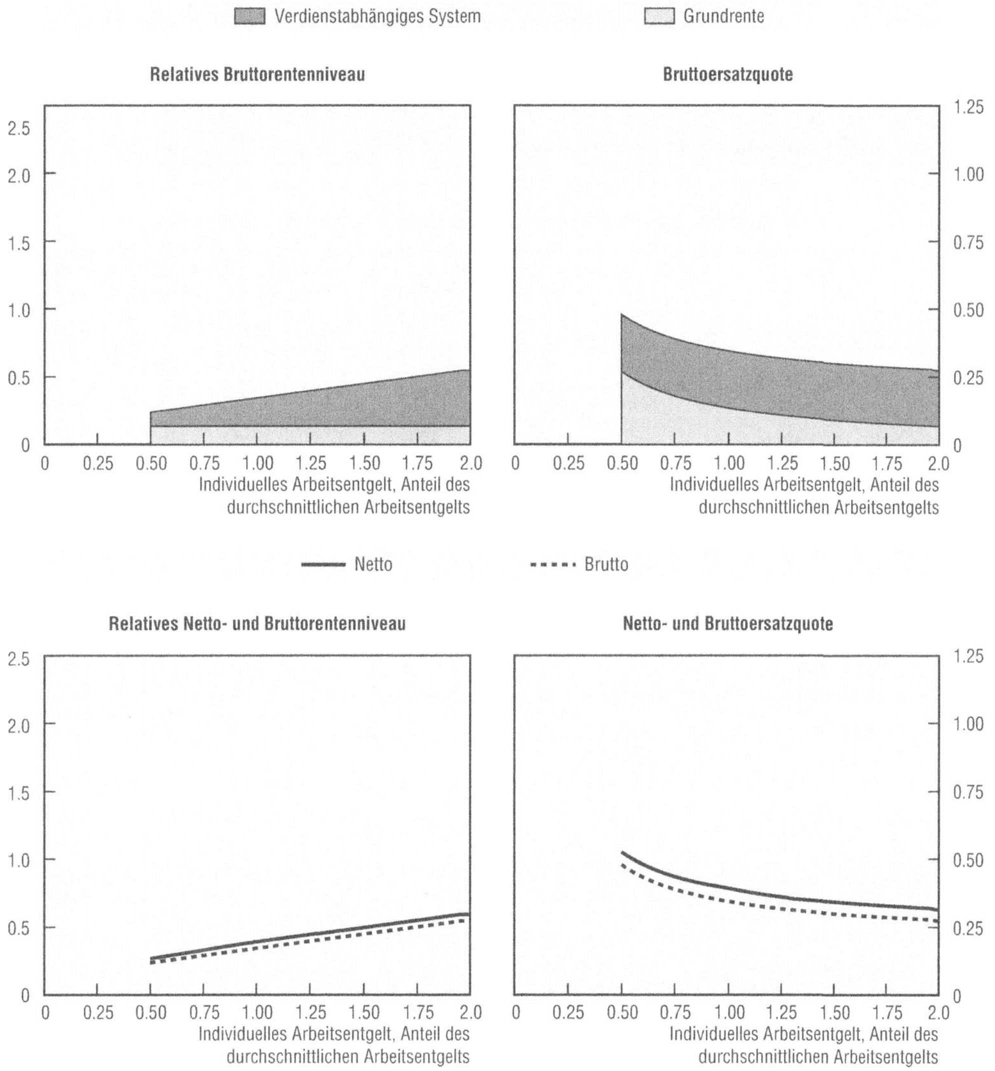

Männer *Frauen* (falls abweichend)	Median-verdiener	Individuelles Arbeitsentgelt, Vielfaches vom gesamtwirtschaftlichen Durchschnitt				
		0.5	0.75	1	1.5	2
Relatives Bruttorentenniveau	31.3	23.9	29.2	34.4	44.9	54.4
(In % des durchschnittlichen Bruttoarbeitsentgelts)						
Relatives Nettorentenniveau	35.6	26.9	33.1	39.2	49.6	59.3
(In % des durchschnittlichen Nettoarbeitsentgelts)						
Bruttoersatzquote	36.8	47.8	38.9	34.4	29.9	27.2
(In % des individuellen Bruttoarbeitsentgelts)						
Nettoersatzquote	41.5	52.5	43.5	39.2	34.3	31.3
(In % des individuellen Nettoarbeitsentgelts)						
Bruttorentenvermögen	6.1	7.9	6.4	5.7	5.0	4.5
(Vielfaches des durchschnittlichen Bruttoarbeitsentgelts)	*6.9*	*8.9*	*7.3*	*6.4*	*5.6*	*5.1*
Nettorentenvermögen	5.6	7.2	5.9	5.3	4.5	4.0
(Vielfaches des durchschnittlichen Bruttoarbeitsentgelts)	*6.3*	*8.2*	*6.7*	*5.9*	*5.0*	*4.5*

Ergebnisse des Rentenmodells: Japan, Vor-Reform-Szenario

Männer *Frauen* (falls abweichend)	Median-verdiener	Individuelles Arbeitsentgelt, Vielfaches vom gesamtwirtschaftlichen Durchschnitt				
		0.5	0.75	1	1.5	2
Relatives Bruttorentenniveau	37.0	28.4	34.6	40.7	53.1	64.3
(In % des durchschnittlichen Bruttoarbeitsentgelts)						
Relatives Nettorentenniveau	42.4	32.2	39.5	46.5	60.4	72.3
(In % des durchschnittlichen Nettoarbeitsentgelts)						
Bruttoersatzquote	43.6	56.8	46.1	40.7	35.4	32.2
(In % des individuellen Bruttoarbeitsentgelts)						
Nettoersatzquote	49.4	62.9	51.9	46.5	41.7	38.2
(In % des individuellen Nettoarbeitsentgelts)						
Bruttorentenvermögen	7.2	9.4	7.6	6.8	5.9	5.3
(Vielfaches des durchschnittlichen Bruttoarbeitsentgelts)	*8.1*	*10.6*	*8.6*	*7.6*	*6.6*	*6.0*
Nettorentenvermögen	6.7	8.7	7.1	6.3	5.4	4.9
(Vielfaches des durchschnittlichen Bruttoarbeitsentgelts)	*7.6*	*9.8*	*8.0*	*7.1*	*6.1*	*5.5*

Kanada

Das Rentensystem sieht eine einheitliche Grundrente vor, die nach Einkommensprüfung durch eine Zulage für das garantierte Mindesteinkommen aufgestockt werden kann, und verdienstabhängige öffentliche Programme.

Anspruchskriterien

Die Grundrente (*old age security* – OAS) ist von einer Wohnsitzprüfung abhängig, wobei jedes Wohnsitzjahr nach dem 18. Lebensjahr einen Anspruch auf ein Vierzigstel der Höchstrente, bis zu einem Maximum von 40 Jahren, begründet. Für den Leistungsbezug ist eine Mindestwohnsitzdauer von zehn Jahren erforderlich. Die Rente wird ab 65 Jahre gezahlt.

Beim verdienstabhängigen System sind für den Bezug einer Vollrente 40 Jahresbeiträge erforderlich, für die Begründung des Rentenanspruchs reicht aber ein einziger gültiger Beitrag aus. Das normale Rentenanspruchsalter liegt bei 65 Jahren; ab 60 Jahre kann eine Frührente beansprucht werden.

Rentenberechnung

Grundrente

Im Jahr 2004 betrug das durchschnittliche Leistungsniveau der OAS-Altersrente 5 376 kan$, und das der Vollrente 5 592,75 kan$. Die Vollrente entsprach damit 14,4% des Durchschnittsarbeitsentgelts. Die Grundrente ist preisindexiert.

Diese Rente ist einkommensabhängig, wobei die Einkommensprüfung über die Steuer erfolgt (sogenannte *Claw-back*-Methode). Überstieg das Einkommen 59 790 kan$ jährlich, wurde die Grundrente 2004 um einen Satz von 15% gekürzt. Dieser Schwellenwert entsprach etwas weniger als 154% des Durchschnittsarbeitsentgelts. Er ist ebenfalls preisindexiert.

Sozialrente

Die Zulage für das garantierte Mindesteinkommen (GIS) ergänzt die allgemeine Grundrente. Beide zusammen ergaben 2004 eine Höchstrente von 12 239,67 kan$. Grundrente und Zulage zusammen betrugen im Durchschnitt 31,4% des Durchschnittsverdiensts für Alleinstehende.

Zusatzeinkommen neben der Grundrente werden zu 50% von der Zulage abgezogen. Die Sozialrente ist preisindexiert.

Verdienstabhängige Rente

Verdienstabhängige Renten und Leistungen zahlt der Canada Pension Plan (CPP)/Québec Pension Plan (QPP). CPP und QPP sehen im Großen und Ganzen dasselbe Leistungsniveau vor. Dieses System zielt auf eine Lohnersatzquote von 25% auf der Basis des durchschnittlichen Lebensarbeitsentgelts ab (wobei 15% der Jahre mit dem geringsten Verdienst unberücksichtigt bleiben). Die Arbeitsentgelte früherer Jahre werden entsprechend der gesamtwirtschaftlichen Lohnentwicklung angepasst. Wie bereits erwähnt, sind für die Vollrente 40 Beitragsjahre erforderlich, bei kürzeren Erwerbsbiografien werden die Leistungen anteilig verringert. Im Jahr 2004 lag die maximale verdienstabhängige Rente bei 814,17 kan$ monatlich (ein Viertel des Durchschnittsarbeitsentgelts).

Personen, die weniger als 3 500 kan$ jährlich verdienen, sind nicht beitragspflichtig. Für Beiträge und Leistungen lag die Bemessungsgrenze im Jahr 2004 bei 40 500 kan$ (96% des Durchschnittsarbeitsentgelts). Die Bemessungsgrenze wird an den Anstieg der Durchschnittsverdienste angepasst, während die untere Beitragsbemessungsgrenze nominal eingefroren ist.

Die Höhe der verdienstabhängigen Rente wird nach dem Renteneintritt alljährlich an die Preisentwicklung angepasst.

Frühverrentung

Die Frühverrentung ab dem Alter von 60 Jahren ist bei dem staatlichen verdienstabhängigen Programm mit einer Leistungsminderung von jährlich 6% möglich. Bei den anderen beiden öffentlichen Programmen (Grundrente und bedürftigkeitsabhängige Leistungen) ist keine Frühverrentung möglich.

Spätverrentung

Die Inanspruchnahme der verdienstabhängigen Rente kann aufgeschoben werden, wobei sich die Rentenbezüge für jedes zusätzliche Jahr nach Erreichen des 65. Lebensjahrs und maximal 5 Jahre lang um jeweils 6% erhöhen. Die Inanspruchnahme der Grundrente und der bedürftigkeitsabhängigen Leistungen kann nicht aufgeschoben werden. Die Einkommensprüfung für bedürftigkeitsabhängige Leistungen bezieht den Verdienst mit ein, für die Grundrente wird die sogenannte *Claw-back*-Methode bei hohen Einkommen angewandt, die ebenfalls den Verdienst einbezieht.

Ergebnisse des Rentenmodells: Kanada

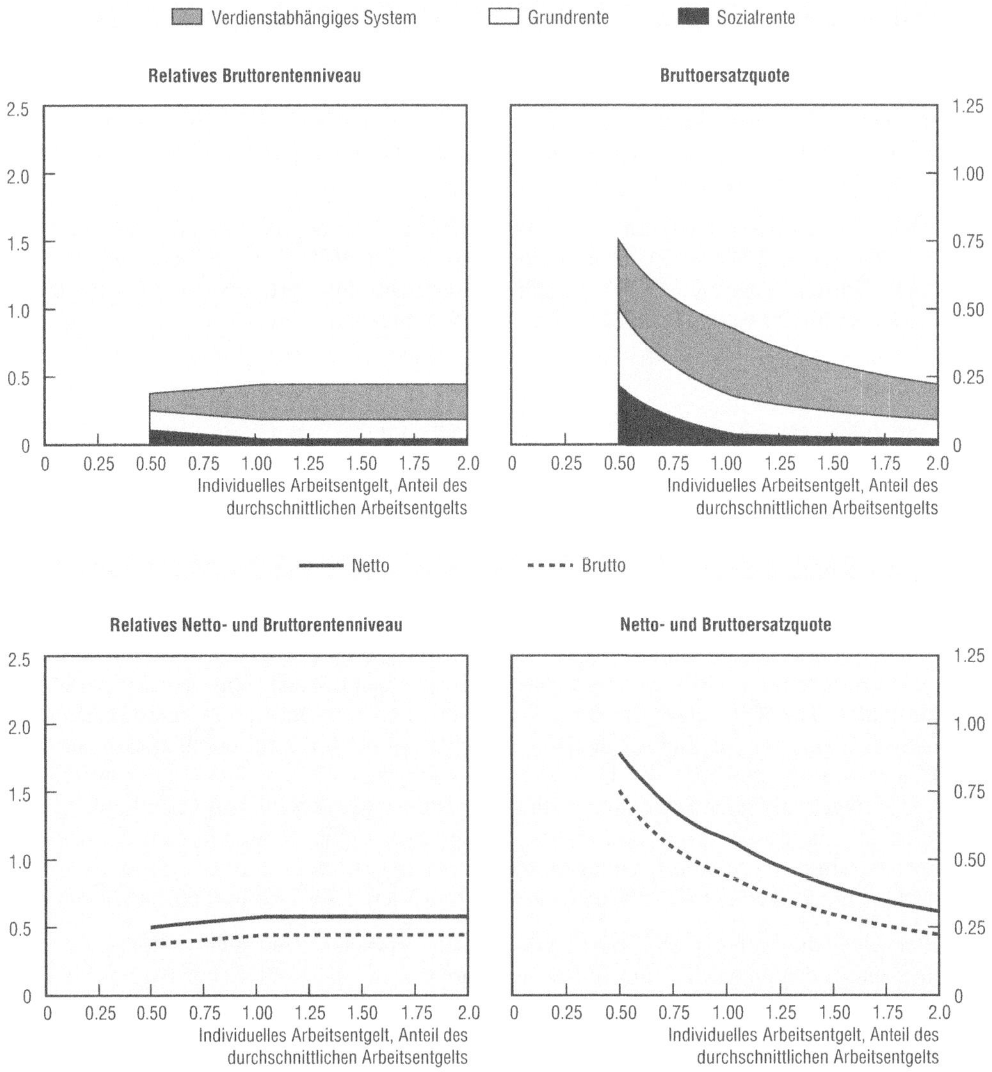

Männer *Frauen* (falls abweichend)	Median-verdiener	Individuelles Arbeitsentgelt, Vielfaches vom gesamtwirtschaftlichen Durchschnitt				
		0.5	0.75	1	1.5	2
Relatives Bruttorentenniveau	42.1	37.7	40.8	43.9	44.4	44.4
(In % des durchschnittlichen Bruttoarbeitsentgelts)						
Relatives Nettorentenniveau	55.3	50.1	53.9	57.4	58.0	58.0
(In % des durchschnittlichen Nettoarbeitsentgelts)						
Bruttoersatzquote	49.5	75.4	54.4	43.9	29.6	22.2
(In % des individuellen Bruttoarbeitsentgelts)						
Nettoersatzquote	62.8	89.2	68.3	57.4	40.0	30.8
(In % des individuellen Nettoarbeitsentgelts)						
Bruttorentenvermögen	7.6	11.5	8.3	6.7	4.5	3.4
(Vielfaches des durchschnittlichen Bruttoarbeitsentgelts)	*8.8*	*13.4*	*9.7*	*7.8*	*5.3*	*4.0*
Nettorentenvermögen	7.5	11.5	8.3	6.6	4.4	3.3
(Vielfaches des durchschnittlichen Bruttoarbeitsentgelts)	*8.7*	*13.4*	*9.6*	*7.7*	*5.2*	*3.9*

Korea

Die staatliche Rentenversicherung wurde in Korea erst vor relativ kurzer Zeit eingeführt. Es handelt sich um ein verdienstabhängiges, progressives System, bei dem sich die Leistungen sowohl nach den individuellen Arbeitsentgelten als auch nach dem gesamtwirtschaftlichen Durchschnitt der Arbeitsentgelte richten.

Anspruchskriterien

Die Rente kann derzeit bei einer Versicherungsdauer von mindestens zehn Jahren ab einem Alter von 60 Jahren in Anspruch genommen werden. Ab dem Alter von 55 Jahren kann eine Frührente mit Abschlägen bezogen werden.

Das Regelrentenalter wird bis 2033 schrittweise auf 65 Jahre angehoben. In der Modellrechnung wird von einem langfristigen Rentenalter von 65 Jahren und auch einer Anhebung des Frührentenalters ausgegangen (von 55 auf 60 Jahre).

Rentenberechnung

Verdienstabhängige Rente

Der Steigerungssatz beträgt 1,5% der Verdienstmessgröße für die ersten 20 Beitragsjahre. Anschließend erhöhen sich die Rentenansprüche mit jedem zusätzlichen Beitragsjahr um 5%. Nach 40 Beitragsjahren beläuft sich die Rente folglich auf 60% der Verdienstmessgröße. Letztere setzt sich zusammen aus dem durchschnittlichen, entsprechend dem Lohnwachstum aktualisierten individuellen Lebensarbeitsverdienst und dem gesamtwirtschaftlichen Durchschnittsarbeitsentgelt der vorangegangenen drei Jahre, das entsprechend der Preisentwicklung aufgewertet wird. Die Beitragsbemessungsgrenze liegt bei 3,6 Mio. KRW monatlich, was dem 1,6-Fachen des Durchschnittsverdiensts entspricht.

Die Rente ist auf maximal 100% des individuellen Verdiensts begrenzt. Sie wird nach dem Renteneintritt an die Preisentwicklung angepasst. Personen im Alter von über 60 Jahren entrichten keine Rentenversicherungsbeiträge und können keine zusätzlichen Rentenansprüche mehr erwerben.

Frühverrentung

Bei einer Anhebung des Regelrentenalters von 60 auf 65 Jahre wird unterstellt, dass sich das Frührentenalter ebenfalls von 55 auf 60 Jahre erhöhen wird. Bei einem Renteneintritt mit 60 Jahren wird die Frührente dann 75% der normalen Altersrente betragen. Mit jedem Jahr steigt sie um 5%, so dass ein Versicherter, der mit 64 Jahren in Rente geht, Anspruch auf 95% der vollen Altersrente haben wird.

Spätverrentung

Da die zu beziehenden Leistungen im Fall eines Rentenaufschubs nicht steigen, wird unterstellt, dass die Versicherten ihre Rente spätestens mit 65 in Anspruch nehmen.

In Zukunft wird der Rentenbezug im Alter von 65-69 Jahren mit einer Erwerbstätigkeit kombiniert werden können, was als „aktive Altersrente“ bezeichnet wird. Die während dieser Phase gezahlte Rente wird sich auf 50% der vollen Altersrente belaufen und mit jedem zusätzlichen Jahr der Erwerbstätigkeit um 10% erhöhen.

Vor-Reform-Szenario

Die Grundstruktur des derzeitigen Rentensystems ist seit seiner Einführung im Jahr 1988 unverändert geblieben. Anfangs waren nur abhängig Beschäftigte versichert, anschließend wurde die Rentenversicherung aber auf selbstständig Beschäftigte in ländlichen Gebieten (1995) und städtischen Räumen (1999) ausgedehnt. 1999 wurden die Rentenparameter geändert, wodurch sich die Ersatzquote verringerte. Für einen Durchschnittsverdiener mit 40 Beitragsjahren sank sie von 70% auf 60%. Vor der Reform war auch das Rentenalter niedriger angesetzt (siehe oben).

Ergebnisse des Rentenmodells: Korea

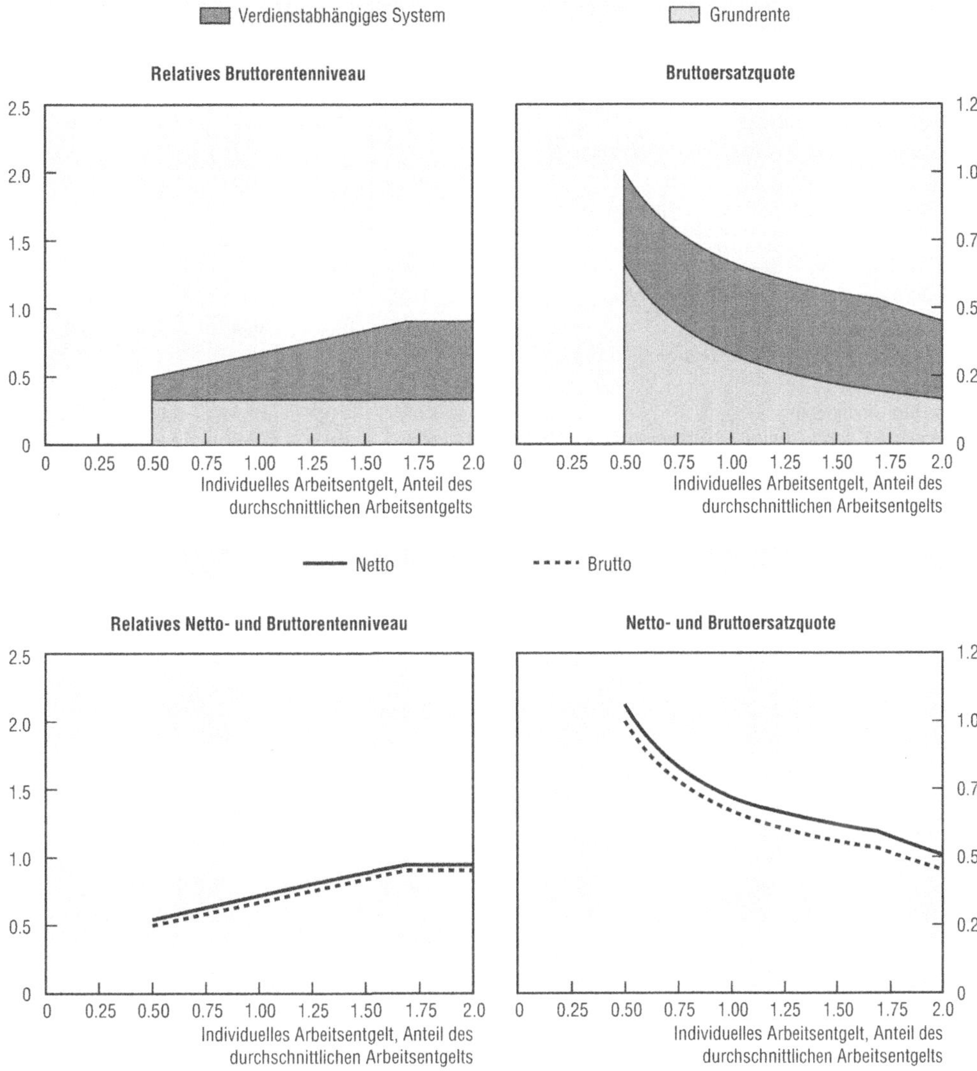

Männer *Frauen* (falls abweichend)	Median-verdiener	Individuelles Arbeitsentgelt, Vielfaches vom gesamtwirtschaftlichen Durchschnitt				
		0.5	0.75	1	1.5	2
Relatives Bruttorentenniveau *(In % des durchschnittlichen Bruttoarbeitsentgelts)*	61.8	50.0	58.4	66.8	83.7	90.2
Relatives Nettorentenniveau *(In % des durchschnittlichen Nettoarbeitsentgelts)*	66.6	54.2	63.1	71.8	88.5	94.4
Bruttoersatzquote *(In % des individuellen Bruttoarbeitsentgelts)*	72.7	99.9	77.9	66.8	55.8	45.1
Nettoersatzquote *(In % des individuellen Nettoarbeitsentgelts)*	77.8	106.1	83.1	71.8	61.9	50.7
Bruttorentenvermögen *(Vielfaches des durchschnittlichen Bruttoarbeitsentgelts)*	10.1 *12.1*	13.9 *16.6*	10.8 *12.9*	9.3 *11.1*	7.8 *9.3*	6.3 *7.5*
Nettorentenvermögen *(Vielfaches des durchschnittlichen Bruttoarbeitsentgelts)*	9.9 *11.8*	13.7 *16.3*	10.6 *12.7*	9.1 *10.8*	7.4 *8.9*	6.0 *7.1*

Ergebnisse des Rentenmodells: Korea, Vor-Reform-Szenario

Männer *Frauen* (falls abweichend)	Median-verdiener	Individuelles Arbeitsentgelt, Vielfaches vom gesamtwirtschaftlichen Durchschnitt				
		0.5	0.75	1	1.5	2
Relatives Bruttorentenniveau *(In % des durchschnittlichen Bruttoarbeitsentgelts)*	64.1	50.0	60.6	69.3	86.8	93.5
Relatives Nettorentenniveau *(In % des durchschnittlichen Nettoarbeitsentgelts)*	68.9	54.3	65.3	74.3	91.3	97.4
Bruttoersatzquote *(In % des individuellen Bruttoarbeitsentgelts)*	75.4	100.0	80.7	69.3	57.9	46.8
Nettoersatzquote *(In % des individuellen Nettoarbeitsentgelts)*	80.5	106.2	86.0	74.3	63.9	52.4
Bruttorentenvermögen *(Vielfaches des durchschnittlichen Bruttoarbeitsentgelts)*	12.4 *14.6*	16.5 *19.4*	13.3 *15.6*	11.4 *13.4*	9.5 *11.2*	7.7 *9.1*
Nettorentenvermögen *(Vielfaches des durchschnittlichen Bruttoarbeitsentgelts)*	12.1 *14.2*	16.2 *19.1*	13.0 *15.3*	11.1 *13.1*	9.1 *10.7*	7.3 *8.6*

Luxemburg

Das staatliche Rentensystem besteht aus zwei Komponenten: einer Pauschalleistung, deren Höhe von den Beitragsjahren abhängt, und einem verdienstabhängigen Teil. Ferner gibt es eine Mindestrente.

Anspruchskriterien

Eine vorgezogene Altersrente kann nach 40 (Pflicht- oder freiwilligen) Beitragsjahren ab dem vollendeten 57. Lebensjahr bezogen werden. Bei Nachweis einer 40-jährigen Pflicht-, freiwilligen oder anrechenbaren Versicherungszeit kann die Rente ab dem Alter von 60 Jahren ausgezahlt werden. Da die Modellrechnungen von einer vollständigen Erwerbsbiografie ab dem Alter von 20 Jahren ausgehen, wird im Basisszenario unterstellt, dass die Rente mit 60 Jahren angetreten wird. Ansonsten beträgt das Regelrentenalter 65 Jahre (bei mindestens 10 Beitragsjahren).

Rentenberechnung

Grundrente

Diese betrug 2004 (ab August 2003) 330 Euro monatlich bei Nachweis einer Versicherungszeit von 40 Jahren. Das entspricht rd. 10% des Durchschnittsarbeitsentgelts. Bei unvollständigen Versicherungszeiten werden die Leistungen anteilmäßig gekürzt. (Formell beträgt die Grundrente 23,5% eines Richtwerts, der 2004 bei 1 403 Euro lag.)

Es gibt auch eine „Jahresendzulage" in Höhe von 45 Euro nach 40 Beitragsjahren. Diese wird bei Erwerbsbiografien von weniger als 40 Jahren anteilmäßig gekürzt, sie entspricht etwas mehr als 1 Euro pro Monat für jedes Versicherungsjahr. Die Jahresendzulage wird an die nominale Lohnentwicklung angepasst (siehe unten).

Verdienstabhängige Rente

Der Steigerungssatz für die verdienstabhängige Rente beträgt 1,85% pro Jahr. Bei der in der Formel verwendeten Messgröße für die Arbeitsverdienste handelt es sich um das Durchschnittsentgelt während des gesamten Arbeitslebens, das entsprechend der Bruttolohnentwicklung angepasst wird.

Der Steigerungssatz ist bei älteren Arbeitskräften und Personen mit längeren Beitragsperioden höher. Für jedes Jahr der Berufstätigkeit über das Alter von 55 Jahren hinaus erhöht sich der Steigerungssatz um 0,01 Prozentpunkte. Außerdem gibt es ab dem 38. Beitragsjahr eine zusätzliche Erhöhung des Steigerungssatzes um 0,01 Prozentpunkte. Der Höchststeigerungssatz beträgt 2,05% pro Jahr. Unter der üblichen Annahme einer vollen Erwerbsbiografie vom 20. bis zum 60. Lebensjahr ergibt sich ein Steigerungssatz von 1,92%.

Die Höchstrente lag im Jahr 2004 (ab August 2003) bei 5 847 Euro pro Monat (formal ausgedrückt als 25/6 des jeweiligen Richtwerts). Das entspricht etwas weniger als 180% des Durchschnittsverdiensts.

Die Renten werden automatisch an die Preisentwicklung angepasst (bei einer kumulativen Inflation von mindestens 2,5%). Außerdem müssen alle zwei Jahre Anpassungen an das Reallohnniveau in Erwägung gezogen werden. In der Praxis ist es seit einiger Zeit so, dass diese Anpassungen nahe an der Entwicklung des Lohnniveaus liegen, und in der Modellrechnung wird davon ausgegangen, dass diese Praxis fortgesetzt wird.

Mindestrente

Die Mindestrente beträgt bei Nachweis einer Beitragszeit von 40 Jahren 1 263 Euro pro Monat (definiert als 90% des Richtwerts), was 39% des Durchschnittsarbeitsentgelts entspricht. Bei kürzeren Beitragszeiten, wobei aber mindestens 20 Pflicht-, freiwillige oder anrechenbare Versicherungsjahre bestehen müssen, wird dieser Betrag anteilmäßig reduziert.

Sozialhilfe

Der Sozialhilfesatz beträgt für Alleinstehende 999 Euro pro Monat.

Frühverrentung

Ein vorgezogener Renteneintritt ist mit 57 Jahren nach 40 Beitragsjahren und mit 60 Jahren nach 40 effektiven Beitragsjahren oder gleichgestellten Zeiten möglich. Frührentner können den Rentenbezug mit Arbeitsphasen kombinieren, vorausgesetzt sie verdienen dabei nicht mehr als ein Drittel des Mindestlohns. Versicherungsmathematische Abschläge bei vorgezogenem Renteneintritt sind nicht vorgesehen.

Darüber hinaus gibt es eine Reihe von Vorruhestandsregelungen, darunter insbesondere die *Préretraite-solidarité* und die *Préretraite-ajustement*. Die erste Regelung ermöglicht den Vorruhestand, wenn der Arbeitgeber dafür einen von der öffentlichen Arbeitsverwaltung vermittelten Arbeitslosen einstellt. Im Rahmen des zweiten Programms können ältere Arbeitskräfte in Rente gehen, wenn sie ihren Arbeitsplatz auf Grund von Umstrukturierungen oder Unternehmenskonkursen verlieren. Beide Programme können zwischen dem 57. und dem 60. Lebensjahr in Anspruch genommen werden. Die Vorruhestandsleistungen belaufen sich auf 85% des früheren Verdiensts im ersten Jahr, 80% im zweiten Jahr und 75% im dritten Jahr. Als Verdienstmessgröße dient das Arbeitsentgelt der letzten drei Monate.

Spätverrentung

Die Rente muss zum Regelrentenalter von 65 Jahren in Anspruch genommen werden. Nach Erreichen dieses Alters kann der Rentenbezug mit einer Erwerbstätigkeit kombiniert werden, ohne dass sich die Rente dadurch verringert.

Ergebnisse des Rentenmodells: Luxemburg

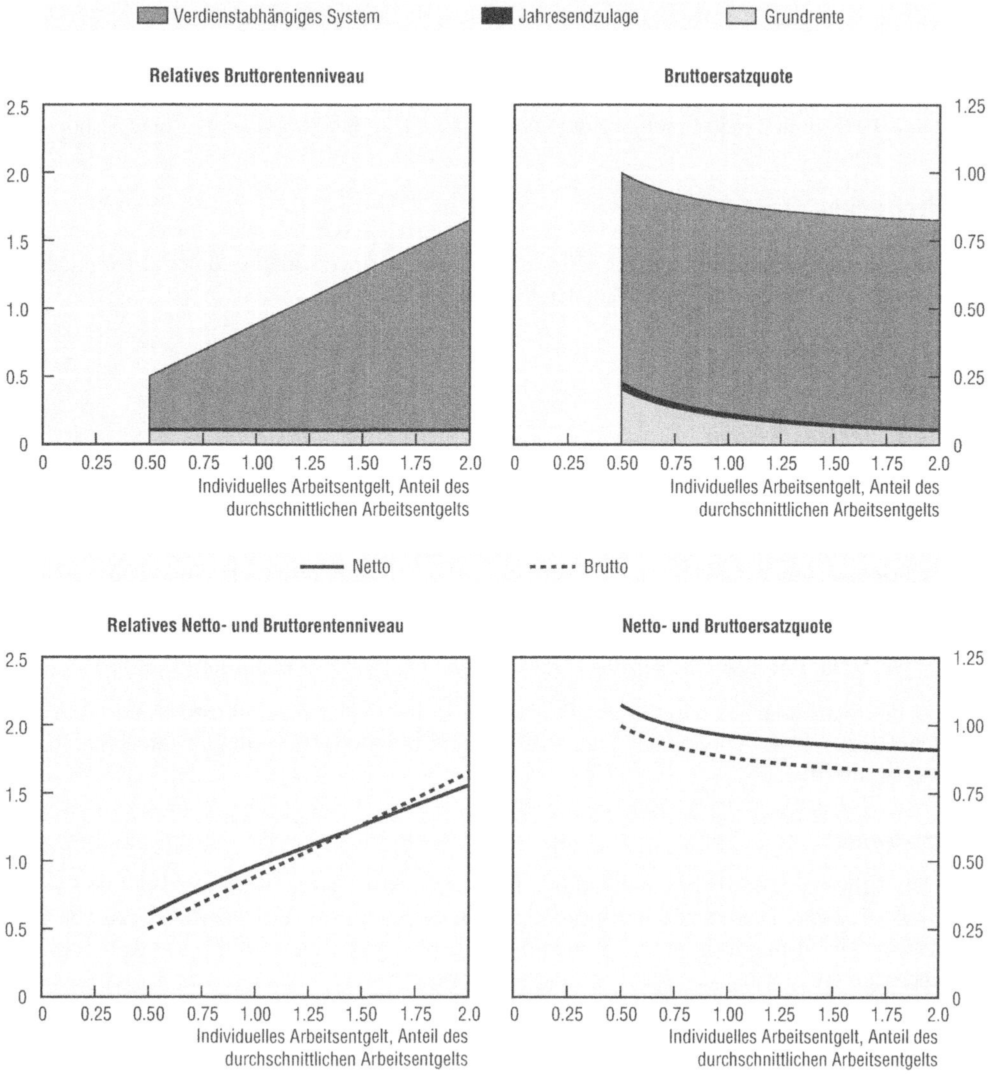

Männer *Frauen* (falls abweichend)	Median-verdiener	Individuelles Arbeitsentgelt, Vielfaches vom gesamtwirtschaftlichen Durchschnitt				
		0.5	0.75	1	1.5	2
Relatives Bruttorentenniveau *(In % des durchschnittlichen Bruttoarbeitsentgelts)*	76.8	49.9	69.1	88.3	126.7	165.1
Relatives Nettorentenniveau *(In % des durchschnittlichen Nettoarbeitsentgelts)*	86.4	60.3	79.4	96.2	126.1	155.9
Bruttoersatzquote *(In % des individuellen Bruttoarbeitsentgelts)*	90.3	99.8	92.1	88.3	84.5	82.5
Nettoersatzquote *(In % des individuellen Nettoarbeitsentgelts)*	98.0	107.6	99.8	96.2	92.9	91.0
Bruttorentenvermögen *(Vielfaches des durchschnittlichen Bruttoarbeitsentgelts)*	19.7	21.8	20.1	19.3	18.4	18.0
Nettorentenvermögen *(Vielfaches des durchschnittlichen Bruttoarbeitsentgelts)*	16.5	19.6	17.2	15.6	13.7	12.7

Mexiko

Alle Arbeitsmarktneuzugänge sind im Rahmen des neuen kapitalgedeckten, privat verwalteten Systems mit Beitragsprimat versicherungspflichtig. Der Staat steuert 5,5% des realen Mindestlohns von 1997 zu den individuellen Rentenkonten bei. Darüber hinaus gibt es eine Mindestrente.

Anspruchskriterien

Die Regelaltersgrenze liegt für Männer und Frauen bei 65 Jahren, unter der Voraussetzung einer Versicherungszeit von 1 250 Wochen (= etwa 25 Jahre).

Rentenformel

Kapitalgedecktes System

Arbeitnehmer und Arbeitgeber zahlen zusammen 6,275% des Arbeitsentgelts auf ein individuelles Rentenkonto ein, das vom Staat durch einen Beitrag in Höhe von 0,225% des Arbeitsentgelts aufgestockt wird. Ein weiterer Beitrag von 5% wird einem individuellen Wohnungskonto gutgeschrieben (sogenanntes *Infonavit*-System), das bei Nichtinanspruchnahme dem Rentenkonto zugeschlagen wird. Schließlich steuert der Staat für alle individuellen Konten noch einen Beitrag von 5,5% des realen Mindestlohns von 1997 bei, was hier einer Grundrentenkomponente gleichgesetzt wird. Die Höhe des Pauschalbeitrags entspricht 1,4% des Durchschnittsverdiensts.

In den Berechnungen wird unterstellt, dass der Einzelne den akkumulierten Saldo bei Erreichen der Regelaltersgrenze in preisindexierte Annuitäten umwandelt. Die Annuitätsraten sind in Mexiko geschlechtsspezifisch.

Mindestrente

Die Mindestrente entspricht ebenfalls dem realen Mindestlohnwert von 1997 und wurde für 2002 auf rd. 26% des versicherungspflichtigen Durchschnittsentgelts geschätzt (20 158 Peso im Jahr 2004). Die Anbindung an den realen Mindestlohn bedeutet, dass die Mindestrente effektiv preisindexiert ist.

Frühverrentung

Eine Frühverrentung ist für Männer wie Frauen mit 60 Jahren möglich. Voraussetzung dafür ist, dass der Versicherte nicht beschäftigt ist und mindestens 1 250 Beitragswochen nachweisen kann (oder dass sich die beitragsfreie Zeit auf weniger als 25% der gesamten Versicherungszeit beläuft).

Versicherte, die definitiv aus dem Arbeitsmarkt ausscheiden, können sich den gesamten Saldo ihres Rentenkontos mit Beitragsprimat (*Afore*-System) auszahlen lassen.

Spätverrentung

Eine Fortsetzung der Erwerbstätigkeit nach Vollendung des 65. Lebensjahrs ist möglich.

Vor-Reform-Szenario

Das mexikanische Rentensystem wurde 1999 reformiert. Alle Arbeitskräfte, die zum Zeitpunkt der Reform im alten System versichert waren, haben die Wahl, sich ihre Rente nach dem neuen oder dem alten System auszahlen zu lassen. Für Arbeitsmarktneuzugänge besteht diese Option nicht.

Beim alten Rentensystem handelt es sich um ein System mit Leistungsprimat, das eine Ersatzquote von 35% für die ersten zehn Beitragsjahre und einen Steigerungssatz von 1,25% der Entgeltbasis für jedes weitere Beitragsjahr vorsieht. Der Verdienst früherer Jahre wird entsprechend dem durchschnittlichen gesamtwirtschaftlichen Lohnwachstum angepasst, die laufenden Rentenzahlungen sind preisindexiert. Die Beitragsbemessungsgrenze beläuft sich auf 288 000 Peso.

Es gibt eine Mindestrente in Höhe von 20 158 Peso bzw. 26% des Durchschnittsverdiensts, d.h. in gleicher Höhe wie im neuen System.

Ergebnisse des Rentenmodells: Mexiko

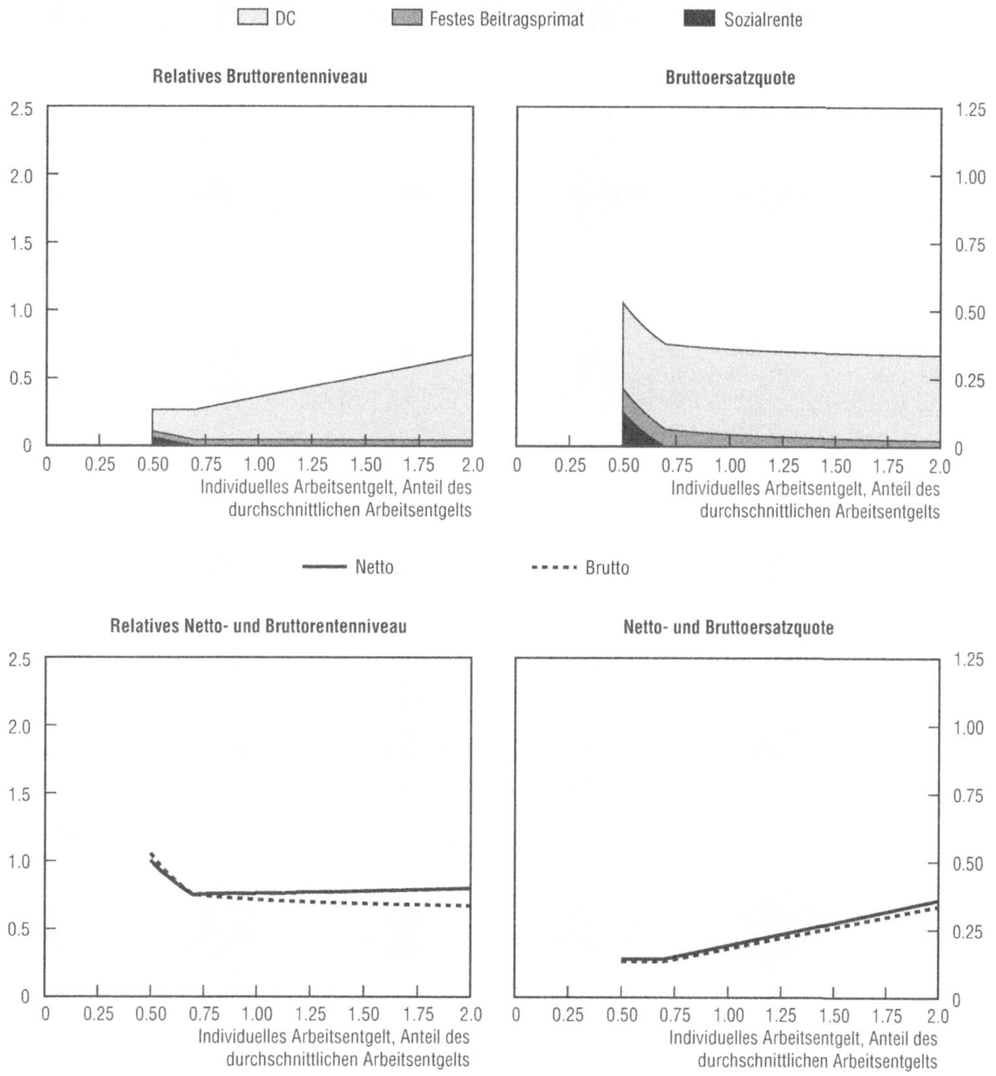

Männer *Frauen* (falls abweichend)	Median-verdiener	Individuelles Arbeitsentgelt, Vielfaches vom gesamtwirtschaftlichen Durchschnitt				
		0.5	0.75	1	1.5	2
Relatives Bruttorentenniveau	31.1	26.4	28.0	35.8	51.6	67.3
(In % des durchschnittlichen Bruttoarbeitsentgelts)	*26.4*	*26.4*	*26.4*	*29.7*	*42.8*	*55.8*
Relatives Nettorentenniveau	33.2	28.2	29.9	38.3	55.1	71.8
(In % des durchschnittlichen Nettoarbeitsentgelts)	*28.2*	*28.2*	*28.2*	*31.7*	*45.7*	*59.6*
Bruttoersatzquote	36.6	52.8	37.3	35.8	34.4	33.6
(In % des individuellen Bruttoarbeitsentgelts)	*31.1*	*52.8*	*35.2*	*29.7*	*28.5*	*27.9*
Nettoersatzquote	37.9	50.3	37.8	38.3	39.0	40.0
(In % des individuellen Nettoarbeitsentgelts)	*32.2*	*50.3*	*35.7*	*31.7*	*32.3*	*33.2*
Bruttorentenvermögen	4.9	7.0	5.0	4.8	4.6	4.5
(Vielfaches des durchschnittlichen Bruttoarbeitsentgelts)	*5.0*	*8.5*	*5.6*	*4.8*	*4.6*	*4.5*
Nettorentenvermögen	4.9	7.0	5.0	4.8	4.6	4.5
(Vielfaches des durchschnittlichen Bruttoarbeitsentgelts)	*5.0*	*8.5*	*5.6*	*4.8*	*4.6*	*4.5*

Ergebnisse des Rentenmodells: Mexiko, Vor-Reform-Szenario

Männer *Frauen* (falls abweichend)	Median-verdiener	Individuelles Arbeitsentgelt, Vielfaches vom gesamtwirtschaftlichen Durchschnitt				
		0.5	0.75	1	1.5	2
Relatives Bruttorentenniveau	61.6	36.3	54.4	72.5	108.8	145.0
(In % des durchschnittlichen Bruttoarbeitsentgelts)						
Relatives Nettorentenniveau	65.8	38.7	58.1	77.4	116.1	154.8
(In % des durchschnittlichen Nettoarbeitsentgelts)						
Bruttoersatzquote	72.5	72.5	72.5	72.5	72.5	72.5
(In % des individuellen Bruttoarbeitsentgelts)						
Nettoersatzquote	75.1	69.0	73.5	77.4	82.2	86.2
(In % des individuellen Nettoarbeitsentgelts)						
Bruttorentenvermögen	14.2	14.2	14.2	14.2	14.2	14.2
(Vielfaches des durchschnittlichen Bruttoarbeitsentgelts)	*17.4*	*17.4*	*17.4*	*17.4*	*17.4*	*17.4*
Nettorentenvermögen	14.2	14.2	14.2	14.2	14.2	14.2
(Vielfaches des durchschnittlichen Bruttoarbeitsentgelts)	*17.4*	*17.4*	*17.4*	*17.4*	*17.4*	*17.4*

Neuseeland

Die staatliche Rente ist eine Pauschalrente, deren Zahlung von einer Wohnsitzprüfung abhängt. Es gibt auch eine betriebliche Altersvorsorge, doch hat sich ihr Deckungsgrad seit 1990 von 22,6% auf 14,1% der abhängig Beschäftigten verringert.

Anspruchskriterien

Eine zehnjährige Wohnsitzdauer ab dem Alter von 20 Jahren (davon 5 Jahre nach Vollendung des 50. Lebensjahrs) berechtigt zum Bezug einer staatlichen Rente ab Vollendung des 65. Lebensjahrs.

Rentenberechnung

Grundrente

Seit dem 1. April 2004 beträgt die Rente für allein lebende Einzelpersonen 301,33 NZ$ brutto pro Woche. 2003/2004 belief sich der Betrag auf 296,49 NZ$. Daraus ergibt sich eine Gesamtrente für das Steuerjahr 2004 von 15 670 NZ$, was rd. 40% des Durchschnittsarbeitsentgelts entspricht.

Der Satz der staatlichen Rentenversicherung ist preisindexiert, wobei allerdings an der Lohnentwicklung orientierte Unter- und Obergrenzen vorgesehen sind. Für Paare darf der Satz nach Steuern zum 1. April jeweils nicht weniger als 65% und nicht mehr als 72,5% der ermittelten wöchentlichen Verdienstmessgröße betragen. Die Sätze nach Steuern entsprechen für Einzelpersonen 65% (für allein Lebende) bzw. 60% (für in Gemeinschaft Lebende) des Satzes nach Steuern für Paare. Liegt der Preisauftrieb kontinuierlich unter der Entwicklung der ermittelten Nettowochenverdienste, wird die Indexierung effektiv auf das Lohnwachstum umgestellt.

Frühverrentung

Es ist nicht möglich, die Rente vor Erreichen des Regelrentenalters von 65 Jahren in Anspruch zu nehmen.

Spätverrentung

Der Renteneintritt ist nicht Voraussetzung für den Bezug der öffentlichen Rente. Es ist somit möglich, Rentenbezug und Erwerbstätigkeit zu kombinieren.

Die Rente muss zwar nicht bei Erreichen des Regelrentenalters in Anspruch genommen werden, durch einen Aufschub des Rentenbezugs entstehen jedoch keine Vorteile.

Vor-Reform-Szenario

Mit der Reform wurde das Rentenalter von 60 auf 65 Jahre angehoben.

Ergebnisse des Rentenmodells: Neuseeland

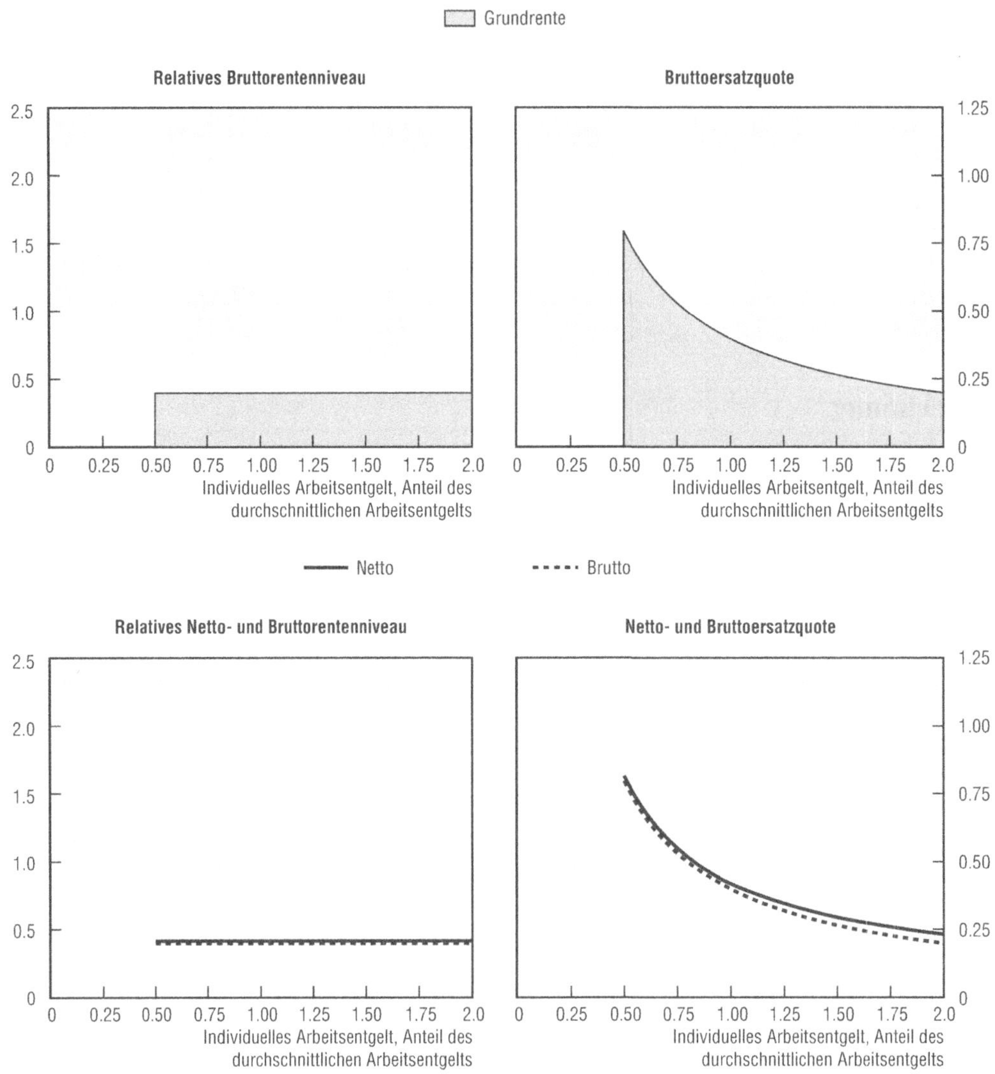

Männer *Frauen* (falls abweichend)	Median-verdiener	Individuelles Arbeitsentgelt, Vielfaches vom gesamtwirtschaftlichen Durchschnitt				
		0.5	0.75	1	1.5	2
Relatives Bruttorentenniveau *(In % des durchschnittlichen Bruttoarbeitsentgelts)*	39.7	39.7	39.7	39.7	39.7	39.7
Relatives Nettorentenniveau *(In % des durchschnittlichen Nettoarbeitsentgelts)*	41.7	41.7	41.7	41.7	41.7	41.7
Bruttoersatzquote *(In % des individuellen Bruttoarbeitsentgelts)*	46.8	79.5	53.0	39.7	26.5	19.9
Nettoersatzquote *(In % des individuellen Nettoarbeitsentgelts)*	48.6	81.4	54.9	41.7	29.4	23.2
Bruttorentenvermögen	8.6	14.7	9.8	7.4	4.9	3.7
(Vielfaches des durchschnittlichen Bruttoarbeitsentgelts)	*10.2*	*17.3*	*11.5*	*8.6*	*5.8*	*4.3*
Nettorentenvermögen	7.1	12.2	8.1	6.1	4.1	3.0
(Vielfaches des durchschnittlichen Bruttoarbeitsentgelts)	*8.4*	*14.3*	*9.5*	*7.1*	*4.8*	*3.6*

Ergebnisse des Rentenmodells: Neuseeland, Vor-Reform-Szenario

Männer *Frauen* (falls abweichend)	Median-verdiener	Individuelles Arbeitsentgelt, Vielfaches vom gesamtwirtschaftlichen Durchschnitt				
		0.5	0.75	1	1.5	2
Relatives Bruttorentenniveau *(In % des durchschnittlichen Bruttoarbeitsentgelts)*	39.7	39.7	39.7	39.7	39.7	39.7
Relatives Nettorentenniveau *(In % des durchschnittlichen Nettoarbeitsentgelts)*	41.7	41.7	41.7	41.7	41.7	41.7
Bruttoersatzquote *(In % des individuellen Bruttoarbeitsentgelts)*	46.8	79.5	53.0	39.7	26.5	19.9
Nettoersatzquote *(In % des individuellen Nettoarbeitsentgelts)*	48.6	81.4	54.9	41.7	29.4	23.2
Bruttorentenvermögen	10.5	17.9	11.9	8.9	6.0	4.5
(Vielfaches des durchschnittlichen Bruttoarbeitsentgelts)	*12.2*	*20.8*	*13.9*	*10.4*	*6.9*	*5.2*
Nettorentenvermögen	8.7	14.8	9.8	7.4	4.9	3.7
(Vielfaches des durchschnittlichen Bruttoarbeitsentgelts)	*10.1*	*17.2*	*11.5*	*8.6*	*5.7*	*4.3*

Niederlande

Das niederländische Rentensystem besteht aus zwei Hauptsäulen, einer staatlichen Grundsicherung (Pauschalleistung) und einer verdienstabhängigen betrieblichen Zusatzrente. Die Arbeitgeber sind gesetzlich nicht zum Angebot einer Betriebsrente für die Mitarbeiter verpflichtet, auf Grund der Vereinbarungen zwischen den Sozialpartnern gehören aber 91% der Arbeitnehmer einem Betriebsrentensystem an. Die betriebliche Altersversorgung kann mithin als quasiobligatorisch angesehen werden.

Anspruchskriterien

Die Altersgrundrente wird ab dem Alter von 65 Jahren gezahlt. Das Regelrentenalter liegt bei der betrieblichen Vorsorge ebenfalls bei 65 Jahren. Anspruchsberechtigt sind alle Gebietsansässigen.

Rentenberechnung

Grundrente

Für Alleinstehende belief sich das Bruttorentenniveau 2004 auf 921,28 Euro im ersten Halbjahr und 920,12 Euro im zweiten Halbjahr. Dazu kam eine Urlaubszulage in Höhe von 43,78 Euro bzw. 43,69 Euro hinzu, woraus sich ein jährlicher Gesamtbetrag von 11 578 Euro bzw. 31% des Durchschnittsverdiensts ergibt. Für Paare entspricht dies über das Jahr gerechnet insgesamt 15 906 Euro. Die Rentenhöhe ist an den Mindestlohn (netto) geknüpft, der zweimal jährlich angepasst wird.

Bei der Grundrente ist ein Steigerungssatz in Höhe von 2% des vollen Werts für jedes Jahr vorgesehen, dass der Anspruchsberechtigte im Land lebt bzw. arbeitet. Es gibt auch ein Sozialhilfesystem für ältere Menschen. Der Sozialhilfesatz entspricht der Höhe der Grundrente (netto).

Betriebliche Altersvorsorge

Die Niederlande verfügen auch über ein privates Altersvorsorgesystem mit einem sehr großen Versichertenkreis. Das System besteht aus 819 Pensionsfonds, von denen 101 Branchenfonds sind. Unter bestimmten Bedingungen ist es niederländischen Unternehmen freigestellt, aus diesen Rentenplänen auszuscheiden, wenn sie eigene Betriebspensionsfonds mit gleichwertigen Leistungen anbieten. Zusätzlich gibt es rd. 700 firmeneigene Pensionssysteme. Weitere 40 500 (2002) größtenteils kleinere Arbeitgeber bieten ihren Mitarbeitern Rentenpläne an, die von Versicherungsgesellschaften verwaltet werden.

Etwa 97% der Arbeitnehmer, die auf diese Weise versichert sind, verfügen über eine Altersvorsorge mit Leistungsprimat. Die übrigen Arbeitnehmer sind nach dem Beitragsprimat versichert.

Für etwa drei Viertel der Mitglieder der Rentenpläne mit Leistungsprimat dient das Lebensarbeitsentgelt als Verdienstmessgröße und für 13% der letzte Verdienst. Bei den Übrigen wird entweder auf eine Kombination beider Elemente (9%) oder auf einen Festbetrag Bezug genommen (1%).

Ein bestimmtes Beitrittsalter für die Teilnahme an einem Betriebsrentensystem ist gesetzlich nicht vorgeschrieben. 2004 gehörten etwas mehr als die Hälfte der über die betriebliche Altersvorsorge versicherten Arbeitnehmer einem System ohne Beitrittsalter, 8% einem System mit einem Beitrittsalter von 16-20 Jahren, 18% einem System mit einem Beitrittsalter von 21-24 Jahren und fast 19% einem System mit einem Beitrittsalter ab 25 Jahre an.

Die meisten endlohnbezogenen Rentensysteme sehen 1,75% des entsprechenden Arbeitsentgelts pro Jahr der Berufstätigkeit vor, was bei einer vollständigen 40-jährigen Berufslaufbahn zu einer Ersatzquote von 70% führt. Bei Systemen, die den Durchschnittslohn zu Grunde legen, schwankt der Steigerungssatz zwischen 1,75% und 2% je Berufsjahr.

Es besteht keine gesetzliche Vorschrift zur Valorisierung der Arbeitsentgelte aus zurückliegenden Jahren, und hier wird in den verschiedenen Systemen je nach den von den Sozialpartnern vereinbarten Regelungen eine unterschiedliche Praxis geübt. Für ungefähr 80% der Teilnehmer von am Durchschnittslohn orientierten Altersvorsorgeplänen wird der Verdienst früherer Jahre entsprechend dem Wachstum des Durchschnittsarbeitsentgelts angepasst, während bei 6% die Inflationsrate als Maßstab dient. In der Modellrechnung wird von einem auf den Durchschnittslohn bezogenen System ausgegangen, bei dem eine Valorisierung auf der Basis des Durchschnittsarbeitsentgelts erfolgt.

Obwohl es keine gesetzliche Vorschrift für die Aktualisierung der laufenden Rentenzahlungen gibt, werden auch diese zumeist jährlich angehoben. In fast der Hälfte der Altersvorsorgepläne richtet sich die Indexierung nach dem Lohnwachstum der jeweiligen Branche, für weitere 27% ist eine Preisindexierung vorgesehen.

Die Rentenansprüche werden bei einem Arbeitsplatzwechsel voll übertragen. Es gibt eine gesetzliche Vorschrift, wonach die Pensionsansprüche von Personen, die ein Rentensystem vor ihrem Rentenantritt verlassen, in genau der gleichen Weise zu indexieren sind wie die effektiv ausgezahlten Renten. Die Mindestversicherungszeiten sind sehr kurz.

Es gibt keine Obergrenze für rentenfähige Arbeitsverdienste.

Die Betriebsrenten werden mit der staatlichen Rentenversicherung koordiniert. Die derzeitigen steuerlichen Bestimmungen ermöglichen eine Höchstrente von 100% des letzten Gehalts ab 65 Jahre aus der staatlichen wie auch privaten Rentenversicherung. Die meisten Pensionspläne zielen auf eine Ersatzquote von 70% des zuletzt bezogenen Lohns ab, so dass die privaten Rentenleistungen um eine sogenannte „Franchise" verringert werden. 2004 betrug diese im Durchschnitt 14 500 Euro, was mehr ist als eine volle Grundrente.

Frühverrentung

Die Grundrente kann nicht vor Vollendung des 65. Lebensjahrs bezogen werden.

Es gibt gesonderte Vorruhestandsregelungen, die sogenannten *Vervroegde Uittreding* (VUT), in deren Rahmen 60- bis 65-Jährige Vorruhestandsleistungen beziehen können. Die Ersatzquoten schwanken je nach Programm; im Durchschnitt liegen sie bei rd. 80%. Die Anspruchskriterien sind sehr unterschiedlich je nach Unternehmen und Branche. 2004 kamen die Regierung und die Sozialpartner überein, die Steuervergünstigungen für die VUT-Programme abzuschaffen, um die Erwerbsbeteiligung älterer Arbeitskräfte zu erhöhen.

Spätverrentung

Ein Aufschub des Bezugs der Altersgrundrente nach Erreichen des Regelalters von 65 Jahren ist nicht möglich. Es ist zulässig, den Grundrentenbezug mit einer Erwerbstätigkeit zu kombinieren.

In den verschiedenen betrieblichen Altersvorsorgeplänen gelten unterschiedliche Regeln für den Rentenaufschub. Der Bezug der betrieblichen Renten kann mit einer Erwerbstätigkeit kombiniert werden. Einige Altersvorsorgepläne gestatten ihren Mitgliedern in der Tat, ihre Rente in Anspruch zu nehmen, aber beim gleichen Arbeitgeber beschäftigt zu bleiben. Diesbezüglich gibt es keine gesetzlichen Regelungen.

Ergebnisse des Rentenmodells: Niederlande

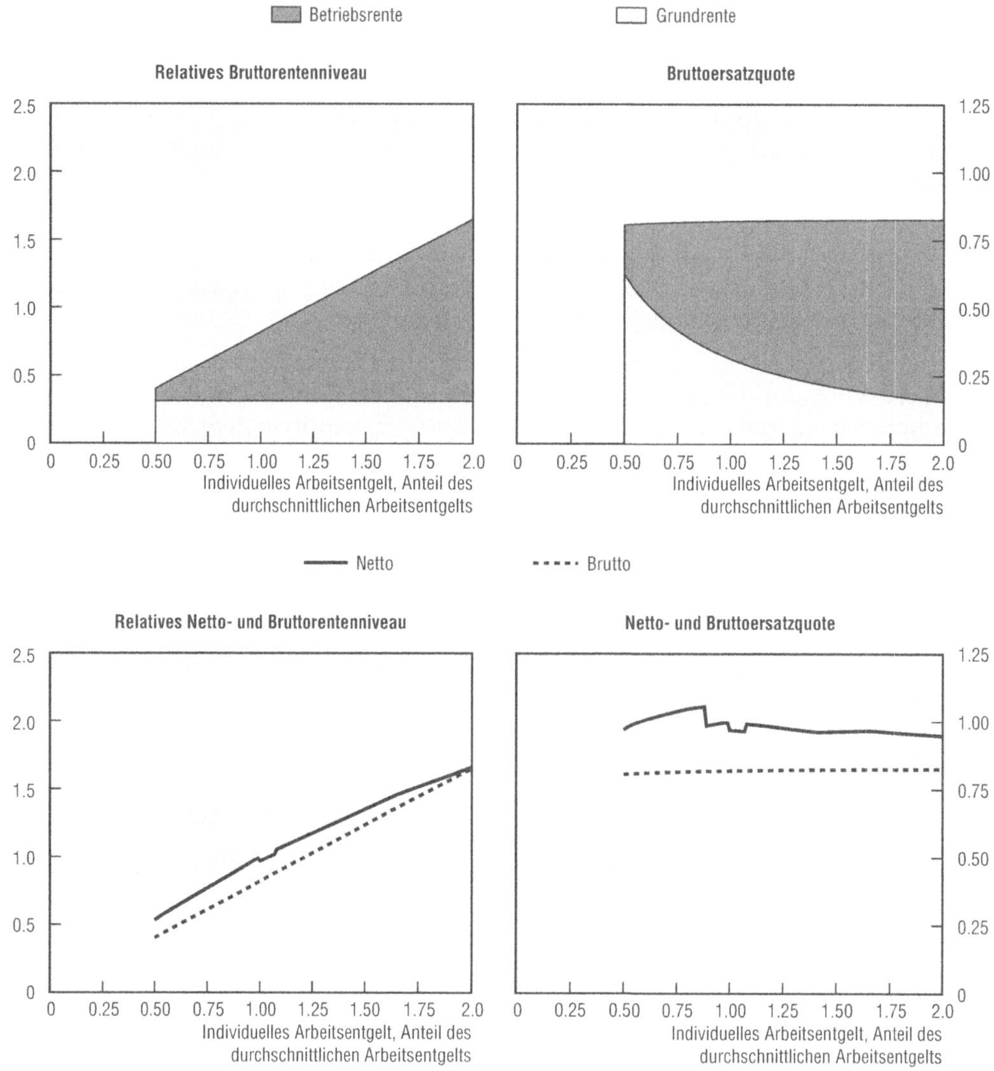

Männer *Frauen* (falls abweichend)	Median-verdiener	Individuelles Arbeitsentgelt, Vielfaches vom gesamtwirtschaftlichen Durchschnitt				
		0.5	0.75	1	1.5	2
Relatives Bruttorentenniveau *(In % des durchschnittlichen Bruttoarbeitsentgelts)*	69.4	40.3	61.1	81.9	123.5	165.2
Relatives Nettorentenniveau *(In % des durchschnittlichen Nettoarbeitsentgelts)*	86.1	53.4	76.9	96.8	135.0	166.1
Bruttoersatzquote *(In % des individuellen Bruttoarbeitsentgelts)*	81.7	80.6	81.5	81.9	82.4	82.6
Nettoersatzquote *(In % des individuellen Nettoarbeitsentgelts)*	105.3	97.0	103.8	96.8	96.3	94.8
Bruttorentenvermögen	15.1	14.9	15.0	15.1	15.2	15.2
(Vielfaches des durchschnittlichen Bruttoarbeitsentgelts)	*17.6*	*17.4*	*17.6*	*17.7*	*17.8*	*17.8*
Nettorentenvermögen	12.8	13.5	13.0	12.3	11.4	10.5
(Vielfaches des durchschnittlichen Bruttoarbeitsentgelts)	*15.0*	*15.8*	*15.2*	*14.3*	*13.3*	*12.3*

Norwegen

Das öffentliche Altersversorgungssystem setzt sich in Norwegen aus einer pauschalen Grundrente, einer Sonderzulage und einer verdienstabhängigen Zusatzrente zusammen. Für einen Teil der Mindestrente wird eine Bedürftigkeitsprüfung durchgeführt, bei der das Einkommen aus der verdienstabhängigen Rente maßgeblich ist. Vor kurzem wurde eine obligatorische betriebliche Altersvorsorge eingeführt.

Anspruchskriterien

Das derzeitige System wurde 1967 eingerichtet. Da Anspruch auf eine volle Rente nach 40 Versicherungsjahren besteht, wird die erste Kohorte, die dieses Kriterium erfüllt, 2007 in Rente gehen. Die Anspruchskriterien für die Mindestrente und für vor 1937 Geborene wurden jedoch gelockert, damit die Betroffenen höhere Renten beziehen können.

Das Regelrentenalter liegt bei 67 Jahren. Personen, die zwischen dem 17. und dem 67. Lebensjahr (einschließlich) mindestens drei Jahre in Norwegen ansässig waren, haben Anspruch auf die Mindestrente, die sich aus der Grundrente und der Sonderzulage zusammensetzt. Anspruch auf eine volle Rente besteht nach 40 Wohnsitzjahren. Voraussetzung für den Bezug der Zusatzrente sind Entgeltpunkte für mindestens drei Kalenderjahre. Anspruch auf eine volle Rente besteht nach 40 Versicherungsjahren. Bei einer kürzeren Verdienstbiografie verringern sich beide Leistungen proportional.

Rentenberechnung

Grundrente

Viele der im Rahmen der Volksversicherung (*Volketrygden*) gezahlten Leistungen werden im Verhältnis zu einem Grundbetrag (G) festgelegt, der 2004 bei 58 139 NOK lag. Die volle Grundrente für Alleinstehende deckt sich mit dem Grundbetrag. Dieser entspricht 18% des Durchschnittsarbeitsentgelts. In der Vergangenheit war die Indexierung des Grundbetrags geringer als das Durchschnittslohnwachstum. 2002 hat die Regierung die Höhe des Grundbetrags allerdings an die Entwicklung des Durchschnittsarbeitsentgelts geknüpft. In der Modellrechnung wird von einer Fortsetzung dieser Praxis ausgegangen.

Mindestrente

Die Sonderzulage beläuft sich bei 40 Beitragsjahren auf 79,33% des Grundbetrags und verringert sich proportional im Falle kürzerer Versicherungszeiten. Die Sonderzulage reduziert sich um die Höhe der verdienstabhängigen Zusatzrente bzw. entfällt ganz, falls diese höher ist. Die oben beschriebene Grundrente und die Sonderzulage bilden zusammen die Mindestrente.

Der Gesamtbetrag der Mindestrente wurde im Zuge der realen Erhöhung der Sonderzulage gelegentlich aufgewertet. Im Zeitverlauf folgte seine Entwicklung tendenziell dem Verdienstwachstum. 2002 wurde auch die Mindestrente formell an die Entwicklung des Durchschnittsarbeitsentgelts gekoppelt.

Verdienstabhängige Rente

Da die Grundrente die erste Verdiensttranche ersetzt, werden in der verdienstabhängigen Zusatzversicherung nur Arbeitsentgelte erfasst, die den Grundbetrag überschreiten. Die Sonderzulage ersetzt eine weitere Verdiensttranche, in Höhe von bis zu einem 2,89-Fachen des Grundbetrags. Die Ersatzquote bei der verdienstabhängigen Rente sinkt bei zunehmendem Verdienst. Bei einem jährlichen Arbeitsentgelt in Höhe eines 2,89- bis 6-Fachen des Grundbetrags liegt die Ersatzquote bei 42% (sie wurde 1992 gegenüber den 45%, die 1992 gezahlt wurden, abgesenkt und entspricht für alle Rentner dem Durchschnitt zwischen diesen beiden Werten, gewichtet nach der Zahl der vor 1992 erworbenen jährlichen Entgeltpunkte). Zwischen dem 6- und dem 12-Fachen des Grundbetrags beläuft sich die Ersatzquote nur noch auf ein Drittel davon. Insofern für den Anspruch auf eine volle Rente 40 Beitragsjahre erforderlich sind, entspricht dies einem jährlichen Steigerungssatz von 1,05% bzw. 0,35% (für Versicherte, die alle ihre Rentenansprüche nach 1992 erworben haben). Der erste Schwellenwert, ab dem der Steigerungssatz abnimmt, liegt etwas über dem Durchschnittsarbeitsentgelt (109%). Die Obergrenze für den anrechnungsfähigen Verdienst entspricht somit etwas mehr als dem Doppelten des Durchschnittsarbeitsentgelts (219%).

Bei der Rentenberechnung werden die zwanzig besten Entgeltpunktjahre berücksichtigt. Die Bewertung der angesammelten Beträge aus früheren Jahren hängt daher von der zur Anpassung der Höhe des Grundbetrags (G) verwendeten Methode ab. Wie bereits erwähnt, wird in der Modellrechnung unterstellt, dass der Grundbetrag in Zukunft entsprechend der Entwicklung des Durchschnittsarbeitsentgelts angehoben wird.

System mit Beitragsprimat

Seit Anfang 2006 müssen die Arbeitgeber einen Mindestbeitrag in Höhe von 2% des Verdiensts ihrer Arbeitnehmer in Altersvorsorgepläne mit Beitragsprimat einzahlen. (Bietet der Arbeitgeber stattdessen eine Altersvorsorge mit Leistungsprimat an, so muss diese ein Rentenniveau gewährleisten, das mindestens dem entspricht, das bei Anrechnung der 2%igen Pflichtbeiträge zu erwarten ist.) Die Beitragspflicht besteht nur für die Verdiensttranche zwischen dem Grundbetrag (G) und dem 12-Fachen des Grundbetrags.

Die Leistungen aus der betrieblichen Altersvorsorge können derzeit erst mit 67 Jahren in Anspruch genommen werden. Sie müssen über einen Zeitraum von mindestens zehn Jahren abgehoben werden. Für die Zwecke des Vergleichs mit den für andere Länder ermittelten Ergebnissen wird unterstellt, dass das angesparte Kapital in Form regelmäßiger preisindexierter Rentenzahlungen entnommen wird, deren Höhe auf der Grundlage geschlechtsneutraler Sterbetafeln berechnet wird.

Frühverrentung

Etwa zwei Drittel aller Arbeitnehmer sind in Unternehmen tätig, die im Rahmen der tariflichen Ruhestandsregelung (AFP) Abkommen über einen vorzeitigen Rentenbezug abgeschlossen haben. Dieses System, das 1989 eingeführt wurde, ermöglicht einen Renteneintritt mit 62 Jahren. Das Rentenniveau entspricht in etwa dem der regulären Altersrente, die ab 67 Jahre gezahlt würde, wenn die fragliche Person den Arbeitsplatz behielte, den sie zum Zeitpunkt ihres tatsächlichen Renteneintritts innehatte.

Die Berechung der AFP-Renten ist je nach Branche unterschiedlich geregelt. Im privaten Sektor wird bei der Berechnung der AFP-Renten die gleiche Methode angewandt wie bei den Invaliditätsrenten (Gutschrift von Entgeltpunkten für die verbleibenden Jahre bis Vollendung des 67. Lebensjahrs). Außerdem erhalten diese Rentner die sogenannte AFP-Zulage in Höhe von 11 400 NOK jährlich. Diese Zulage ist steuerfrei.

Spätverrentung

Die Erwerbstätigkeit kann nach Vollendung des 67. Lebensjahrs fortgesetzt und auch mit dem Rentenbezug kombiniert werden.

Ursprünglich lag das Rentenalter bei 70 Jahren, später wurde es aber auf 67 Jahre herabgesetzt. Die Möglichkeit, bis zum 70. Lebensjahr weiter Entgeltpunkte zu erwerben, wurde beibehalten, und für die Altersgruppe 67-70 Jahre wurde (und wird) die Rentenhöhe von der Höhe der Arbeitseinkommen abhängig gemacht. Bei dieser Einkommensprüfung verringert sich die Rentenhöhe im Fall der Kombination von Rentenbezug mit Erwerbstätigkeit um 40% des Teils des Arbeitseinkommens, der das Zweifache des Grundbetrags (G) übersteigt.

Es sind keine Aufschläge für den Fall eines Aufschubs des Rentenbezugs nach Vollendung des 67. Lebensjahrs vorgesehen, und im Fall einer Kombination von Erwerbstätigkeit mit Rentenbezug erfolgt eine Einkommensprüfung zum Satz von 40%. Letzteres gilt allerdings nur für den Teil des Arbeitseinkommens, der das Zweifache des Grundbetrags (G) überschreitet.

Ergebnisse des Rentenmodells: Norwegen

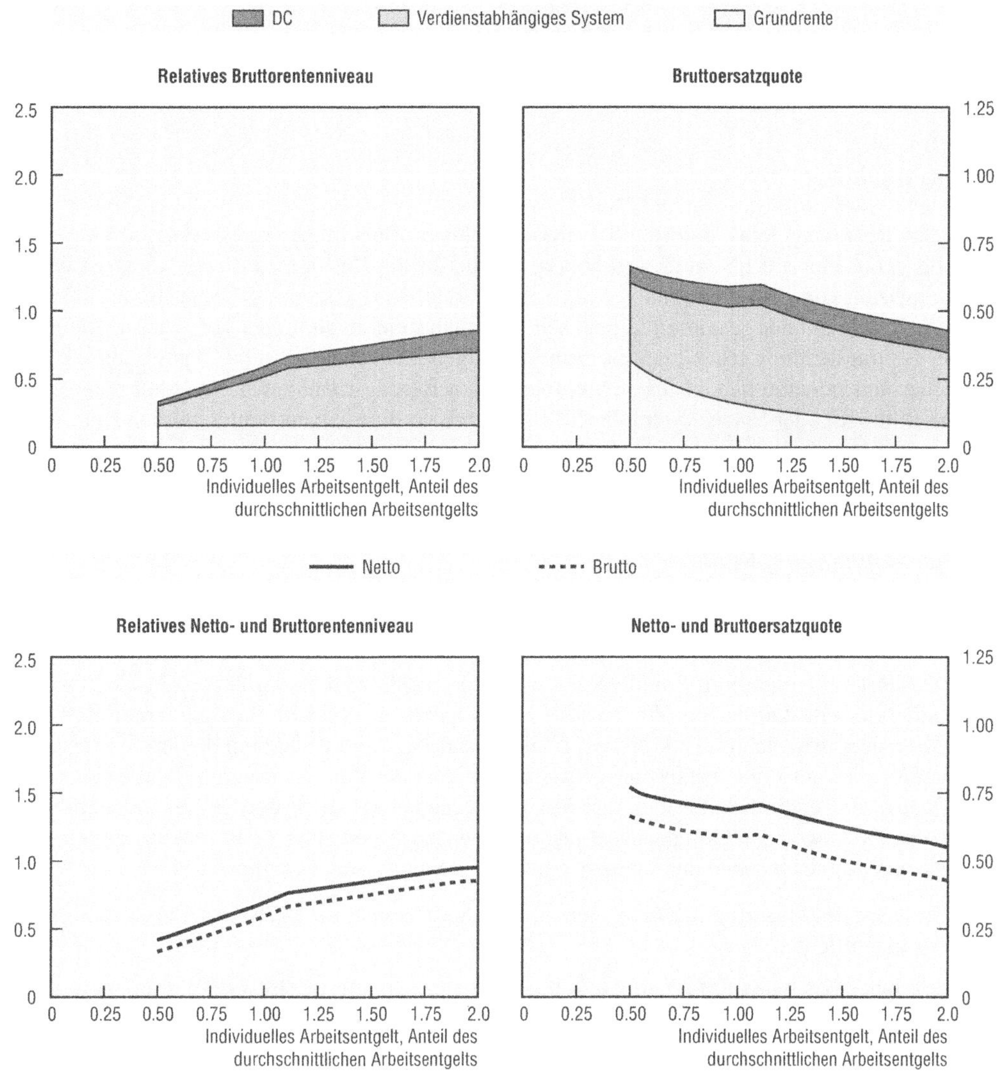

Männer *Frauen* (falls abweichend)	Median-verdiener	Individuelles Arbeitsentgelt, Vielfaches vom gesamtwirtschaftlichen Durchschnitt				
		0.5	0.75	1	1.5	2
Relatives Bruttorentenniveau *(In % des durchschnittlichen Bruttoarbeitsentgelts)*	51.0	33.2	45.9	59.3	75.3	85.4
Relatives Nettorentenniveau *(In % des durchschnittlichen Nettoarbeitsentgelts)*	60.8	41.9	55.3	69.3	85.2	95.1
Bruttoersatzquote *(In % des individuellen Bruttoarbeitsentgelts)*	60.0	66.4	61.2	59.3	50.2	42.7
Nettoersatzquote *(In % des individuellen Nettoarbeitsentgelts)*	70.0	77.1	71.2	69.3	62.5	55.1
Bruttorentenvermögen *(Vielfaches des durchschnittlichen Bruttoarbeitsentgelts)*	10.3 *12.1*	11.5 *13.4*	10.5 *12.3*	10.2 *11.9*	8.6 *10.0*	7.3 *8.5*
Nettorentenvermögen *(Vielfaches des durchschnittlichen Bruttoarbeitsentgelts)*	8.6 *10.1*	10.1 *11.8*	8.9 *10.4*	8.3 *9.7*	6.8 *7.9*	5.6 *6.6*

Österreich

Das Pensionssystem besteht aus einer gesetzlichen Rentenversicherung mit Leistungsprimat und einkommensabhängiger Ausgleichszulage für Rentner mit niedrigem Einkommen.

Anspruchskriterien

Das Rentenregelalter beträgt 65 Jahre für Männer. Für Frauen liegt es derzeit bei 60 Jahren, wird bis 2033 aber auf 65 Jahre angehoben. Voraussetzung für den Leistungsbezug ist eine Versicherungszeit von 180 Monaten (15 Jahre) innerhalb der letzten 30 Jahre bzw. 300 Monate (25 Jahre) während der gesamten Lebenszeit. Alternativ hierzu sind 180 Versicherungsmonate mit aktiver Beitragszahlung (im Gegensatz zum alleinigen Versicherungsschutz) ausreichend. Bei den Versicherungsmonaten handelt es sich entweder um Beitragsmonate (in Beschäftigung oder freiwillige Beiträge) oder Ersatzzeiten, für die nur begrenzte Beiträge entrichtet worden sind.

Rentenberechnung

Verdienstabhängige Rente

Die Pensionsleistung beläuft sich derzeit auf 1,96% (2006: 1,88%) des Arbeitsentgelts je Beitragsjahr, dieser Prozentsatz wird bis 2009 aber nach und nach auf 1,78% reduziert.

Der Referenzzeitraum für die Berechnung der Rentenhöhe wird verlängert: Ab 2028 wird nicht mehr eine kleinere Zahl bester Verdienstjahre herangezogen, sondern ein Zeitraum von 40 Jahren. Das Valorisierungsverfahren ist komplex, obgleich sich die Anpassungen in der Praxis stärker an der Preisinflation als am Verdienstzuwachs orientierten. Über die Valorisierung im Rahmen dieses neuen Verfahrens wird noch diskutiert. In der Modellrechnung wird diese den gesamten Erwerbsverlauf umfassende Messgröße zu Grunde gelegt und davon ausgegangen, dass die in früheren Jahren erzielten Arbeitsentgelte entsprechend der Verdienstentwicklung aufgewertet werden.

Beiträge sind bis zu einer Obergrenze von 48 300 Euro, rd. 147% des Durchschnittsarbeitsentgelts, zu entrichten.

Im Jahr 2005 wurden die laufenden Rentenzahlungen bis zur Höhe der Medianrente entsprechend der Preisentwicklung angepasst; über dem Medianwert liegende Renten wurden um einen Pauschalbetrag aufgebessert, der der absoluten Rentenerhöhung für Bezieher von Medianrenten entsprach. Für den Zeitraum 2006-2009 ist vorgesehen, dass die Renten bis zum 15-Fachen der täglichen Beitragsobergrenze voll preisindexiert sind, die für 2004 bei 115 x 15 = 1 725 Euro gelegen hätte. In der Modellrechnung wird davon ausgegangen, dass auch über diesen Zeitraum hinaus an dieser Praxis festgehalten wird.

Sozialrente

Es gibt eine Ausgleichszulage, die einer alleinstehenden Person 653 Euro und einem Ehepaar 1 015 Euro als monatliches Mindestrenteneinkommen sichert. Die Zulage wird 14-mal im Jahr ausbezahlt. Die Anpassung der Einkommen aus dem sozialen Netz ist ebenfalls diskretionär; in der Modellrechnung wird implizit davon ausgegangen, dass dieses Einkommen an die Lohnentwicklung angepasst wird.

Frühverrentung

Männer können derzeit mit 62 und Frauen mit 60 Jahren in den Ruhestand gehen, sofern sie 37,5 Beitrags- oder Anrechnungsjahre nachweisen können. Ab 2017 werden Frauen frühestens mit 62 Jahren in Rente gehen können. Vor dem 65. Lebensjahr in Anspruch genommene Rentenleistungen werden in jedem Jahr der frühzeitigen Beanspruchung um 4,2% gekürzt.

Spätverrentung

Bei Übergängen in den Ruhestand zwischen 65 und 68 Jahren wird die Rente jährlich um 4,2% angehoben, nach dem 68. Lebensjahr gibt es diese Prämie nicht mehr. Arbeitnehmer, die ihren Rentenbezug hinauszögern, leisten weiter Beiträge und erhöhen damit ihren Rentenanspruch.

Eine Kombination aus Berufstätigkeit und Rentenbezug ist möglich, allerdings gibt es Verdienstgrenzen. Verdienen Rentner unter 65 Jahren mehr als 323,46 Euro (Angabe von 2005) wird die Rente voll entzogen. Über das Alter von 65 Jahren hinaus sind Erwerbseinnahmen und Rentenbezüge unbegrenzt möglich.

Vor-Reform-Szenario

In den letzten zehn Jahren sind drei große Steuerreformen durchgeführt worden (1997, 2000 und 2005). In der Modellrechnung soll der kumulierte Effekt dieser Reformen seit 1997 erfasst werden.

Vor der Reform betrug der Steigerungssatz 2% pro Jahr. Als Bemessungsgrundlage dienten die besten 15 Verdienstjahre, die entsprechend dem Verdienstwachstum aktualisiert werden.

Das Frühverrentungsalter wurde für Männer 2002 von 60 im Jahr 2000 auf 61,2 Jahre angehoben. Für Frauen wurde es von 55 auf 56,5 Jahre erhöht. Die Reform 1997 hatte erstmals eine Abnahme der Frühverrentung von 2% pro Jahr zur Folge.

Ergebnisse des Rentenmodells: Österreich

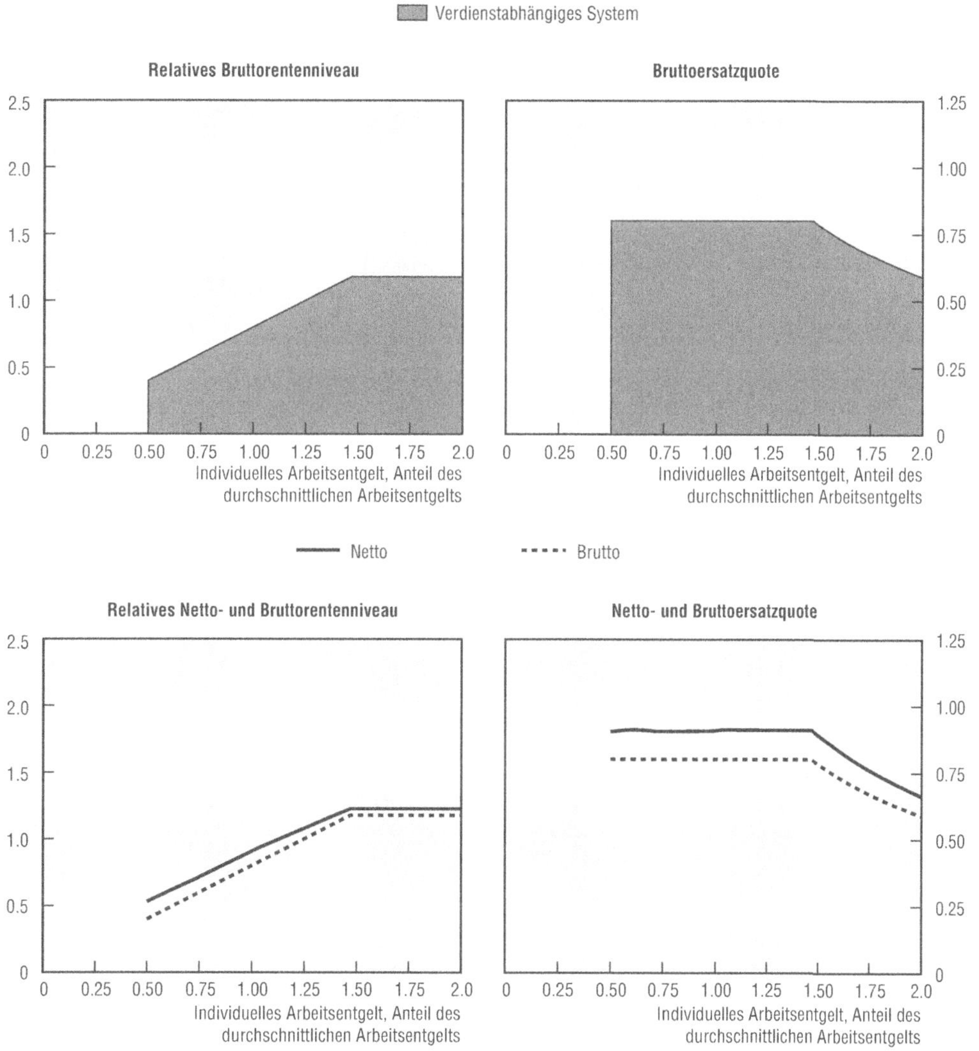

Männer *Frauen* (falls abweichend)	Median-verdiener	Individuelles Arbeitsentgelt, Vielfaches vom gesamtwirtschaftlichen Durchschnitt				
		0.5	0.75	1	1.5	2
Relatives Bruttorentenniveau	68.1	40.0	60.1	80.1	117.7	117.7
(In % des durchschnittlichen Bruttoarbeitsentgelts)						
Relatives Nettorentenniveau	79.3	53.2	71.5	90.9	122.8	122.8
(In % des durchschnittlichen Nettoarbeitsentgelts)						
Bruttoersatzquote	80.1	80.1	80.1	80.1	78.5	58.8
(In % des individuellen Bruttoarbeitsentgelts)						
Nettoersatzquote	90.6	90.4	90.6	90.9	89.2	66.4
(In % des individuellen Nettoarbeitsentgelts)						
Bruttorentenvermögen	12.0	12.2	12.2	11.7	10.8	8.1
(Vielfaches des durchschnittlichen Bruttoarbeitsentgelts)	*14.0*	*14.2*	*14.2*	*13.5*	*12.5*	*9.4*
Nettorentenvermögen	9.5	11.0	9.8	9.0	7.7	5.7
(Vielfaches des durchschnittlichen Bruttoarbeitsentgelts)	*11.0*	*12.8*	*11.5*	*10.4*	*8.8*	*6.6*

Ergebnisse des Rentenmodells: Österreich, Vor-Reform-Szenario

Männer *Frauen* (falls abweichend)	Median-verdiener	Individuelles Arbeitsentgelt, Vielfaches vom gesamtwirtschaftlichen Durchschnitt				
		0.5	0.75	1	1.5	2
Relatives Bruttorentenniveau	76.5	45.0	67.5	90.0	132.2	132.2
(In % des durchschnittlichen Bruttoarbeitsentgelts)	*68.0*	*40.0*	*60.0*	*80.0*	*117.5*	*117.5*
Relatives Nettorentenniveau	87.4	57.8	78.7	99.5	135.0	135.0
(In % des durchschnittlichen Nettoarbeitsentgelts)	*79.2*	*53.1*	*71.5*	*90.8*	*122.6*	*122.6*
Bruttoersatzquote	90.0	90.0	90.0	90.0	88.2	66.1
(In % des individuellen Bruttoarbeitsentgelts)	*80.0*	*80.0*	*80.0*	*80.0*	*78.4*	*58.8*
Nettoersatzquote	99.9	98.3	99.6	99.5	98.1	73.0
(In % des individuellen Nettoarbeitsentgelts)	*90.5*	*90.3*	*90.5*	*90.8*	*89.1*	*66.3*
Bruttorentenvermögen	13.7	13.7	13.7	13.7	13.4	10.1
(Vielfaches des durchschnittlichen Bruttoarbeitsentgelts)	*16.4*	*16.4*	*16.4*	*16.4*	*16.1*	*12.1*
Nettorentenvermögen	10.6	11.9	10.8	10.3	9.3	7.0
(Vielfaches des durchschnittlichen Bruttoarbeitsentgelts)	*12.9*	*14.8*	*13.2*	*12.6*	*11.4*	*8.5*

Polen

Das neue Rentensystem wurde 1999 eingeführt; es gilt für Personen, die 1949 oder später geboren sind. Die neue staatliche Rentenversicherung basiert auf einem System fiktiver Konten. Personen, die bei Einführung der Reform jünger als 30 waren (also 1969 bzw. später geboren sind), müssen auch Pflichtbeiträge zur kapitalgedeckten Säule leisten; Personen im Alter von 30-50 Jahren (die zwischen 1949 und 1968 geboren sind) konnten sich auf freiwilliger Basis für eine Teilnahme daran entscheiden. Jedoch musste die Entscheidung 1999 getroffen werden und war unwiderruflich.

Anspruchskriterien

Das Mindestrentenalter liegt im neuen System bei 65 Jahren für Männer und 60 Jahren für Frauen. Für den Bezug der Mindestrente müssen Männer und Frauen jeweils 25 bzw. 20 Versicherungsjahre nachweisen.

Rentenberechnung

Verdienstabhängige Rente

Ein Beitrag von 12,22% des Arbeitsentgelts (oder 19,52% für zwischen 1949 und 1968 geborene Arbeitnehmer, die sich nicht für die Option mit Beitragsprimat entscheiden) wird den individuellen fiktiven Konten der Arbeitnehmer gutgeschrieben. Ursprünglich wurden diese Beiträge zwischen dem Zeitpunkt, an dem sie geleistet wurden, und dem Zeitpunkt des Rentenantritts um die Preisinflation zuzüglich 75% des Zuwachses der versicherungspflichtigen realen Lohnsumme aktualisiert. Ab 2004 wird der fiktive Zinssatz definiert als 100% des Zuwachses der versicherungspflichtigen realen Lohnsumme und nicht weniger als die Preisinflation. Er gilt für die Verzinsung der Konten rückwirkend ab dem Jahr 2000.

Im Ruhestand wird das auf dem fiktiven Konto aufgelaufene Kapital zur Ermittlung der Rentenleistung durch den sogenannten „G-Wert" dividiert. Beim G-Wert handelt es sich um die durchschnittliche Restlebenserwartung im Rentenalter: Dieser Prozess entspricht der Rentenberechnung beim Kapitaldeckungsverfahren. Berechnet wird der G-Wert anhand der vom Statistischen Zentralamt veröffentlichten Sterbetafeln. In der Modellrechnung wurden versicherungsmathematische Daten der VN/Weltbank-Bevölkerungsdatenbank zu Grunde gelegt.

Die Bemessungsgrenze für die Beiträge und berücksichtigungsfähigen Arbeitsentgelte lag 2004 bei 68 700 Zloty oder dem 2,3-Fachen des Durchschnittsverdiensts.

Zwischen 1999 und 2004 wurden die Rentenzahlungen für ein bestimmtes projiziertes Jahr um 80% des Preisanstiegs und 20% der Wachstumsrate des Durchschnittsverdiensts angepasst. Anzumerken ist jedoch, dass sie ab 2005 zumindest preisindexiert sein werden und die Anpassung nur stattfindet, wenn die Inflation insgesamt 5% erreicht.

Mindestrente

Im Umlageverfahren gibt es eine Mindestrente, die 2003-2004 bei 562,86 Zloty pro Monat lag, was 23% des Durchschnittsverdiensts entsprach. Die Mindestsozialrente wurde um 80% der Preisinflation zuzüglich 20% des Lohnwachstums angepasst, ist aber seit 2005 preisindexiert.

Beitragsprimat

Von dem gesamten Rentenbeitrag werden 7,3 Prozentpunkte an das kapitalgedeckte Altersvorsorgesystem für die Pflichtversicherten sowie die freiwillig Versicherten abgeführt. Das Gesetz über die regelmäßigen Rentenzahlungen wurde bislang noch nicht verabschiedet. Es wird aber davon ausgegangen, dass das akkumulierte Kapital in eine regelmäßig gezahlte Rente umgewandelt werden wird und dass die Rentenzahlungen zumindest preisindexiert sein werden (wie dies in der Modellrechnung der Fall ist). Die regelmäßigen Rentenzahlungen werden sich höchstwahrscheinlich auf geschlechtsneutrale Sterbetafeln stützen müssen, obwohl diesbezüglich noch keine Entscheidung getroffen wurde.

Frühverrentung

Das Rentensystem sieht keine Frühverrentung vor. Das alte Rentensystem (das für Personen gilt, die vor 1949 geboren wurden) ermöglichte bestimmten Arbeitnehmerkategorien, wie z.B. den Beschäftigten im Bergbau, bei der Bahn, Lehrkräften, Beschäftigten mit besonderen Arbeitsbedingungen und Frauen, verschiedene Arten der Frühverrentung.

Spätverrentung

Es besteht die Möglichkeit, die Rente aus dem System fiktiver Konten sowie aus dem kapitalgedeckten System mit Beitragsprimat ohne jede Altersbegrenzung zu einem späteren Zeitpunkt in Anspruch zu nehmen. Personen, die den Rentenbezug über die Regelrentenaltersgrenze hinausschieben, leisten weiter Beitragszahlungen und erwerben zusätzliche Rentenansprüche.

Es ist möglich, Erwerbseinkommen und Renteneinkommen zu kumulieren. Für die Bezieher einer Altersrente, deren Alter das gesetzliche Rentenalter überschreitet, gelten (im alten Rentensystem) Einkommensgrenzen. Liegt das Erwerbseinkommen über 70% des Durchschnittslohns, wird die Rente gekürzt, liegt es über 130% des Durchschnittslohns, so entfällt die Rentenzahlung.

Vor-Reform-Szenario

Vor der Reform existierte ein Rentensystem mit Leistungsprimat; es gab keine individuellen Rentenkonten. Das alte System bestand aus zwei Komponenten.

Die erste Komponente sah eine pauschale Grundrente vor, die an den gesamtwirtschaftlichen Durchschnittsverdienst gekoppelt war (abzüglich der Sozialversicherungsbeiträge). Die Leistungen waren nach nationaler Definition bei 24% des Durchschnittsverdiensts angesetzt. Diese beliefen sich 2003/2004 auf 1 862,62 Zloty und 2004/2005 auf 1 829,24 Zloty. In den letzten Jahren wurden die Leistungen einmal pro Jahr im März angepasst. Voraussetzung waren 25 Beitragsjahre für Männer und 20 Jahre für Frauen.

Bei der verdienstabhängigen Komponente wurden 1,3% des Verdiensts für jedes Beitragsjahr gezahlt. Die Verdienstmessgröße waren die besten zehn aufeinanderfolgenden Erwerbsjahre der letzten 20 Jahre oder eines beliebigen 20-jährigen Zeitraums während der gesamten Berufslaufbahn im Verhältnis zum gesamtwirtschaftlichen Durchschnittslohn und multipliziert mit dem Grundrentenbetrag.

Mindestrente und Beitragsbemessungsgrenze sind im alten und neuen System identisch.

Die Rentenzahlungen waren ab 1999 preisindexiert plus 20% des für ein bestimmtes Jahr projizierten Reallohnanstiegs und sind ab 2005 ausschließlich preisindexiert (wie die Renten im neuen System).

Ergebnisse des Rentenmodells: Polen

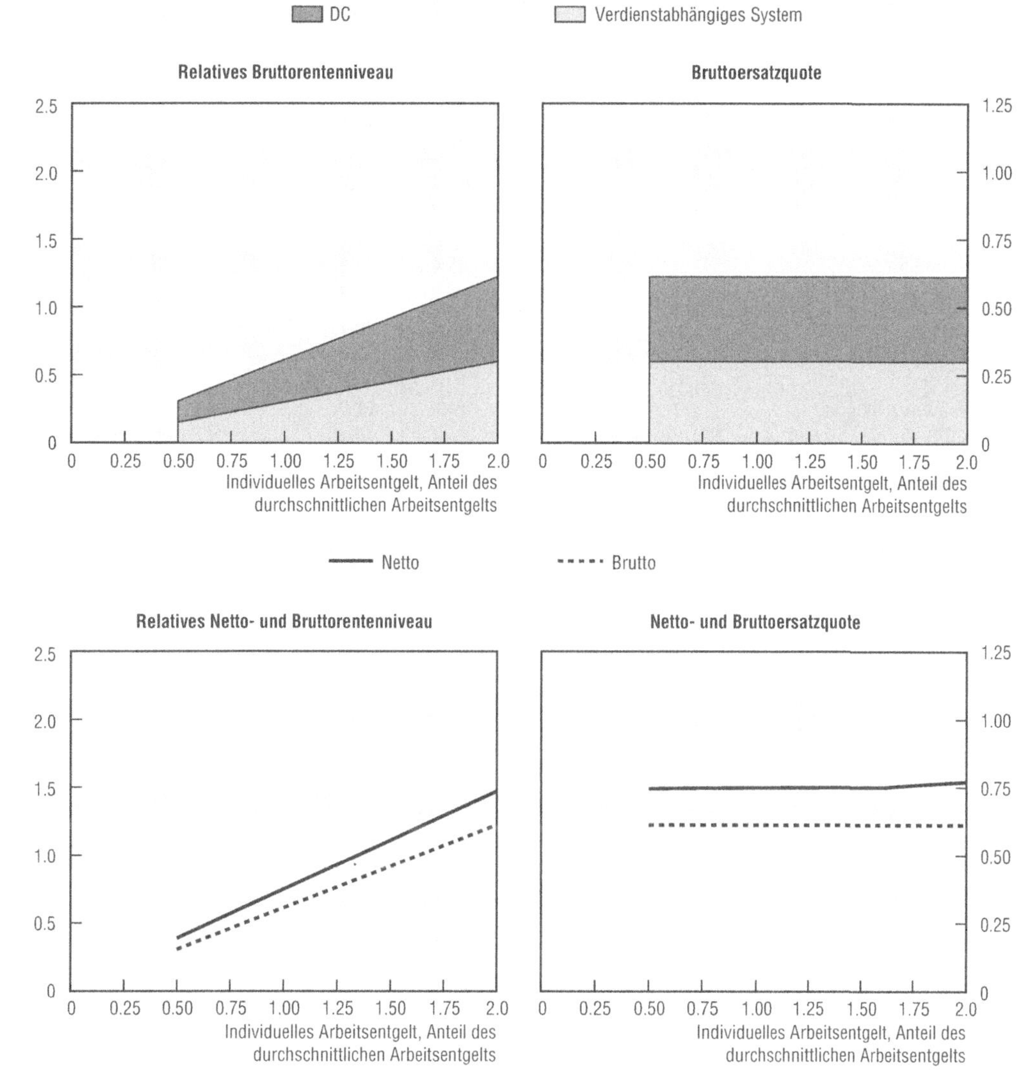

Männer *Frauen* (falls abweichend)	Median-verdiener	Individuelles Arbeitsentgelt, Vielfaches vom gesamtwirtschaftlichen Durchschnitt				
		0.5	0.75	1	1.5	2
Relatives Bruttorentenniveau	52.0	30.6	45.9	61.2	91.8	122.4
(In % des durchschnittlichen Bruttoarbeitsentgelts)	*37.8*	*23.1*	*33.4*	*44.5*	*66.8*	*89.0*
Relatives Nettorentenniveau	64.1	38.8	56.8	74.9	111.0	147.1
(In % des durchschnittlichen Nettoarbeitsentgelts)	*47.3*	*29.9*	*42.1*	*55.2*	*81.4*	*107.7*
Bruttoersatzquote	61.2	61.2	61.2	61.2	61.2	61.2
(In % des individuellen Bruttoarbeitsentgelts)	*44.5*	*46.2*	*44.5*	*44.5*	*44.5*	*44.5*
Nettoersatzquote	74.8	74.5	74.8	74.9	75.0	77.1
(In % des individuellen Nettoarbeitsentgelts)	*55.3*	*57.5*	*55.3*	*55.2*	*55.0*	*56.4*
Bruttorentenvermögen	8.4	8.4	8.4	8.4	8.4	8.4
(Vielfaches des durchschnittlichen Bruttoarbeitsentgelts)	*8.6*	*8.9*	*8.6*	*8.6*	*8.6*	*8.6*
Nettorentenvermögen	7.0	7.2	7.1	7.0	6.9	6.9
(Vielfaches des durchschnittlichen Bruttoarbeitsentgelts)	*7.3*	*7.9*	*7.4*	*7.3*	*7.2*	*7.1*

Ergebnisse des Rentenmodells: Polen, Vor-Reform-Szenario

Männer *Frauen* (falls abweichend)	Median-verdiener	Individuelles Arbeitsentgelt, Vielfaches vom gesamtwirtschaftlichen Durchschnitt				
		0.5	0.75	1	1.5	2
Relatives Bruttorentenniveau	55.6	40.1	51.1	62.2	84.2	106.3
(In % des durchschnittlichen Bruttoarbeitsentgelts)	*51.4*	*37.7*	*47.5*	*57.3*	*76.9*	*96.5*
Relatives Nettorentenniveau	68.2	50.0	63.0	76.0	102.0	128.1
(In % des durchschnittlichen Nettoarbeitsentgelts)	*63.3*	*47.1*	*58.7*	*70.2*	*93.4*	*116.5*
Bruttoersatzquote	65.4	80.3	68.2	62.2	56.1	53.1
(In % des individuellen Bruttoarbeitsentgelts)	*60.5*	*75.4*	*63.3*	*57.3*	*51.2*	*48.2*
Nettoersatzquote	79.7	96.1	82.9	76.0	69.0	67.1
(In % des individuellen Nettoarbeitsentgelts)	*74.0*	*90.6*	*77.2*	*70.2*	*63.1*	*61.0*
Bruttorentenvermögen	9.0	11.0	9.3	8.5	7.7	7.3
(Vielfaches des durchschnittlichen Bruttoarbeitsentgelts)	*11.7*	*14.6*	*12.2*	*11.1*	*9.9*	*9.3*
Nettorentenvermögen	7.5	9.3	7.9	7.1	6.4	6.0
(Vielfaches des durchschnittlichen Bruttoarbeitsentgelts)	*9.8*	*12.4*	*10.3*	*9.3*	*8.2*	*7.7*

Portugal

Portugal hat ein System, das aus einer verdienstabhängigen staatlichen Rentenversicherung mit Mindestrente und einem bedürftigkeitsabhängigen Sicherheitsnetz besteht.

Anspruchskriterien

Die Regelaltersgrenze liegt bei 65 Jahren, eine Frühverrentung ab 55 Jahre ist jedoch möglich. Für den Renteneintritt mit 65 Jahren ist eine Mindestversicherungszeit von 15 Beitragsjahren erforderlich. Die Frühverrentung ist nach 30 Beitragsjahren möglich.

Die Sozialrente kann ab 65 Jahre bezogen werden.

Rentenberechnung

Verdienstabhängige Rente

Bei bis zu 20 Versicherungsjahren entstehen Rentenansprüche in Höhe von 2% des Basisarbeitsentgelts (Referenzeinkommen) je Beitragsjahr. Bei mindestens 21 Beitragsjahren gelten je nach Arbeitsverdienst Steigerungssätze von zwischen 2% und 2,3%. Die Staffelung dieser Sätze hängt vom Verhältnis zwischen dem individuellen Arbeitsentgelt und der Höhe des landesweiten Mindestlohns (365,60 Euro) ab. Für jede Verdiensttranche gilt ein anderer Steigerungssatz.

Verdienst/Mindestlohn	≤1.1	>1.1-2.0	>2.0-4.0	>4.0-8.0	>8.0
Steigerungssatz (in %)	2.3	2.25	2.2	2.1	2.0

Es werden maximal 40 Beitragsjahre angerechnet.

Der Referenzverdienst orientiert sich zurzeit an den besten 10 der letzten 15 Erwerbsjahre. Diese Basis wird allerdings zunehmend ausgeweitet und soll bis 2017 dem Durchschnittsverdienst der gesamten Lebensarbeitszeit entsprechen. Die jüngste Rentenreform beschleunigte diese Veränderung, so dass die Rentenbezüge der zwischen 2006 und 2017 in Rente gehenden Personen anteilmäßig auf dem Verdienst der besten 10 der letzten 15 Erwerbsjahre und dem Referenzdurchschnittsverdienst der gesamten Lebenszeit basieren werden. Für Personen, die nach 2002 in das System eintraten, werden die neuen Regeln voll Anwendung finden. Für Personen mit mehr als 40 Beitragsjahren zählen in der Rentenformel nur die besten 40 Jahre.

Die Arbeitsentgelte werden für die Rentenberechnung seit Anfang 2002 mit einer Kombination von Lohn- und Preisentwicklung aufgewertet. Die Gewichtung beruht zu 75% auf der Preisinflation und zu 25% auf dem Lohnzuwachs, wobei der reale Steigerungssatz höchstens 0,5% beträgt.

Mit der unlängst verabschiedeten Rentenreform wurde eine Anpassung der künftigen Renten an den Anstieg der Lebenserwartung im Alter von 65 Jahren eingeführt, was unter dem Stichwort Nachhaltigkeitsfaktor bekannt ist. Auf der Basis der Sterblichkeitsprojektionen der VN/Weltbank lag die Lebenserwartung in Portugal im Alter von 65 Jahren 2006 bei 16,2 Jahren. Den Projektionen zufolge wird sich die Lebenserwartung in einem Zeitraum von 45 Jahren auf 20,3 Jahre erhöhen. Die Leistungen werden demzufolge auf Grund der Verknüpfung mit der Lebenserwartung für eine Person, die während ihrer ganzen Erwerbsbiografie dieser Anpassung unterliegt, 81% des Werts betragen, der bei Anwendung der jetzigen Regeln gelten würde.

Die Rentenzahlungen werden nunmehr schrittweise indexiert, wobei kleinere Renten stärker angehoben werden. Die Indexierung wird zudem großzügiger bemessen, wenn das BIP-Wachstum kräftiger ausfällt. Ab 2008 wird folgende Matrix Anwendung finden:

Rente	BIP-Wachstum		
Vielfaches des IAS	<2%	2-3%	≥3%
<1.5	VPI	VPI + 20% BIP-Wachstum*	VPI + 20% BIP-Wachstum
1.5-6	VPI – 0.5 p.p.	VPI	VPI + 12.5% BIP-Wachstum
6-12	VPI – 0.75 p.p.	VPI – 0.25 p.p.	VPI
≥12	null	null	null

Anmerkung: VPI = Verbraucherpreisindex; BIP = Bruttoinlandsprodukt; p.p. = Prozentpunkt. Der IAS ist ein Index des Existenzminimums. Für 2007 wird der IAS auf dem um die Inflation 2006 (3,1%) aufgewerteten Mindestlohn für 2006 basieren (385,90 Euro). Es steht noch nicht fest, wie sich der IAS im Laufe der Zeit entwickeln wird, die Modellrechnung geht jedoch davon aus, dass er der langfristigen Entwicklung des Durchschnittsverdiensts folgen wird.
* Mit einem Minimum von 0,5 Prozentpunkten über der Inflationsrate.

Mindestrente

Die Mindestrente betrug von Januar bis Mai 2004 monatlich 208 Euro, von Juni bis November 211,50 Euro und ab Dezember 2004 216,79 Euro (für Versicherte mit bis zu 15 Beitragsjahren). Bei Versicherungszeiten zwischen 15 und 40 Jahren variiert die Höhe der Mindestrente zwischen 65% und 100% des Mindestlohns, abzüglich der Arbeitnehmerbeiträge zur Sozialversicherung. Für 2004 lag die untere Grenze bei 217,65 Euro (Januar-Mai), 222 Euro (Juni-November) und 233,10 Euro (Dezember-) und die Beitragsbemessungsgrenze bei 325,31 Euro, 325,38 Euro und 333,51 Euro für dieselben drei Zeiträume, wie in der nachstehenden Tabelle angegeben. Auf Jahresbasis schwankte die Mindestrente im Kalenderjahr 2004 zwischen 3 096 Euro und 4 564 Euro des Durchschnittsverdiensts.

Die Rente wird in 14 Monatsraten pro Jahr ausgezahlt.

Beitragsjahre	Mindestrente (Euro)		
	Januar-Mai	Juni-November	Dezember
15 und 16	217.65	222.00	233.10
17 und 18	222.48	226.93	236.01
19 und 20	227.31	231.86	238.82
21 und 22	238.43	243.20	255.36
23 und 24	243.25	248.12	259.29
25 und 26	248.08	253.04	263.16
27 und 28	252.90	257.96	265.70
29 und 30	257.72	260.30	266.81
31	279.33	284.92	310.56
32	284.16	289.84	313.03
33	288.99	294.77	315.64
34	293.81	299.69	317.67
35	298.63	304.60	319.83
36	303.46	309.53	325.01
37	308.28	314.45	327.03
38	313.12	319.38	328.96
39	317.94	324.30	332.41
40 und darüber	325.31	325.38	333.51

Sozialrente

Für Personen ohne Anspruch auf eine verdienstabhängige Rente lag die Sozialrente bei 151,84 Euro monatlich (Januar-Mai 2004), 154,88 Euro (Juni-November) und 164,17 Euro (Dezember-).

Eine Sozialrente wird lediglich gezahlt, wenn das Gesamteinkommen einer alleinstehenden Person 30% des Mindestlohns oder 50% des Mindestlohns bei Ehepaaren nicht überschreitet. Auch die Sozialrente wird in 14 Monatsraten pro Jahr gezahlt.

Die Mindestrentenbeträge und anderen Sozialleistungen werden nach folgender Tabelle an den IAS gebunden:

Leistungen	Betrag (% ISA)
Mindestrente (verdienstabhängig)	
15 Beitragsjahre	57.8
15-20 Beitragsjahre	64.5
21-30 Beitragsjahre	71.2
Über 30 Beitragsjahre	89.0
Sozialrente	44.5

Frühverrentung

Die Frühverrentung ist ab dem Alter von 55 Jahren und 30 Beitragsjahren möglich. Für jeden Monat des früheren Renteneintritts verringert sich die Rente um 0,5% (6% pro Jahr). Hat der Betreffende bei Erreichen des 55. Lebensjahrs über 30 Beitragsjahre aufzuweisen, verringert sich die Zahl der Jahre, für die die Rente gekürzt wird, um ein Jahr für jeweils drei vollständige, die 30 Beitragsjahre überschreitende Versicherungsjahre.

Spätverrentung

Es besteht die Möglichkeit, den Rentenbezug über das 65. Lebensjahr hinaus zu verschieben. Die jüngste Reform sieht für Personen mit voller Erwerbsbiografie (40 Jahre) einen Rentensteigerungssatz von 1% pro Monat (12% pro Jahr) vor. Bei Personen mit unvollständiger Erwerbsbiografie schwankt die Steigerung zwischen 0,33% pro Monat (Erwerbsbiografie <25 Jahre) und 0,65% (35-39 Jahre).

Personen, die vor Erreichen des 65. Lebensjahrs Anspruch auf Rente haben, werden auf Grund der neuen Reform für jeden Monat des aufgeschobenen Renteneintritts einen Steigerungssatz von 0,65% erhalten (7,8% pro Jahr).

All diese Zuschläge werden bis zum Erreichen der maximalen Ersatzquote von 92% gewährt.

Vor-Reform-Szenario

Bei der Modellrechnung des Vor-Reform-Szenarios werden die Leistungen anhand der Referenzgröße der besten 10 der letzten 15 Erwerbsjahre dargestellt. Außerdem wird der Nachhaltigkeitsfaktor ausgeklammert.

Ergebnisse des Rentenmodells: Portugal

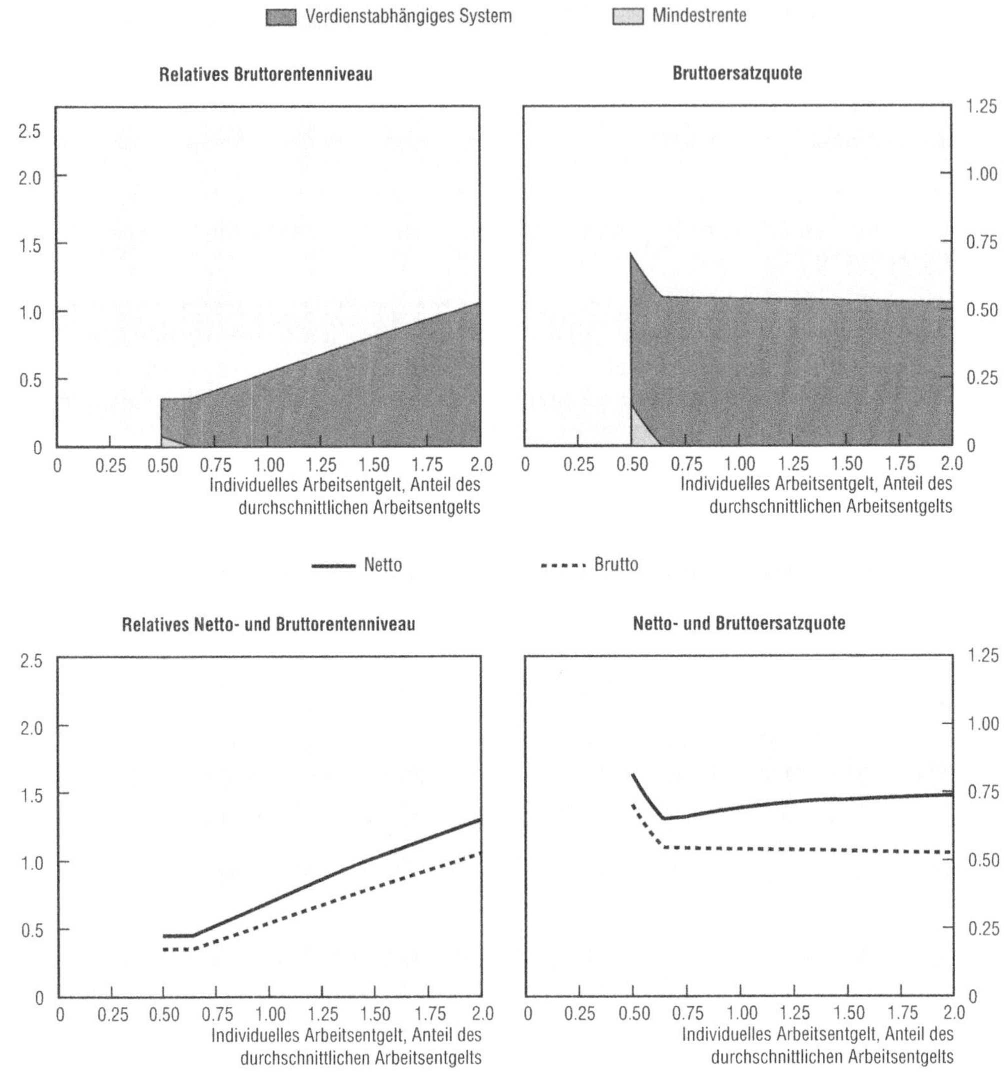

Männer *Frauen* (falls abweichend)	Median-verdiener	Individuelles Arbeitsentgelt, Vielfaches vom gesamtwirtschaftlichen Durchschnitt				
		0.5	0.75	1	1.5	2
Relatives Bruttorentenniveau *(In % des durchschnittlichen Bruttoarbeitsentgelts)*	46.1	35.2	40.9	54.1	80.1	105.3
Relatives Nettorentenniveau *(In % des durchschnittlichen Nettoarbeitsentgelts)*	59.0	45.0	52.3	69.2	102.0	130.1
Bruttoersatzquote *(In % des individuellen Bruttoarbeitsentgelts)*	54.3	70.4	54.5	54.1	53.4	52.7
Nettoersatzquote *(In % des individuellen Nettoarbeitsentgelts)*	67.4	81.6	66.0	69.2	72.2	73.7
Bruttorentenvermögen *(Vielfaches des durchschnittlichen Bruttoarbeitsentgelts)*	8.2 *9.6*	10.5 *12.3*	8.2 *9.6*	7.9 *9.2*	7.8 *9.1*	7.7 *9.0*
Nettorentenvermögen *(Vielfaches des durchschnittlichen Bruttoarbeitsentgelts)*	8.2 *9.6*	10.5 *12.3*	8.2 *9.6*	7.9 *9.2*	7.8 *9.0*	7.4 *8.7*

Ergebnisse des Rentenmodells: Portugal, Vor-Reform-Szenario

Männer *Frauen* (falls abweichend)	Median-verdiener	Individuelles Arbeitsentgelt, Vielfaches vom gesamtwirtschaftlichen Durchschnitt				
		0.5	0.75	1	1.5	2
Relatives Bruttorentenniveau	76.9	45.7	68.1	90.1	133.5	175.5
(In % des durchschnittlichen Bruttoarbeitsentgelts)						
Relatives Nettorentenniveau	98.3	58.5	87.1	113.2	158.4	199.2
(In % des durchschnittlichen Nettoarbeitsentgelts)						
Bruttoersatzquote	90.5	91.5	90.8	90.1	89.0	87.8
(In % des individuellen Bruttoarbeitsentgelts)						
Nettoersatzquote	112.4	106.1	110.0	113.2	112.1	112.9
(In % des individuellen Nettoarbeitsentgelts)						
Bruttorentenvermögen	13.2	13.3	13.2	13.1	13.0	12.8
(Vielfaches des durchschnittlichen Bruttoarbeitsentgelts)	*15.4*	*15.6*	*15.4*	*15.3*	*15.1*	*14.9*
Nettorentenvermögen	13.2	13.3	13.2	12.9	12.0	11.4
(Vielfaches des durchschnittlichen Bruttoarbeitsentgelts)	*15.4*	*15.6*	*15.4*	*15.1*	*14.0*	*13.2*

Schweden

Das neue, 1999 eingeführte Rentensystem gilt für Personen, die 1954 oder später geboren sind. Ältere Arbeitnehmer sind anteilig über das alte und das neue System versichert. Die Renten der zwischen 1938 und 1953 Geborenen werden daher nach einer Kombination der alten und neuen Regeln berechnet. Der verdienstabhängige Teil stützt sich auf das Konzept der *Notional Accounts*, der „fiktiven Rentenkonten", und es muss ein kleiner Pflichtbeitrag zu einer individuellen kapitalgedeckten Altersversorgung mit Beitragsprimat entrichtet werden. Außerdem gibt es eine einkommensabhängige Zusatzleistung. Die Absicherung über betriebliche Altersvorsorgepläne – mit Leistungs- und Beitragsprimatelementen – ist allgemein üblich.

Anspruchskriterien

Voraussetzung für den Anspruch auf die Garantierente sind drei Jahre Wohnsitz in Schweden. Die Inanspruchnahme dieser Rente ist ab 65 Jahren möglich.

Der Höchstbetrag der Garantierente kann nach vierzig Jahren Ansässigkeit in Schweden bezogen werden, im Falle einer kürzeren Wohnsitzdauer verringert sich die Rente proportional. Sie kann ab 65 Jahre beantragt werden.

Das Regelrentenalter im Betriebsrentensystem für Angestellte von Privatunternehmen (ITP-System) liegt bei 65 Jahren, wobei ein vorzeitiger Rentenbezug ab 55 Jahre möglich ist. Für den Versicherungseintritt ist ein Mindestalter von 28 Jahren festgelegt.

Rentenberechnung

Verdienstabhängige Rente

Das neue verdienstabhängige System stützt sich auf fiktive Rentenkonten (*Notional Accounts*). Angerechnet werden Beiträge in Höhe von 16% des berücksichtigungsfähigen Arbeitsentgelts, die entsprechend dem gleitenden Dreijahresdurchschnitt des gesamtwirtschaftlichen Verdienstwachstums aufgewertet werden. Das berücksichtigungsfähige Arbeitsentgelt wird als Verdienst abzüglich des vom Arbeitnehmer abgeführten Rentenversicherungsbeitrags (d.h. sowohl an die fiktiven Konten als auch an das Prämienrentensystem) von 7% des Bruttoverdiensts definiert, woraus sich für die Beiträge an das System fiktiver Konten ein effektiver Beitragssatz im Verhältnis zum Bruttoverdienst von 14,88% ergibt. Die Beiträge werden nur erhoben, wenn das jährliche Arbeitsentgelt eine niedrig angesetzte Untergrenze übersteigt, die 2004 bei 16 600 SEK lag – weniger als 5% des Durchschnittsarbeitsentgelts –, sie müssen aber von allen Personen, deren Verdienst diese Untergrenze übersteigt, auf den gesamten Verdienst entrichtet werden. Für den zur Berechnung der Rentenhöhe herangezogenen anrechnungsfähigen Verdienst ist eine Obergrenze festgesetzt, die sich 2004 auf 317 500 SEK belief. Dies bezieht sich allerdings wiederum auf den anrechnungsfähigen Verdienst, was in einer effektiven Bemessungsgrenze im Verhältnis zum Bruttoarbeitsentgelt von 341 400 SEK im Jahr 2004 resultiert (rd. 130% des Durchschnittsarbeitsentgelts). Auch die Arbeitgeberbeiträge werden nur bis zur Beitragsbemessungsgrenze gezahlt, aber für den die Bemessungsgrenze übersteigenden Verdienst fällt eine zusätzliche Steuer an. Der Satz dieser Steuer ist mit dem des Rentenversicherungsbeitrags identisch, doch wird die Steuer direkt an den Zentralregierungshaushalt abgeführt. Durch die Steuer werden keine Rentenansprüche begründet.

Auf den fiktiven Konten wird jedes Jahr ein Anteil der Rentenguthaben der Verstorbenen desselben Jahrgangs wie der Überlebenden gutgeschrieben (sogenannte Erbgewinne). Bei diesem Erbgewinn, der durch den Tod von Personen bedingt ist, die vor Erreichen des frühestmöglichen Renteneintrittsalters (61 Jahre) sterben, handelt es sich um die tatsächlich entstehenden Rentenansprüche. Nach diesem Alter wird der Erbgewinnfaktor auf der Basis der in einem früheren Zeitraum beobachteten Sterblichkeit geschätzt (berechnet anhand von geschlechtsneutralen Fünfjahres-Sterbetafeln).

Beim Renteneintritt wird das auf den fiktiven Konten angesparte Kapital in eine regelmäßige Rente umgerechnet. Dazu wird ein Koeffizient verwendet, der vom Alter des Empfängers zum Zeitpunkt des Renteneintritts sowie der aktuellen Lebenserwartung (gestützt auf geschlechtsneutrale Sterbetafeln der vorangegangenen fünf Jahre) abhängt. Bei dieser Berechnung wird eine reale jährliche Abzinsung von 1,6% zu Grunde gelegt. Beispielrechnungen liefern für einen Renteneintritt mit 65 Jahren einen Annuitätsfaktor von 15,4 im Jahr 2000, der sich auf 16,8 im Jahr 2020 und 17,4 im Jahr 2040 erhöht. Derzeit beträgt der Annuitätsfaktor 18,0 im Fall eines Renteneintritts im Alter von 61 Jahren und 12,8 bei einem Renteneintritt mit 70 Jahren für Personen, die 1940 geboren sind.

Nach dem Renteneintritt werden die Renten entsprechend dem Anstieg des nominalen Durchschnittsverdiensts abzüglich des kalkulatorischen Zinssatzes des Annuitätsdivisors von 1,6% angepasst.

Außerdem gibt es einen Ausgleichsmechanismus: Wenn der Wert der Aktiva (Reservefonds zuzüglich geschätzter Wert der Aktiva in Form von Beitragseinkünften) unter den der Passiva (auf den fiktiven Konten aufgelaufenes Kapital und Kapitalwert der ausgezahlten Renten) sinkt, werden die Indexierung der Rentenzahlungen und die auf den fiktiven Rentenkonten angerechnete Rendite um das Verhältnis Aktiva/Passiva verringert. Dieses „Bilanzverhältnis" liegt nunmehr nahe dem Punkt, an dem die „automatische Bilanzierung" aktiviert würde (1,0097 im Jahr 2003, 1,0014 2004 und 1,0044 2005). (Das Bilanzverhältnis für das Jahr t wird verwendet, um die „Bilanzzahl" bzw. die Notwendigkeit der Aktivierung der automatischen Bilanzierung im Jahr $t+2$ zu ermitteln. Die Aktivierung der automatischen Bilanzierung würde niedrigere Ersatzquoten des staatlichen Systems bedeuten, könnte aber auch höhere Ergebnisse bringen, wenn sich das Rentensystem erholt und die Bilanzzahl steigt (der Bilanzindex kann den Einkommensindex während der Erholungsphase überschreiten).

Für die Zwecke der Modellrechnung werden die Annuitätsfaktoren ausgehend von den obigen Regeln sowie den einschlägigen Sterberaten der VN/Weltbank-Bevölkerungsdatenbank berechnet. Dabei wird unterstellt, dass die automatische Bilanzierung keinen Einfluss auf die Rentenanpassung hat.

Mindestrente

Bei der „Garantierente" handelt es sich um eine einkommensabhängige Zusatzleistung für Personen, die nur geringe Leistungen aus dem *Notional-Accounts*-System beziehen. Für eine alleinstehende nach 1938 geborene Person belief sich die Garantierente 2004 auf 83 709 SEK bzw. 33% des Bruttodurchschnittsarbeitsentgelts.

Die Garantierente wird für Alleinstehende bei Einkommen aus der verdienstabhängigen Rente zu 100% der ersten 49 518 SEK (2004) und zu 48% des darüber hinausgehenden Betrags gekürzt. Dieser Grenzwert entspricht 20% des Durchschnittsarbeitsentgelts. Der Anspruch auf die Garantierente erlischt erst dann ganz, wenn die verdienstabhängige Rente 120 651 SEK – nahezu 50% des Durchschnittsarbeitsentgelts – übersteigt.

Die Höhe der Garantierente ist nach der derzeitigen Gesetzgebung preisindexiert. Bei der Basishypothese der Modellrechnung wird jedoch für alle Länder davon ausgegangen, dass der Wert der Rentenleistungen des Sicherheitsnetzes im Zeitverlauf generell eher der Entwicklung des Durchschnittsverdiensts folgt als sich im Verhältnis zum allgemeinen Lebensstandard zu verringern.

Es gibt zudem Leistungen in Form von Wohngeld, das für alleinstehende Rentner 93% der Wohnkosten bis zu einer Höchstgrenze von 5 000 SEK pro Monat deckt. Das Wohngeld ist für schwedische Rentner ein wichtiger Teil des Existenzminimums. Diese bedürftigkeitsabhängige Leistung blieb in der Modellrechnung unberücksichtigt.

Beitragsprimat

Weitere 2,5% des anrechnungsfähigen Einkommens (was einem effektiven Beitragssatz im Verhältnis zum Bruttoverdienst von 2,325% entspricht) werden für die sogenannte Prämienrente auf persönliche Rentenkonten eingezahlt. Die Beitragspflichtigen können bei der Anlage dieser Mittel zwischen einem breiten Spektrum von Fonds wählen.

Nach dem Renteneintritt haben die Betreffenden die Wahl in Bezug auf die Art und Weise, wie die Leistungen in Anspruch genommen werden. Erstens besteht die Möglichkeit, die Rentenansprüche in eine regelmäßige Rente umzuwandeln, um Kapitalanlagerisiken zu vermeiden. Alternativ hierzu können sich die Empfänger für eine variable Rente entscheiden, in welchem Fall ihr Kapital weiter vom Fondsmanager ihrer Wahl angelegt wird. Der Wert dieser Rentenbezüge ist nicht garantiert. Das Prinzip bei der Rentenberechnung besteht in diesem Fall darin, dass der Wert des Guthabens durch einen Annuitätsfaktor dividiert wird (auf der Basis der geschätzten Lebenserwartung) und die Rentenleistungen mit einem geschätzten künftigen Zinssatz von 3% und abzüglich Verwaltungskosten dem Konto gutgeschrieben werden. Übersteigt der Zinsertrag 3%, erfolgt entweder eine Zusatzzahlung oder es wird der Kontosaldo und damit die Basis für die Berechnung der jährlichen Rente erhöht.

Quasiobligatorische betriebliche Altersvorsorge

In den betrieblichen Rentenversicherungssystemen sind insgesamt fast 90% der Arbeitnehmer erfasst. Es gibt nur vier große betriebliche Rentenversicherungssysteme. In der Modellrechnung wird das System für Angestellte (ITP) zu Grunde gelegt, das Leistungs- und Beitragsprimatelemente miteinander kombiniert (*Defined Benefit* und *Defined Contribution*).

Die *Defined-Benefit*-Komponente der Rente beläuft sich bis zu einer Bemessungsgrenze, die mit dem 7,5-Fachen des Einkommensgrundbetrags bzw. 317 250 SEK im Jahr 2004 angesetzt ist, auf 10% des letzten Arbeitsentgelts. Dieser Grenzwert ist in der Praxis allerdings niedriger als die effektive Bemessungsgrenze im öffentlichen System, da er sich auf den Bruttoverdienst und nicht auf den anrechnungsfähigen Verdienst bezieht. Zwischen diesem Grenzwert und dem ungefähr 3,1-Fachen des Durchschnittsarbeitsentgelts beträgt die Ersatzquote bei vollständiger Erwerbsbiografie 65%; zwischen dem rd. 3,1- und 4,6-Fachen des Durchschnittsarbeitsentgelts liegt sie bei 32,5%. Anspruch auf eine volle Rente besteht nach 30 Beitragsjahren ab einem Eintrittsalter von 28 Jahren. Bei einer kürzeren Versicherungsdauer verringert sich die Rente proportional.

Die Anpassung der laufenden Rentenzahlungen steht im Ermessen des ITP-Vorstands. In der jüngsten Vergangenheit folgten die Erhöhungen allerdings weitgehend der Preisentwicklung, weshalb in der Modellrechnung von einer Fortsetzung dieser Vorgehensweise ausgegangen wird.

Das ITP-System hat auch eine Komponente mit Beitragsprimat, für die ein Beitrag in Höhe von 2% des Bruttoarbeitsentgelts zu entrichten ist. In der Modellrechnung wird unterstellt, dass das Kapital ab dem Regelrentenalter in Form einer preisindexierten Rente entnommen wird. Das Eintrittsalter ist wiederum 28 Jahre.

Der ITP-Plan wurde unlängst neu ausgehandelt, und das neue System gilt für Personen, die 1979 oder später geboren sind. Bei dem neuen System handelt es sich um ein System mit Beitragsprimat mit einem Beitragssatz von 4,5% des Bruttoverdiensts bis zu 7,5 Einkommensgrundbeträgen (333 750 SEK im Jahr 2006) und 30% des Bruttolohns über dieser Grenze. Dieses System wurde nicht in die Modellrechnung einbezogen.

Frühverrentung

Der Renteneintritt ist im staatlichen Rentensystem ab einem Alter von 61 Jahren möglich (sowohl Einkommensrente als auch Prämienrente). Es wurde kein bestimmtes Rentenalter festgelegt. Die Berechnung der Rente aus dem System fiktiver Konten und der regelmäßigen Rentenzahlungen sieht je nach dem Renteneintrittsalter eine automatische versicherungsmathematische Kürzung der Rente vor.

Die einkommensabhängige Garantierente kann nicht vor dem Alter von 65 Jahren beantragt werden. Ganz gleich ob die Rente aus dem System fiktiver Konten vor oder nach Erreichen des 65. Lebensjahrs beantragt wird, berechnet sich die garantierte Rente doch weiter so, als würde die Rente aus dem System fiktiver Konten im Alter von 65 Jahren in Anspruch genommen.

Die ITP-Betriebsrente kann ab einem Alter von 55 Jahren in Anspruch genommen werden. Die Rentenansprüche verringern sich, wenn die Rente vor Erreichen des 62. Lebensjahrs beantragt wird. Bei einem Renteneintritt ab 62 Jahren wird die volle Betriebsrente gezahlt, als seien die Beiträge bis zum Alter von 65 Jahren gezahlt worden, doch verringert sie sich für jeden Monat, um den die Rente vor Vollendung des 65. Lebensjahrs in Anspruch genommen wird, um monatlich 0,5%.

Spätverrentung

Es ist möglich, den Bezug der Rente aus dem System fiktiver Konten ohne Altersbeschränkung hinauszuschieben, wobei wiederum automatische versicherungsmathematische Anpassungen vorgenommen werden.

Der Bezug der ITP-Betriebsrente kann über das 65. Lebensjahr hinaus verschoben werden. Nach dem 65. Lebensjahr können keine weiteren Rentenansprüche erworben werden.

Erwerbseinkommen und Renteneinkommen können kumuliert werden. Die Rente kann teilweise in Anspruch genommen werden (zu 25%, 50% oder 75% der Vollrente). Die Garantierente wird gegenüber anderen Renten des schwedischen Altersversorgungssystems und gegenüber vergleichbaren staatlichen Renten in anderen Ländern angepasst, wird aber nicht um Erwerbseinkommen, Kapitalerträge, Betriebsrente oder private Rentenversicherungsbezüge gekürzt. Es ist somit auch möglich, Erwerbseinkommen mit dem Bezug der Garantierente zu kumulieren.

Vor-Reform-Szenario

Die Reform des staatlichen Rentensystems wurde 1999 eingeführt. Der Versicherungsschutz des alten und neuen Systems wird im Folgenden beschrieben.

Das alte System bestand aus zwei Säulen. Die erste war eine wohnsitzabhängige (40 Jahre) oder beitragsabhängige (30 Jahre) Grundrente mit proportionalen Abschlägen, wenn die erforderliche Zahl der Jahre nicht erreicht wurde. Der Rentenwert für eine alleinstehende Person betrug 96% des Preisgrundbetrags, der sich 2004 auf 39 300 SEK belief. Der Preisgrundbetrag ist preisindexiert.

Die verdienstabhängige Säule basierte auf einem Entgeltpunktesystem. Für die Begründung eines Rentenanspruchs waren mindestens drei Beitragsjahre erforderlich. Der Rentenwert betrug 60% des Grundbetrags (zum Zeitpunkt der Erreichung des Rentenalters) multipliziert mit der durchschnittlichen Entgeltpunktzahl in den 15 Jahren mit den höchsten Punkten. Die Punktzahl war wiederum definiert als Arbeitsentgelt abzüglich des aktuellen Grundbetrags, dividiert durch den aktuellen Grundbetrag. (Zu beachten ist, dass diese Politik auf Grund der Tatsache, dass der Grundbetrag preisindexiert und die Formel sowohl von dem aktuellen als auch dem Endgrundbetrag abhängig war, mit der Anpassung an die Preisentwicklung identisch ist.) Die Bemessungsgrenze für den anrechenbaren Arbeitsverdienst entsprach dem 7,5-fachen Preisgrundbetrag. Für eine Vollrente waren 30 Beitragsjahre erforderlich, wobei für kürzere Versicherungszeiten proportionale Abschläge erfolgten. Im System vor der Reform waren die laufenden Rentenzahlungen preisindexiert. Frühverrentung (ab 61 Jahre) und Spätverrentung (bis 70 Jahre) war mit Anpassungen möglich. Dies waren 0,5% pro Monat (6% pro Jahr) bei Frühverrentung und 0,7% pro Monat (8,4% pro Jahr) bei Spätverrentung.

Das Rentensystem vor der Reform sah zudem eine Zusatzrente vor, die Personen mit geringem Einkommen bzw. ohne verdienstabhängige Rente zustand. Diese Zusatzrente betrug 0,56 Preisgrundbeträge (21 565 SEK im Jahr 2002). Sie entfiel bei Vorhandensein einer verdienstbezogenen Rente (nicht bei Einkommen aus anderen Quellen).

Im Rahmen des Reformpakets, mit dem die garantierte Rente eingeführt wurde, wurden die Steuervergünstigungen für ältere Menschen abgeschafft. Im Jahr 2002 hatten Senioren Anspruch auf einen speziellen Steuerfreibetrag in Höhe von 11 104 SEK bis 59 688 SEK (abhängig vom Renteneinkommen). Bei höherem Einkommen wurde dieser Sonderfreibetrag um 66,5% des über dem Mindestrentenniveau liegenden Teils des Einkommens gekürzt, woraus sich ergibt, dass Rentner mit einem Einkommen von mehr als 132 605 SEK nicht in den Genuss spezieller Steuerfreibeträge kamen.

Ergebnisse des Rentenmodells: Schweden

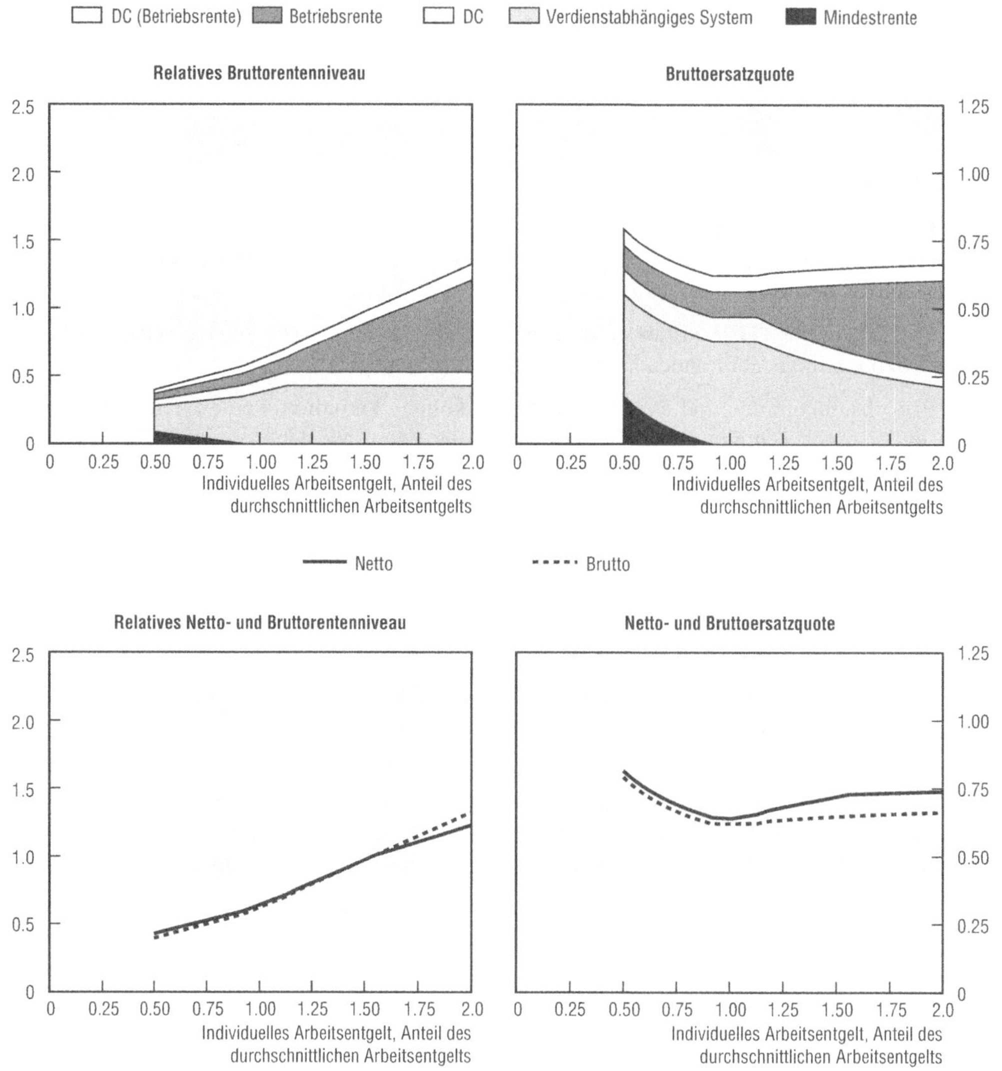

Männer *Frauen* (falls abweichend)	Median-verdiener	Individuelles Arbeitsentgelt, Vielfaches vom gesamtwirtschaftlichen Durchschnitt				
		0.5	0.75	1	1.5	2
Relatives Bruttorentenniveau *(In % des durchschnittlichen Bruttoarbeitsentgelts)*	54.2	39.6	50.0	62.1	97.1	132.5
Relatives Nettorentenniveau *(In % des durchschnittlichen Nettoarbeitsentgelts)*	56.6	42.8	52.7	64.0	97.1	122.9
Bruttoersatzquote *(In % des individuellen Bruttoarbeitsentgelts)*	63.7	79.1	66.6	62.1	64.7	66.3
Nettoersatzquote *(In % des individuellen Nettoarbeitsentgelts)*	66.2	81.4	69.2	64.0	71.9	73.9
Bruttorentenvermögen *(Vielfaches des durchschnittlichen Bruttoarbeitsentgelts)*	10.2 *11.7*	12.6 *14.4*	10.7 *12.2*	10.0 *11.4*	10.3 *11.8*	10.5 *12.0*
Nettorentenvermögen *(Vielfaches des durchschnittlichen Bruttoarbeitsentgelts)*	7.4 *8.5*	9.5 *10.9*	7.8 *9.0*	7.2 *8.2*	7.2 *8.2*	6.8 *7.8*

Ergebnisse des Rentenmodells: Schweden, Vor-Reform-Szenario

Männer *Frauen* (falls abweichend)	Median-verdiener	Individuelles Arbeitsentgelt, Vielfaches vom gesamtwirtschaftlichen Durchschnitt				
		0.5	0.75	1	1.5	2
Relatives Bruttorentenniveau *(In % des durchschnittlichen Bruttoarbeitsentgelts)*	67.7	41.5	60.2	78.9	115.1	150.6
Relatives Nettorentenniveau *(In % des durchschnittlichen Nettoarbeitsentgelts)*	69.2	44.7	62.2	79.8	110.8	135.5
Bruttoersatzquote *(In % des individuellen Bruttoarbeitsentgelts)*	79.6	83.1	80.3	78.9	76.8	75.3
Nettoersatzquote *(In % des individuellen Nettoarbeitsentgelts)*	81.0	84.9	81.8	79.8	82.0	81.5
Bruttorentenvermögen	12.5	13.0	12.6	12.3	12.0	11.8
(Vielfaches des durchschnittlichen Bruttoarbeitsentgelts)	*14.2*	*14.8*	*14.3*	*14.1*	*13.7*	*13.4*
Nettorentenvermögen	8.9	9.8	9.1	8.7	8.1	7.4
(Vielfaches des durchschnittlichen Bruttoarbeitsentgelts)	*10.1*	*11.1*	*10.3*	*9.9*	*9.2*	*8.4*

Schweiz

Das Schweizer Rentensystem stützt sich auf drei Säulen. Das öffentliche System ist verdienstbezogen, allerdings mit einer progressiven Formel. Außerdem gibt es eine obligatorische berufliche Vorsorge sowie einkommensabhängige Ergänzungsleistungen.

Anspruchskriterien

Das Rentenalter lag im öffentlichen System und in der obligatorischen beruflichen Vorsorge bislang bei 65 Jahren für Männer und bei 63 Jahren für Frauen, für letztere erhöhte es sich ab 2005 aber auf 64 Jahre. Voraussetzung für den Bezug einer vollen Rente sind 44 Beitragsjahre.

Rentenberechnung

Verdienstabhängige Rente

Die öffentliche Rente richtet sich nach dem durchschnittlichen Verdienst, über die gesamte Lebenszeit gerechnet. Beläuft sich dieser auf weniger als 37 980 sfr, besteht Anspruch auf eine Rente in Höhe von 9 368 sfr zuzüglich 26% des durchschnittlichen Lebensarbeitsverdiensts. Bei einem durchschnittlichen Lebensarbeitsverdienst, der diesen Schwellenwert überschreitet, besteht pauschal Anspruch auf 13 166 sfr zuzüglich 16% des durchschnittlichen Lebensverdiensts.

Es gibt eine Mindestrente in Höhe von 12 660 sfr und eine Höchstrente, die sich auf das Doppelte dieses Betrags beläuft. Dies entspricht 18% bzw. 36% des Durchschnittsarbeitsentgelts. Die Höchstrente ist im Fall eines Lebensarbeitsverdiensts von 75 960 sfr erreicht, was 108% des gesamtwirtschaftlichen Durchschnittsarbeitsentgelts entspricht.

Die Anpassung der laufenden Rentenzahlungen erfolgt zu 50% gemäß der Preisentwicklung und zu 50% gemäß der Entwicklung der Nominallöhne.

Obligatorische berufliche Altersvorsorge

Das System der obligatorischen beruflichen Altersvorsorge wurde 1985 eingeführt. Es stützt sich auf feste Gutschriften auf individuellen Alterskonten. Diese Altersgutschriften sind nach Geschlecht und Alter gestaffelt:

Männer im Alter von	25-34	35-44	45-54	55-64
Frauen im Alter von	25-31	32-41	42-51	52-63
Gutschrift (% des koordinierten Lohns)	7	10	15	18

Der Wert des angesparten Altersguthabens bei Renteneintritt hängt natürlich von dem Zinssatz ab, der auf die Beiträge aus früheren Jahren angerechnet werden muss. Dieser Mindestzinssatz lag bis Ende 2002 lange Zeit bei 4%. 2003 wurde er auf 3,25% und 2004 nochmals auf 2,25% herabgesetzt. Wenn der Zinssatz im Großen und Ganzen mit der Wachstumsrate der Arbeitsverdienste übereinstimmt, erreicht ein in diesem System versicherter Mann mit vollständiger Erwerbsbiografie im Alter von 65 Jahren ein angespartes Altersguthaben in Höhe von 500% seines Verdiensts. Höhere (oder niedrigere) Altersguthaben sind möglich, falls der Zinssatz über (oder unter) dem Verdienstwachstum liegt. In der Modellrechnung wird unterstellt, dass der auf die Gutschriften angerechnete Zinssatz auf lange Sicht der Verdienstwachstumsrate entspricht.

In diesem System ist ein Mindestumwandlungssatz von 7,2% vorgesehen, der auf die obige fiktive Kapitalsumme angerechnet wird. Daraus ergibt sich bei vollständiger Erwerbsbiografie eine Ersatzquote von (500 x 7,2 =) 36% (vorausgesetzt der Zinssatz entspricht auf lange Sicht dem Verdienstwachstum). Seit 2005 wird der Mindestumwandlungssatz über einen Zeitraum von zehn Jahren schrittweise abgesenkt, so dass er sich am Ende auf 6,8% belaufen wird.

Die festen Gutschriften (und somit auch die Ersatzquote) beziehen sich nur auf den „koordinierten“ Lohn. Dabei handelt es sich um den Teil des Arbeitsentgelts zwischen der Höchstrente des öffentlichen Systems (25 320 sfr im Jahr 2004) und dem Dreifachen dieses Betrags (75 960 sfr im Jahr 2004). Diese Grenzwerte entsprechen jeweils 36% und 108% des Durchschnittsarbeitsentgelts. Die Obergrenze des versicherten Lohns ist in der staatlichen und in der obligatorischen beruflichen Vorsorge identisch. Beim „koordinierten“ Lohn ist ein mit dem Achtel des Höchstbetrags angesetztes Mindestniveau vorgesehen. Dieses Mindestniveau wird bei der Berechnung der Gutschriften für Versicherte zu Grunde gelegt, deren Lohn unter diesem Wert liegt.

Der Korridor des koordinierten Lohns wird ausgedehnt. 2005 verringerte sich die Eintrittsschwelle auf drei Viertel ihrer vorherigen Höhe. In der Modellrechnung ist dies berücksichtigt.

Sozialrente

Das System der Ergänzungsleistungen soll ein Mindestrenteneinkommen in Höhe von mindestens 17 300 sfr für Alleinstehende sichern, was 24% des Durchschnittsarbeitsentgelts entspricht. Die entsprechenden Leistungen sind genauso indexiert wie die öffentlichen Altersrenten, d.h. nach einem Index, der sich jeweils zu 50% aus der Preis- und der Lohnentwicklung zusammensetzt. Den Kantonen ist es freigestellt, zusätzliche Leistungen für Rentner mit niedrigem Einkommen zu zahlen; diese Leistungen werden in der Modellrechnung nicht berücksichtigt.

Frühverrentung

Im öffentlichen System ist ein vorzeitiger Renteneintritt zwei Jahre vor Erreichen des Regelrentenalters möglich, d.h. seit 2005 mit 63 Jahren für Männer und mit 62 Jahren für Frauen. Für jedes Jahr des vorzeitigen Rentenbezugs verringert sich die Rente um 6,8%. Dies entspricht einer versicherungsmathematischen Anpassung, wie sie in anderen Ländern vorgenommen wird, in Höhe von 4,5% (weil 1/44 = 2,3% der Anpassung aus dem zusätzlichen Beitragsjahr des Versicherten resultieren).

Für vor 1948 geborene Frauen beläuft sich der Rentenabschlag im Vergleich zu einer vollen Rente auf 3,4% pro Jahr des vorzeitigen Rentenbezugs.

In der beruflichen Altersvorsorge ist ein vorgezogener Renteneintritt ebenfalls möglich. In der Praxis ist es zulässig, bis zu fünf Jahre vor Erreichen des Regelalters in Rente zu gehen, allerdings können die Vorsorgeeinrichtungen selbst entscheiden, welche Regeln sie diesbezüglich anwenden. Im Allgemeinen verringert sich der gesetzliche Mindestumwandlungssatz gegenüber den 7,2%, die im Alter von 65 Jahren gewährt werden, pro Jahr des vorzeitigen Rentenbezugs um 0,2 Prozentpunkte. (Dabei gilt es daran zu erinnern, dass der Mindestumwandlungssatz in den zehn Jahren ab 2005 schrittweise auf 6,8% sinken wird.) Dieser Abschlag in Höhe von 0,2 Prozentpunkten entspricht einer versicherungsmathematischen Anpassung gemäß den üblichen Regeln von 2,9-3,2% pro Jahr des vorzeitigen Rentenbezugs (die sich mit zunehmender Dauer erhöht). Bei zusätzlicher Berücksichtigung der durch die Frühverrentung bedingten Verringerung der Zahl der Beitragsjahre und Höhe der Gutschriften ergibt sich daraus eine um 6,7-8,8% niedrigere Rente pro Jahr des vorzeitigen Rentenbezugs. Diese Einbußen fallen umso höher aus, je früher die Rente angetreten wird. (Berücksichtigtes Alterspektrum: 61-65 Jahre.)

Spätverrentung

Sowohl im öffentlichen als auch im beruflichen System kann der Renteneintritt aufgeschoben werden. Die Rentenhöhe wird dabei in gleicher Weise angepasst wie bei einem vorgezogenen Renteneintritt. Die Erwerbstätigkeit kann bis zu fünf Jahre nach Erreichen des Regelrentenalters fortgesetzt werden. Die Rentenhöhe steigt dabei nach folgendem Schema:

Rentenaufschub	1 Jahr	2 Jahre	3 Jahre	4 Jahre	5 Jahre
Aufschlag	5.2%	10.8%	17.1%	24.0%	31.5%

Es ist auch möglich, die öffentliche Rente mit 65 Jahren in Anspruch zu nehmen und weiter einer Erwerbstätigkeit nachzugehen.

Personen, die nach Vollendung des 65. Lebensjahrs weiterarbeiten, müssen keine Rentenversicherungsbeiträge entrichten, vorausgesetzt ihr Verdienst liegt unter 16 800 sfr jährlich (2004). Bei höheren Verdiensten werden im Fall des Rentenaufschubs oder einer Kombination von Rentenbezug mit Erwerbstätigkeit Rentenversicherungsbeiträge erhoben, dabei können aber keine zusätzlichen Rentenansprüche erworben werden.

In der beruflichen Altersvorsorge erhöht sich der Umwandlungssatz mit jedem Jahr des Rentenaufschubs um 0,2 Prozentpunkte. Die zuständigen Behörden gestatten im Allgemeinen einen Aufschub um bis zu 5 Jahre.

Im Prinzip ist es möglich, den Bezug von Leistungen aus der beruflichen Altersvorsorge mit einer Erwerbstätigkeit zu kombinieren. In der Praxis betrifft dies hauptsächlich Versicherte mit unvollständiger Erwerbsbiografie und eher Personen, die vorzeitig in Rente gegangen sind. In der Modellrechnung wird daher unterstellt, dass Versicherte, die über das Regelrentenalter hinaus im Erwerbsleben verbleiben, die Leistungen aus der beruflichen Vorsorge noch nicht in Anspruch nehmen. Im öffentlichen System entrichten Versicherte nach Vollendung des 65. Lebensjahrs keine Rentenversicherungsbeiträge mehr.

Ergebnisse des Rentenmodells: Schweiz

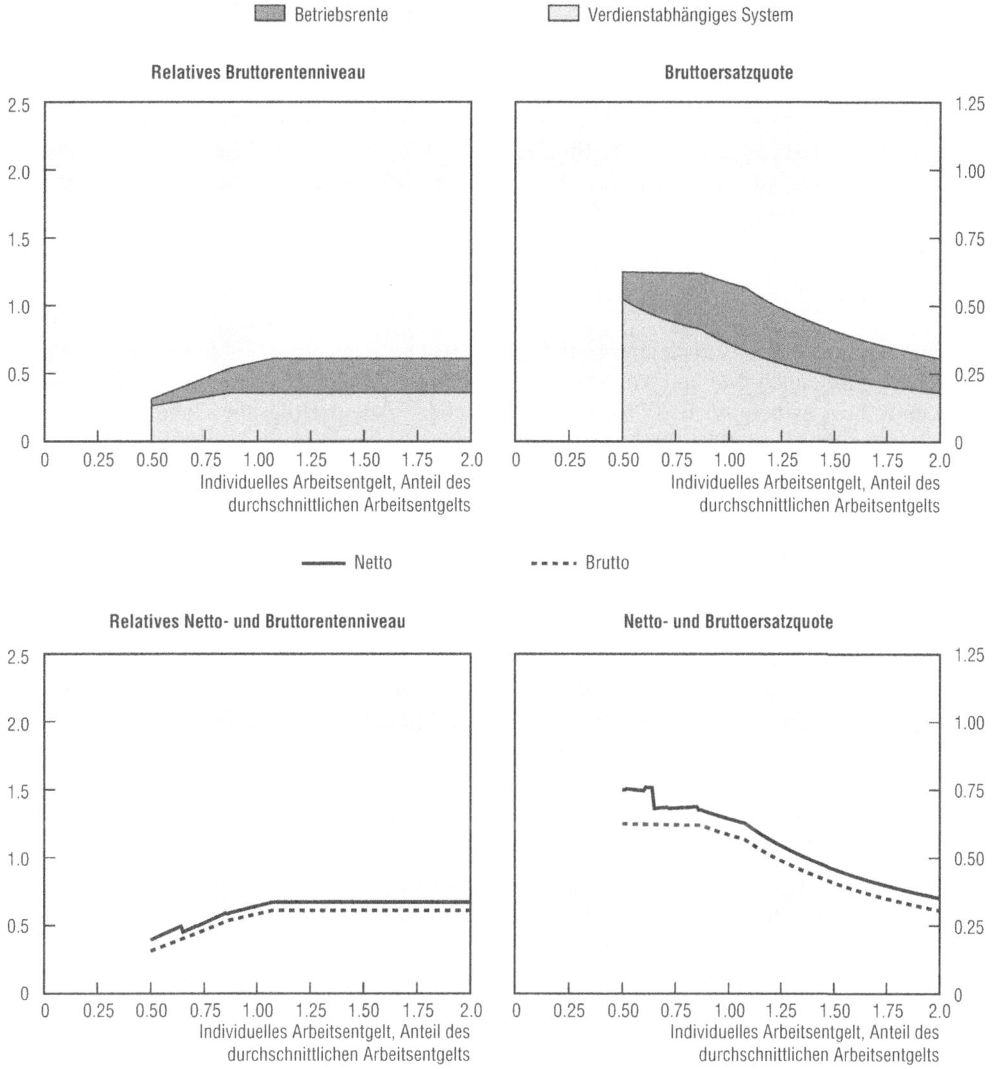

Männer *Frauen* (falls abweichend)	Median-verdiener	Individuelles Arbeitsentgelt, Vielfaches vom gesamtwirtschaftlichen Durchschnitt				
		0.5	0.75	1	1.5	2
Relatives Bruttorentenniveau	52.7	31.2	46.6	58.4	61.1	61.1
(In % des durchschnittlichen Bruttoarbeitsentgelts)	*53.2*	*31.4*	*47.0*	*59.1*	*61.8*	*61.8*
Relatives Nettorentenniveau	59.0	39.4	51.9	64.3	67.2	67.2
(In % des durchschnittlichen Nettoarbeitsentgelts)	*58.4*	*39.6*	*52.4*	*65.0*	*68.0*	*68.0*
Bruttoersatzquote	62.0	62.5	62.1	58.4	40.7	30.5
(In % des individuellen Bruttoarbeitsentgelts)	*62.6*	*62.8*	*62.6*	*59.1*	*41.2*	*30.9*
Nettoersatzquote	68.8	75.0	68.2	64.3	45.7	35.1
(In % des individuellen Nettoarbeitsentgelts)	*68.1*	*75.4*	*68.9*	*65.0*	*46.3*	*35.5*
Bruttorentenvermögen	10.5	10.7	10.5	9.8	6.8	5.1
(Vielfaches des durchschnittlichen Bruttoarbeitsentgelts)	*12.8*	*13.1*	*12.9*	*12.0*	*8.3*	*6.3*
Nettorentenvermögen	8.8	10.1	8.8	8.1	5.6	4.2
(Vielfaches des durchschnittlichen Bruttoarbeitsentgelts)	*10.5*	*12.4*	*10.8*	*9.9*	*6.9*	*5.2*

Slowakische Republik

Das verdienstabhängige staatliche System ist mit einem Entgeltpunktesystem vergleichbar, bei dem die Leistungen von dem individuellen Verdienst im Verhältnis zum Durchschnittsverdienst abhängig sind. Es gibt zwar keine Mindestrente, doch sind Arbeitnehmer mit niedrigem Einkommen insofern abgesichert, als für die Rentenberechnung ein Mindestverdienstniveau zu Grunde gelegt wird. Alle Rentner haben Anspruch auf Sozialhilfeleistungen. Anfang 2005 wurden Rentenprogramme mit Beitragsprimat eingeführt.

Anspruchskriterien

Für den Leistungsanspruch sind zehn Rentenversicherungsjahre erforderlich. Das Rentenalter wird schrittweise angehoben und soll letztlich für Männer und Frauen einheitlich 62 Jahre betragen. Für Männer liegt es bereits ab 2006 bei 62 Jahren. Für Frauen erfolgt die Anhebung des Rentenalters über den Zeitraum 2004-2014.

Rentenberechnung

Verdienstabhängige Rente

Die Beitragszahler in der Rentenversicherung erhalten jährliche Entgeltpunkte. Diese bemessen sich nach dem Verhältnis zwischen dem individuellen Verdienst und dem gesamtwirtschaftlichen Durchschnittsverdienst. Der Rentenanspruch ist die Summe der während der Berufslaufbahn erworbenen Entgeltpunkte, multipliziert mit dem Entgeltpunktwert. Dieser betrug 2004 183,58 SKK. Der Entgeltpunktwert ist an den Durchschnittsverdienst gekoppelt. Der landesweite Durchschnittsverdienst betrug 2004 15 825 SKK pro Monat. Dividiert man den Punktwert durch den landesweiten Durchschnittsverdienst, so erhält man das Äquivalent des Rentensteigerungssatzes in einem System mit Leistungsprimat, das sind in diesem Fall knapp 1,2%.

Es gibt eine Beitrags- und Leistungsbemessungsgrenze, die beim dreifachen Durchschnittsverdienst liegt. Bei den Verdienstangaben handelt es sich um zeitverzögerte Daten, so dass die Bemessungsgrenze für das erste Halbjahr 2004 dem dreifachen Durchschnittsverdienst 2002 entsprach (13 511 SKK pro Monat). Im zweiten Halbjahr basierte die Bemessungsgrenze auf Daten des Durchschnittsverdiensts von 2003 (14 365 SKK pro Monat). (Bei den Basishypothesen für das Lohnwachstum und die Preisinflation führt die Zeitverzögerung dazu, dass die Bemessungsgrenze etwas niedriger ist als der dreifache aktuelle Durchschnittsverdienst.)

Die laufenden Renten sind an das arithmetische Mittel von Lohnzuwachs und Preisanstieg gebunden.

Für Arbeitnehmer, die in das Rentensystem mit Beitragsprimat eintreten, betragen die Leistungen im Rahmen des staatlichen verdienstabhängigen Programms die Hälfte der Leistungen, die Arbeitnehmer erhalten, die weiter nur die staatliche Rentenversicherung haben.

Mindestrente

Eine Mindestrente gibt es nicht. Hingegen gibt es eine Mindestbasis für die Rentenberechnung, die dem Mindestlohn entspricht. Der Mindestlohn betrug 2004 ab Anfang Oktober 6 500 SKK und 6 080 SKK in den Monaten davor. Der Mindestlohn beträgt knapp 40% des Durchschnittsverdiensts.

Beitragsprimat

Der Satz des Systems mit Beitragsprimat beträgt 9% des Arbeitsentgelts. Die Mitgliedschaft ist für Arbeitnehmer, die ab Januar 2005 erwerbstätig sind, obligatorisch; alle übrigen Arbeitnehmer können bis Juli 2006 entscheiden, ob sie lediglich im staatlichen System versichert bleiben wollen oder dem gemischten System beitreten. Die Rente aus dem System mit Beitragsprimat kann in

Form regelmäßiger Zahlungen oder als Kombination aus gestaffelten Entnahmen und regelmäßigen Zahlungen in Anspruch genommen werden. In der Modellrechnung wird davon ausgegangen, dass es sich um den Bezug einer preisindexierten Rente handelt, die anhand von geschlechtsneutralen Umwandlungssätzen kalkuliert wurde.

Frühverrentung

Eine Frühverrentung ist möglich. Die Leistungen verringern sich um 0,5% pro Monat früheren Renteneintritts (dies entspricht 6% jährlich). Die Frühverrentung setzt voraus, dass die sich ergebende Rente mindestens dem 1,2-Fachen des Existenzminimums eines Erwachsenen entspricht, das im ersten Halbjahr 2004 5 052 SKK und im zweiten Halbjahr 5 497 SKK betrug. Das Existenzminimum für das Kalenderjahr 2004 betrug 32% des Durchschnittsverdiensts, so dass die bei Frühverrentung maßgebliche Mindestrente 38% des Durchschnittsverdiensts betrug.

Es gibt zurzeit keine Altersbeschränkung für die Frühverrentung: Theoretisch ist es möglich, in jedem beliebigen Alter aus dem Erwerbsleben auszuscheiden, soweit die Bedingung der zehn Beitragsjahre erfüllt und das erforderliche Leistungsniveau erreicht ist.

Spätverrentung

Die Inanspruchnahme der Rente kann über das Regelrentenalter hinaus verschoben werden. Die Leistungen erhöhen sich für jeden Monat verspäteten Renteneintritts um 0,5% (6% pro Jahr). Für Personen, die die Rente beantragen und die Erwerbstätigkeit fortsetzen, wird die Rente, wenn der Betreffende schließlich in den Ruhestand geht, neu berechnet, wobei die während des jeweiligen Zeitraums erworbenen Entgeltpunkte zur Hälfte angerechnet werden.

Vor-Reform-Szenario

Das neue Rentensystem gilt für die ab dem 1. Januar 2004 gestellten Rentenanträge. Arbeitnehmern, die zu diesem Zeitpunkt das nach dem alten System geltende Renteneintrittsalter erreicht, ihre Rente aber noch nicht beantragt hatten, stand die nach den Regeln des alten oder des neuen Systems berechnete jeweils höhere Rente zu.

Nach dem alten System waren für den Bezug einer Vollrente 25 Beitragsjahre oder entsprechende Anrechnungszeiten erforderlich. Das Regelrentenalter betrug 60 Jahre für Männer und 57 für Frauen. Niedriger war das Rentenalter für Männer mit gefährlichen oder gesundheitsschädlichen Tätigkeiten und für Frauen, die Kinder aufgezogen haben.

Die Rente betrug 50% des Arbeitsentgelts plus 1% für jedes über 25 Jahre hinausgehende Beitragsjahr. Die Verdienstmessgröße waren die besten fünf der letzten zehn Jahre. Es gab eine Höchstrente von 8 282 SKK pro Monat im ersten Halbjahr 2002 und 8 697 SKK im zweiten Halbjahr. Hieraus ergab sich für das Jahr 2002 insgesamt eine Höchstrente von 101 874 SKK oder 63% des Durchschnittsverdiensts des betreffenden Jahrs. Auf der Basis des von der slowakischen Regierung geschätzten Nominallohnwachstums von 10,2% im Jahr 2004 und des Reallohnwachstums von 6,3% im Jahr 2003 hätte die jährliche Höchstrente für 2004 (ohne eine Reform des Systems) 119 338 SKK betragen. Dies entspricht rund zwei Dritteln des Durchschnittsverdiensts.

Die laufenden Rentenzahlungen wurden bei dem alten System parallel zum Wachstum des Durchschnittsverdiensts erhöht (soweit das Wachstum mindestens 5% betrug).

Im alten System gab es eine Mindestrente, die 550 SKK pro Monat betrug, plus eine Anpassung zur Berücksichtigung von Veränderungen des Lebensstandards. 2002 betrug die Mindestrente daher 1 240 SKK pro Monat. Auf Grund des Lohnwachstums seit 2002 (siehe oben) wird in der Modellrechnung für 2004 eine Mindestrente von 1 453 SKK pro Monat unterstellt, was rd. 10% des Durchschnittsverdiensts entspricht. Auch hier waren 25 Beitragsjahre nachzuweisen, um die Mindestrente zu beziehen.

Die Möglichkeit der Frühverrentung gab es im alten Rentensystem nicht. Was die Spätverrentung betrifft, so erhöhte sich die Rente mit jedem Jahr späteren Renteneintritts um 6%.

Ergebnisse des Rentenmodells: Slowakische Republik

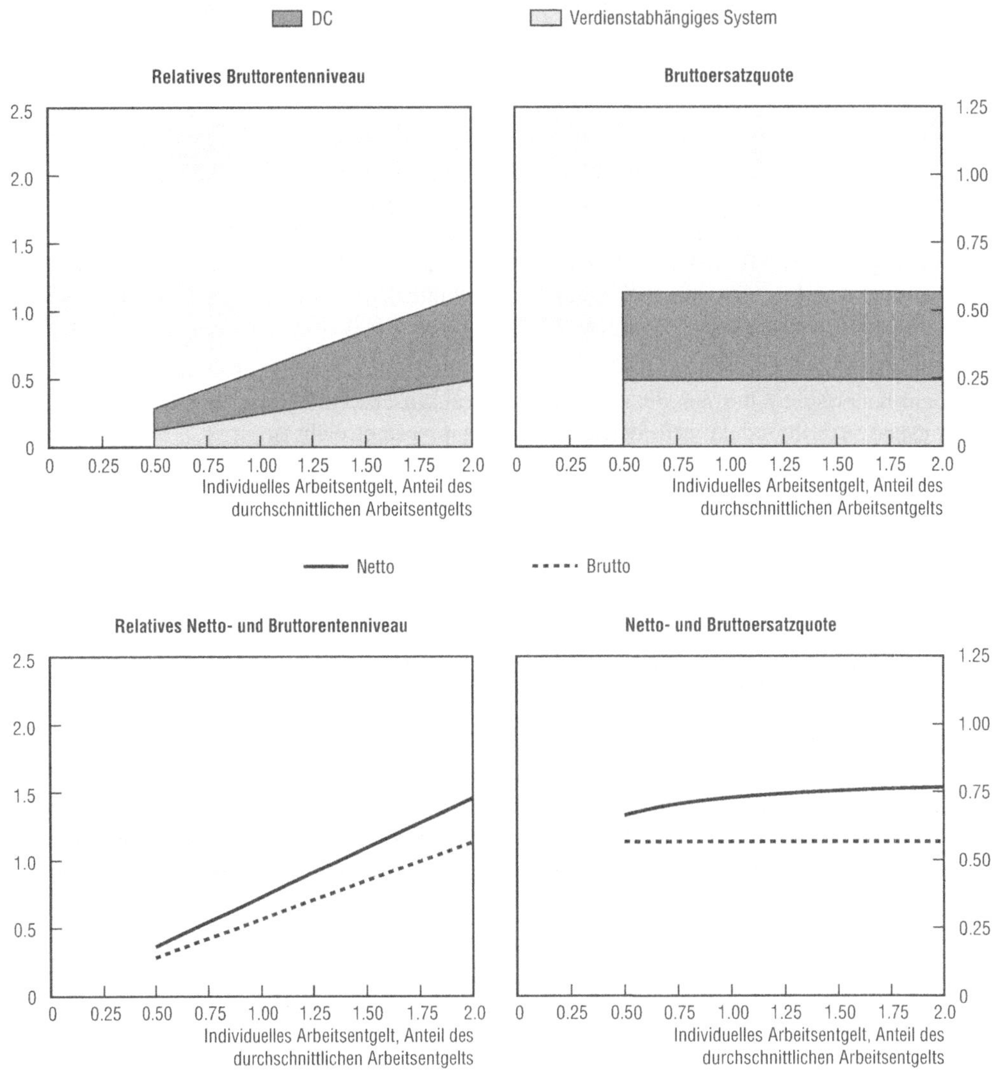

Männer *Frauen* (falls abweichend)	Median-verdiener	Individuelles Arbeitsentgelt, Vielfaches vom gesamtwirtschaftlichen Durchschnitt				
		0.5	0.75	1	1.5	2
Relatives Bruttorentenniveau *(In % des durchschnittlichen Bruttoarbeitsentgelts)*	48.2	28.4	42.6	56.7	85.1	113.5
Relatives Nettorentenniveau *(In % des durchschnittlichen Nettoarbeitsentgelts)*	62.0	36.5	54.7	72.9	109.4	145.8
Bruttoersatzquote *(In % des individuellen Bruttoarbeitsentgelts)*	56.7	56.7	56.7	56.7	56.7	56.7
Nettoersatzquote *(In % des individuellen Nettoarbeitsentgelts)*	71.7	66.4	70.6	72.9	75.4	76.7
Bruttorentenvermögen *(Vielfaches des durchschnittlichen Bruttoarbeitsentgelts)*	8.8 *10.7*	8.8 *10.7*	8.8 *10.7*	8.8 *10.7*	8.8 *10.7*	8.8 *10.7*
Nettorentenvermögen *(Vielfaches des durchschnittlichen Bruttoarbeitsentgelts)*	8.8 *10.7*	8.8 *10.7*	8.8 *10.7*	8.8 *10.7*	8.8 *10.7*	8.8 *10.7*

Ergebnisse des Rentenmodells: Slowakische Republik, Vor-Reform-Szenario

Männer *Frauen* (falls abweichend)	Median-verdiener	Individuelles Arbeitsentgelt, Vielfaches vom gesamtwirtschaftlichen Durchschnitt				
		0.5	0.75	1	1.5	2
Relatives Bruttorentenniveau	55.3	32.5	48.8	59.5	59.5	59.5
(In % des durchschnittlichen Bruttoarbeitsentgelts)	*52.7*	*31.0*	*46.5*	*59.5*	*59.5*	*59.5*
Relatives Nettorentenniveau	71.0	41.8	62.7	76.4	76.4	76.4
(In % des durchschnittlichen Nettoarbeitsentgelts)	*67.7*	*39.8*	*59.8*	*76.4*	*76.4*	*76.4*
Bruttoersatzquote	65.0	65.0	65.0	59.5	39.6	29.7
(In % des individuellen Bruttoarbeitsentgelts)	*62.0*	*62.0*	*62.0*	*59.5*	*39.6*	*29.7*
Nettoersatzquote	82.1	76.1	80.9	76.4	52.7	40.2
(In % des individuellen Nettoarbeitsentgelts)	*78.3*	*72.5*	*77.2*	*76.4*	*52.7*	*40.2*
Bruttorentenvermögen	12.8	12.8	12.8	11.7	7.8	5.8
(Vielfaches des durchschnittlichen Bruttoarbeitsentgelts)	*16.7*	*16.7*	*16.7*	*16.1*	*10.7*	*8.0*
Nettorentenvermögen	12.8	12.8	12.8	11.7	7.8	5.8
(Vielfaches des durchschnittlichen Bruttoarbeitsentgelts)	*16.7*	*16.7*	*16.7*	*16.1*	*10.7*	*8.0*

Spanien

Das öffentliche spanische Rentensystem besteht aus einer einzigen, verdienstabhängigen Leistung. Ferner gibt es eine bedürftigkeitsabhängige Mindestrente, die an die Stelle des vorherigen Sondersystems der Sozialhilfe getreten ist.

Anspruchskriterien

Das Alter, ab dem eine volle Ruhestandsrente bezogen werden kann, liegt für Männer und Frauen bei 65 Jahren. Anspruch auf Rentenleistungen besteht nach 15 Beitragsjahren.

Rentenberechnung

Verdienstabhängige Rente

Die Leistung gründet sich auf einen gestaffelten Tarif. Nach 15 Beitragsjahren sind dies 50% der Bemessungsgrundlage. Während der folgenden zehn Jahre kommen pro Jahr weitere 3% hinzu, danach 2% pro Jahr. Der Höchstsatz ist 100% und wird nach 35 Beitragsjahren erreicht.

Als Bemessungsgrundlage gilt das in den letzten 15 Jahren bezogene Arbeitsentgelt, das außer für die zwei letzten Jahre entsprechend der Preisentwicklung aufgewertet wird. Dies bedeutet, dass die Ersatzquote im Verhältnis zu dem zuletzt bezogenen Lohn weniger als 100% beträgt. Auf der Basis der hier gemachten Annahmen in Bezug auf Lohnwachstum und Preisinflation errechnet sich eine Quote von 88%.

Es gibt eine Beitrags- und Leistungsbemessungsgrenze bei einem Verdienst von 32 778 Euro, was 165% des Durchschnittsarbeitsentgelts entspricht.

Die Altersrenten sind an den Preisindex gebunden.

Mindestrente

Es gibt eine Mindestrente, die ab dem 65. Lebensjahr bezogen werden kann und sich auf 417,81 Euro monatlich oder 30% des Durchschnittsverdiensts beläuft (für Rentner ohne unterhaltsberechtigten Ehepartner). Pro Jahr sind 14 Zahlungen vorgesehen.

Frühverrentung

Die Frühverrentung ist ab 61 Jahren für Personen möglich, die ab 1967 in das System eingetreten und arbeitslos sind und mindestens 30 Jahre lang Beiträge entrichtet haben. Der versicherungsmathematische Abschlag hängt von der Zahl der Beitragsjahre ab: 8% (30 Jahre), 7,5% (31-34 Jahre), 7% (35-37 Jahre), 6,5% (38-39 Jahre) und 6% für über 40 Beitragsjahre.

Für Personen, die bereits vor 1967 im System waren, war die Frühverrentung ab einem Alter von 60 Jahren möglich.

Die Mindestrente für Frührentner beträgt 389,31 Euro oder 27% des Durchschnittsverdiensts und erhöht sich nach dem 65. Lebensjahr.

Im Alter von 60-64 Jahren besteht die Möglichkeit, den Bezug einer Teilrente mit einer Teilzeitbeschäftigung zu kombinieren, soweit die Arbeitszeit um 25-85% reduziert wird. Die entfallende Arbeitszeit des die Teilrente beziehenden Beschäftigten muss durch die Beschäftigung einer Ersatzkraft gedeckt werden.

Spätverrentung

Es ist möglich, die Inanspruchnahme der Rente über das Regelrentenalter hinaus zu verschieben. Für Personen im Alter von 65 Jahren, die 35 Beitragsjahre nachweisen, kann der Rentenbetrag 100% der Berechnungsbasis überschreiten. Die Leistungen erhöhen sich mit jedem zusätzlichen Erwerbsjahr um 2%.

Ab 65 Jahre besteht zudem die Möglichkeit, Teilrente und Teilzeitbeschäftigung zu kombinieren. In diesem Fall braucht die entfallende Arbeitszeit nicht durch eine Ersatzkraft gedeckt zu werden.

Ergebnisse des Rentenmodells: Spanien

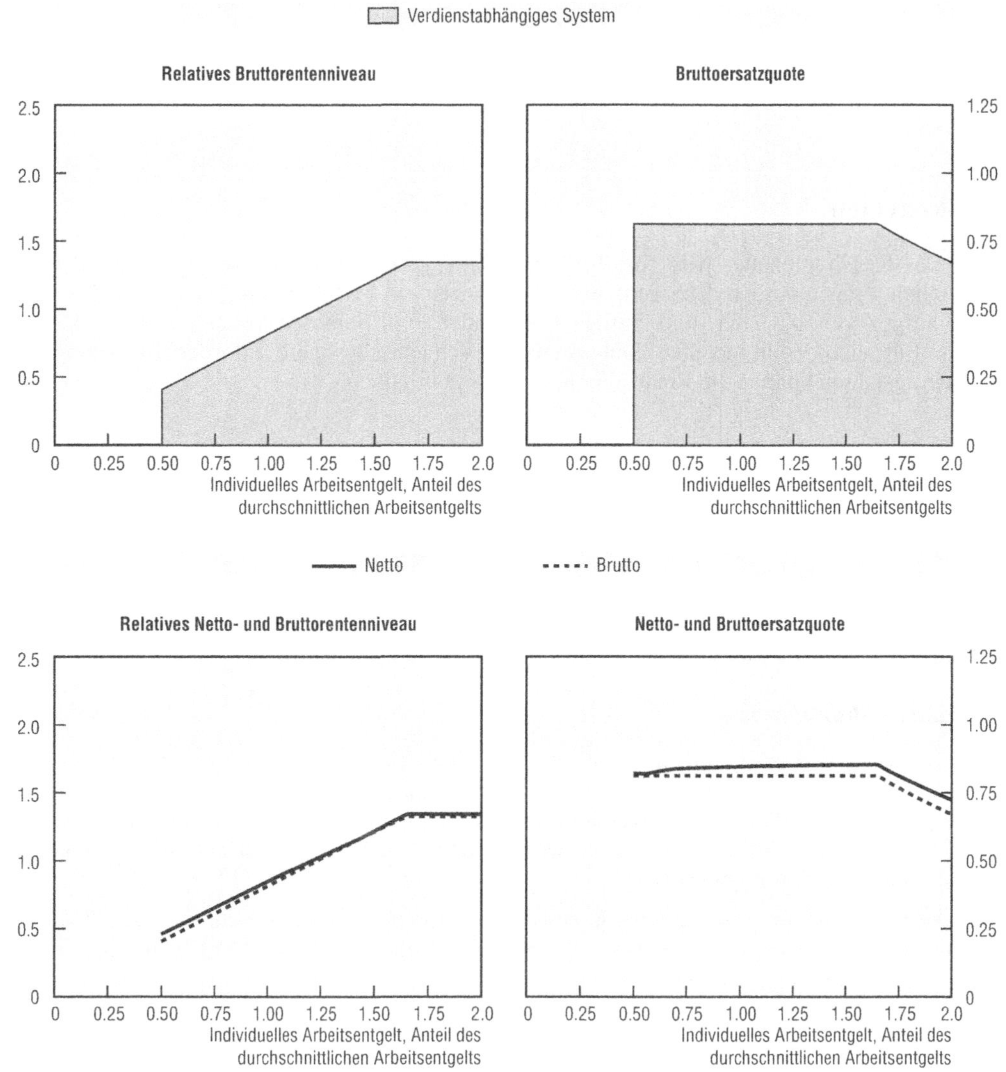

Männer *Frauen* (falls abweichend)	Medianverdiener	Individuelles Arbeitsentgelt, Vielfaches vom gesamtwirtschaftlichen Durchschnitt 0.5	0.75	1	1.5	2
Relatives Bruttorentenniveau *(In % des durchschnittlichen Bruttoarbeitsentgelts)*	69.0	40.6	60.9	81.2	121.8	134.2
Relatives Nettorentenniveau *(In % des durchschnittlichen Nettoarbeitsentgelts)*	73.0	46.0	65.2	84.5	121.3	132.5
Bruttoersatzquote *(In % des individuellen Bruttoarbeitsentgelts)*	81.2	81.2	81.2	81.2	81.2	67.1
Nettoersatzquote *(In % des individuellen Nettoarbeitsentgelts)*	84.2	82.0	83.9	84.5	85.2	72.4
Bruttorentenvermögen *(Vielfaches des durchschnittlichen Bruttoarbeitsentgelts)*	12.2 *14.3*	12.2 *14.3*	12.2 *14.3*	12.2 *14.3*	12.2 *14.3*	10.1 *11.8*
Nettorentenvermögen *(Vielfaches des durchschnittlichen Bruttoarbeitsentgelts)*	10.3 *12.1*	11.0 *12.9*	10.4 *12.2*	10.1 *11.9*	9.7 *11.4*	7.9 *9.3*

Tschechische Republik

Die staatliche Altersvorsorge setzt sich aus einer Grundrente und einem verdienstabhängigen Teil zusammen, der nach einer progressiven Formel berechnet wird. Es ist auch eine Mindestrente vorgesehen.

Anspruchskriterien

Das Regelrentenalter wird für 1953 und später geborene Männer stufenweise auf 63 Jahre angehoben. Frauen mit Kindern werden ab einem Alter von 59-62 Jahren (je nach der Zahl der von ihnen aufgezogenen Kinder) und Frauen ohne Kinder ab 63 Jahre Anspruch auf Rentenleistungen haben. Für eine Vollrente sind mindestens 25 Versicherungsjahre erforderlich, Personen mit 15 Beitragsjahren können die Rente aber ab 65 Jahren erhalten.

Rentenberechnung

Grundrente

Der Wert der Grundrente beläuft sich auf 1 400 CZK pro Monat, was 8% des Verdiensts entspricht. Im Gesetz ist keine Indexbindung für die Grundrente allein vorgesehen. Die Gesamthöhe der laufenden Rentenzahlungen muss jedoch mindestens im Umfang der Preisentwicklung zuzüglich eines Drittels des realen Lohnwachstums angepasst werden (siehe unten).

Verdienstabhängige Rente

Die am Arbeitseinkommen orientierte Rente beläuft sich auf 1,5% des Verdiensts je Beitragsjahr. Als Bemessungsgrundlage gilt derzeit der Durchschnitt des Arbeitsentgelts aus sämtlichen Jahren seit 1985, dieser Referenzzeitraum wird sich aber schrittweise (bis 2015) auf 30 Jahre verlängern. Frühere Verdienste werden gemäß dem Anstieg der gesamtwirtschaftlichen Durchschnittsverdienste aufgewertet.

Es findet eine progressive Berechnungsformel Anwendung, bei der für die ersten 8 400 CZK pro Monat eine Ersatzquote von 100% vorgesehen ist, die sich für die Verdienstspanne zwischen diesem Grenzwert und 20 500 CZK auf 30% und für darüber hinausgehende Beträge auf 10% verringert. Der erste Grenzwert, unterhalb dessen die Ersatzquote 100% beträgt, entspricht 48%, der zweite Grenzwert 117% des Durchschnittverdiensts. Eine Anpassung dieser Grenzwerte ist nicht gesetzlich vorgeschrieben, sie wurden aber jährlich geändert.

Es besteht keine spezifische gesetzlich festgelegte Indexbindung der verdienstbezogenen Komponente. Die kombinierte Gesamtrente (Pauschale zuzüglich verdienstbezogener Komponente) muss aber zumindest entsprechend dem Preisindex und zusätzlich mindestens im Umfang von einem Drittel des Reallohnwachstums angepasst werden.

Mindestrente

Der Gesamtwert der monatlichen Mindestrente beträgt 2 170 CZK und setzt sich aus dem Mindestsatz der verdienstbezogenen Komponente, d.h. 770 CZK, und der Grundrente in Höhe von 1 400 CZK zusammen. Für diese Gesamtsumme gilt eine Indexbindung nach obigem Schema. Sie entspricht 12,4% des Durchschnittsverdiensts.

Sozialhilfe

Ältere Menschen sind durch das allgemeine Sozialhilfesystem abgesichert und erhalten damit zusammenhängende Sachleistungen. Der Zielbetrag der Einkommenssicherung beläuft sich für Einpersonenhaushalte auf monatlich 4 300 CZK bzw. 26,4% des Durchschnittsverdiensts. Er setzt sich zusammen aus einem Betrag des persönlichen Bedarfs von 2 360 CZK und einem Betrag des Haushaltsbedarfs von 1 940 CZK.

Frühverrentung

Es besteht die Möglichkeit, drei Jahre vor dem Regelrentenalter in den Ruhestand zu treten, d.h. mit 60 Jahren für Männer und 56-60 Jahren für Frauen, wenn 25 Jahre lang Beiträge gezahlt wurden. Der Gesamtsteigerungsfaktor (d.h. die Zahl der Beitragsjahre multipliziert mit dem Steigerungssatz) vermindert sich stetig um 0,9% je 90 Tage Frühverrentung (3,6% pro Jahr). Für einen Arbeitnehmer mit voller Erwerbsbiografie entspricht dies einer Absenkung des Rentenniveaus (anstelle der Ersatzquote) wegen Frühverrentung von 3,6/64,5 (1,5 mal 43 Jahre) = 5,6%.

Spätverrentung

Der Rentenantrag kann nach Erreichen des Regelrentenalters gestellt werden. Der Gesamtsteigerungsfaktor (vgl. Abschnitt über die Frühverrentung) erhöht sich bei Aufschub des Renteneintritts um 1,5% je 90-Tage-Zeitraum (6% pro Jahr). Eine weitere Rentenanhebung bei Spätverrentung gibt es nicht. Es ist zudem möglich, die Erwerbstätigkeit bei Rentenbezug fortzusetzen.

Weiterführende Literatur

Hemmings, P. und E.R. Whitehouse (2006), „Assessing the 2005 Czech Proposals for Pension Reform“, *Working Paper*, Nr. 496, Economics Department, OECD, Paris.

OECD (2006), „Ensuring Fiscal Sustainability: Assessing Recent Proposals for Pension Reform“, Kapitel 2, *OECD Economic Surveys: Czech Republic*, Paris.

Ergebnisse des Rentenmodells: Tschechische Republik

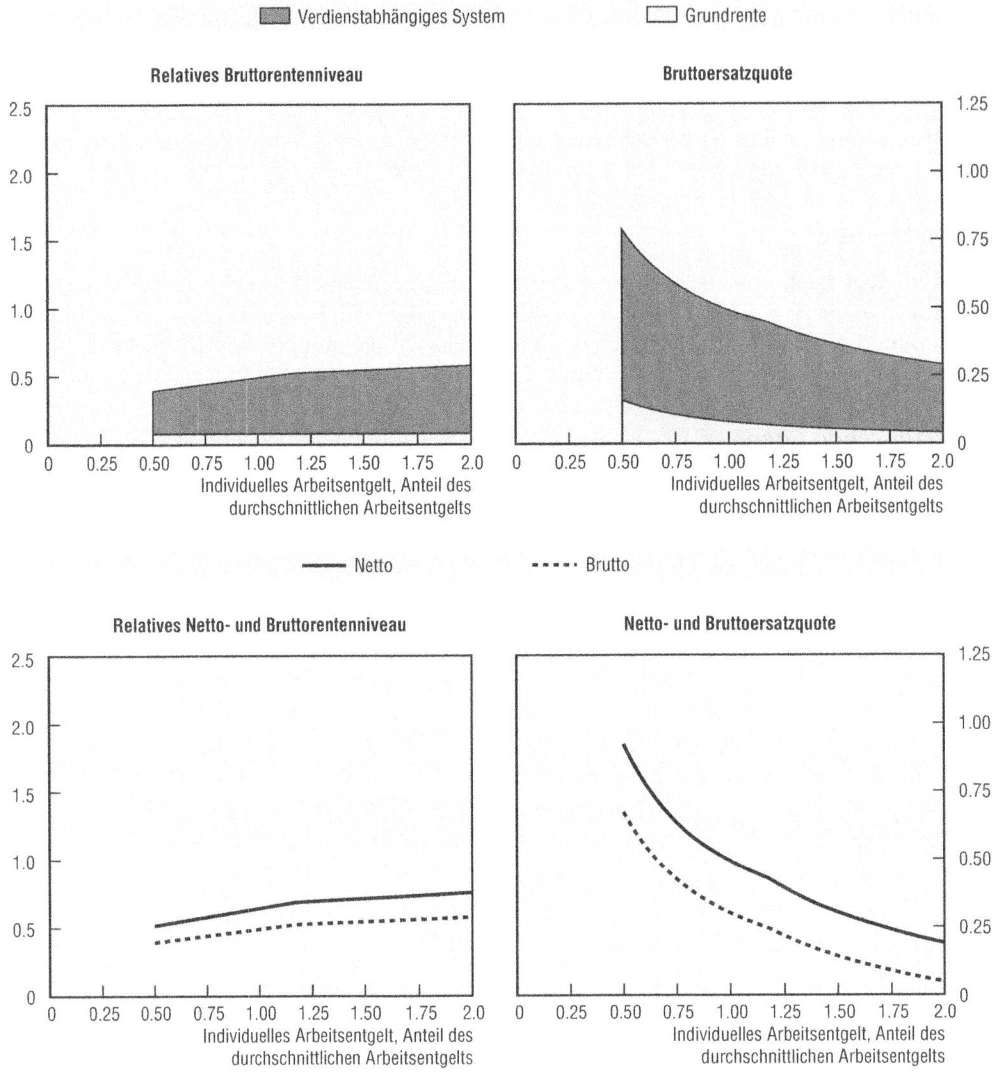

Männer *Frauen* (falls abweichend)	Median-verdiener	Individuelles Arbeitsentgelt, Vielfaches vom gesamtwirtschaftlichen Durchschnitt				
		0.5	0.75	1	1.5	2
Relatives Bruttorentenniveau *(In % des durchschnittlichen Bruttoarbeitsentgelts)*	46.2	39.4	44.3	49.1	54.6	57.8
Relatives Nettorentenniveau *(In % des durchschnittlichen Nettoarbeitsentgelts)*	60.6	51.7	58.1	64.4	71.6	75.8
Bruttoersatzquote *(In % des individuellen Bruttoarbeitsentgelts)*	54.3	78.8	59.0	49.1	36.4	28.9
Nettoersatzquote *(In % des individuellen Nettoarbeitsentgelts)*	70.3	98.8	75.6	64.4	49.3	40.2
Bruttorentenvermögen *(Vielfaches des durchschnittlichen Bruttoarbeitsentgelts)*	8.9 *10.5*	13.0 *15.3*	9.7 *11.4*	8.1 *9.5*	6.0 *7.0*	4.8 *5.6*
Nettorentenvermögen *(Vielfaches des durchschnittlichen Bruttoarbeitsentgelts)*	8.9 *10.5*	13.0 *15.3*	9.7 *11.4*	8.1 *9.5*	6.0 *7.0*	4.8 *5.6*

Türkei

Die Türkei hat eine verdienstabhängige staatliche Rentenversicherung mit einem einkommensabhängigen Sicherheitsnetz und einer pauschalen Rentenzulage.

Nach-Reform-System

Anspruchskriterien

Das Mindestrentenalter lag 2004 für Männer bei 45 Jahren und für Frauen bei 40 Jahren. Ein früherer Rentenreformentwurf sah vor, das Rentenalter dahingehend anzuheben, dass der Renteneintritt Ende der 2030er Jahre für Männer mit 60 Jahren und für Frauen mit 58 Jahren erfolgt. Die jüngste Rentenreform geht in Bezug auf die Anhebung weiter und legt für den Renteneintritt von Männern im Jahre 2043 und für den von Frauen etwas später ein Rentenalter von 65 Jahren fest. Bei der Modellrechnung wurde das langfristig geltende Rentenalter zu Grunde gelegt.

Die bedürftigkeitsabhängige Rente steht nur Personen zu, die keinen Anspruch auf eine andere Rente haben und die entweder über 65 Jahre alt oder über 18 Jahre und behindert sind.

Rentenberechnung

Verdienstabhängige Rente

Rentenansprüche entstehen bis Ende 2015 mit einem Steigerungssatz von 2,5% der Verdienstmessgröße pro Jahr; danach wird der Satz 2% pro Jahr betragen. Die Modellrechnung geht langfristig gesehen von einem Steigerungssatz von 2% aus. Die Verdienstmessgröße basiert auf dem Durchschnittsverdienst der Lebensarbeitszeit, aktualisiert anhand eines Index, der sich zu 50% aus dem Reallohnwachstum und zu 50% aus der Preisinflation zusammensetzt.

Die laufenden Rentenzahlungen sind preisindexiert.

Mindestrente

Es existiert eine Mindestrente, die Anfang 2004 364,7 Mio. TRL und Ende 2004 400,7 Mio. TRL betrug, was etwa einem Drittel des Durchschnittsverdiensts entspricht.

Sozialrente

Die bedürftigkeitsabhängige Rente wird vierteljährlich gezahlt. Im ersten Halbjahr 2002 betrug die Rente 54,6 Mio. TRL pro Monat, im zweiten Halbjahr 57,9 Mio. TRL pro Monat oder etwa 5% des Durchschnittsverdiensts.

Alle Rentner erhalten eine monatliche Ergänzungsleistung. Diese Zulage belief sich im Jahr 2003 auf 75 Mio. TRL. Sie wird jeweils um den Betrag gekürzt, um den die individuelle verdienstabhängige Rente monatlich erhöht wird. Im Jahr 2004 existierte diese Zulage nicht.

Im Jahr 2003 stieg der Verbraucherpreisindex um 18,4%, infolgedessen wurden alle laufenden Rentenzahlungen im Januar 2004 um 10% und im Juli 2004 um weitere 10% erhöht.

Frühverrentung

Die Arbeitnehmer in bestimmten Wirtschaftssektoren (z.B. Bergbau) und Behinderte können früher in Rente gehen, andere Arbeitnehmer haben jedoch nicht die Möglichkeit, vor dem gesetzlichen Rentenalter eine Rente zu beziehen.

Spätverrentung

Es besteht die Möglichkeit, die Rente erst nach dem Regelrentenalter in Anspruch zu nehmen, doch wird die Rentenhöhe nicht entsprechend der längeren Beitragsdauer angepasst. Ab 2006 wird diese jedoch berücksichtigt.

Vor-Reform-Szenario

Anspruchskriterien

Personen, die seit September 1999 eine Erwerbstätigkeit aufgenommen haben, können bei einer Mindestversicherungszeit von 7 000 Beitragstagen ab 60 Jahre (Männer) bzw. 58 Jahre (Frauen) eine Rente beziehen. Die Mindestversicherungszeit entspricht bei ununterbrochener Erwerbstätigkeit rd. 20 Beitragsjahren. Eine alternative Bedingung sind 25 Versicherungsjahre mit 4 500 Beitragstagen, die Rente könnte aber für Männer mit 60 Jahren und für Frauen mit 58 Jahren beantragt werden.

Rentenberechnung

Die Rente basiert auf dem Durchschnittsverdienst der Lebensarbeitszeit und wird entsprechend dem BIP-Wachstum aufgewertet. Um die Konsistenz mit der Modellrechnung für andere Länder zu wahren, wird wiederum davon ausgegangen, dass sich der Realverdienst pro Jahr um 2% erhöht. Da die Zahl der Erwerbspersonen den Projektionen zufolge in den nächsten 50 Jahren jährlich um 1% steigen wird, wird eine jährliche reale BIP-Wachstumsrate von 3% unterstellt.

Die Rente wird gemäß einer im Verhältnis zu den Versicherungsjahren nicht linearen Formel errechnet. In den ersten 3 600 Versicherungstagen wird ein Rentenanspruch in Höhe von 35% des Arbeitsentgelts erworben, bis zu 9 000 Versicherungstagen erhöht sich dieser Anspruch um 2% jährlich und danach um je 1,5%.

Es existiert eine untere Beitragsbemessungsgrenze. Für diese bestanden im Kalenderjahr 2004 zwei verschiedene Werte: 549,6 Mio. TRL von Januar bis Juni 2004, 444,1 Mio. TRL ab Juli. Der anrechenbare Verdienstmindestbetrag war höher als der Mindestlohn im früheren Zeitraum, ab Juli waren beide gleich hoch.

Es gibt eine obere Beitragsbemessungsgrenze; sie belief sich von Januar bis Juni 2004 auf 2 748,1 Mio. TRL und ab Juli auf 2 886,9 Mio. TRL. Nach Einführung der Reform im Jahr 1999 lag die Obergrenze nur bei dem dreifachen Mindestlohn, wurde aber im April 2000 auf das Fünffache angehoben.

In der Modellrechnung wird für das Kalenderjahr 2004 der Durchschnitt der oben genannten Variablen zu Grunde gelegt.

Die laufenden Renten sind an den Verbraucherpreisindex gekoppelt. Sie werden monatlich angepasst. In den letzten zwei Jahren wurden jedoch zusätzliche Realrentenanhebungen gewährt, in einem Jahr wurden diese durch eine „Sozialzulage" ergänzt. Bei der Modellrechnung wird davon ausgegangen, dass die laufenden Rentenzahlungen preisindexiert sind.

Mindestrente und Sozialrente wurden bereits erläutert.

Weiterführende Literatur

Brook, A.-M. und E. R. Whitehouse (2006), „The Turkish Pension System: further reforms to help solve the informality problem", *Social, Employment and Migration Working Paper*, Nr. 44, OECD, Paris (verfügbar auch als: *Working Paper*, Nr. 529, Economics Department, OECD).

OECD (2006), „Making the Pension System Less of an Obstacle to Formalisation", Kapitel 4, *OECD Economic Surveys: Turkey*, Paris.

Ergebnisse des Rentenmodells: Türkei

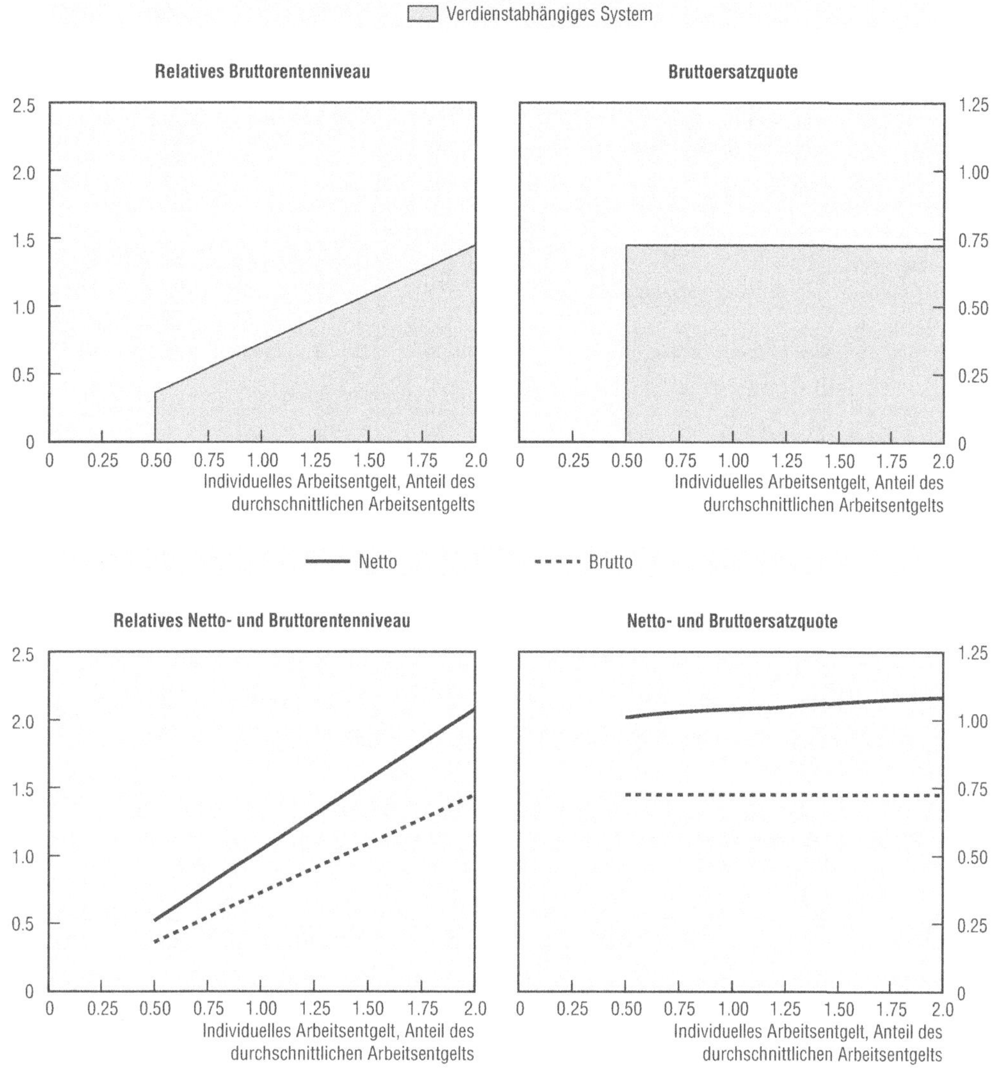

Männer *Frauen* (falls abweichend)	Medianverdiener	Individuelles Arbeitsentgelt, Vielfaches vom gesamtwirtschaftlichen Durchschnitt				
		0.5	0.75	1	1.5	2
Relatives Bruttorentenniveau *(In % des durchschnittlichen Bruttoarbeitsentgelts)*	61.6	36.2	54.4	72.5	108.7	144.9
Relatives Nettorentenniveau *(In % des durchschnittlichen Nettoarbeitsentgelts)*	88.4	52.0	78.0	104.0	156.0	208.0
Bruttoersatzquote *(In % des individuellen Bruttoarbeitsentgelts)*	72.5	72.5	72.5	72.5	72.5	72.5
Nettoersatzquote *(In % des individuellen Nettoarbeitsentgelts)*	103.4	101.0	102.9	104.0	106.4	108.3
Bruttorentenvermögen *(Vielfaches des durchschnittlichen Bruttoarbeitsentgelts)*	9.2 *10.7*	9.2 *10.7*	9.2 *10.7*	9.2 *10.7*	9.2 *10.7*	9.2 *10.7*
Nettorentenvermögen *(Vielfaches des durchschnittlichen Bruttoarbeitsentgelts)*	9.2 *10.7*	9.2 *10.7*	9.2 *10.7*	9.2 *10.7*	9.2 *10.7*	9.2 *10.7*

Ergebnisse des Rentenmodells: Türkei, Vor-Reform-Szenario

Männer *Frauen* (falls abweichend)	Median-verdiener	Individuelles Arbeitsentgelt, Vielfaches vom gesamtwirtschaftlichen Durchschnitt				
		0.5	0.75	1	1.5	2
Relatives Bruttorentenniveau	91.4	53.8	80.7	107.6	161.4	215.2
(In % des durchschnittlichen Bruttoarbeitsentgelts)	*87.4*	*51.4*	*77.1*	*102.8*	*154.2*	*205.6*
Relatives Nettorentenniveau	131.2	77.2	115.8	154.4	231.6	308.8
(In % des durchschnittlichen Nettoarbeitsentgelts)	*125.4*	*73.8*	*110.6*	*147.5*	*221.3*	*295.0*
Bruttoersatzquote	107.6	107.6	107.6	107.6	107.6	107.6
(In % des individuellen Bruttoarbeitsentgelts)	*102.8*	*102.8*	*102.8*	*102.8*	*102.8*	*102.8*
Nettoersatzquote	153.5	150.0	152.8	154.4	157.9	160.8
(In % des individuellen Nettoarbeitsentgelts)	*146.7*	*143.3*	*146.0*	*147.5*	*150.9*	*153.7*
Bruttorentenvermögen	16.3	16.3	16.3	16.3	16.3	16.3
(Vielfaches des durchschnittlichen Bruttoarbeitsentgelts)	*19.1*	*19.1*	*19.1*	*19.1*	*19.1*	*19.1*
Nettorentenvermögen	16.3	16.3	16.3	16.3	16.3	16.3
(Vielfaches des durchschnittlichen Bruttoarbeitsentgelts)	*19.1*	*19.1*	*19.1*	*19.1*	*19.1*	*19.1*

Ungarn

Das neue System kombiniert eine verdienstabhängige staatliche Rentenversicherung mit einer obligatorischen kapitalgedeckten Säule mit Beitragsprimat. Es gilt für alle erstmals Erwerbstätigen sowie für Personen, die bei Einführung der Reform höchstens 42 Jahre alt waren. Ältere Arbeitskräfte konnten zwischen diesem Mischsystem und einer rein umlagefinanzierten staatlichen Rentenversicherung wählen. Bei den Modellberechnungen wurde unterstellt, dass die Arbeitskräfte im Rahmen des gemischten Systems versichert sind.

Anspruchskriterien

Das Rentenalter wird stufenweise für Männer und Frauen von 60 bzw. 55 Jahren einheitlich auf 62 Jahre angehoben. Bei Männern wurde die Altersgrenze von 62 im Jahr 2000 erreicht, bei Frauen wird dies ab Ende 2009 der Fall sein. Darüber hinaus sind sowohl für die verdienstabhängige als auch für die Mindestrente 20 Versicherungsjahre Voraussetzung. Für Erwerbstätige, die vor Anfang 2009 in Rente gehen, sind 15 Versicherungsjahre erforderlich, um Anspruch auf eine Teilrente zu haben.

Das reformierte System trat im Juni 1998 in Kraft. Personen, die sich freiwillig für das neue Mischsystem entschieden, hatten die Möglichkeit, bis Ende 2002 zum rein umlagefinanzierten System zurückzukehren. Außerdem wurde der für Ersterwerbstätige geltende Pflichtbeitritt zu einem privaten Pensionsfonds im Kalenderjahr 2002 abgeschafft.

Rentenberechnung

Verdienstabhängige Rente

Für die im gemischten System Versicherten beträgt der Steigerungssatz 1,22% des Arbeitsentgelts je Erwerbsjahr (vorbehaltlich einer Beitragsbemessungsgrenze, siehe unten). Im Vergleich dazu liegt der Steigerungssatz für die nur im Rahmen des umlagefinanzierten Systems Versicherten bei 1,65%.

Als Entgeltbasis gilt derzeit das durchschnittliche Arbeitsentgelt aller Jahre seit 1988; langfristig wird die gesamte Lebensarbeitszeit berücksichtigt. Die Arbeitsentgelte früherer Jahre werden entsprechend der gesamtwirtschaftlichen Lohnentwicklung bis zu zwei Jahre vor Renteneintritt angepasst. Für die letzten drei Jahre vor Renteneintritt erfolgt keinerlei Aufwertung der Arbeitsverdienste.

1992 wurde eine Bemessungsgrenze für die berücksichtigungsfähigen Verdienste eingeführt. 2004 lag die Grenze bei 14 500 Forint pro Tag. Dies entspricht dem 4,2-Fachen des Durchschnittsverdiensts nach der OECD-Messgröße (1 260 948 Forint). Seit 2002 wurde die Bemessungsgrenze mehrfach angehoben.

Die Rentenzahlungen sind seit 2001 zu 50% an die Lohn- und zu 50% an die Preisentwicklung gekoppelt.

Zurzeit werden zusätzlich zwei Wochen Rente pro Jahr gezahlt, was sich ab 2006 auf eine zusätzliche Monatsrente erhöhen wird.

Mindestrente

Es existiert eine Mindestrente, die sich 2004 auf 23 200 Forint monatlich (rd. 16% des durchschnittlichen Bruttoverdiensts und rd. 25% des durchschnittlichen Nettoverdiensts) belief. Die Rentenhöhe ist nach der gleichen Methode indexiert wie die verdienstabhängige Rente, d.h. zur Hälfte an die Preise und zur anderen Hälfte an die Durchschnittsarbeitsentgelte. Die Mindestrente soll ab 2009 abgeschafft werden.

Beitragsprimat

Ab 2004 werden 8% des berücksichtigungsfähigen Bruttoarbeitsentgelts von Personen, die (entweder freiwillig oder als Pflichtversicherte) unter das gemischte staatlich-private Rentensystem fallen, der kapitalgedeckten Komponente zugeführt. Das bedeutet gegenüber den 6% von 2002 und den 7% von 2003 eine weitere Erhöhung. Das angesammelte Kapital muss bei Renteneintritt in eine Jahresrente umgewandelt werden, für die die gleiche kombinierte Indexierung gilt wie für die staatliche Rentenversicherung. Zur Berechnung der jährlichen Rentensätze sind geschlechtsneutrale Sterbetafeln anzuwenden.

Frühverrentung

Ein vorzeitiger Rentenbezug ist derzeit für Männer ab 60 Jahre und für Frauen ab 57 Jahre möglich. Wenn das Rentenalter für Männer und Frauen einheitlich 62 Jahre beträgt, können beide ab einem Alter von 59 Jahren vorzeitig in Rente gehen. Dieses Alter wird ab 2013 auf 60 Jahre angehoben.

Für eine Vollrente sind bei vorgezogenem Renteneintritt heute 38 Beitragsjahre erforderlich, ab 2009 werden es 40 Jahre und ab 2013 41 Jahre sein. Eine verminderte Rente wird zurzeit bei mindestens 33 Beitragsjahren gezahlt, 2009 erhöht sich diese Zahl auf 37 und 2013 auf 38 Jahre. Die Kürzung erfolgt nach den Angaben in der nachstehenden Tabelle. Der maximale Abschlag bei fünf fehlenden Beitragsjahren beträgt demnach 30%.

Fehlende Beitragsjahre	1	2	3	4	5
Abschlag pro Jahr des vorgezogenen Renteneintritts	1.2%	2.4%	3.6%	4.8%	6.0%

Spätverrentung

Es besteht die Möglichkeit, die verdienstabhängige Rente später in Anspruch zu nehmen. Die Rente erhöht sich für jeden Monat des Aufschubs um 0,5%.

Vor-Reform-Szenario

Vor der Reform basierte die Rentenversicherung ausschließlich auf einem verdienstabhängigen System nach dem Umlageprinzip. Die Steigerung der Rentenbezüge war nicht linear mit der Zahl der Beitragsjahre. Aus dem System ergab sich eine Ersatzquote von 43% bei 15 Versicherungsjahren, mit zusätzlich 2% pro Jahr bis zu 25 Beitragsjahren, 1% für die nächsten 11 Jahre und 1,5% für jedes weitere Jahr.

Die Rente war voll an die Lohnentwicklung gekoppelt, ist jetzt aber teils lohn-, teils preisindiziert (siehe oben). Es existiert bei diesem System eine Mindestrente, die vorstehend beschrieben wurde. Wie eingangs erwähnt, wurde im Zuge der Reform auch das Rentenalter für Männer und Frauen angehoben. Die meisten Elemente des Reformpakets wurden 1997 gesetzlich verabschiedet und 1998 eingeführt.

Die Rentenberechnung erfolgt zurzeit auf der Basis der Nettoverdienste, doch wird sich dies auf Grund der Reform von 1997 ändern, und ab 2013 werden die Bruttoarbeitsverdienste als Bezugsgröße dienen.

Ergebnisse des Rentenmodells: Ungarn

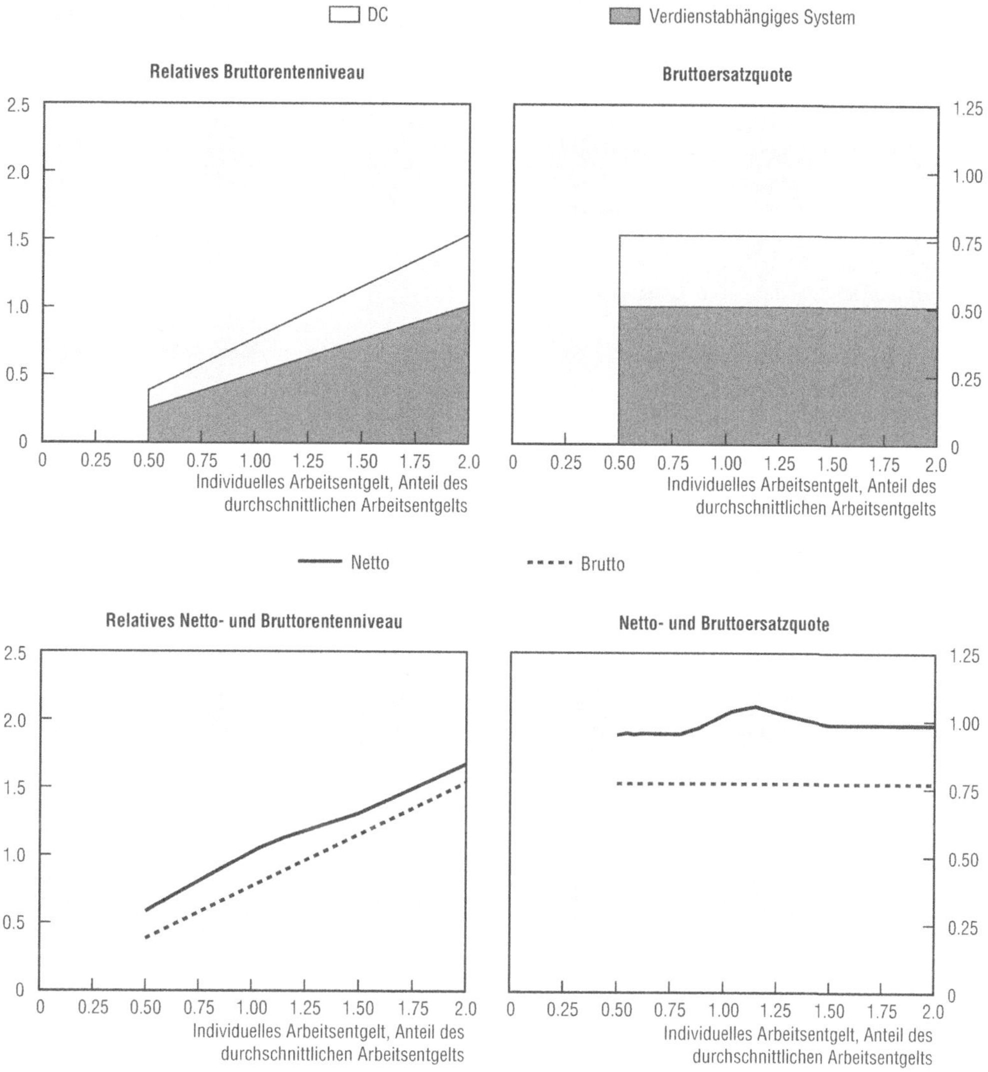

Männer *Frauen* (falls abweichend)	Median-verdiener	Individuelles Arbeitsentgelt, Vielfaches vom gesamtwirtschaftlichen Durchschnitt				
		0.5	0.75	1	1.5	2
Relatives Bruttorentenniveau *(In % des durchschnittlichen Bruttoarbeitsentgelts)*	65.3	38.4	57.6	76.9	115.3	153.7
Relatives Nettorentenniveau *(In % des durchschnittlichen Nettoarbeitsentgelts)*	89.2	58.4	80.5	102.2	131.0	167.3
Bruttoersatzquote *(In % des individuellen Bruttoarbeitsentgelts)*	76.9	76.9	76.9	76.9	76.9	76.9
Nettoersatzquote *(In % des individuellen Nettoarbeitsentgelts)*	96.5	94.7	95.1	102.2	98.5	98.5
Bruttorentenvermögen *(Vielfaches des durchschnittlichen Bruttoarbeitsentgelts)*	12.4 *15.4*	12.4 *15.4*	12.4 *15.4*	12.4 *15.4*	12.4 *15.4*	12.4 *15.4*
Nettorentenvermögen *(Vielfaches des durchschnittlichen Bruttoarbeitsentgelts)*	11.1 *13.7*	12.4 *15.3*	11.4 *14.1*	10.8 *13.4*	9.3 *11.4*	8.9 *11.0*

Ergebnisse des Rentenmodells: Ungarn, Vor-Reform-Szenario

Männer *Frauen* (falls abweichend)	Median-verdiener	Individuelles Arbeitsentgelt, Vielfaches vom gesamtwirtschaftlichen Durchschnitt				
		0.5	0.75	1	1.5	2
Relatives Bruttorentenniveau	52.6	34.4	47.9	57.7	78.4	101.1
(In % des durchschnittlichen Bruttoarbeitsentgelts)	*48.0*	*31.4*	*43.7*	*52.7*	*71.6*	*92.2*
Relatives Nettorentenniveau	80.3	52.5	73.1	88.1	119.6	154.2
(In % des durchschnittlichen Nettoarbeitsentgelts)	*73.3*	*47.9*	*66.7*	*80.4*	*109.2*	*140.7*
Bruttoersatzquote	61.9	68.9	63.9	57.7	52.3	50.5
(In % des individuellen Bruttoarbeitsentgelts)	*56.5*	*62.8*	*58.3*	*52.7*	*47.7*	*46.1*
Nettoersatzquote	86.9	85.2	86.4	88.1	90.0	90.7
(In % des individuellen Nettoarbeitsentgelts)	*79.3*	*77.8*	*78.8*	*80.4*	*82.1*	*82.8*
Bruttorentenvermögen	12.0	13.3	12.4	11.2	10.1	9.8
(Vielfaches des durchschnittlichen Bruttoarbeitsentgelts)	*16.2*	*18.0*	*16.7*	*15.1*	*13.7*	*13.2*
Nettorentenvermögen	12.0	13.3	12.4	11.2	10.1	9.8
(Vielfaches des durchschnittlichen Bruttoarbeitsentgelts)	*16.2*	*18.0*	*16.7*	*15.1*	*13.7*	*13.2*

Vereinigtes Königreich

Das Vereinigte Königreich besitzt ein komplexes Rentensystem, das staatliche mit privater Versorgung kombiniert. Die staatliche Rentenversicherung ruht auf zwei Säulen (einer pauschalen Grundrente und einer verdienstabhängigen Zusatzrente), die durch ein breites Angebot freiwilliger privater Rentensparpläne ergänzt werden. Die meisten abhängig beschäftigten Beitragszahler wechseln von der zweiten staatlichen Säule zu einer privaten Rentenversicherung in der einen oder anderen Form über. In jüngster Zeit wurde eine neue einkommensabhängige Leistung (*pension credit* – Rentensicherung) eingeführt, um zusätzliche Aufwendungen gezielt auf die bedürftigsten Rentner auszurichten.

Anspruchskriterien

Das Renteneintrittsalter, das derzeit bei 60 Jahren für Frauen und 65 Jahren für Männer liegt, wird im Zeitraum 2010-2020 stufenweise auf 65 Jahre angeglichen. Das Anspruchsalter für die Mindesteinkommensgarantie/Rentensicherung beträgt 60 Jahre und wird parallel zum Renteneintrittsalter für Frauen angehoben werden. Die neue Gutschrift für Ersparnisse (*savings credit*) steht Männern und Frauen erst ab 65 Jahren zur Verfügung.

Um Anspruch auf die staatliche Grundrente zu haben, müssen für etwa 90% des potenziellen Arbeitslebens (44 Jahre) Sozialversicherungsbeiträge gezahlt oder angerechnet worden sein. Eine proportional verminderte Rente steht Personen zur Verfügung, die die Bedingungen für den Bezug einer vollen Rente nicht erfüllen, wobei aber eine Mindestversicherungszeit von 25% (d.h. 11 Jahren) gegeben sein muss.

Rentenberechnung

Grundrente

Die volle staatliche Grundrente für Alleinstehende lag 2004/2005 bei 79,60 £ pro Woche (77,45 £ im Zeitraum 2003/2004, woraus sich für 2004 ein jährlicher Gesamtbetrag von 4 111 £ ergab), was 15% des Durchschnittsverdiensts entspricht.

Verdienstabhängige Rente

Für die Verdiensttranche zwischen der unteren Einkommensgrenze (4 108 £ jährlich im Zeitraum 2004/2005 und 4 004 £ im Zeitraum 2003/2004) und dem ersten Schwellenwert (11 600 £, 11 200 £) beträgt die Ersatzquote 40% der Differenz. Die untere Einkommensgrenze entspricht 15% und der erste Schwellenwert 42% des Durchschnittsverdiensts. Dies gilt auch für Personen, die Anspruch auf die Rentensicherung haben. Das bedeutet, dass Versicherte mit einem Einkommen unter dem ersten Schwellenwert so behandelt werden, als ob sie dieses Verdienstniveau erreicht hätten. In der nächsten Tranche (bei Einkünften bis zu 26 600 £/25 600 £) liegt die Ersatzquote bei 10%. Zwischen diesem Einkommensschwellenwert und der oberen Einkommensgrenze beträgt die Ersatzquote 20%. Die obere Einkommensgrenze war 2004/2005 mit 31 720 £ und 2003/2004 mit 30 940 £ angesetzt. Der obere Einkommensschwellenwert entspricht rd. 96%, die obere Einkommensgrenze 115% des Durchschnittsarbeitsentgelts.

Als Berechnungsgrundlage für die Rentenhöhe dient der Durchschnittsarbeitsverdienst während des gesamten Erwerbslebens, wobei die Arbeitsentgelte zurückliegender Jahre entsprechend der Lohnentwicklung aufgewertet werden. Nach Ruhestandsantritt ist die Rente dann preisindexiert.

Austritt aus dem SERPS-System

Etwa 48% der Arbeitnehmer sind aus der zweiten Säule der staatlichen Rentenversicherung ausgetreten und haben sich stattdessen entweder für eine vom Arbeitgeber angebotene Betriebsrente, eine persönliche private Rente oder eine Teilhaberrente (stakeholder plan) entschieden (letztere werden beide von Finanzinstituten angeboten). Bei der betrieblichen Vorsorge handelt es sich überwiegend um

Renten mit Leistungsprimat, obwohl seit Mitte der achtziger Jahre eine rasche Zunahme von Rentenplänen mit Beitragsprimat zu beobachten ist, das Ausgangsniveau war dabei allerdings sehr niedrig. Für die persönlichen privaten Renten und die Teilhaberrenten gilt Leistungsprimat.

Mit dem Austritt verliert der Arbeitnehmer einen Teil oder alle seiner Rentenansprüche aus der zweiten Säule der staatlichen Rentenversicherung. Für Arbeitnehmer, die in einen betrieblichen Altersvorsorgeplan mit Beitragsprimat überwechseln, verringert sich der Beitragssatz zur Sozialversicherung. Im Fall von Arbeitnehmern, die hingegen in ein Altersvorsorgesystem mit Leistungsprimat überwechseln, müssen Arbeitnehmer und Arbeitgeber weiter den vollen Beitragssatz zur Sozialversicherung entrichten (im Fall von betrieblichen Altersvorsorgeplänen mit Leistungsprimat ist jedoch eine kleine Ermäßigung vorgesehen), dafür leistet der Staat allerdings einen vom Alter des Versicherten abhängigen Beitrag zu den Rentenplänen. Die anstelle der zweiten Säule des staatlichen Systems in Anspruch genommenen Altersvorsorgepläne mit Leistungsprimat müssen Mindeststandards in Bezug auf die Höhe der Rentenzusagen erfüllen.

Die Regierung setzt den Sozialversicherungsnachlass nach Konsultation des *Government Actuary's Department* (GAD) in der Regel alle 5 Jahre neu fest. Der Nachlass ist so gestaltet, dass er den Wert der durch den Austritt verlorenen Rentenansprüche aus der staatlichen Versicherung widerspiegelt.

Sozialrente

Mit der 2003 eingeführten Rentensicherung (*pension credit*) soll ein Mindesteinkommensniveau gesichert werden. Dieses belief sich 2004/2005 für Alleinstehende auf 105,45 £ (102,10 £ für 2003/2004). Anspruch auf die Rentensicherung besteht auch, wenn keine Sozialversicherungsbeiträge geleistet wurden. Die Rentensicherung entspricht etwa einem Fünftel des Durchschnittsarbeitsentgelts.

Die Rentensicherung (*pension credit)* enthält zusätzlich zum oben beschriebenen „garantierten Einkommen" eine neue Gutschrift für Ersparnisse (*savings credit),* die darauf abzielt, die effektive Leistungsentzugsrate von 100% des alten Systems auf 40% zu reduzieren. Personen, deren Einkommen (ohne Rentensicherung) unter der Mindestsozialrente, aber über einem festgesetzten Ausgangsniveau liegt, erhalten eine Rentenaufbesserung. Das Ausgangsniveau entspricht der vollen Grundrente. Die Rentenaufbesserung beläuft sich auf 60% des über dem Ausgangsniveau liegenden Einkommens. Für Personen mit Einkünften über dem Mindestsozialeinkommen wird die Leistung auf 40% des Differenzbetrags gekürzt. 2004/2005 belief sich die maximale Ersparnisgutschrift für Alleinstehende entsprechend auf etwa (105 £ – 80 £) x 60% = 15 £ pro Woche.

Vor-Reform-Szenario

Bei der zweiten Säule der staatlichen Rentenversicherung handelt es sich um eine 2002-2003 eingeführte überarbeitete Version der alten verdienstabhängigen staatlichen Rente, des sogenannten SERPS-Systems. Das SERPS-System wurde 1978 eingerichtet und 1988 erheblich reformiert.

Der Hauptunterschied zwischen der zweiten Säule der staatlichen Rentenversicherung und dem SERPS-System besteht in der Einführung einer gestuften Ersatzquote für die verschiedenen Verdiensttranchen. Das SERPS-System sah einen einheitlichen Steigerungssatz für alle Verdienste zwischen der unteren und der oberen Einkommensgrenze vor. Nach der Reform von 1988 betrug die angestrebte Ersatzquote 20%, woraus sich langfristig ein jährlicher Steigerungssatz von 20/49 bzw. 0,41% ergab. Vor 1988 belief sich die Ersatzquote auf 25%. Zudem wurden bei der Einrichtung des Systems höhere Steigerungssätze für frühere Generationen eingeführt. Anspruch auf eine volle Rente bestand bereits nach nur 20 Jahren, was für Versicherte, die 1998-1999 oder früher in Rente gingen, in einem Steigerungssatz von 25/20 bzw. 1,25% resultierte. Dies wird solange noch für Zwischenkohorten gelten, bis die Versicherten eine vollständige Erwerbslaufbahn im SERPS-System bzw. in der zweiten Säule der staatlichen Rentenversicherung absolviert haben (d.h. für Personen, die nach 2027-2028 das Rentenalter erreichen werden).

Das Vor-Reform-Szenario bezieht sich auf den langfristigen Steigerungssatz des SERPS-Systems einschließlich der vollständigen Effekte der Reform des Jahrs 1988.

Im Rahmen einer späteren Reform wurde 2003-2004 die Mindesteinkommensgarantie (Mig) durch die Rentensicherung ersetzt. Die Mig wird als Bestandteil des Systems der Zeit vor der Reform betrachtet. Der für die Mig in der Modellrechnung verwendete Satz entspricht dem des „garantierten Einkommens" im neuen System der Rentensicherung.

Im Vor-Reform-Szenario ist auch der Effekt des Anstiegs des Rentenalters für Frauen berücksichtigt, der Gegenstand einer anderen, früheren Reform war.

Frühverrentung

Ein vorzeitiger Rentenbezug ist in der öffentlichen Rentenversicherung nicht möglich.

Spätverrentung

Bis April 2005 war es möglich, den Bezug der staatlichen Rente bis zum Alter von 70 Jahren aufzuschieben. Dadurch konnte ein Rentenzuschlag in Höhe von 7,4% jährlich erworben werden. Seit April 2005 gilt diese Altersgrenze nicht mehr und der Rentenzuschlag wurde auf 10,4% erhöht. Außerdem wurde die Möglichkeit eingeführt, sich nach Beendigung der verlängerten Erwerbstätigkeitsphase stattdessen für eine Einmalzahlung bei Renteneintritt zu entscheiden. Die während der Dauer des Rentenaufschubs nicht in Anspruch genommenen Renten werden dann – mit einer garantierten Verzinsung von mindestens 2 Prozentpunkten über dem Repo-Satz (Eckzins der Bank von England) – ausgezahlt.

Ergebnisse des Rentenmodells: Vereinigtes Königreich

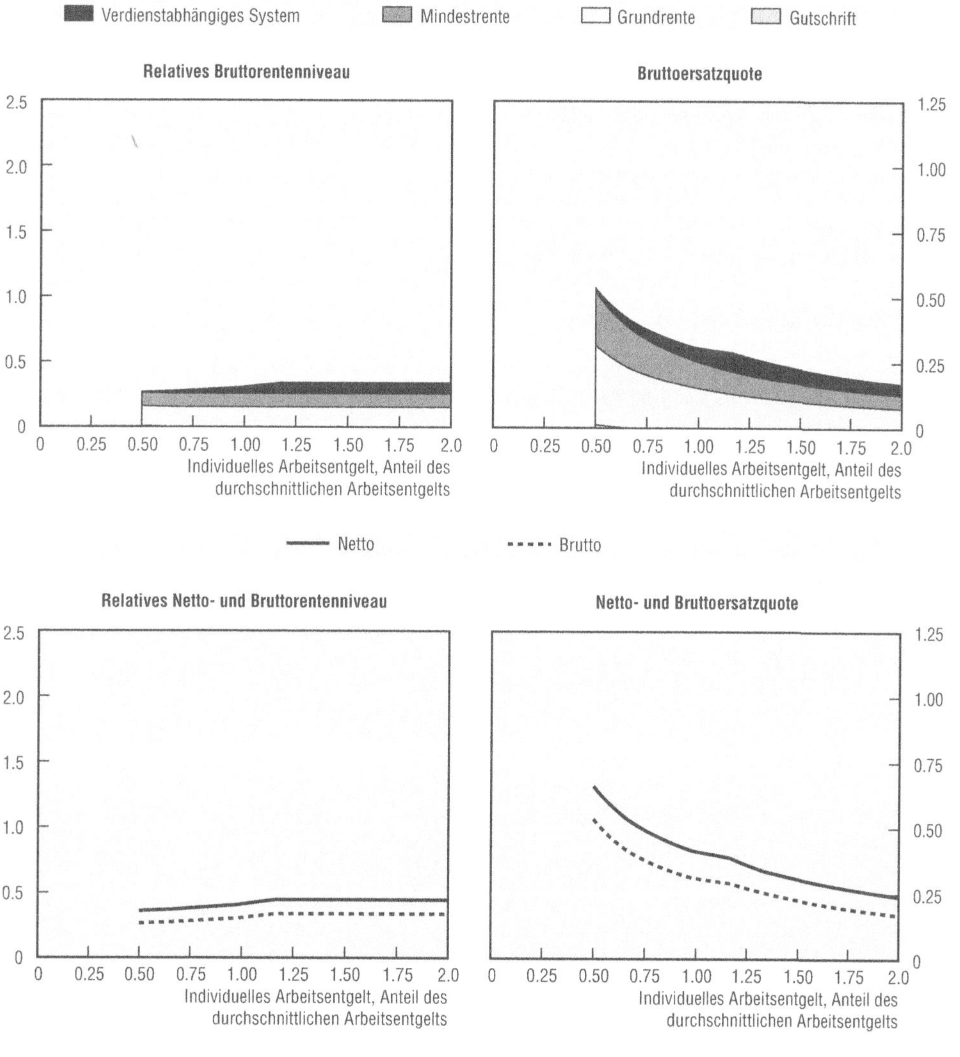

Männer *Frauen* (falls abweichend)	Median-verdiener	Individuelles Arbeitsentgelt, Vielfaches vom gesamtwirtschaftlichen Durchschnitt				
		0.5	0.75	1	1.5	2
Relatives Bruttorentenniveau	29.3	26.7	28.3	30.8	33.9	33.9
(In % des durchschnittlichen Bruttoarbeitsentgelts)						
Relatives Nettorentenniveau	39.2	36.0	38.0	41.1	44.6	44.6
(In % des durchschnittlichen Nettoarbeitsentgelts)						
Bruttoersatzquote	34.4	53.4	37.8	30.8	22.6	17.0
(In % des individuellen Bruttoarbeitsentgelts)						
Nettoersatzquote	45.4	66.1	49.2	41.1	30.6	24.0
(In % des individuellen Nettoarbeitsentgelts)						
Bruttorentenvermögen	5.1	8.0	5.7	4.6	3.4	2.5
(Vielfaches des durchschnittlichen Bruttoarbeitsentgelts)	*5.9*	*9.1*	*6.5*	*5.3*	*3.9*	*2.9*
Nettorentenvermögen	5.1	7.9	5.6	4.5	3.3	2.5
(Vielfaches des durchschnittlichen Bruttoarbeitsentgelts)	*5.8*	*9.1*	*6.4*	*5.2*	*3.8*	*2.8*

Ergebnisse des Rentenmodells: Vereinigtes Königreich, Vor-Reform-Szenario

Männer *Frauen* (falls abweichend)	Median-verdiener	Individuelles Arbeitsentgelt, Vielfaches vom gesamtwirtschaftlichen Durchschnitt				
		0.5	0.75	1	1.5	2
Relatives Bruttorentenniveau	28.1	21.7	26.2	30.8	33.9	33.9
(In % des durchschnittlichen Bruttoarbeitsentgelts)						
Relatives Nettorentenniveau	37.7	29.4	35.5	41.1	44.6	44.6
(In % des durchschnittlichen Nettoarbeitsentgelts)						
Bruttoersatzquote	33.0	43.3	35.0	30.8	22.6	17.0
(In % des individuellen Bruttoarbeitsentgelts)						
Nettoersatzquote	43.7	53.9	45.9	41.1	30.6	24.0
(In % des individuellen Nettoarbeitsentgelts)						
Bruttorentenvermögen	4.9	6.5	5.2	4.6	3.4	2.5
(Vielfaches des durchschnittlichen Bruttoarbeitsentgelts)	*5.7*	*7.4*	*6.0*	*5.3*	*3.9*	*2.9*
Nettorentenvermögen	4.9	6.5	6.0	5.2	3.3	2.5
(Vielfaches des durchschnittlichen Bruttoarbeitsentgelts)	*5.6*	*7.4*	*6.0*	*5.2*	*3.8*	*2.8*

Vereinigte Staaten

Für die staatliche Rentenversicherung, auch Sozialversicherung (*social security*) genannt, gilt eine progressive Rentenformel. Zusätzlich gibt es eine bedürftigkeitsgeprüfte Rentenaufbesserungszahlung für Rentner mit geringem Einkommen.

Anspruchskriterien

Das Renteneintrittsalter (auch normales Rentenalter bzw. NRA genannt) lag 2004 zwischen 65 und 66 Jahren und wird schrittweise auf 67 Jahre angehoben. Der Anspruch auf Rentenversicherungsleistungen hängt von der Zahl der Beitragsjahre ab, wobei eine Mindestversicherungszeit von 10 Jahren vorausgesetzt wird. Eine Frühverrentung mit Leistungsminderung ist ab dem Alter von 62 Jahren möglich.

Rentenberechnung

Verdienstabhängige Rente

Die Rentenformel ist progressiv. So beträgt die Ersatzquote für die ersten monatlichen 612 US-$ des rentenfähigen Durchschnittsentgelts 90%. Für die Einkommenstranche zwischen 612 US-$ und 3 689 US-$ pro Monat gilt eine Ersatzquote von 32%. Diese Schwellenwerte entsprechen 22% bzw. 133% des Durchschnittsarbeitsentgelts. Zwischen dem höheren Schwellenwert und der oberen Bemessungsgrenze beträgt die Ersatzquote 15%. Eine Zusatzleistung in Höhe von 50% gibt es für Ehepaare in Fällen, wo der Zweitverdiener einen geringeren Rentenanspruch aufgebaut hat, sowie für jedes unterhaltsberechtigte Kind.

Die Arbeitsentgelte früherer Jahre werden bis zum Alter von 60 Jahren entsprechend der gesamtwirtschaftlichen Lohnentwicklung aufgewertet. Für nach Vollendung des 60. Lebensjahrs erzielte Arbeitsverdienste sind keine Anpassungen vorgesehen. Bei der Berechnung der Grundleistung wird ein Rentenbezug mit 62 Jahren unterstellt. Anschließend wird diese Leistung entsprechend der Preisentwicklung angepasst. Berechnet wird der Rentenwert auf der Basis des Durchschnittsarbeitsentgelts der 35 Versicherungsjahre mit den höchsten Einkünften (nach Wertanpassung), wobei auch Jahre ohne Arbeitsverdienst berücksichtigt werden, falls dies zum Erreichen der 35 Versicherungsjahre notwendig ist.

Die Bemessungsgrenze sowohl für die Beiträge als auch die Leistungen liegt bei 87 900 US-$ im Jahr, was fast dem Dreifachen des Durchschnittsarbeitsentgelts (290%) entspricht, und wird jährlich entsprechend dem gesamtwirtschaftlichen Lohnwachstum aktualisiert.

Die laufenden Rentenzahlungen werden der Preisentwicklung angepasst.

Mindestrente

Die Sozialversicherung sieht eine Mindestrente vor. Personen, die weniger als einen bestimmten Mindestbasisversicherungsbetrag beziehen, erhalten eine Mindestrente, deren Höhe von der Gesamtzahl der Versicherungsjahre abhängt und zwischen 32 US-$ bei 11-jähriger Versicherungszeit und 639 US-$ bei 30-jähriger Versicherungszeit schwankt. Die Grenze für den Bezug dieser Mindestrente lag 2004 bei 9 765 US-$ bzw. knapp 32% des Durchschnittsarbeitsentgelts. (Formell definiert wird die Grenze als 15% der Beitrags- und Leistungsbasis nach dem „alten Gesetz".) Die Mindestrente hat keine Auswirkungen auf die Ergebnisse der Modellrechungen, da die betroffene Verdienststufe unter den in den Rechnungen zu Grunde gelegten Zahlen liegt.

Sozialrente

Die Vereinigten Staaten bieten älteren Menschen bedürftigkeitsgeprüfte Leistungen an, die unter der Bezeichnung zusätzliches Sozialeinkommen (*supplemental security income* – SSI) bekannt sind. Alleinstehende über 65-jährige Personen haben je nach Vermögenslage und sonstigen Einkommen u.U. Anspruch auf Leistungen von bis zu 6 768 US-$ pro Jahr. Die Leistungen für ein Ehepaar liegen bei 10 152 US-$ (50% mehr als für Alleinstehende). Diese Leistungssätze entsprechen jeweils rd. 22% bzw. 33% des nationalen Durchschnittsverdiensts. Die Leistungen sind preisindexiert.

Die Vermögenskriterien sind streng: Für Alleinstehende gelten Vermögensobergrenzen von 2 000 US-$, für Ehepaare von 3 000 US-$, wobei persönlicher Besitz, Wohneigentum, ein Auto, Sterbe- und Lebensversicherung (beide bis zu einem Wert von 1 500 US-$) ausgenommen sind. Bei der Berechnung des Anspruchs bleibt ein kleiner Betrag (20 US-$ pro Monat) unberücksichtigt. Die Rentenleistung wird dann zu 100% vom Einkommensanteil, der die genannten Obergrenzen übersteigt, entzogen.

Erschwert wird die Analyse durch die Tatsache, dass Bundesstaaten das auf Bundesebene festgelegte Minimum ergänzen können. Während 12 Bundesstaaten nur das auf Bundesebene festgelegte Minimum zahlen, verwalten 28 Bundesstaaten ihr eigenes System und 12 Bundesstaaten bieten Zusatzleistungen an, die von der *Social Security Administration* auf Bundesebene verwaltet werden. Im Durchschnitt betragen die Zusatzzahlungen in diesen 12 Bundesstaaten 13% für alleinstehende Rentner und 18% für Rentnerpaare. Es sei darauf hingewiesen, dass diese Zusatzzahlungen in der Modellrechnung unberücksichtigt bleiben.

Frühverrentung

Ein vorzeitiger Renteneintritt ist ab dem Alter von 62 Jahren möglich, allerdings mit versicherungsmathematischen Abschlägen bei der Rentenhöhe. Während der ersten drei Jahre des vorzeitigen Rentenbezugs verringert sich die Rente um 6⅔% jährlich. Anschließend reduziert sich der Abschlag auf 5%. Dies gilt für Rentner mit einem normalen Rentenalter (NRA) von über 65 Jahren. Für Versicherte, die ihre Rente 2004 mit 62 Jahren in Anspruch nehmen konnten, beträgt das NRA 65 Jahre und zehn Monate. Das normale Rentenalter wird schrittweise angehoben, so dass es für Personen, die im Jahr 2022 rentenanspruchsberechtigt werden, bei 67 Jahren liegen wird.

Spätverrentung

Ein Rentenaufschub nach Erreichen des normalen Rentenalters ist möglich, und für die Zeit des aufgeschobenen Rentenbezugs bis zur Vollendung des 70. Lebensjahrs werden zusätzliche Rentenansprüche gewährt. Der versicherungsmathematische Zuschlag belief sich 2004 auf 7% pro Jahr des aufgeschobenen Rentenbezugs. 2006-2007 wird er sich auf 7,5% und ab 2008 auf 8% erhöhen.

Es ist auch möglich, den Rentenbezug mit einer Erwerbstätigkeit zu kombinieren, wobei eine Verdienstprüfung durchgeführt wird. Für Personen, die ihr NRA noch nicht erreicht haben, verringert sich die Rente um 50% des Verdienstanteils, der 11 640 US-$ übersteigt. Für Arbeitskräfte, die ihr NRA erreicht haben, werden keine verdienstabhängigen Abzüge mehr vorgenommen.

Ergebnisse des Rentenmodells: Vereinigte Staaten

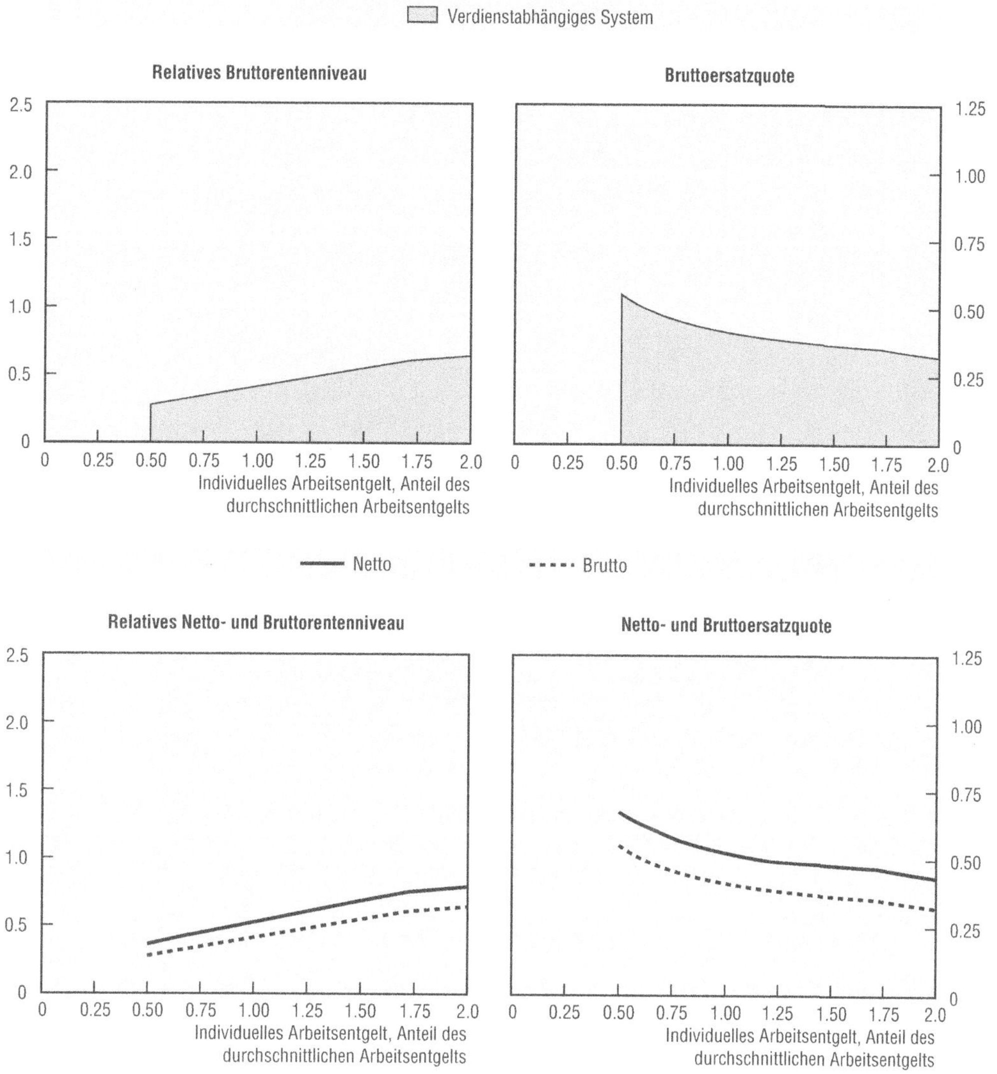

Männer *Frauen* (falls abweichend)	Median-verdiener	Individuelles Arbeitsentgelt, Vielfaches vom gesamtwirtschaftlichen Durchschnitt				
		0.5	0.75	1	1.5	2
Relatives Bruttorentenniveau *(In % des durchschnittlichen Bruttoarbeitsentgelts)*	37.1	27.6	34.4	41.2	54.7	64.3
Relatives Nettorentenniveau *(In % des durchschnittlichen Nettoarbeitsentgelts)*	47.6	36.1	44.5	52.4	68.3	78.9
Bruttoersatzquote *(In % des individuellen Bruttoarbeitsentgelts)*	43.6	55.2	45.8	41.2	36.5	32.1
Nettoersatzquote *(In % des individuellen Nettoarbeitsentgelts)*	55.3	67.4	58.0	52.4	47.9	43.2
Bruttorentenvermögen *(Vielfaches des durchschnittlichen Bruttoarbeitsentgelts)*	6.2 *7.2*	7.9 *9.2*	6.5 *7.6*	5.9 *6.8*	5.2 *6.1*	4.6 *5.3*
Nettorentenvermögen *(Vielfaches des durchschnittlichen Bruttoarbeitsentgelts)*	6.1 *7.1*	7.9 *9.2*	6.5 *7.5*	5.7 *6.6*	5.0 *5.8*	4.3 *5.0*

OECD PUBLICATIONS, 2, rue André-Pascal, 75775 PARIS CEDEX 16
PRINTED IN FRANCE
(81 2007 07 5 P) ISBN 978-92-64-03438-9– No. 55704 2007

Made in the USA
Las Vegas, NV
06 November 2024

11116944R00116